本书为

国家社科基金重点项目

国家出版基金项目

『十三五』国家重点出版物出版规划项目　结项成果

国家出版基金项目
NATIONAL PUBLICATION FOUNDATION

THE GENERAL ANNALS
OF CHINESE CONFUCIANISM

中国儒学通志

丛书主编　苗润田　冯建国

魏晋南北朝卷·纪年篇

本册作者　吕玉霞

ZHEJIANG UNIVERSITY PRESS
浙江大学出版社
·杭州·

图书在版编目(CIP)数据

中国儒学通志. 魏晋南北朝卷. 纪年篇 / 苗润田，
冯建国主编；吕玉霞著. —杭州：浙江大学出版社，
2022.12
ISBN 978-7-308-23343-9

Ⅰ. ①中… Ⅱ. ①苗… ②冯… ③吕… Ⅲ. ①儒学－
研究－中国－魏晋南北朝时代 Ⅳ. ①B222.05

中国版本图书馆 CIP 数据核字(2022)第 232467 号

中国儒学通志·魏晋南北朝卷·纪年篇

主　　编　苗润田　冯建国
本册作者　吕玉霞

出 版 人　褚超孚
策　　划　袁亚春　陈　洁
统　　筹　陈丽霞　宋旭华　王荣鑫
责任编辑　吴　庆
责任校对　吴心怡
责任印制　范洪法
封面设计　项梦怡
出版发行　浙江大学出版社
　　　　　（杭州市天目山路 148 号　邮政编码 310007）
　　　　　（网址：http://www.zjupress.com）
排　　版　浙江时代出版服务有限公司
印　　刷　杭州钱江彩色印务有限公司
开　　本　710mm×1000mm　1/16
印　　张　43.75
字　　数　673 千
版 印 次　2022 年 12 月第 1 版　2022 年 12 月第 1 次印刷
书　　号　ISBN 978-7-308-23343-9
定　　价　238.00 元

"中国儒学通志"总序

　　儒学是中华传统文化的主干,是中华民族的精神血脉,它不但对中国古代的政治、经济、思想、文化、教育等诸多领域产生过广泛而深刻的影响,对人类文明的发展做出了巨大贡献,而且在今天仍然具有不容忽视的现代价值。儒家的思想理论,广泛涉及人与自然、人与人、人与社会、群与己、古与今、知与行、义与利、生与死、荣与辱、苦与乐、德与刑、善与恶、战争与和平等这样一些人类所面对的、贯通古今的矛盾和问题,提出了天人合一、天下为公、大同世界,修身正己、自强不息、厚德载物,以民为本、为政以德、见利思义、清廉从政,明体达用、经世致用、知行合一、仁者爱人、以德立人、以诚待人、讲信修睦,求同存异、和而不同、和谐相处,有教无类、因材施教、温故知新、学思结合等一系列为学、为人、为事、为官、处世的常理和常道,对于正确处理人与人的关系、人与自然的关系、个体与群体的关系、群体与群体的关系、不同民族和国家间的关系、不同文化和文明间的关系等都具有普遍的指导意义,是人类走向未来不可或缺的精神资源。这也就是一种产生在两千多年前农耕时代并且随着历史的发展不断前行的思想、学说,在信息时代的今天仍然具有广泛感召力、影响力,为世人所推重、学习、研究、传承的根本原因。"研究孔子、研究儒学,是认识中国人的民族特性、认识当今中国人精神世界历史来由的一个重要途径。"(《习近平在纪念孔子诞辰 2565 周年国际学术研讨会暨国际儒学联合会第五届会员大会开幕会上的讲话》)"中国儒学通志"是研究孔子、儒学的一个窗口。

　　"中国儒学通志"由纪年卷、纪事卷、学案卷三个部分组成。纪年卷主要记录自孔子创立儒学至1899年有关儒学发展的各个方面,包括重要儒学人物的生卒,儒学发展过程中有较大影响的事件,以及重要儒学论著的完成、刊印等,全方位展现儒学发展的面貌。纪事卷以事件为线索,记录有关中国儒学发展的重大历史事件,如"焚书坑儒""罢黜百家,独尊儒术"等,内容包括事件产生的原因、经过、结果及其对儒学发展的影响。学案卷以人物为中心,主要记述对儒学发展有较大影响的人物,包括该人物的生平事迹、对儒学所持的观点、在儒学发展史上的地位和贡献,以及有关的评价等。

"中国儒学通志"是我国著名学者庞朴先生继《20世纪儒学通志》(浙江大学出版社2013年6月)出版后主持的又一国家社会科学基金重点项目。庞先生去世后,2016年改由苗润田、冯建国教授主持。在苗润田、冯建国的主持下,该项目组建了一支有国内知名学者参加的学养深厚的研究队伍,制定了切实可行的研究计划和实施方案。通过多次召开小型学术研讨会,邀请王钧林教授、朱汉民教授、郭沂教授等专家学者与课题组成员一起,就课题的指导思想、整体框架、重点难点问题等展开广泛深入的研究,不但达成了学术共识而且促进并深化了对课题的认识。在这个过程中,浙江大学出版社、山东大学儒学高等研究院、山东大学人文社会科学研究院、山东大学哲学与社会发展学院自始至终都给予了巨大支持和帮助。彭丹博士协助我们做了大量的事务性工作。在此,谨向他们,向关心、支持"中国儒学通志"研究、撰著的朋友、同仁致以诚挚的谢意!

苗润田　冯建国
2022年12月于山东大学

目　录

22

40

魏黄初元年 公元 220 年

1. 仲长统卒

仲长统（180—220），字公理，山阳郡高平（今山东微山）人。少好学，博涉书记，赡于文辞。年二十余，游学青、徐、并、冀之间，与交友者多异之。统性俶傥，敢直言，不矜小节，默语无常，时人或谓之狂生。每州郡命召，辄称疾不就。常以为凡游帝王者，欲以立身扬名耳，而名不常存，人生易灭，优游偃仰，可以自娱。尚书令荀彧闻统名，奇之，举为尚书郎。后参丞相曹操军事。每论说古今及时俗行事，恒发愤叹息。献帝逊位之岁，统卒，时年四十一。友人东海缪袭常称统才章足继西京董、贾、刘、杨。其代表性著作《昌言》，《后汉书》记为三十四篇，十余万言。《三国志》记为二十四篇。严可均《全后汉文》辑有二卷。马国翰辑有《仲长子昌言》二卷。

［文献］《后汉书》卷四九《仲长统传》，又见《三国志》卷二一《刘劭传》："袭友人山阳仲长统，汉末为尚书郎，早卒。著《昌言》，词佳可观省。"裴注曰："统字公理，少好学，博涉书记，赡于文辞……延康元年卒，时年四十余。"

2. 陈群立九品官人之法

延康元年，吏部尚书陈群以天朝选用不尽人才，乃立九品官人之法。州郡皆置中正以定其选，择州郡之贤有识鉴者为之，区别人物，第其高下。又制：郡口十万以上，岁察一人，其有秀异，不拘户口。

［文献］《通典》卷一四，又见《三国志》卷二二《陈群传》："文帝在东宫，深敬器焉，待以交友之礼……及即王位，封群昌武亭侯，徙为尚书。制九

1

品官人之法,群所建也。"《三国志》卷二三《常林传》注引《魏略》,《太平御览》卷二一四引《晋阳秋》:"陈群为吏部尚书,制九格登用,皆由于中正。考之簿世,然后授任。"

案:九品官人法又称九品中正制,是魏文帝曹丕于黄初元年采纳吏部尚书陈群的建议而设定。九品中正制上承两汉察举制,下启隋唐科举制,成为魏晋南北朝时期重要的选官制度,在中国古代政治制度史上占有重要地位。其具体措施为:司徒在朝廷选拔一批士族出身的官员作为大中正,大中正再选出小中正。然后由中央发布人才调查表,依据门第、德、才三项指标,分列出上上、上中、上下、中上、中中、中下、下上、下中、下下"九品",并写出评语,此即"状"。大小中正依据品状来选拔官员。这一制度不仅保留了乡里选举的遗俗,而且解决了选拔官吏没有标准的问题,是对两汉察举制度的延续和发展,同时也开启了由士族垄断官吏选拔权的历史。该制度至西晋时渐趋完备,南北朝有了新的变化,孝文帝改革时,立九品中正制。至隋代,随着门阀制度的衰落,此制最终被废除。

3. 魏以贾洪为白马王相

贾洪,字叔业,京兆新丰人。好学有才,而特精于《春秋左传》。建安初,仕郡,举计掾,应州辟。时州中自参军事以下百余人,唯洪与冯翊、严苞、文通才学最高。洪历守三县令,所在辄开除厩舍,亲授诸生。后马超反,超劫洪,将诣华阴,使作露布。洪不获已,为作之。司徒钟繇在东,识其文,曰:"此贾洪作也。"及超破走,太祖召洪署军谋掾。犹以其前为超作露布文,故不即叙。晚乃出为阴泉长。延康中,转为白马王相。善能谈戏。王彪亦雅好文学,常师宗之,过于三卿。数岁病亡,亡时年五十余,时人为之恨仕不至二千石。

[文献]《三国志》卷十三《王肃传》裴注引《魏略》。

案:贾洪生卒年不详,其仕途颇为坎坷,又因曾为马超作露布文,不受曹操重用。据《三国志·王肃传》裴注,延康中,转为白马王相,姑将其事迹系于此年。

4. 郑称为魏武德侯傅

郑称,字不详,河南开封人,生卒年不详。汉末魏初大儒,官至侍中。汉延康元年五月,魏王曹丕封王子曹叡为武德侯,特任命时任侍中的郑称担任武德侯师傅。同年十一月,郑称先后七次与其他大臣上书请求汉献帝退位。明帝即位前病逝。

[文献]《三国志》卷二《文帝纪》:"(延康元年)五月戊寅……封王子叡为武德侯。"裴注引《魏略》:"以侍中郑称为武德侯傅,令曰:'龙渊、太阿出昆吾之金,和氏之璧出井里之田;砻之以砥砺,错之以他山,故能致连城之价,为命世之宝。学亦人之砥砺也。称笃学大儒,勉以经学辅侯,宜旦夕入侍,曜明其志。'"

5. 曹丕诏王象等撰《皇览》

魏文帝曹丕诏诸儒撰集经传,随类相从,凡千余篇,号曰《皇览》。《皇览》详情可见《纪事》卷。

[文献]《三国志》卷二《文帝纪》、卷九《曹爽传》裴注引《魏略》、卷二一《刘劭传》、卷二三《杨俊传》。

6. 魏以邯郸淳为博士

邯郸淳(约132—221),一作邯郸浮,又名竺,字子叔。东汉颖川阳翟(今禹州市)人。博学有才章,又善《苍》、《雅》、虫、篆、许氏字指。初平时,从三辅客荆州。荆州内附,太祖素闻其名,召与相见,甚敬异之。时五官将博延英儒,亦宿闻淳名,因启淳欲使在文学官属中。太祖俄有意于植,而淳屡称植材。由是五官将颇不悦。及黄初初,以淳为博士给事中。

[文献]《三国志》卷二一《王粲传》裴注引《魏略》。

按:邯郸淳黄初初为博士给事中,刘汝霖《汉晋学术编年》、陆侃如《中古文学系年》、宋桂梅《魏晋儒学编年》皆系年于此,今从之。

7. 蒋济上《万机论》

魏文帝践阼,出为东中郎将。济请留,诏曰:"高祖歌曰:安得猛士守四方! 天下未宁,要须良臣以镇边境。如其无事,乃还鸣玉,未为后也。"济上《万机论》,帝善之。入为散骑常侍。

〔文献〕《三国志》卷十四《蒋济传》。

案:《万机论》政治理论上倾向儒法兼综,主张儒、法、术并用,且主张儒家伦理教化才是根本,反对"以峻法绳下,贱儒贵刑名"。《隋志》录八卷入杂家,《新唐志》作十卷,焦竑《国史经籍志》八卷入儒家,二卷入杂家,且虚列书名。《全三国文》、《玉函山房辑佚书》及《续编》有佚文辑录。

8. 华歆议以经试举孝廉

华歆素清贫,禄赐以振施亲戚故人,家无担石之储。公卿尝并赐没入生口,唯歆出而嫁之。帝叹息,下诏曰:"司徒,国之俊老,所与和阴阳理庶事也。今大官重膳,而司徒蔬食,甚无谓也。"特赐御衣,及为其妻子男女皆作衣服。三府议:"举孝廉,本以德行,不复限以试经。"歆以为"丧乱以来,六籍堕废,当务存立,以崇王道。夫制法者,所以经盛衰。今听孝廉不以经试,恐学业遂从此而废。若有秀异,可特徵用。患于无其人,何患不得哉?"帝从其言。

〔文献〕《三国志》卷一三《华歆传》。

9. 刘寔生

刘寔其卒于永嘉四年(310),时年九十一,逆推则知其生于是年。

〔文献〕《晋书》卷四一《刘寔传》。

黄初二年（蜀章武元年） 公元 221 年

1. 魏举孝廉

黄初二年春正月，令郡国口满十万者，岁察孝廉一人；其有秀异，无拘户口。

［文献］《三国志》卷二《文帝纪》。

案：孝指孝悌，廉指清廉。孝廉是汉武帝时设立的察举考试中最重要的一种科目，主要是以民众的反映与评议作为主要的参考标准，与之对应的是"察孝廉"，主要以上级官员对下级官员的观察为标准。

2. 王基察孝廉

王基黄初中，察孝廉，除郎中。

［文献］《三国志》卷二七《王基传》。

3. 魏文帝诏祀孔子

（黄初二年二月）诏曰："昔仲尼资大圣之才，怀帝王之器，当衰周之末，无受命之运，在鲁、卫之朝，教化乎洙、泗之上，凄凄焉，遑遑焉，欲屈己以存道，贬身以救世。于时王公终莫能用之，乃退考五代之礼，修素王之事，因鲁史而制《春秋》，就太师而正《雅》《颂》，俾千载之后，莫不宗其文以述作，仰其圣以成谋，咨！可谓命世之大圣，亿载之师表者也。遭天下大乱，百祀堕坏，旧居之庙，毁而不休，褒成之后，绝而莫继，阙里不闻讲颂之声，四时不睹蒸尝之位，斯岂所谓崇礼报功，盛德百世必祀者哉！其以议郎孔羡为宗圣侯,邑百户,奉孔子祀。"令鲁郡修起旧庙,置百户吏卒以守卫之,又于其外广为室屋以居学者。

[文献]《三国志》卷二《文帝纪》。

案:魏文帝曹丕尊儒祀孔,并以仁义忠信为标榜。曹丕称帝第二年,即下诏修复孔庙,封孔子后裔为侯,并在孔庙之外,广为屋室以居学者。

4. 吴以唐固为议郎

权为吴王,拜固议郎,自陆逊、张温、骆统等皆拜之。

[文献]《三国志》卷五三《阚泽传》。

案:魏文帝黄初二年(221),孙权为吴王,以唐固为议郎。故系年于此。

5. 尹默授蜀后主《左氏传》

及立太子,以默为仆射,以《左氏传》授后主。

[文献]《三国志》卷四二《尹默传》。

案:《三国志》卷三二《先主传》:"章武元年夏四月,大赦,改年。……五月,立皇后吴氏,子禅为皇太子。"

6. 刘廙卒

刘廙(180—221),字恭嗣,南阳安众(今河南南阳)人。太祖辟为丞相掾属,转五官将文学。文帝器之,命廙通草书。魏国初建,为黄门侍郎。徙署丞相仓曹属。廙著书数十篇,及与丁仪共论刑礼,皆传于世。文帝即王位,为侍中,赐爵关内侯。黄初二年卒,时年四十二。著有《刘氏正论》五卷,见《旧唐书·经籍志》;《刘廙集》二卷,见《旧唐书·经籍志》、《隋书·经籍志》;《正论》五卷,见《隋书·经籍志》;《论治道》,见《三国志·刘廙传》裴松之注引《廙别传》。《全三国文》辑录有《治要》。马国翰辑有《刘氏政论》一卷,《申子》一卷。

[文献]《三国志》卷二一《刘廙传》及裴松之注引《廙别传》。

7. 羊祜生

晋咸宁四年,羊祜疾渐笃,乃举杜预自代。寻卒,时年五十八。据此倒推,当生于是年。

[文献]《晋书》卷三四《羊祜传》。

黄初三年(蜀章武二年　吴黄武元年)
公元 222 年

1. 魏通经选士

魏黄初三年春正月庚午,诏曰:"今之计、孝,古之贡士也;十室之邑,必有忠信,若限年然后取士,是吕尚、周晋不显于前世也。其令郡国所选,勿拘老幼;儒通经术,吏达文法,到皆试用。"

［文献］《三国志》卷二《文帝纪第二》。

案:选士制度,即人才选拔的制度。魏实行通经选士,即中正选取诸府公卿及台省郎吏中博学通经、明达政务者以进。

2. 杜预生

据本传,杜预卒于晋武帝太康五年(284),时年六十三,逆推知其生于是年。

［文献］《晋书》卷三四《杜预传》。

3. 吴严畯使蜀

严畯,字曼才,彭城(治今江苏徐州)人。三国时期孙吴学者。少耽学,善《诗》、《书》、《三礼》,又好《说文》。避乱江东,与诸葛瑾、步骘齐名友善。性质直纯厚,其于人物,忠告善道,志存补益。张昭进之于孙权,权以为骑都尉、从事中郎。及横江将军鲁肃卒,权以畯代肃,督兵万人,镇据陆口。权为吴王,及称尊号,畯尝为卫尉,使至蜀,蜀相诸葛亮深善之。畯著《孝经传》《潮水论》,又与裴玄、张承论管仲、季路,皆传于世。

[文献]《三国志》卷五三《严畯传》。

案:严畯生卒年不详。据本传,严畯为卫尉时,使至蜀,蜀相诸葛亮深善之。蜀刘备称帝为221年,今暂系严畯事迹于是年。

4.令狐邵卒

令狐邵(? —222),字孔叔。建安初,袁氏在冀州,邵去本郡家居邺。九年,暂出到武安毛城中。会太祖破邺,遂围毛城。城破,执邵等辈十余人,皆当斩。太祖阅见之,疑其衣冠也,问其祖考,而识其父,乃解放,署军谋掾。仍历宰守,后徙丞相主簿,出为弘农太守。所在清如冰雪,妻子希至官省;举善而教,恕以待人,不好狱讼,与下无忌。是时,郡无知经者,乃历问诸吏,有欲远行就师,辄假遣,令诣河东就乐详学经,粗明乃还,因设文学。由是弘农学业转兴。至黄初初,徵拜羽林郎,迁虎贲中郎将,三岁,病亡。

[文献]《三国志》卷十六《魏书·仓慈传》裴松之注引《魏略》。

黄初四年(蜀章武三年建兴元年 吴黄武二年) 公元 223 年

1. 隗禧为魏谯王郎中

隗禧,字子牙,司隶京兆尹(今陕西西安)人。少好学。初平中,三辅乱,禧南客荆州,不以荒扰,担负经书,不废诵习,每以采稆余日,则诵习之。太祖定荆州,召署军谋掾。黄初中,为谯王郎中。王宿闻其儒者,常虚心从学。禧亦敬恭以授王,由是大得赐遗。以病还,拜郎中。年八十余,以老处家,就之学者甚多。禧既明经,又善星官,常仰瞻天文,叹息谓鱼豢曰:"天下兵戈尚犹未息,如之何?"豢又常从问《左氏传》,禧答曰:"欲知幽微莫若《易》,人伦之纪莫若《礼》,多识山川草木之名莫若《诗》,《左氏》直相斫书耳,不足精意也。"豢因从问《诗》,禧说齐、韩、鲁、毛四家义,不复执文,有如讽诵。又撰作诸经解数十万言,未及缮写而得聋,后数岁病亡也。

[文献]《三国志》卷十三《魏书·王肃传》裴注引《魏略》。

案:隗禧生卒年不详,故系其事迹于黄初中,任谯王郎中之年。

2. 杜琼、尹默为蜀谏议大夫

建兴元年,后主刘禅即皇帝位,拜杜琼和尹默为谏议大夫。

[文献]《三国志》卷四二《尹默传》:"后主践阼,拜谏议大夫。"同卷《杜琼传》亦载,《华阳国志》卷十下同。

3. 虞翻交州授徒

翻性疏直,数有酒失。权与张昭论及神仙,翻指昭曰:"彼皆死人,而语神仙,世岂有仙人邪!"权积怒非一,遂徙翻交州。虽处罪放,而讲学不倦,门徒常数百人。又为《老子》、《论语》、《国语》训注,皆传于世。

[文献]《三国志》卷五七《虞翻传》。

4. 华歆荐管宁独行君子

黄初四年,诏公卿举独行君子,司徒华歆荐宁。文帝即位,徵宁,遂将家属浮海还郡,公孙恭送之南郊,加赠服物。自宁之东也,度、康、恭前后所资遗,皆受而藏诸。既已西渡,尽封还之。诏以宁为太中大夫,固辞不受。

[文献]《三国志》卷十一《魏书·管宁传》。

案:华歆与管宁有"割席绝交"的典故,说明两人志趣不同。曹丕在位时,诏公卿举独行君子,华歆荐举管宁,管宁不从;曹叡在位时,华歆欲让位与管宁,曹叡不同意。

5. 管辂与单子春论《易》之五行

管辂父为琅邪即丘长,时年十五,来至官舍读书。始读《诗》、《论语》及《易》本,便开渊布笔,辞义斐然。于时黉上有远方及国内诸生四百余人,皆服其才也。琅邪太守单子春雅有材度,闻辂一黉之俊,欲得见,辂父即遣辂造之。大会宾客百余人,坐上有能言之士,辂问子春:"府君名士,加有雄贵之姿,辂既年少,胆未坚刚,若欲相观,惧失精神,请先饮三升清酒,然后言之。"子春大喜,便酌三升清酒,独使饮之。酒尽之后,问子春:"今欲与辂为对者,若府君四坐之士邪?"子春曰:"吾欲自与卿旗鼓相当。"辂言:"始读《诗》、《论》、《易》本,学问微浅,未能上引圣人之道,陈秦、汉之事,但欲论金木水火土鬼神之情耳。"子春言:"此最难者,而卿以为易邪?"于是唱大论之端,遂经于阴阳,文采葩流,枝叶横生,少引圣籍,多发天然。

子春及众士互共攻劫,论难锋起,而辂人人答对,言皆有余。至日向暮,酒食不行。子春语众人曰:"此年少盛有才器,听其言论,正似司马犬子游猎之赋,何其磊落雄壮,英神以茂,必能明天文地理变化之数,不徒有言也。"于是发声徐州,号之神童。

［文献］《三国志》卷二九《魏书·管辂传》裴松之注引《辂别传》。

6.薛夏为魏秘书丞

薛夏,字宣声,天水人。博学有才。太祖素闻其名,甚礼遇之。文帝又嘉其才,黄初中为秘书丞,帝每与夏推论《书传》,未尝不终日也。每呼之不名,而谓之薛君。寻欲用之,会文帝崩。后数岁病亡,敕其子无还天水。

［文献］《三国志》卷十三《魏书·王肃传》裴注引《魏略》。

案:据《三国志》,薛夏黄初中为秘书丞,故系于是年。

7.王肃为魏散骑黄门侍郎

黄初中,为散骑黄门侍郎。

［文献］《三国志》卷十三《魏书·王肃传》。

黄初五年(蜀建兴二年 吴黄武三年)
公元 224 年

1. 魏立太学

黄初五年夏四月,立太学,制五经课试之法,置《春秋穀梁》博士。

[文献]《三国志》卷二《文帝纪》,又见《三国志》卷十三《王肃传》注引《魏略》:"(魏略)以遇及贾洪、邯郸淳、薛夏、隗禧、苏林、乐详等七人为儒宗,其序曰:'从初平之元,至建安之末,天下分崩,人怀苟且,纲纪既衰,儒道尤甚。至黄初元年之后,新主乃复始扫除太学之灰炭,补旧石碑之缺坏,备博士之员录,依汉甲乙以考课。申告州郡,有欲学者,皆遣诣太学。……'"《通典》卷五三《礼十三》:"魏文帝黄初五年,立大学于洛阳。时慕学者,始诣大学为门人。满二岁,试通一经者,称弟子;不通一经,罢遣。弟子满二岁,试通二经者,补文学掌故;不通经者,听胡后辈试,试通二经,亦得补掌故。掌故满二岁,试通三经者,擢高第为太子舍人;不第者,随后辈复试,试通亦为太子舍人。舍人满二岁,试通四经者,擢其高第为郎中;不通者,随后辈复试,试通亦为郎中。郎中满二岁,能通五经者,擢高第,随才叙用;不通者,随后辈复试,试通亦叙用。齐王正始中,刘靖上疏,简高门子孙为生曰:'黄初以来,崇立大学,二十余年,而成者盖寡。由博士选轻,诸生避役,高门子孙,耻非其伦,故学者虽有其名,而无其实,虽设其教,而无其功。宜高选博士,取行为人表,经任人师者,掌教国子。依遵古法,使二千石以上子孙,年从十五,皆入大学。明制黜陟,陈荣辱之路。'不从。"曹魏立大学之事又见于《三国志·高柔传》、《三国志·王肃传》裴注引《魏略·儒宗传》。

案："五经课试法"见于唐杜佑《通典》，《三国志》不载。曹丕令立太学，制五经课试法，置《春秋穀梁传》博士。这种以儒学经典取仕的办法，说明曹魏政权对儒家思想的重视。

2. 乐详为魏博士

乐详，字文载，并州河东（今山西永济）人。年少好学，从大儒谢该学习《左氏春秋》。杜畿为河东太守，署为文学祭酒，大兴河东学业。至黄初中，徵拜博士。于时太学初立，有博士十余人，学多褊狭，又不熟悉，略不亲教，备员而已。惟详五业并投，其或难解，质而不解，详无愠色，以杖画地，牵臂引类，至忘寝食，以是独擅名于远近。太和年间，拜骑都尉。正始年间，告老还乡。至甘露二年，乐详年九十余。

［文献］《通志》卷一七二，又《三国志》卷十六《魏书·杜恕传》裴松之注引《魏略》。

案：乐详生卒事迹史书不详。黄初中徵拜博士，魏于是年立太学，故系于此。据宋桂梅《魏晋儒学编年》考证，乐详曾从谢该问《左氏传》疑难，后撰《左氏乐氏问七十二事》，精通《左氏传》。又乐详曾为杜预祖杜畿所聘，为河东祭酒，后日杜预自称其有《左氏》癖，与其祖父辈及乐详均有关系。

3. 苏林为魏博士给事中

苏林，字孝友，陈留外黄人。生卒年不详，约汉末魏初间前后在世。博学，多通古今字指。凡诸书传文间危疑，林皆训释。建安中，为五官将文学。黄初中，为博士给事中，文帝作《典论》所称苏林者是也。以老归第，国家每遣人就问之，数加赐遗。年八十余卒。著有《孝经注》一卷，见《隋书·经籍志》、《经典释文·叙录》。

［文献］《三国志》卷二一《刘劭传》裴注引《魏略》。

案：苏林生卒年史书无载，据《魏略》，黄初中，为博士给事中。宋桂梅《魏晋儒学编年》系年于此。今从。

4. 嵇康生

至景元中,嵇康坐事诛。以嵇康卒于景元四年(263),时年四十,逆推知其生于是年。

[文献]《三国志》卷二一《王粲传》裴注引《魏氏春秋》,又载《晋书》卷四十九《嵇康传》。

5. 谯周为益州劝学从事

建兴中,丞相亮领益州牧,命谯周为劝学从事。

[文献]《三国志》卷四二《谯周传》。

6. 杜畿卒

杜畿(163—224),字伯侯,京兆杜陵人。汉御史大夫杜延年之后。少孤,继母苦之,以孝闻。年二十,为郡功曹,守郑县令。举孝廉,除汉中府丞。太祖以畿为司空司直,迁护羌校尉,使持节,领西平太守。拜畿为河东太守。是时天下郡县皆残破,河东最先定,少耗减。畿治之,崇宽惠,与民无为。畿乃曰:"民富矣,不可不教也。"于是冬月修戎讲武,又开学宫,亲自执经教授,郡中化之。《魏略》曰:博士乐详,由畿而升。至今河东特多儒者,则畿之由矣。魏国既建,以畿为尚书。文帝即王位,赐爵关内侯。徵为尚书。及践阼,进封丰乐亭侯。守司隶校尉。帝征吴,以畿为尚书仆射,统留事。其后帝幸许昌,畿复居守。受诏作御楼船,于陶河试船,遇风没。其日而卒,时年六十二。

[文献]《三国志》卷十六《魏书·杜畿传》及裴松之注引《魏略》。

案:据《三国志》卷二《文帝纪》:"(五年)秋七月,行东巡,幸许昌宫。八月,为水军,亲御龙舟……"杜畿受诏作御楼船,遇风没而卒,故系于是年。

7. 卫觊等撰述《魏史》纪传

黄初、太和中,始命尚书卫觊、缪袭草创纪传,累载不成。又命侍中韦诞、应璩、秘书监王沈、大将军从事中郎阮籍、司徒右长史孙该、司隶校尉傅玄等,复共撰定。

[文献]《史通·外篇·古今正史第二》。

案:刘知几谓卫觊、缪袭撰《魏史》纪传疑始于此年。今从之。

黄初六年(蜀建兴三年 吴黄武四年)
公元 225 年

1. 程秉以礼教进言孙登

程秉,字德枢,汝南南顿人(今河南项城西)人。三国时期吴国儒学家。逮事郑玄,后避乱交州,与刘熙考论大义,遂博通五经。士燮命为长史。权闻其名儒,以礼徵,秉既到,拜太子太傅。黄武四年,权为太子登娉周瑜女,秉守太常,迎妃于吴,权亲幸秉船,深见优礼。既还,秉从容进说登曰:"婚姻人伦之始,王教之基,是以圣王重之,所以率先众庶,风化天下,故《诗》美《关雎》,以为称首。愿太子尊礼教于闺房,存《周南》之所咏,则道化隆于上,颂声作于下矣。"登笑曰:"将顺其美,匡救其恶,诚所赖于傅君也。"病卒官。著《周易摘》、《尚书驳》、《论语弼》,凡三万余言。秉为傅时,率更令河南徵崇亦笃学立行云。程秉生卒年无考,姑录其事于此。

[文献]《三国志》卷五三《程秉传》及裴松之注引《吴录》。

2. 锺会生

黄初六年,生会,恩宠愈隆。成侯既出孙氏,更纳正嫡贾氏。

[文献]《三国志》卷二八《魏书·锺会传》裴松之注引锺会为其母传。又其母传曰:"夫人性矜严,明于教训,会虽童稚,勤见规诲。年四岁授《孝经》,七岁诵《论语》,八岁诵《诗》,十岁诵《尚书》,十一诵《易》,十二诵《春秋左氏传》、《国语》,十三诵《周礼》、《礼记》,十四诵《成侯易记》,十五使入太学问四方奇文异训。"

3. 唐固为吴尚书仆射

唐固，字子正（或世正），丹阳郡人。丹阳太守唐翔之子。修身积学，称为儒者。著《国语》、《公羊》、《穀梁》传注，讲授常数十人。黄武四年为尚书仆射，卒。卒时年七十余矣。其著有：《公羊传注》，见本传，《隋书·经籍志》云：《春秋公羊疏》十二卷；《春秋穀梁传注》十二卷，见《经典释文·叙录》、新旧《唐志》，《隋书·经籍志》云十三卷；《春秋外传国语注》二十二卷，见《隋书·经籍志》。

[文献]《三国志》卷五三《吴书·唐固传》，裴注引《吴录》曰："固，字子正，卒时年七十余矣。"

案：唐固生卒年不详。据本传知其黄武四年为尚书仆射，暂将其事迹系于是年。

黄初七年(蜀建兴四年　吴黄武五年)
公元 226 年

1. 王弼生

据本传,正始十年秋,王弼遇疠疾亡,时年二十四。逆推知其生于是年。

[文献]《三国志》卷二八《魏书·锺会传》裴注引何劭《王弼传》。又见《世说新语·文学》引《王弼别传》。

2. 士燮卒

士燮(137—226),字威彦,苍梧广信(今广西梧州)人。其先本鲁国汶阳人,至王莽之乱,避地交州。六世至燮父赐,桓帝时为日南太守。燮少游学京师,事颍川刘子奇,治《左氏春秋》。察孝廉,补尚书郎,公事免官。父赐丧阕后,举茂才,除巫令,迁交阯太守。燮体器宽厚,谦虚下士。耽玩《春秋》,为之注解。权辄为书,厚加宠赐,以答慰之。燮在郡四十余岁,黄武五年(226),年九十卒。其著有《春秋经》十一卷,见《经典释文·叙录》、《隋书·经籍志》、《新唐书·经籍志》。又《公羊注》、《穀梁注》,见本传。

[文献]《三国志》卷四九《吴书·士燮传》。

19

太和元年(蜀建兴五年　吴黄武六年)
公元 227 年

1. 魏明帝祭祀

魏明帝太和元年正月丁未,效祀武帝以配天,宗祀文帝于明堂以配上帝。于是时,二汉郊禋之制具存,魏所损益可知。

[文献]《晋书》卷十九《礼志上》。

2. 高堂隆为魏博士

王即尊位,是为明帝。以隆为给事中、博士、驸马都尉。

[文献]《三国志》卷二五《魏书·高堂隆传》。

3. 高柔请以学行优劣用博士

高柔(174—263),字文惠,陈留圉人。太祖平袁氏,以柔为菅长。魏国初建,为尚书郎。转拜丞相理曹掾,迁为颍川太守,复还为法曹掾。文帝践阼,以柔为治书侍御史,赐爵关内侯,转加治书执法。四年,迁为廷尉。明帝即位,封柔延寿亭侯。时博士执经,柔上疏曰:"臣闻遵道重学,圣人洪训;褒文崇儒,帝者明义。昔汉末陵迟,礼乐崩坏,雄战虎争,以战陈为务,遂使儒林之群,幽隐而不显。太祖初兴,愍其如此,在于拨乱之际,并使郡县立教学之官。高祖即位,遂阐其业,兴复辟雍,州立课试,于是天下之士,复闻庠序之教,亲俎豆之礼焉。陛下临政,允迪叡哲,敷弘大猷,光济先轨,虽夏启之

20

承基,周成之继业,诚无以加也。然今博士皆经明行修,一国清选,而使迁除限不过长,惧非所以崇显儒术,帅励怠惰也。孔子称'举善而教不能则劝',故楚礼申公,学士锐精,汉隆卓茂,搢绅竞慕。臣以为博士者,道之渊薮,六艺所宗,宜随学行优劣,待以不次之位。敦崇道教,以劝学者,于化为弘。"帝纳之。在官二十三年,转为太常,旬日迁司空,后徙司徒。爽诛,进封万岁乡侯。高贵乡公即位,进封安国侯,转为太尉。常道乡公即位,增邑并前四千,前后封二子亭侯。景元四年,年九十薨,谥曰元侯。

[文献]《三国志》卷二四《高柔传》及裴松之注引陈留《耆旧传》、谢承《后汉书》、《魏氏春秋》等。

4. 向秀生

景元四年(263)嵇康、吕安被司马昭害死后,为避祸计,向秀应本郡的郡上计到洛阳,受司马昭接见,后为散骑侍郎,转黄门侍郎、散骑常侍,在朝不任职,容迹而已。卒于位。何启民《竹林七贤年谱》将向秀卒年定于公元 272 年,卒时年 46 岁,逆推知其生于是年。今从何说。

[文献]《晋书》卷四九《吴书·向秀传》。

5. 傅嘏与荀粲、夏侯玄论名理与玄远

太和初,(荀粲)到京邑与傅嘏谈。嘏善名理而粲尚玄远,宗致虽同,仓卒时或有格而不相得意。裴徽通彼我之怀,为二家骑驿,顷之,粲与嘏善。夏侯玄亦亲。常谓嘏、玄曰:"子等在世涂间,功名必胜我,但识劣我耳!"嘏难曰:"能盛功名者,识也。天下孰有本不足而末有余者邪?"粲曰:"功名者,志局之所奖也。然则志局自一物耳,固非识之所独济也。我以能使子等为贵,然未必齐子等所为也。"

[文献]《三国志》卷十《荀彧传》裴注引何劭《荀粲传》。又见《三国志》卷二一《魏书·傅嘏传》引《傅子》。

案:荀粲(约209—约238),字奉倩,颍川颍阴人。三国时期曹魏著名玄学家,东汉名臣荀彧幼子。其著有《易义》,见黄奭《黄氏逸书考·汉学堂经解·易杂家注》。

太和二年(蜀建兴六年 吴黄武七年)
公元 228 年

1. 魏明帝诏令贡士以经学为先

太和二年六月,诏曰:"尊儒贵学,王教之本也。自顷儒官或非其人,将何以宣明圣道?其高选博士,才任侍中常侍者。申敕郡国,贡士以经学为先。"

[文献]《三国志》卷三《明帝纪》。

案:曹叡下诏郡国以经学贡士,提出儒学是"王教之本","贡士以经学为先"。《汉晋学术编年》系此事于太和元年。今据《明帝纪》系于是年。

2. 魏华歆举荐郑小同

《华歆表》曰:"臣闻励俗宜化,莫先于表善,班禄叙爵,莫美于显能,是以楚人思子文之治,复命其胤,汉室嘉江公之德,用显其世。伏见故汉大司农北海郑玄,当时之学,名冠华夏,为世儒宗。文皇帝旌录先贤,拜玄嫡孙小同以为郎中,长假在家。小同年逾三十,少有令质,学综六经,行著乡邑。海、岱之人莫不嘉其自然,美其气量。迹其所履,有质直不渝之性,然而恪恭静默,色养其亲,不治可见之美,不竞人间之名,斯诚清时所宜式叙,前后明诏所斟酌而求也。臣老病委顿,无益视听,谨具以闻。"

[文献]《三国志》卷四裴注引《魏名臣表》。

案:据《魏名臣表》载,太尉华歆举荐郑小同,称其"年逾三十,少有令志"。又据《三国志·魏志·明帝纪》,华歆任太尉为黄初七年(226)至太和五年(231)，而《三国志·明帝纪》载："尊儒贵学，王教之本也。自顷儒官或非其人，将何以宣明圣道？其高选博士，才任侍中、常侍者。申敕郡国，贡士以经学为先。"魏明帝于太和二年(228)令百官荐举，华歆应为这一时期举荐郑小同，故系年于此。

3. 王朗卒

王朗(？—228)，本名王严，字景兴，东海郯(今山东临沂)人。汉末至三国曹魏时期经学家。以通经，拜郎中，除菑丘长。师太尉杨赐，赐薨，弃官行服。举孝廉，辟公府，不应。迁任会稽太守，后拜谏议大夫，参司空军事。魏国初建，以军祭酒领魏郡太守，迁少府、奉常、大理。文帝即王位，迁御史大夫，封安陵亭侯。及文帝践阼，改为司空，进封乐平乡侯。明帝即位，进封兰陵侯，转为司徒。太和二年薨，谥曰成侯。王朗学识渊博，与其子王肃都为经学大家。其著有《易传》、《孝经传》、《周官传》，见本传。王朗《易传》又见《经义考》卷十。后立于魏学官。《春秋左氏释驳》一卷，见《隋书·经籍志》，亡。《春秋左氏传》十二卷，见《隋书·经籍志》，《旧唐书·经籍志》云：《春秋传》十卷，《新唐书·艺文志》云：王朗注《左氏》十卷。《王朗、王肃家传》一卷，见《隋书·经籍志》。马国翰辑有《论语王氏说》一卷。

[文献]《三国志》卷十三《王朗传》及裴松之注引《魏书》、《魏略》，《三国志》卷三《明帝纪》："(太和二年)十一月，司徒王朗薨。"

23

太和三年(蜀建兴七年 吴黄武八年黄龙元年) 公元 229 年

1. 王肃为魏散骑常侍

魏明帝太和三年,王肃拜散骑常侍。

[文献]《三国志》卷十三《王朗传附·王肃传》。

2. 卫觊卒

卫觊(155—229),字伯儒①,河东安邑(今山西运城)人。少夙成,以才学称。太祖辟为司空掾属,除茂陵令、尚书郎。魏国既建,拜侍中,与王粲并典制度。文帝即王位,徙为尚书。顷之,还汉朝为侍郎,劝赞禅代之义,为文诰之诏。文帝践阼,复为尚书,封阳吉亭侯。明帝即位,进封闾乡侯。受诏典著作,又为魏官仪,凡所撰述数十篇。黄初时,散骑常侍河内王象,亦与觊并以文章显。觊薨,谥曰敬侯。卫觊著述丰厚,有《孝经故》,见《经义考》卷二百二十二引。《魏官仪》,见本传。《全上古三代秦汉三国六朝文》辑录有《魏官仪》和《孝经图》两书的目录。

[文献]《三国志》卷二一《卫觊传》。

---

① 《三国志》中,卫觊字伯儒,《华芳墓志》中,名字为觊觊。此从《三国志》。

3. 张纮卒

张纮(170—229)，字子纲，广陵人。纮入太学，事博士韩宗，治京氏《易》、欧阳《尚书》，又于外黄从濮阳闿受《韩诗》及《礼记》、《左氏春秋》。还本郡，举茂才，公府辟，皆不就，避难江东。孙策创业，遂委质焉。表为正议校尉。建安四年，策遣纮奉章至许宫，留为侍御史。少府孔融等皆与亲善。曹公欲令纮辅权内附，出纮为会稽东部都尉。后权以纮为长史，从征合肥。张纮建议孙权迁都秣陵，权从之。令还吴迎家，道病卒，时年六十。

[文献]《三国志》卷五三《张纮传》及裴松之注引《吴书》。

案：《建康实录》卷二："(黄龙元年)十一月，右长史张纮卒，遗令戒子孙无为不善。……及帝都秣陵，辞还东迎家，道病卒，年六十一。"今从《三国志·张纮传》。

太和四年(蜀建兴八年　吴黄龙二年)
公元 230 年

1. 董遇为魏大司农

董遇,字季直,性质讷而好学。兴平中,关中扰乱,与兄季中依将军段煨。采稆负贩,而常挟持经书,投闲习读。其兄笑之而遇不改。及建安初,王纲小设,郡举孝廉,稍迁黄门侍郎。是时,汉帝委政太祖,遇旦夕侍讲,为天子所爱信。至二十二年,许中百官矫制,遇虽不与谋,犹被录诣邺,转为冗散。黄初中,出为郡守。明帝时,入为侍中、大司农。数年,病亡。初,遇善治老子,为老子作训注。又善左氏传,更为作朱墨别异。人有从学者,遇不肯教,而云"必当先读百遍",言"读书百遍而义自见"。从学者云:"苦渴无日。"遇言"当以三余"。或问三余之意,遇言"冬者岁之余,夜者日之余,阴雨者时之余也"。由是诸生少从遇学,无传其朱墨者。其著有《周易注》十卷,见《经典释文·序录》、《旧唐书·经籍志》,《经义考》卷九,《隋书·经籍志》云:十卷。《春秋左氏传章句》三十卷,见《隋书·经籍志》、《旧唐书·经籍志》、《经典释文·序录》。马国翰辑有《周易董氏章句》一卷,《春秋左氏经传章句》一卷。

[文献]《三国志》卷十三《王肃传》裴注引《魏略》,《经义考》卷九。

案:据《三国志·王肃传》,明帝时,董遇入为侍中、大司农。据《汉晋学术编年》考证,明帝时期,常林为大司农,太和二年梁习为大司农,四年薨。后期裴潜、赵俨为大司农,则董遇为大司农当在此之间,故系其事于此。今从其说。

2. 魏明帝下诏课试郎吏博士

太和四年春二月壬午,诏曰:"世之质文,随教而变。兵乱以来,经学废绝,后生进趣,不由典谟。岂训导未洽,将进用者不以德显乎?其郎吏学通一经,才任牧民,博士课试,擢其高第者,亟用;其浮华不务道本者,皆罢退之。"

[文献]《三国志》卷三《魏书·明帝纪》。又见《三国志》卷十四《董昭传》,《三国志》卷九《曹爽传》。

案:公元 230 年,明帝下诏课试郎吏博士,罢退浮华不务道本者。夏四月,明帝下诏制礼作乐,置崇文观。景初年间,明帝又下诏尊儒贵学,要求科郎吏从光禄勋高堂隆、散骑常侍苏林、博士秦静,分受四经三礼,主者具为设课试之法。但是这些尊儒举措最终都无果而终。

3. 吴立都讲祭酒

黄龙二年春正月,魏作合肥新城。诏立都讲祭酒,以教学诸子。

[文献]《三国志》卷四七《吴主权传》。

4. 王肃上疏宜遵旧礼

太和四年王肃上疏:"宜遵旧礼,为大臣发哀,荐果宗庙。"事皆施行。又上疏陈政本曰:"除无事之位,损不急之禄,止浮食之费,并从容之官;使官必有职,职任其事,事必受禄,禄代其耕,乃往古之常式,当今之所宜也。官寡而禄厚,则公家之费鲜,进仕之志劝。各展才力,莫相倚仗。敷奏以言,明试以功,能之与否,简在帝心。是以唐、虞之设官分职,申命公卿,各以其事,然后惟龙为纳言,犹今尚书也,以出内帝命而已。夏、殷不可得而详。《甘誓》曰'六事之人',明六卿亦典事者也。《周官》则备矣,五日视朝,公卿大夫并进,而司士辨其位焉。其记曰:'坐而论道,谓之王公;作而行之,谓之士大夫。'及汉之初,依拟前代,公卿皆亲以事升朝。故高祖躬追反走之周昌,武帝遥可奉奏之汲黯,宣帝使公卿五日一朝,成帝始置尚

27

书五人。自是陵迟，朝礼遂阙。可复五日视朝之仪，使公卿尚书各以事进。废礼复兴，光宣圣绪，诚所谓名美而实厚者也。"

[文献]《三国志》卷十三《魏书·王肃传》。

5. 锺繇卒

锺繇(151—230)，字元常，颍川长社(今河南许昌长葛东)人。三国魏著名经学家。举孝廉，除尚书郎、阳陵令，以疾去。辟三府，为廷尉正、黄门侍郎。助汉献帝东归有功，封东武亭侯。后被曹操委以重任，为司隶校尉，镇守关中，功勋卓著。以功迁前军师。魏国初建，文帝为太子时，曾赐繇"五熟釜"，并在釜上铭刻文字曰："于赫有魏，作汉藩辅。厥相惟锺，实幹心膂。靖恭夙夜，匪遑安处。百寮师师，楷兹度矩。"文帝即王位，复为大理。及践阼，改为廷尉，进封崇高乡侯。迁太尉，转封平阳乡侯。时司徒华歆、司空王朗，并先世名臣。文帝罢朝，谓左右曰："此三公者，乃一代之伟人也，后世殆难继矣！"明帝即位，进封定陵侯，迁太傅。太和四年，繇薨。帝素服临吊，谥曰成侯。陈寿评曰："锺繇开达理干。"《三国志·裴潜传》裴注引《魏略·列传》："司隶锺繇不好《公羊》而好《左氏》，谓《左氏》为太官，而谓《公羊》为卖饼家，故数与严幹共辨析长短。繇为人机捷，善持论，而幹讷口，临时屈无以应。繇谓幹曰：'公羊高竟为左丘明服矣。'幹曰：'直故吏为明使君服耳，公羊未肯也。'"《世说新语》卷一刘孝标注引《魏志》曰："繇家贫好学，为《周易》《老子》训。"又《三国志·锺会传》云："十四诵成侯《易记》"。《补三国艺文志》卷一："《锺繇易记》，见《锺会传》注引会母传。又《世说》卷一注引《魏志》曰：'繇家贫好学，为《周易》《老子》训。'今《魏志》无此文，当是《魏书》或《魏略》之讹。"锺繇所著《易记》本传未载。锺繇两子锺毓、锺会均有易学著作。锺毓字稚叔，有《难管辂易义》，见《管辂传》；锺会有《周易尽神论》、《周易无互体论》。

[文献]《三国志》卷十三《锺繇传》，又《三国志》卷三《明帝纪》卷三："(太和四年)夏四月，太傅锺繇薨。"又《三国志·裴潜传》裴注引《魏略·列传》。

6. 张裔卒

张裔（165—230），字君嗣，蜀郡成都（今四川成都）人。治公羊《春秋》，博涉《史》、《汉》。汝南许文休入蜀，谓裔幹理敏捷，是中夏锺元常之伦也。刘璋时，举孝廉，为鱼复长，还州署从事，领帐下司马。先主以裔为巴郡太守，还为司金中郎将。后以裔为益州太守。闿遂趑趄不宾，送裔于权。章武二年（223），既至蜀，丞相亮以为参军，署府事，又领益州治中从事。后加封辅汉将军。蜀建兴八年卒。张裔博涉《史记》、《汉书》，治《公羊春秋》。

［文献］《三国志》卷四一《张裔传》

7. 何宗卒

何宗，字彦英，蜀郡郫县人，蜀中大儒。其生年不详，活跃于东汉末年至蜀汉初期。何宗少时拜广汉人任安为师学习《诗》、《书》、《礼》、《易》及图谶、天文推步之术。刘璋时，为犍为太守。先主定益州，领牧，辟为从事祭酒。后援引图、谶，劝先主即尊号，践阼之后，迁为大鸿胪。建兴中卒。失其行事，故不为传，涉猎甚广，博学多识，擅长治学教礼，在蜀汉建立礼制，使蜀中民风大化。

［文献］《三国志》卷四五《蜀书·杨戏传》引《季汉辅臣赞》，陈寿自注云："何彦英，名宗。"又《华阳国志》卷十："何宗，字彦英，郫县人也。通经纬天官，推步图谶。知刘备应汉九世之运，赞立先主，为大鸿胪，方授公辅，会卒。"

案：何宗生卒年不详，据《三国志》"建兴中卒"，故系年于此。

太和六年(蜀建兴十年　吴嘉禾元年)
公元232年

1. 魏张揖作《古今字诂》

魏太和六年,博士河间张揖上《古今字诂》。

[文献]《太平御览》卷六百五十注引王隐《晋书》。严可均《全三国文》卷四十,唐颜师古《前汉书·叙例》。

案:张揖《古今字诂》是继《说文解字》之后,从学术史角度进行"古今字"研究的重要著作,对儒家古籍的理解与研究有重要意义。原本已亡佚,《隋书·经籍志》有著录,又云:梁有《难字》一卷,《错误字》一卷,并张揖撰。严可均辑佚书有《古今字诂》部分材料。

又案:唐颜师古《前汉书·叙例》:"张揖字稚让,清河人,一云河间人。魏太和中为博士。止解《司马相如传》一卷。"除《古今字诂》外,张揖又著有《广雅》三卷,梁有四卷,见《隋书·经籍志》。《全三国文》卷四十收录张揖《上广雅表》:"博士臣揖言:臣闻昔在周公,缵述唐虞,宗翼文武,克定四海,勤相成王,践阼理政,日昃不食,坐而待旦,德化宣流,越裳俟贡,嘉禾贯桑。六年制礼,以导天下,著《尔雅》一篇,以释其意义。……夫《尔雅》之为书也,文约而义固;其敷道也,精研而无误。真七经之检度,学问之阶路,儒林之楷素也。若其包罗天地,纲纪人事,权揆制度,发百家之训诂,未能悉备也。臣揖体质蒙蔽,学浅词顽,言无足取;窃以所识,择撢群艺,文同义异,音转失读,八方殊语,庶物易名,不在《尔雅》者,详录品核,以著于篇,凡万八千一百五十文,分为上、中、下,以须方徕俊哲、洪秀伟彦之伦,扣其两端,摘其过谬,今得用谞,亦所企想也。"另有《埤苍》三卷,见《隋书·经籍志》。《三仓训诂》三卷，《难字》一卷，《古今字训》二卷，见《新唐志》。《错误字》一卷，见《隋书·经籍志》，又见《册府元龟》卷六百八。《集古文》，见《通志·艺文略》卷六十四。

2. 王肃议褅祫之礼

魏明帝太和六年，尚书难王肃曰："曾子问唯祫于太祖，群主皆从，而不言褅，知褅不合食。"肃答曰，以为："褅祫殷祭，群主皆合，举祫则褅可知也。"袁准正论曰："先儒或为同，或为异，然'祫及坛墠，褅及郊宗石室'，此所及近远之杀也。大传曰：'礼不王不褅'。诸侯不褅，降于天子也。若褅祫同贯，此诸侯亦不得祫，非徒不褅也。"武宣皇后太和四年六月崩，至六年三月，有司以今年四月褅告。王肃议曰："今宜以崩年数。按春秋鲁闵公二年夏，褅于庄公。是时缞绖之中，至二十五月大祥便褅，不复禫，故讥其速也。去四年六月，武宣皇后崩，二十六日晚葬，除服即吉，四时之祭，皆亲行事。今当计始除服日数，当如礼须到禫月乃褅。"赵怡等以为：皇帝崩二十七月之后，乃得褅祫。王肃又奏："如郑玄言各于其庙，则无以异四时常祀，不得谓之殷祭。……所以特褅者，以褅大祭，故欲观其盛礼也。褅祫大祭，独举褅，则祫亦可知也。于礼记则以祫为大，于论语则以褅为盛，进退未知其可也。汉光武时下祭礼，以褅者毁庙之主皆合于太祖，祫者唯未毁之主合而已矣。郑玄以为褅者各于其庙。原其所以，夏商夏祭曰褅，然其殷祭亦名大褅。商颂长发，是大褅之歌也。至周改夏祭曰礿，以褅唯为殷祭之名。周公以圣德用殷之礼，故鲁人亦遂以褅为夏祭之名。是以左传所谓'褅于武宫'，又曰'烝尝褅于庙'，是四时祀，非祭之褅也。郑斯失矣。至于经所谓褅者，则殷祭之谓。郑据春秋，与大义乖。"

［文献］《通典》卷四九《礼九》。

案：褅祫乃古代吉礼的一种，即天子诸侯丧事毕，于太庙中合祭远近祖先神主，以示追远孝敬之意。《通典》卷四九载："古者天子诸侯三年丧毕，皆合先祖之神而享之，以生有庆集之欢，死亦应备合食之礼，缘生以事死，因天道之成而设褅祫之享，皆合先祖之神而享之。"

太和七年(青龙元年 蜀建兴十一年 吴嘉禾二年) 公元 233 年

1. 虞翻卒

虞翻(164—233),字仲翔,会稽余姚(今浙江余姚)人。虞翻家族累世儒学,高祖光,零陵太守,曾祖成、祖父凤、父歆。虞翻承继祖业,专力研修孟氏《易经》。太守王朗命为功曹。翻既归,策复命为功曹,待以交友之礼,身诣翻第。翻出为富春长。后翻州举茂才,汉召为侍御史,曹公为司空辟,皆不就。翻与少府孔融书,并示以所著《易注》。孙权以为骑都尉。翻数犯颜谏争,权不能悦,又性不协俗,多见谤毁,坐徙丹杨泾县。翻性疏直,数有酒失。又为老子、论语、国语训注,皆传于世。在南十余年,年七十卒。著作有:《周易注》九卷,见《隋书·经籍志》、《旧唐书·经籍志》,《经典释文·叙录》言十卷。《周易日月变例》六卷,虞翻、陆绩同撰,见《隋书·经籍志》。《京氏易律历注》一卷、《周易集林律历》一卷,见《隋书·经籍志》。《扬子太玄经注》十四卷,见《隋书·经籍志》。《孝经注》,见唐玄宗《孝经序注》,又见《经义考》卷二二二。《论语注》十卷,见《经典释文·叙录》。《郑注五经违失事因》,见本传。《春秋外传国语注》二十一卷,见《隋书·经籍志》。虞翻《周易注》已散失,现存虞氏《易》注主要见于唐李鼎祚《周易集解》,清人黄奭《汉学堂丛书》、孙堂《汉魏二十一家易注》亦有辑录。虞翻解《易》专于象数,发挥荀爽升降说,提出了卦变说、之正说、纳甲说,创立了体系完备的象数《易》学。虞翻与郑玄、荀爽并称为《易》学三家,孔融曾说:"闻延陵之礼乐,都吾子之治《易》,乃知东南之美者,非徒会稽之竹箭也。又观象云物,察应寒温,原其祸福,与神合契,可谓探赜穷通者也"。

[文献]《三国志》卷五七《吴书十二·虞翻传》及裴松之注引《翻别传》、《吴书》,又见《经义考》卷十。

案:《资治通鉴》卷七二作太和六年(232)九月卒。《三国志·吴书·虞翻传》裴注引《江表传》曰:"后权遣将士至辽东,于海中遭风,多所没失,权悔之,乃令曰:'昔赵简子称诸君之唯唯,不如周舍之谔谔。虞翻亮直,善于尽言,国之周舍也。前使翻在此,此役不成。'促下问交州,翻若尚存者,给其人船,发遣还都;若以亡者,送丧还本郡,使儿子仕宦。会翻已终。"《通鉴》以嘉禾元年(232)三月"遣将军周贺、校尉裴潜乘海之辽东",以虞翻卒年为 232 年。钱大昕《疑年录》曰虞翻卒于是年,今从钱大昕说。

2. 陈寿生

元康七年,陈寿病卒,时年六十五。逆推知其生于是年。

[文献]《晋书》卷八二《陈寿传》,其事迹又见《华阳国志》卷十一,《晋书》卷九一《儒林列传》。

青龙二年(蜀建兴十二年　吴嘉禾三年)
公元 234 年

1. 王肃上疏请山阳公称皇以配其谥

青龙中,山阳公薨,汉主也。肃上疏曰:"昔唐禅虞,虞禅夏,皆终三年之丧,然后践天子之尊。是以帝号无亏,君礼犹存。今山阳公承顺天命,允答民望,进禅大魏,退处宾位。公之奉魏,不敢不尽节。魏之待公,优崇而不臣。既至其薨,榇敛之制,舆徒之饰,皆同之于王者,是故远近归仁,以为盛美。且汉总帝皇之号,号曰皇帝。有别称帝,无别称皇,则皇是其差轻者也。故当高祖之时,土无二王,其父见在而使称皇,明非二王之嫌也。况今以赠终,可使称皇以配其谥。"明帝不从,使称皇,乃追谥曰汉孝献皇帝。

[文献]《三国志》卷十三《魏书十三·王肃传》,又见《后汉书》卷九《献帝纪》:"魏青龙二年三月庚寅,山阳公薨。自逊位至薨,十有四年,年五十四,谥孝献皇帝。八月壬申,以汉天子礼仪葬于禅陵,置园邑令丞。"

2. 谯周为益州典学从事

亮卒于敌庭,周在家闻问,即便奔赴,寻有诏书禁断,惟周以速行得达。

[文献]《三国志》卷四二《谯周传》。

案:据《三国志·蒋琬传》,是年,诸葛亮卒于敌庭,大将军蒋琬为尚书令,俄而加行都护,假节,领益州刺史,徙周为典学从事,总州之学者。故系于是年。

3. 尹默卒

尹默,字思潜,梓潼涪人也。益部多贵今文而不崇章句,默知其不博,乃远游荆州,从司马德操、宋仲子等受古学。皆通诸经史,又专精于《左氏春秋》,自刘歆条例,郑众、贾逵父子、陈元(方)、服虔注说,咸略诵述,不复按本。亮卒,还成都,拜太中大夫,卒。

[文献]《三国志》卷四二《蜀书十二·尹默传》。

案:尹默生卒事迹不详,暂将其卒年系于拜太中大夫之年。

青龙四年(蜀建兴十四年　吴嘉禾五年)
公元 236 年

1. 张昭卒

张昭(156—236),字子布,徐州彭城(今江苏徐州)人。少好学,善隶书,从白侯子安受《左氏春秋》,博览众书,与琅邪赵昱、东海王朗俱发名友善。弱冠察孝廉,不就,与朗共论旧君讳事,州里才士陈琳等皆称善之。刺史陶谦举茂才,不应,谦以为轻己,遂见拘执。昱倾身营救,方以得免。汉末大乱,徐方士民多避难扬土,昭皆南渡江。孙策创业,命昭为长史、抚军中郎将,升堂拜母,如比肩之旧,文武之事,一以委昭。策临亡,以弟权托昭,昭率群僚立而辅之。后刘备表权行车骑将军,昭为军师。权既称尊号,昭以老病,上还官位及所统领。更拜辅吴将军,班亚三司,改封娄侯,食邑万户。在里宅无事,乃著《春秋左氏传解》及《论语注》。昭容貌矜严,有威风,权常曰:"孤与张公言,不敢妄也。"举邦惮之。年八十一,嘉禾五年卒。权素服临吊,谥曰文侯。

　　[文献]《三国志》卷五二《张昭传》。

2. 王肃领秘书监

青龙四年夏四月,置崇文观,征善属文者以充之。后肃以常侍领秘书监,兼崇文观祭酒。

　　[文献]《三国志》卷三《魏书·明帝纪》,又见《三国志》卷十三《魏书·王肃传》。

3.高堂隆议礼乐

青龙中,大治殿舍,西取长安大钟。隆上疏曰:"昔周景王不仪刑文、武之明德,忽公旦之圣制,既铸大钱,又作大钟,单穆公谏而弗听,泠州鸠对而弗从,遂迷不反,周德以衰,良史记焉,以为永鉴。然今之小人,好说秦、汉之奢靡以荡圣心,求取亡国不度之器,劳役费损,以伤德政,非所以兴礼乐之和,保神明之休也。"是日,帝幸上方,隆与卞兰从。帝以隆表授兰,使难隆曰:"兴衰在政,乐何为也? 化之不明,岂钟之罪?"隆曰:"夫礼乐者,为治之大本也。故箫韶九成,凤皇来仪,雷鼓六变,天神以降,政是以平,刑是以错,和之至也。新声发响,商辛以陨,大钟既铸,周景以弊,存亡之机,恒由斯作,安在废兴之不阶也? 君举必书,古之道也,作而不法,何以示后? 圣王乐闻其阙,故有箴规之道;忠臣愿竭其节,故有匪躬之义也。"帝称善。迁侍中,犹领太史令。

[文献]《三国志》卷二五《高堂隆传》。又见《三国志》卷三《明帝纪》:"是时(青龙三年),大治洛阳宫,起昭阳、太极殿、筑总章观。百姓失农时,直臣杨阜、高堂隆等各数切谏,虽不能听,常优容之。"

4.陈群卒

陈群(? —237),字长文,颍川许昌(今河南许昌)人。祖父寔,父纪,叔父谌,皆有盛名。刘备临豫州,辟群为别驾。后以司徒掾举高第,为治书侍御史,转参丞相军事。魏国既建,迁为御史中丞。群转为侍中,领丞相东西曹掾。在朝无适无莫,雅杖名义,不以非道假人。文帝在东宫,深敬器焉,待以交友之礼,及即王位,封群昌武亭侯,徙为尚书。制九品官人之法,群所建也。及践阼,迁尚书仆射,加侍中,徙尚书令,进爵颍乡侯。帝征孙权,至广陵,使群领中领军。帝还,假节,都督水军。还许昌,以群为镇军大将军,领中护军,录尚书事。帝寝疾,群与曹真、司马宣王等并受遗诏辅政。明帝即位,进封颍阴侯,增邑五百,并前千三百户,与征东大将军曹休、中军大将军曹真、抚军大将军司马宣王并开府。顷之,为司空,故录尚书事。青龙四年薨,谥曰靖侯。正始四年(243),配享曹操庙庭。陈群撰有《论语义说》一卷，见《清史稿·艺文志》。《全三国文》辑有《明帝莅政上疏》、《谏追封太后父母》、《荐管宁》、《奏请魏王受禅》、《复肉刑议》、《诸王国相不应为国王服斩缞议》等文。马国翰辑有《论语陈氏义说》一卷。

[文献]《三国志》卷二二《魏书·陈群传》，又见《魏志》卷三《明帝纪》。

5. 王基依郑学反对王肃

散骑常侍王肃著诸经传解及论定朝仪，改易郑玄旧说，而基据持玄义，常与抗衡。

[文献]《三国志》卷二七《魏书·王基传》。

案：王基与王肃的争论当在肃任散骑常侍之时，据《三国志·王肃传》，太和三年(229)，肃始为散骑常侍。青龙四年(236)，肃42岁，以常侍领秘书监，兼崇文观祭酒，肃迁官当于是年，暂系其事于是年。

景初元年(蜀建兴十五年 吴嘉禾六年)
公元 237 年

1. 王肃议司徒陈矫服

司徒广陵陈矫,字季弼,本刘氏养于陈氏,景初元年薨,谥曰贞侯。及其薨,刘氏弟子疑所服,以问王肃。肃答曰:"昔陈司徒丧母,诸儒陈其子无服,甚失礼矣。为外祖父母小功,此以异性而有服者,岂不以母之所生反重于父之所生,不亦左乎!为人后者,其妇为舅姑大功。妇他人也,犹为夫故,父母降一等。祖至亲也,而可以无服乎?推父降一等,则子孙宜依本亲而降一等。"

[文献]《通典》卷六九,又见《三国志》卷二二《陈矫传》裴松之注引《魏氏春秋》曰:"矫本刘氏子,出嗣舅氏而婚于本族。"

2. 高堂隆上疏建议崇礼乐、尊儒士

时军国多事,用法深重。隆上疏曰:"夫拓迹垂统,必俟圣明,辅世匡治,亦须良佐,用能庶绩其凝而品物康乂也。夫移风易俗,宣明道化,使四表同风,回首面内,德教光熙,九服慕义,固非俗吏之所能也。今有司务纠刑书,不本大道,是以刑用而不措,俗弊而不敦。宜崇礼乐,班叙明堂,修三雍、大射、养老,营建郊庙,尊儒士,举逸民,表章制度,改正朔,易服色,布恺悌,尚俭素,然后备礼封禅,归功天地,使雅颂之声盈于六合,缉熙之化洽于后嗣。斯盖至治之美事,不朽之贵业也。然九域之内,可揖让而治,尚何忧哉!不正其本而救其末,譬犹梦丝,非政理也。可命群公卿士

通儒,造具其事,以为典式。"隆又以为改正朔,易服色,殊徽号,异器械,自古帝王所以神明其政,变民耳目,故三春称王,明三统也。于是敷演旧章,奏而改焉。帝从其议,改青龙五年春三月为景初元年孟夏四月,服色尚黄,牺牲用白,从地正也。

[文献]《三国志》卷二五《魏书·高堂隆传》。

3. 魏明帝郊祀

景初元年十月乙卯,始营洛阳南委粟山为圜丘。诏曰:"昔汉氏之初,承秦灭学之后,采摭残缺,以备郊祀。自甘泉后土,雍宫五畤,神祇兆位,多不经见,并以兴废无常,一彼一此,四百余年,废无禘礼,古代之所更立者,遂有阙焉。曹氏世系,出自有虞氏。今祀圜丘以始祖帝舜配,号圜丘曰皇皇帝天。方丘所祭曰皇皇后地,以舜妃伊氏配。天郊所祭曰皇天之神,以太祖武皇帝配。地郊所祭曰皇地之祇,以武宣皇后配。宗祀皇考高祖文皇帝于明堂,以配上帝。"十二月壬子冬至,始祀皇皇帝天于圜丘,以始祖有虞帝舜配。自正始以后,终魏世不复郊祀。

[文献]《晋书》卷十九《礼志上》。

景初二年(蜀延熙元年　吴赤乌元年)
公元 238 年

1. 魏明帝尊儒贵学

景初中,帝以苏林、秦静等并老,恐无能传业者。乃诏曰:"昔先圣既没,而其遗言余教,著于六艺。六艺之文,礼又为急,弗可斯须离者也。末俗背本,所由来久。故闵子讥原伯之不学,荀卿丑秦世之坑儒,儒学既废,则风化曷由兴哉?方今宿生巨儒,并各年高,教训之道,孰为其继?昔伏生将老,汉文帝嗣以晁错;《穀梁》寡畴,宣帝承以十郎。其科郎吏高才解经义者三十人,从光禄勋隆、散骑常侍林、博士静,分受四经三礼,主者具为设课试之法。夏侯胜有言:'士病不明经术,经术苟明,其取青紫如俯拾地芥耳。'今学者有能究极经道,则爵禄荣宠,不期而至。可不勉哉!"数年,隆等皆卒,学者遂废。

[文献]《三国志》卷二五《魏书·高堂隆传》。

2. 李譔为蜀太子庶子

延熙元年,后主立太子,以譔为庶子,迁为仆射,转中散中大夫、右中郎将,犹侍太子。太子爱其多知,甚悦之。然体轻脱,好戏啁,故世不能重也。著古文《易》、《尚书》、《毛诗》、《三礼》、《左氏传》、《太玄》指归,皆依准贾、马,异于郑玄。与王氏殊隔,初不见其所述,而意归多同。景耀中卒。时又有汉中陈术,字申伯,亦博学多闻,著释问七篇、益部耆旧传及志,位历三郡太守。

[文献]《三国志》卷四二《蜀书·李譔传》。

3. 谯周为蜀太子家令

诸葛亮卒于敌庭之时，后主立太子，以周为仆，转家令。后迁光禄大夫，位亚九列。周虽不与政事，以儒行见礼，时访大议，辄据经以对，而后生好事者亦咨问所疑焉。

[文献]《三国志》卷四二《蜀书·谯周传》。

4. 魏议考课

景初中，受诏作都官考课。劭上疏曰："百官考课，王政之大较，然而历代弗务，是以治典阙而未补，能否混而相蒙。陛下以上圣之宏略，愍王纲之弛颓，神虑内鉴，明诏外发。臣奉恩旷然，得以启蒙，辄作都官考课七十二条，又作说略一篇。臣学寡识浅，诚不足以宣畅圣旨，著定典制。"又以为宜制礼作乐，以移风俗，著《乐论》十四篇，事成未上。会明帝崩，不施行。

[文献]《三国志》卷二一《魏书·刘劭传》，又《三国志》卷二一《魏书·傅嘏传》，《三国志》卷二四《魏书·崔林传》，《三国志》卷十六《魏书·杜恕传》。

景初三年(蜀延熙二年 吴赤乌二年)公元 239 年

1. 刘劭著《乐论》

又以为宜制礼作乐,以移风俗,著《乐论》十四篇,事成未上。会明帝崩,不施行。

[文献]《三国志》卷二一《刘劭传》。

2. 王肃议明帝丧礼

景初中,明帝崩于建始殿,殡于九龙殿,尚书访曰:"当以明皇帝谥告四祖,祝文于高皇,称玄孙之子,云何?"王肃曰:"礼称曾孙某,谓国家也。荀爽、郑玄说皆云天子诸侯事曾祖以上,皆称曾孙。"又访:"案汉既葬,容衣还。儒者以为宜如文皇帝故事,以存时所服。"王肃曰:"礼虽无容衣之制,今须容衣还而后虞祭,宜依尸服卒者上服之制,生时褻服,可随所存。至于制度,则不如礼。孔子曰:'祭之以礼。'亦为此也。诸侯之上服,则今服也。天子不为命服,然亦所以命服之上也。案汉氏西京故事,月游衣冠,则容衣也。言冠以正服不以褻衣也。"尚书又访:"容衣还,君臣帮当在帐中,常填卫见。"王肃曰:"礼不墓祭,而汉氏正月上陵。神座在丁序东向,百辟计吏,前告郡之谷价,人之疾苦,欲先帝魂灵闻知。时蔡邕以为礼有烦而不可去,事亡如存。况今无填卫之禁,而合于如事存之意。可见于门内,拜讫,入帐,临乃除服。"

[文献]《通典》卷七九。

正始元年(蜀延熙三年　吴赤乌三年)
公元 240 年

1.王肃出为广平太守

正始元年,出为广平太守。

[文献]《三国志》卷十三《王肃传》。

2.薛综为选曹尚书

薛综,字敬文,沛郡竹邑人也。赤乌三年,徙选曹尚书。

[文献]《三国志》卷五三《吴书八·薛综传》。

正始二年(蜀延熙四年 吴赤乌四年)
公元 241 年

1. 魏齐王芳通《论语》

二年春二月,帝初通论语,使太常以太牢祭孔子于辟雍,以颜渊配。

[文献]《三国志》卷四《魏书四·齐王芳》,又《宋书·礼志》:"魏齐王正始中,齐王每讲经遍,辄使太常释奠先圣先师于辟雍,弗躬亲。"《晋书》卷二一《志第十一》略同。又见《晋书》卷十九《礼志上》。

2. 魏立三字石经

魏初传古文者,出于邯郸淳。恒祖敬侯写淳《尚书》,后以示淳,而淳不别。至正始中,立三字石经,转失淳法,因科斗之名,遂效其形。

[文献]《晋书》卷三六《卫恒传》。又郦道元《水经注·谷水注》:"魏正始中,又立古、篆、隶三字石经。"《隋书》卷三二《经籍志》:"魏正始中,又立三字石经,相承以为七经正字。"《隋书》卷三十《经籍志》:"《三字石经尚书》九卷,梁有十三卷。《三字石经春秋》三卷,梁有十二卷。"又见《三国志》卷二一《刘劭传》、《资治通鉴》卷五七、卷一二三等。

案:刘汝霖《汉晋学术编年》云:"自汉立石经之后,仅八年而遭董卓之乱,宫阙宗庙,尽为灰烬,碑遂零落不全。至是振兴文教,重开篆科隶三种。"①记其为正始六年。刘学智《中国学术思想编年·魏晋南北朝卷》把

---

① 刘汝霖:《汉晋学术编年》,中华书局 1987 年版。

三字石经之立系于正始二年。今从之。关于魏石经刊刻者、文字典籍等考据，有王国维《魏石经考》、《魏正始石经残石考》，罗振玉《魏正始石经残石跋》，章太炎《新出三体石经考》，孙海波《魏三字石经集录》等可资参考。

3. 阚泽论三教

赤乌四年，下敕问尚书令阚泽曰："汉明已来凡有几年。佛教入汉既久，何缘始至江东？"泽曰："自汉明永平十年，佛法初来，至今赤乌四年，则一百七十年矣。初永平十四年。五岳道士与摩滕角力之时。道士不如。南岳道士褚善信、费叔才等在会，自憾而死。门徒弟子归葬南岳。不预出家无人流布。后遭汉政陵迟兵戎不息，经今多载始得兴行。又问曰："孔丘、老子得与佛比对不？"泽曰："……若以孔、老二教比方佛法，远则远矣。所以然者，孔、老二教，法天制用，不敢违天；诸佛设教，天法奉行，不敢违佛。以此言之，实非比对。"吴主大悦，以泽为太子太傅。

[文献]《广弘明集》卷一《吴主孙权论叙佛道三宗》，又见《广弘明集》卷十四、《佛祖历代通载》卷五、《佛祖统纪》卷三五、《法苑珠林》卷五五、《集古今佛道论衡》(卷甲)、《集神州三宝感通录》卷上、《破邪论》卷上等。

正始三年(蜀延熙五年　吴赤乌五年)
公元 242 年

1. 阚泽为吴太子太傅

赤乌五年,拜太子太傅,领中书如故。

[文献]《三国志》卷五三《吴书八·阚泽传》,又见《广弘明集》卷一《吴主叙佛道三宗》(引《吴书》),《佛祖历代通载》卷五亦有载。

2. 薛综为吴太子少傅

五年,为太子少傅,领选职如故。后权赐综紫绶囊,综陈让紫色非所宜服,权曰:"太子年少,涉道日浅,君当博之以文,约之以礼,茅土之封,非君而谁?"是时综以名儒居师傅之位,仍兼选举,甚为优重。

[文献]《三国志》卷五三《吴书八·薛综传》及裴注引《吴书》。

正始四年(蜀延熙六年　吴赤乌六年)
公元 243 年

1. 王弼与裴徽论孔圣与老子

时裴徽为吏部郎,弼未弱冠,往造焉。徽一见而异之,问弼曰:"夫无者诚万物之所资也,然圣人莫肯致言,而老子申之无已者何?"弼曰:"圣人体无,无又不可以训,故不说也。老子是有者也,故恒言无所不足。"弼注《易》,颍川人荀融难弼《大衍义》。注《易》,往往有高丽言。太原王济好谈,病老、庄,常云:"见弼易注,所悟者多。"

[文献]《三国志》卷二八《锺会传》裴注引何劭《王弼传》。

案:据《三国志·锺会传》,王弼未弱冠之时见裴徽。刘汝霖《汉晋学术编年》卷六考证认为王弼见到裴徽当在正始四年,弼注《老子》时间当在此之前。王晓毅《王弼评传·王弼年谱》认为王弼与裴徽相见当在正始四年,但注《老子》时间当在此之后。今暂从刘汝霖说。

2. 王肃为魏太常

正始元年,出为广平太守。公事徵还,拜议郎。顷之,为侍中,迁太常。

[文献]《三国志》卷十三《王肃传》。

3. 阚泽卒

阚泽(？—243)，字德润。会稽山阴(今浙江绍兴)人。三国时期吴国学者。家世农夫，至泽好学，居贫无资，常为人佣书，以供纸笔，所写既毕，诵读亦遍。追师论讲，究览群籍，兼通历数，由是显名。察孝廉，除钱唐长，迁郴令。孙权为骠骑将军，辟补西曹掾；及称尊号，以泽为尚书。嘉禾中，为中书令，加侍中。泽以经传文多，难得尽用，乃斟酌诸家，刊约礼文及诸注说以授二宫，为制行出入及见宾仪，又著乾象历注以正时日。每朝廷大议，经典所疑，辄谘访之。以儒学勤劳，封都乡侯。性谦恭笃慎，宫府小吏，呼召对问，皆为抗礼。人有非短，口未尝及，容貌似不足者，然所闻少穷。赤乌六年冬卒。阚泽撰《乾象历注》一书，见《隋书·经籍志》，今已佚。《全三国文》卷六十六有《九章》。虞翻称泽曰："阚生矫杰，盖蜀之扬雄。"又曰："阚子儒术德行，亦今之仲舒也。"

[文献]《三国志》卷五三《吴书八·阚泽传》，《广弘明集·归正篇》上。

4. 薛综卒

薛综(？—243)，字敬文，沛郡竹邑(今安徽濉溪)人。综少明经，善属文，有秀才。避地交州，从刘熙学。士燮既附孙权，召综为五官中郎将，除合浦、交阯太守。后从征至九真，回朝任谒者仆射。232年，升任尚书仆射。赤乌三年，徙选曹尚书。赤乌六年春(243)，薛综卒。薛综是当时名儒，著有诗赋难论数万言，集为《私载》，并著有《五宗图述》、《二京解》，见本传。马国翰辑《五宗图》一卷，云汉郑元撰，吴薛综述。

[文献]《三国志》卷五三《薛综传》。

正始五年(蜀延熙七年　吴赤乌七年)
公元 244 年

1.魏齐王芳讲《尚书》

正始五年五月癸巳,讲《尚书》经通,使太常以太牢祀孔子于辟雍,以颜渊配。赐太傅、大将军及侍讲者各有差。

[文献]《三国志》卷四《魏书·齐王纪》。

2.王弼与何晏论学

何晏为吏部尚书,有位望。时谈客盈坐,王弼未弱冠,往见之。晏闻弼名,因条向者胜理语弼曰:"此理仆以为理极,可得复难不?"弼便作难,一坐人便以为屈;于是弼自为客主数番,皆一坐所不及。

[文献]《世说新语·文学》,又《三国志》卷二八《锺会传》裴注引何劭《王弼别传》:"寻亦为傅嘏所知。于时何晏为吏部尚书,甚奇弼,叹之曰:'仲尼称后生可畏,若斯人者,可与言天人之际乎!'"

按:王弼与何晏论学时未弱冠,当未满二十岁之时,故系年于此。

3.傅玄为魏著作郎

州举秀才,除郎中,与东海缪施俱以时誉选入著作,撰集魏书。

[文献]《晋书》卷四七《傅玄传》。又《史通·古今正史》卷十二:"魏史,黄初、太和中始命尚书卫觊、缪袭草创纪传,累载不成。又命侍中韦

50

诞、应璩、秘书监王沈、大将军从事中郎阮籍,司徒右长史孙该、司隶校尉傅玄等,复共撰定。"

案:《晋书·傅玄传》中"缪施"当为"缪袭"之讹,缪袭明年卒,傅玄与其撰《魏书》当在其卒年之前,故系年于此。

正始六年(蜀延熙八年　吴赤乌八年)
公元 245 年

1.魏以王朗《易传》为课试之书

正始六年十二月辛亥,诏故司徒王朗所作《易传》,令学者得以课试。

[文献]《三国志》卷四《齐王纪》。

2.何晏等上《论语集解》

汉中垒校尉刘向言:《鲁论语》二十篇,皆孔子弟子记诸善言也。太子太傅夏侯胜,前将军萧望之、丞相韦贤、及子玄等传之。《齐论语》二十二篇,其二十篇中,章句颇多于《鲁论》,琅琊王卿及胶东庸生、昌邑中尉王吉皆以教授,故有《鲁论》,有《齐论》。鲁共王时,尝欲以孔子宅为宫,坏,得《古文论语》。《齐论》有《问王》《知道》,多于《鲁论》二篇,《古论》亦无此二篇,分《尧曰》下章《子张问》以为一篇,有两《子张》,凡二十一篇,篇次不与齐、鲁《论》同。安昌侯张禹本受鲁论,兼讲齐说,善者从之,号曰《张侯论》,为世所贵。包氏、周氏《章句》出焉。《古论》唯博士孔安国为之训解,而世不传。至顺帝时,南郡太守马融亦为之训说。汉末,大司农郑玄就《鲁论》篇章,考之齐、古,为之注。近故司空陈群、太常王肃、博士周生烈皆为义说。前世传受师说,虽有异同,不为训解,中间为之训解,至于今多矣。所见不同,互有得失。今集诸家之善,记其姓名,有不安者,颇为改易,名曰《论语集解》。光禄大夫关内侯、臣孙邕、光禄大夫臣郑冲、散骑常侍中领军安乡亭侯臣曹羲、侍中臣荀顗、尚书驸马都尉关内侯臣何晏等上。

［文献］《论语集解义疏·叙》何晏自叙。又《晋书》卷三三《郑冲传》：
"初，冲与孙邕、曹羲、荀顗、何晏共集《论语》诸家训注之善者，记其姓名，
因从其义，有不安者辄改易之，名曰《论语集解》。成，奏之魏朝，于今传
焉。"《经典释文·叙录》："何晏集孔安国、包咸、周氏、马融、郑玄、陈群、王
肃、周生烈之说，并下己意为集解，正始中上之，盛行于世，今以为主。"

案：《论语集解》成于何年，史无明载。刘汝霖《汉晋学术编年》卷六据
《论语集解序》中与何晏共上此书者，有光禄大夫郑冲、侍中荀顗、散骑常
侍曹羲、光禄大夫关内侯孙邕；考《晋书·郑冲传》："大将军曹爽引为从事
中郎，转散骑常侍，光禄勋。"《荀顗传》："宣帝辅政，见顗奇之，擢拜散骑侍
郎，累迁侍中。"又因叙中不言及太常王肃，综合考之，系于是年。今从之。

3. 刘靖上书陈儒训之本

馥子靖，黄初中从黄门侍郎迁庐江太守，转在河内，迁尚书，赐爵关内
侯，出为河南尹。靖为政有馥遗风。母丧去官，后为大司农卫尉，进封广
陆亭侯，邑三百户。上疏陈儒训之本曰："夫学者，治乱之轨仪，圣人之大
教也。自黄初以来，崇立太学二十馀年，而寡有成者，盖由博士选轻，诸生
避役，高门子弟，耻非其伦，故无学者。虽有其名而无其人，虽设其教而无
其功。宜高选博士，取行为人表，经任人师者，掌教国子。依遵古法，使二
千石以上子孙，年从十五，皆入太学。明制黜陟荣辱之路；其经明行修者，
则进之以崇德；荒教废业者，则退之以惩恶；举善而教不能则劝，浮华交
游，不禁自息矣。阐弘大化，以绥未宾；六合承风，远人来格。此圣人之
教，致治之本也。"

［文献］《三国志》卷一五《刘馥传》。

案：刘汝霖《汉晋学术编年》作刘馥上书，据《三国志》应为刘靖上书。

正始七年(蜀延熙九年　吴赤乌九年)
公元 246 年

1. 魏齐王芳讲《礼记》

正始七年冬十二月,讲《礼记》通,使太常以太牢祀孔子于辟雍,以颜渊配。

[文献]《三国志》卷四《齐王纪》。

2. 刘劭执经讲学

正始中。执经讲学,赐爵关内侯。

[文献]《三国志》卷二一《刘劭传》。

3. 蒋琬卒

蒋琬(? —246年),字公琰,零陵湘乡(今湖南湘乡)人。弱冠与外弟泉陵刘敏俱知名。与诸葛亮、董允、费祎合称"蜀汉四相"。琬以州书佐随先主入蜀,除广都长。顷之,为什邡令。先主为汉中王,琬入为尚书郎。建兴元年,丞相亮开府,辟琬为东曹掾。迁为参军。五年,亮住汉中,琬与长史张裔统留府事。八年,代裔为长史,加抚军将军。亮卒,以琬为尚书令,俄而加行都护,假节,领益州刺史,迁大将军,录尚书事,封安阳亭侯。延熙元年(238),受命开府,加大司马,总揽蜀汉军政。延熙九年病卒,谥曰恭。著有《丧服要记》一卷,见《隋书·经籍志》。《全三国文》收录有《丧服要记》、《荐董允表》、《承命上疏》等文。

[文献]《三国志》卷四四《蒋琬传》。

正始八年(蜀延熙十年　吴赤乌十年)
公元 247 年

1. 何晏谏讲论经义

魏正始八年秋七月,尚书何晏奏曰:"善为国者必先治其身,治其身者慎其所习。所习正则其身正,其身正则不令而行;所习不正则其身不正,其身不正则虽令不从。是故为人君者,所与游必择正人,所观览必察正象,放郑声而弗听,远佞人而弗近,然后邪心不生而正道可弘也。季末闇主,不知损益,斥远君子,引近小人,忠良疏远,便辟褒狎,乱生近昵,譬之社鼠;考其昏明,所积以然,故圣贤谆谆以为至虑。舜戒禹曰'邻哉邻哉',言慎所近也,周公戒成王曰'其朋其朋',言慎所与也。《诗》《书》云:'一人有庆,兆民赖之。可自今以后,御幸式乾殿及游豫后园,皆大臣侍从,因从容戏宴,兼省文书,询谋政事,讲论经义,为万世法。"

[文献]《三国志》卷四《魏书·三少帝纪·齐王芳》。

2. 射慈为吴中书郎

射慈,《旧唐志》作谢慈,字孝宗,彭城人,吴中书侍郎,齐王傅。其生平事迹无详考。著有:《礼记音》一卷,见《隋书·经籍志》、《经典释文·叙录》。《丧服变除图》五卷,见《隋书·经籍志》、《古佚书辑本目录附考证》云一卷。《小戴礼记音》二卷,见《新唐书·艺文志》。马国翰辑有《丧服变除图》一卷,《丧服天子诸侯图》二卷。

[文献]《经典释文·叙录》。《三国志》卷五十九《孙奋传》:"傅相谢慈

等谏奋，奋杀之。"裴注云："慈，字孝宗，彭城人，见《礼论》，撰《丧服图》及《变除》行于世。"

案：据《三国志》卷四八《孙休传》："孙休，字子烈，权第六子。年十三，从中书郎射慈、郎中盛冲受学。"孙休本传云其薨于永安七年（264）秋七月，时年三十，逆推知其年十三从射慈受学，当在此年，谢慈此年为中书郎。故将其事系于是年。孙奋于吴太元二年（252）为齐王，谢慈为齐王傅当在252年之后，后为孙奋所杀。

3. 刘劭卒

刘劭，字孔才，广平邯郸（今河北邯郸）人，生于汉灵帝建宁年间（168年—172年）。建安中，为计吏，诣许。御史大夫郗虑辟劭，会虑免，拜太子舍人，迁秘书郎。黄初中，为尚书郎、散骑侍郎。受诏集五经群书，以类相从，作《皇览》。明帝即位，出为陈留太守，敦崇教化，百姓称之。徵拜骑都尉，与议郎庾嶷、荀诜等定科令，作《新律》十八篇，著《律略论》。迁散骑常侍。劭尝作《赵都赋》，明帝美之，诏劭作《许都》、《洛都赋》。景初中，受诏作《都官考课》。凡所撰述，《法论》、《人物志》之类百余篇。卒，追赠光禄勋。其著有《孝经注》一卷，见《隋书·经籍志》。《乐论》十四篇，见本传。《尔雅注》，见《初学记·岁时部》卷三引。《人物志》三卷，见《隋书·经籍志》。《法论》，见本传。编有类书《皇览》。《全晋文》收录有《人物志》等文。

［文献］《三国志》卷二一《魏书·刘劭传》。

案：刘劭生卒年不详。据本传，正始中，执经讲学，后卒。《中国学术思想编年》据《三国志·刘劭传》"景初中受诏作都官考课"，"正始中，执经讲学，赐爵关内侯"，知其活跃于青龙（233—236）至正始年间（240—248）。又因"劭同时东海缪袭亦有才学，多所述叙，官至尚书，光禄勋"；而裴松之注引《文章志》谓缪袭"正始六年，年六十卒"，故认为卒年为正始六年前后。[①]《中古文学系年》云："劭卒年无考，大约在正始末年（二四五年左右）罢？[②]"今从刘学智说，系于是年。

---

① 刘学智、徐兴海：《中国学术思想编年·魏晋南北朝卷》，陕西师范大学出版社2006年版，第61页。
② 陆侃如：《中古文学系年》（下），人民文学出版社1985年版，第532页。

正始九年(蜀延熙十一年 吴赤乌十一年)公元 248 年

1. 王弼为魏尚书郎

正始中,黄门侍郎累缺。晏既用贾充、裴秀、朱整,又议用弼。时丁谧与晏争衡,致高邑王黎于曹爽,爽用黎。于是以弼补台郎。

[文献]《三国志》卷二八《锺会传》裴注引何劭《王弼传》,又见《全晋文》卷十八《王弼传》,《三国志》卷二八《锺会传》:"初,会弱冠与山阳王弼并知名。弼好论儒道,辞才逸辩,注易及老子,为尚书郎,年二十余卒。"

案:据《汉晋学术编年》卷六:"按《魏志·裴楷传》注:裴秀二十五岁为黄门侍郎。《晋书·裴秀传》,秀卒于泰始七年,寿四十八。则其二十五岁,当在此年。王弼之为台郎,既与同时,故知亦为此年之事。"王晓毅《王弼评传·王弼年谱》[①]与刘学智《中国学术思想编年·魏晋南北朝卷》[②]皆认为此年。今从。

2. 何晏与管辂论《易》九事

正始九年十二月二十八日,吏部尚书何晏请之,邓飏在晏许。晏谓辂曰:"闻君著爻神妙,试为作一卦,知位当至三公不?"……裴注引《辂别传》曰:辂为何晏所请,果共论《易》九事,九事皆明。晏曰:"君论阴阳,此世无

---

① 王晓毅:《王弼评传·王弼年谱》,南京大学出版社 1996 年版,第 366 页。
② 刘学智、徐兴海:《中国学术思想编年·魏晋南北朝卷》,陕西师范大学出版社 2006 年版,第 62 页。

双。"时邓飏与晏共坐，飏言："君见谓善《易》，而语初不及《易》中辞义，何故也？"辂寻声答之曰："夫善《易》者不论《易》也。"晏含笑而赞之"可谓要言不烦也"。因请辂为卦。辂既称引鉴戒，晏谢之曰："知几其神乎，古人以为难；交疏而吐其诚，今人以为难。今君一面而尽二难之道，可谓明德惟馨。《诗》不云乎，'中心藏之，何日忘之'！"

[文献]《三国志》卷二九《魏书·管辂传》裴注引《辂别传》。

案：管辂是三国时期象数易学的代表人物，何晏则长于玄学。余敦康先生认为"何晏在理论上所感到的困惑并不在于卦义本身，而在于如何用'以无为本'的命题来统率这许多具体的卦义。从本体论哲学的高度来看，这也就是如何辩证地解决有与无、现象与本体的关系问题"①。

---

① 余敦康：《魏晋玄学史》，北京大学出版社 2004 年版，第 108 页。

正始十年(嘉平元年 蜀延熙十二年 吴赤乌十二年) 公元 249 年

1. 何晏卒

何晏(? —249),字平叔,南阳宛(今河南南阳)人。大将军曹爽秉政时,何晏党附曹爽,累官侍中、吏部尚书,典选举,封列侯。高平陵之变后,收爽、羲、训、晏、飏、谧、轨、胜、范、当等,皆伏诛,夷三族。详见《学案篇》。

[文献]《三国志》卷九《魏书·何晏传》及裴注引《魏略》。又《三国志》卷四《齐王芳纪》、《晋书》卷一《高祖宣帝纪》、《晋书》卷三五《裴頠传》、《世说新语·言语》注引《魏略》等。

2. 桓范卒

桓范(? —249),字元则,沛国龙亢(今安徽怀远西龙亢)人。建安末,入丞相府,延康中,为羽林左监。以有文学,与王象等典集《皇览》。明帝时为中领军尚书,迁征虏将军、东中郎将,使持节都督青、徐诸军事,治下邳。与徐州刺史郑岐争屋,引节欲斩岐,为岐所奏,不直,坐免还。复为兖州刺史,怏怏不得意。正始中拜大司农。范尝抄撮汉书中诸杂事,自以意斟酌之,名曰《世要论》。高平陵之变时,力劝曹爽挟魏帝曹芳到许昌,曹爽不听。政变后,与曹爽及其党羽皆被司马懿诛杀。著有《世要论》十二卷,或称《桓范新书》,见《隋书·经籍志》,是魏晋时期一部重要儒学著作。

[文献]《三国志》卷九《曹爽传》注引《魏略》。

3. 王弼卒

王弼(226—249),魏晋时期经学家、哲学家,魏晋玄学的主要代表人物及创始人之一。正始十年(249)秋天,以疠疾亡,年仅 24 岁。详见《学案篇》。

[文献]《三国志》卷二八《魏书·锺会传》,又见同卷裴松之注引何劭《王弼传》,及《全晋文》卷十八《王弼传》。

案:王弼是魏晋玄学的主要代表人物。他援道入儒,认为"名教出于自然",注解《周易》,从义理出发,并提倡"得意忘言"的解经方法。王弼《周易注》被收入《十三经注疏》中。王弼对后世宋明理学的发展起到了一定的影响作用。

4. 王昶陈"治略五事"

王昶字文舒,太原晋阳人也。嘉平初,太傅司马宣王既诛曹爽,乃奏博问大臣得失。昶陈治略五事:其一,欲崇道笃学,抑绝浮华,使国子入太学而修庠序;其二,欲用考试,考试犹准绳也,未有舍准绳而意正曲直,废黜陟而空论能否也;其三,欲令居官者久于其职,有治绩则就增位赐爵;其四,欲约官实禄,励以廉耻,不使与百姓争利;其五,欲绝侈靡,务崇节俭,令衣服有章,上下有叙,储谷畜帛,反民于朴。诏书褒赞。因使撰百官考课事,昶以为唐虞虽有黜陟之文,而考课之法不垂。周制冢宰之职,大计群吏之治而诛赏,又无校比之制。由此言之,圣主明于任贤,略举黜陟之体,以委达官之长,而总其统纪,故能否可得而知也。其大指如此。

[文献]《三国志》卷二七《王昶传》。

嘉平二年(蜀延熙十三年　吴赤乌十三年)
公元 250 年

1. 王肃作《家语解》

郑氏学行五十载矣,自肃成童,始志于学,而学郑氏矣。然寻文责实,考其上下义理,不安违错者多,是以夺而易之。然世未明其款情,而谓其苟驳前师,以见异于人。乃慨然而叹曰:予岂好难哉?予不得已也。圣人之门,方壅不通,孔氏之路,枳棘充焉,岂得不开而辟之哉?若无由之者,亦非予之罪也。是以撰经礼申明其义,及朝论制度,皆据所见而言。孔子二十二世孙有孔猛者,家有其先人之书。昔相从学,顷还家,方取以来。与余所论,有若重规叠矩。

[文献]《孔子家语·自序》。《孔子家语》见于《旧唐书·经籍志》、《文献通考》卷一八四《经籍十一》、《四库全书总目·子部》等。

案:《孔子家语》著作年代不详。《汉晋学术编年》据《孔子家语·自序》"郑氏学行五十载矣。自肃成童,始志于学而学郑氏学矣"考证后系于是年。刘学智《中国学术思想编年·魏晋南北朝卷》、庄大钧《魏晋南北朝经学学术编年》、宋桂梅《魏晋儒学编年》皆系年于此,今从。

又案:《孔子家语》的真伪,一直是学界所争论的一个问题。王肃时期已有学人疑其伪造,后有唐颜师古,宋王柏,清姚际恒、皮锡瑞等人,皆认为王肃伪造《家语》。宋朱熹、清陈士珂等则认为《家语》并非完全伪造。这种争议一直延续至今。刘汝霖认为王肃为掊击郑玄不得不伪托古人以自重。蒋善国《尚书综述》①与李学勤《竹简〈家语〉与汉魏孔氏家学》则认为并非伪造。

2. 杜琼卒

杜琼(? —250),字伯瑜,蜀郡成都人(今四川成都郫县)。三国时期蜀汉学者。少受学于任安,精究安术。刘璋时辟为从事。先主定益州,领牧,以琼为议曹从事。后主践阼,拜谏议大夫,迁左中郎将、大鸿胪、太常。为人静默少言,阖门自守,不与世事。蒋琬、费祎等皆器重之。虽学业入深,初不视天文有所论说。后进通儒谯周常问其意。琼年八十余,延熙十三年卒。著有《韩诗章句》,见本传及《经典释文·叙录》。

［文献］《三国志》卷四二《杜琼传》。

---

① 蒋善国:《尚书综述》,上海古籍出版社 1988 年版,第 348 页。

嘉平三年(蜀延熙十四年 吴赤乌十四年太元元年) 公元 251 年

1. 郑冲为魏司空

嘉平三年十二月,以光禄勋郑冲为司空。

[文献]《三国志》卷四《齐王纪》,又见《晋书》卷三三《郑冲传》。

2. 王基修学校

其年为尚书,出为荆州刺史,加扬烈将军,随征南王昶击吴。基别袭步协于夷陵,协闭门自守。基以军功,赐爵关内侯。基又表城上昶,徙江夏治之,以逼夏口,由是贼不敢轻越江。明制度,整军农,兼修学校,南方称之。

[文献]《三国志》卷二七《魏书·王基传》。

案:《三国志》卷四《魏书·齐王芳》:"(嘉平)三年春正月,荆州刺史王基、新城太守(陈泰)攻吴,破之,降者数千口。二月,置南郡之夷陵县以居降附。"故系于是年。

嘉平四年(蜀延熙十五年　吴太元二年神凤元年建兴元年)　公元 252 年

1. 郭象生

郭象生地不详,永嘉末病卒,年六十一岁,逆推知其生于是年。

[文献]《晋书》卷五十《郭象传》,其事迹又见《晋书》卷五十《庾敳传》及《世说新语·文学》注引《文士传》。

2. 吴令周昭等撰《吴书》

右国史华覈上疏曰:"臣闻五帝三王皆立史官,叙录功美,垂之无穷。汉时司马迁、班固,咸命世大才,所撰精妙,与六经俱传。大吴受命,建国南土。大皇帝末年,命太史令丁孚、郎中项峻始撰《吴书》。孚、峻俱非史才,其所撰作,不足纪录。至少帝时,更差韦曜、周昭、薛莹、梁广及臣五人,访求往事,所共撰立,备有本末。昭、广先亡,曜负恩蹈罪,莹出为将,复以过徙,其书遂委滞,迄今未撰奏。臣愚浅才劣,适可为莹等记注而已,若使撰合,必袭孚、峻之迹,惧坠大皇帝之元功,损当世之盛美。莹涉学既博,文章尤妙,同寮之中,莹为冠首。今者见吏,虽多经学,记述之才,如莹者少,是以慺慺为国惜之。实欲使卒垂成之功,编于前史之末。奏上之后,退填沟壑,无所复恨。"皓遂召莹还,为左国史。

[文献]《三国志》卷五二《步骘传》、五三《薛莹传》,又《三国志》卷六五《韦曜传》:"孙亮即位,诸葛恪辅政,表曜为太史令,撰《吴书》。华覈、薛莹等,皆与参同。"

案:周昭,字恭远。其生卒事迹不详。《三国志》卷五二《步骘传》:"周昭者,字恭远,与韦曜、薛莹、华覈并述吴书,后为中书郎,坐事下狱,覈表救之,孙休不听,遂伏法云。"与韦曜、薛莹、华覈并述《吴书》,著《周子》一卷,见《隋书·经籍志》,马国翰辑《周子》一卷。

3. 杜恕卒

杜恕(？—252),字务伯,京兆杜陵人。西汉御史大夫杜延年之后,尚书仆射杜畿之子。太和中为散骑黄门侍郎。出为弘农太守,数岁转赵相,起家为河东太守,岁余,迁淮北都督护军,复以疾去。恕所在,务存大体而已,其树惠爱,益得百姓欢心,不及于畿。顷之,拜御史中丞。恕在朝廷,以不得当世之和,故屡在外任。复出为幽州刺史,加建威将军,使持节,护乌丸校尉。后遭程喜弹劾,下廷尉,当死。以父畿勤事水死,免为庶人,徙章武郡,是岁嘉平元年。在章武,遂著《体论》八节。又著《兴性论》一篇,盖兴于为己也。四年,卒于徙所。杜恕所著有《体论》八篇,见本传,《隋书·经籍志》、新旧《唐志》有《杜氏体论》四卷;又作《兴性论》一篇,《隋书·经籍志》有《笃论》四卷,亦称恕撰;《春秋穀梁传注》十二卷,见《隋书·经籍志》;《春秋说要》十卷,见《隋书·经籍志》;《理何氏汉议》二卷,见《隋书·经籍志》;《穀梁音》,见《经典释文·叙录》。马国翰辑有《杜氏体论》一卷,《春秋穀梁传糜氏注》一卷,《笃论》一卷,《杜子新论》一卷。

[文献]《三国志》卷十六《杜恕传》。

嘉平五年(蜀延熙十六年　吴建兴二年)
公元 253 年

1. 王肃徙为河南尹

王肃坐宗庙事免。后为光禄勋。时有二鱼长尺,集于武库之屋,有司以为吉祥。肃曰:"鱼生于渊而亢于屋,介鳞之物失其所也。边将其殆有弃甲之变乎?"其后果有东关之败。徙为河南尹。

[文献]《三国志》卷十三《王肃传》。

案:据《三国志·齐王芳纪》:"(嘉平)四年春正月癸卯,以抚军大将军司马景王为大将军。……夏五月,鱼二见于武库屋上。……十二月,吴大将诸葛拒战,大破众军于东关。不利而还。"东关之败于嘉平四年,故系于此。

2. 锺会撰《四本论》

锺会撰《四本论》,始毕,甚欲使嵇公一见。置怀中,既定,畏其难,怀不敢出,于户外遥掷,便回急走。

[文献]《世说新语·文学》,又载刘孝标注引《魏志》曰:"会论才性同异,传于世。四本者:言才性同,才性异,才性合,才性离也。尚书傅嘏论同,中书令李丰论异,侍郎锺会论合,屯骑校尉王广论离。文多不载。"《三国志》卷二一《傅嘏传》:"曹爽诛,为河南尹,迁尚书。……嘏常论才性同异,锺会集而论之。"注引《傅子》曰:"嘏既达治好正,而有清理识要,好论才性,原本精微,鲜能及之。司隶校尉锺会年甚少,嘏以明智交会。"又《三

66

国志》卷二八《锺会传》。

案:《四本论》主要探讨才能与品质的关系问题。王晓毅认为锺会等人关于才性辩论应发生在正始五年到十年间[①]。刘汝霖《汉晋学术编年》认为,李丰以嘉平四年(252)为中书令,正元元年被杀,故系年于此。许抗生认为:"刘汝霖的《汉晋学术编年》,把'才性四本'记在嘉平五年(253),即正始之后的第五年。理由是《三国志·魏书·傅嘏传》将'嘏常论才性同异,锺会集而论之'放在嘉平之末诸葛恪图新城之后,值得强调的是,这一年应该是锺会完成《四本论》的时间,而不是才性争论的开始。又考《文心雕龙》:'魏之初霸,术兼名法,傅嘏、王粲校练名理;迄至正始务欲守文,何晏之徒始盛玄论,于是聃、周当路,与尼父争途矣。详观兰石之才性,仲宣之去代,叔夜之辨声,太初之本玄,辅嗣之两例,平叔之二论,并师心独见,锋颖精密,盖人伦之英也。'(《论说篇》)刘勰把傅嘏的'才性'、王粲的'去代'归入名理学,视何晏、王弼、夏侯玄、嵇康为正始玄论派。可见才性同异合离的争论在曹魏初年已有先声,嘉平六年锺会的四本论应该说是对才性争论的总结。[②]"今从嘉平五年之说。

---

① 王晓毅:《儒释道与魏晋玄学形成》,中华书局,2003 年,第 156 页。

② 许抗生:《魏晋玄学史》,第 48—49 页。

嘉平六年(正元元年　蜀延熙十七年吴五凤元年)　公元 254 年

1. 王肃迎高贵乡公

嘉平三年,持节兼太常,奉法驾,迎高贵乡公于元城。

[文献]《三国志》卷十三《王肃传》。

2. 皇甫谧举孝廉

时魏郡召上计掾,举孝廉;景元初,相国辟,皆不行。

[文献]《晋书》卷五一《皇甫谧传》

案:《汉晋学术编年》卷七据《晋书》本传知举孝廉在其四十岁之后。谧卒于太康三年,时年六十八岁,其四十岁时当在此年。《魏晋南北朝经学学术编年》系年于此,从之。

3. 刘靖卒

刘靖,刘馥之子,曾上疏陈儒训之本。嘉平六年薨,追赠征北将军,进封建成乡侯,谥曰景侯。

[文献]《三国志》卷十五《刘馥传》。

正元二年（蜀延熙十八年　吴五凤二年）
公元 255 年

1. 魏高贵乡公讲《尚书》

正元二年九月庚子,讲《尚书》业终,赐执经亲授者司空郑冲、侍中郑小同等各有差。

［文献］《三国志》卷四《高贵乡公纪》,又见《晋书》卷三三《郑冲传》。

2. 杜预为尚书郎

初,其父与宣帝不相能,遂以幽死,故预久不得调。文帝嗣立,预尚帝妹高陆公主,起家拜尚书郎。

［文献］《晋书》卷三四《杜预传》。

3. 傅嘏卒

傅嘏（209—255）,字兰石,北地泥阳（今甘肃宁县）人,傅介子之后。伯父巽,黄初中为侍中尚书。嘏弱冠知名,司空陈群辟为掾。正始初,除尚书郎,迁黄门侍郎。因得罪何晏而被免职。曹爽诛,为河南尹,迁尚书。时论者议欲自伐吴,三征献策各不同。诏以访嘏,嘏认为三计都不可行,朝廷不听,后恪果图新城,不克而归。嘏常论才性同异,钟会集而论之。嘉平末,赐爵关内侯。高贵乡公即尊位,进封武乡亭侯。正元二年春,毌丘俭、文钦作乱。或以司马景王不宜自行,可遣太尉孚往,惟嘏及王肃劝之。景王遂行。以毓守尚书仆射，俱东。俭、钦破败，毓有谋焉。及景王薨，毓与司马文王径还洛阳，文王遂以辅政。语在《锺会传》。会由是有自矜色，毓戒之曰："子志大其量，而勋业难为也，可不慎哉！"毓以功进封阳乡侯，增邑六百户，并前千二百户。是岁薨，时年四十七，傅嘏在"才性四本论"中持"同"论。著有《傅嘏集》二卷、《录》一卷，亡，见《隋书·经籍志》、两《唐志》;《皇初颂》，见《艺文类聚》；又撰《难刘劭考课法论》、《征吴对》，见《三国志》。《全三国文》录其多篇。

[文献]《三国志》卷二一《魏书·傅瑕传》及裴松之注引《傅子》。

4. 王沈与荀颛、阮籍等共撰《魏书》

王沈(？—266)，字处道，太原晋阳人。沈少孤，好书，善属文。正元中，迁散骑常侍、侍中，典著作。与荀颛、阮籍共撰《魏书》，多为时讳，未若陈寿之实录也。泰始二年薨。

[文献]《晋书》卷三九《王沈传》。又见《史通·古今正史》："魏史，黄初、太和中始命尚书卫觊、缪袭草创纪传，累载不成。又命侍中韦诞、应璩、秘书监王沈、大将军从事中郎阮籍、司徒右长史孙该、司隶校尉傅玄等，复共撰定。其后王沈独就其业，勒成《魏书》四十四卷。其书多为时讳，殊非实录。"《太平御览》卷二三三引王隐《晋书》："王沈为秘书监，著《魏书》。多为时讳而善叙事。"

正元三年（甘露元年　蜀延熙十九年吴五凤三年太平元年）　公元 256 年

1. 王肃卒

王肃（195—256），三国时期曹魏著名经学家，人称东州大儒。年十八，从宋忠读太玄，而更为之解。正始元年，出为广平太守。公事徵还，拜议郎。顷之，为侍中，迁太常。后迁中领军，加散骑常侍，甘露元年薨，门生缞经者以百数。追赠卫将军，谥曰景侯。详见《学案篇》。

［文献］《三国志》卷十三《王肃传》。

2. 孙炎著论驳王肃《圣证论》

孙炎，字叔然，乐安（今山东博兴）人。受学郑玄之门，人称东州大儒。徵为秘书监，不就。肃集圣证论以讥短玄，叔然驳而释之，及作《周易》、《春秋》例，《毛诗》、《礼记》、《春秋》三传、《国语》、《尔雅》诸注，又注书十余篇。所著《毛诗注》《春秋例》《春秋三传注》《圣证论驳》，见《三国志·王肃传》；《尔雅注》七卷，见《隋书·经籍志》；《尔雅音》二卷，见《隋书·经籍志》，《尔雅音义》见《经典释文》引。《颜氏家训·音辞》："孙叔言创《尔雅音义》，是汉末人独知反语。至于魏世，此事大行。高贵乡公不解反语，以为怪异。"《周易例》，《经义考》卷十云："孙氏炎《周易例》，佚。"《春秋外传国语注》、《隋书·经籍志》、两《唐志》均不载，见《补三国艺文志》。《礼记注》二十九卷，见《经典释文·叙录》；又《隋书·经籍志》云三十卷。马国翰辑有《礼记孙氏注》一卷，《尔雅孙氏注》三卷，《尔雅孙氏音》一卷。

［文献］《三国志》卷十三《王肃传》。

按：孙炎史书无传，据《三国志》，曾著论驳斥王肃之说，应生活于曹魏、西晋时期。暂系其事于王肃卒年。

3. 高贵乡公与太学博士论《易》、《尚书》、《礼记》

（甘露元年夏四月）丙辰，帝幸太学，问诸儒曰："圣人幽赞神明，仰观俯察，始作八卦，后圣重之为六十四，立爻以极数，凡斯大义，罔有不备，而夏有《连山》，殷有《归藏》，周曰《周易》，《易》之书，其故何也？"《易》博士淳于俊对曰："包羲因燧皇之图而制八卦，神农演之为六十四，黄帝、尧、舜通其变，三代随时，质文各繇其事。故易者，变易也，名曰连山，似山出内云气，连天地也；归藏者，万事莫不归藏于其中也。"讲《易》毕，复命讲《尚书》。帝问曰："郑玄曰'稽古同天，言尧同于天也'。王肃云'尧顺考古道而行之'。三义不同，何者为是？"博士庾峻对曰："先儒所执，各有乖异，臣不足以定之。然《洪范》称'三人占，从二人之言'。贾、马及肃皆以为'顺考古道'。以《洪范》言之，肃义为长。"如此往来反复。于是复命讲《礼记》。帝问曰："'太上立德，其次务施报'。为治何由而教化各异；皆脩何政而能致于立德，施而不报乎？"博士马照对曰："太上立德，谓三皇五帝之世以德化民，其次报施，谓三王之世以礼为治也。"帝曰："二者致化薄厚不同，将主有优劣邪？时使之然乎？"照对曰："诚由时有朴文，故化有薄厚也。"

［文献］《三国志》卷四《高贵乡公纪》。

甘露二年(蜀延熙二十年　吴太平二年)
公元 257 年

1. 杜预拜魏尚书郎

甘露二年,河东乐详年九十余,上书讼畿之遗绩,朝廷感焉。诏封恕子预为丰乐亭侯,邑百户。

[文献]《三国志》卷十六《杜恕传》,又见《晋书》卷三四《杜预传》:"文帝嗣立,预尚帝妹高陆公主,起家拜尚书郎,袭祖爵丰乐亭侯。"

2. 高贵乡公诏令群臣修明经典

甘露二年五月辛未,帝幸辟雍,会命群臣赋诗。侍中和逌,尚书陈骞等作诗稽留,有司奏免官,诏曰:"吾以暗昧,爱好文雅,广延诗赋,以知得失,而乃尔纷纭,良用反仄。其原逌等。主者宜敕自今以后,群臣皆当玩习古义,修明经典,称朕意焉。"

[文献]《三国志》卷四《高贵乡公纪》。

甘露三年(蜀景耀元年 吴太平三年永安元年)公元 258 年

1.孙休下诏立五经博士

永安元年十二月己巳诏曰:"古者建国,教学为先,所以道世治性,为时养器也。自建兴以来,时事多故,吏民颇以目前趋务,去本就末,不循古道。夫所尚不惇,则伤化败俗。其案古置学官,立五经博士,核取应选,加其宠禄,科见吏之中及将吏子弟有志好者,各令就业。一岁课试,差其品第,加以位赏。使见之者乐其荣,闻之者羡其誉。以敦王化,以隆风俗。"

[文献]《三国志》卷四八《吴孙休传》。

2.高贵乡公诏以王祥为三老,郑小同为五更

甘露三年秋八月丙寅,诏曰:"夫养老兴教,三代所以树风化垂不朽也,必有三老、五更以崇至敬,乞言纳诲,著在惇史,然后六合承流,下观而化。宜妙简德行,以充其选。关内侯王祥,履仁秉义,雅志淳固。关内侯郑小同,温恭孝友,帅礼不忒。其以祥为三老,小同为五更。"车驾亲率群司,躬行古礼焉。

[文献]《三国志》卷四《高贵乡公纪》。又见《宋书·礼志》:"魏高贵乡公甘露三年,车驾亲率群司行养老之礼于太学。于是王祥为三老,郑小同为五更。"

74

3. 杜夷生

杜夷太宁元年卒,年六十六。逆推知其生于是年。

[文献]《晋书》卷九一《杜夷传》。

甘露四年（蜀景耀二年　吴永安二年）公元 259 年

1. 王昶卒

王昶（？—259），字文舒，太原晋阳（今山西太原）人。东汉代郡太守王泽之子。少与同郡王凌俱知名。凌年长，昶兄事之。文帝在东宫，昶为太子文学，迁中庶子。文帝践阼，徙散骑侍郎，为洛阳典农。时都畿树木成林，昶斫开荒莱，勤劝百姓，垦田特多。迁兖州刺史。明帝即位，加扬烈将军，赐爵关内侯。昶虽在外任，心存朝廷，以为魏承秦、汉之弊，法制苛碎，不大釐改国典以准先王之风，而望治化复兴，不可得也。乃著《治论》，略依古制而合于时务者二十余篇，又著《兵书》十余篇，言奇正之用，青龙中奏之。青龙四年，太尉司马宣王以昶应选。正始中，转在徐州，封武观亭侯，迁征南将军，假节都督荆、豫诸军事。嘉平初，太傅司马宣王既诛曹爽，乃奏博问大臣得失。昶陈治略五事。迁昶征南大将军、仪同三司，进封京陵侯。毌丘俭、文钦作乱，引兵拒俭、钦有功，封二子亭侯、关内侯，进位骠骑将军，后迁司空。甘露四年薨，谥曰穆侯。王昶有文集五卷，今已佚。著有《治论》二十余卷，《全三国文》录有《谢表》、《考课疏》、《考课事》、《陈治略五事》、《奏吴蜀事状》、《白晋文王笺》、《檄吴将校部曲》、《家戒》等。

［文献］《三国志》卷二七《王昶传》。《三国志》同传录王昶《家诫》。《艺文类聚》卷二三亦载有《家诫》。

2. 郑小同卒

郑小同（约 197—259），字子真，北海高宽以待人。著名学者郑玄孙。郑小同学综六经，后被鸩杀。其著有《礼义》四卷（已佚），《郑志》十一卷（有部分辑文）。其详见《学案篇》。

[文献]《后汉书》卷三五《郑玄传》裴注引《魏氏春秋》。又可见《后汉书》卷三十五《郑玄传》，《三国志》卷四《魏书·高贵乡公纪》裴注引《魏氏春秋》。

案：据《魏名臣表》太尉华歆举荐郑小康同，称其"年逾三十，少有令志"。据《后汉书·孔融传》载孔融被围困北海为建安元年（196），《后汉书·郑玄传》载建安元年郑玄为郑益恩作戒子书，故郑益恩遇难应为建安元年（196）或之后一年。郑益恩遗腹子郑小同极有可能出生于建安二年（197）。

《汉晋学术编年》系其卒年为甘露四年（259）。是年五月，高贵乡公被弑，六月改元景元。《通典》卷九十九："魏景元元年，傅玄举仆射陈公羲，以咨时贤，光禄郑小同云：'宜准礼而以情义断之，服员服加麻可也，三月除之。'"宋桂梅《魏晋儒学编年》系此事于甘露五年，依据是龚道耕《郑君年谱》据《通典》云郑小同"是其官不终于侍中，被鸩杀亦不在高贵乡公时也"[1]。今据《汉晋学术编年》，系于甘露四年。

---

[1]　龚道耕：《郑君年谱》，见李冬梅《龚编〈郑君年谱〉校正》，载《儒藏论坛》第三辑，四川大学出版社 2009 年版，第 69 页。

甘露五年(景元元年 蜀景耀三年 吴永安三年) 公元 260 年

1. 蜀李譔卒

李譔,字钦仲,梓潼涪人。父仁,字德贤,与同县尹默俱游荆州,从司马徽、宋忠等学。撰具传其业,又从默讲论义理,五经、诸子、无不该览,加博好技艺,算术、卜数、医药、弓弩、机械之巧,皆致思焉。始为州书佐、尚书令史。延熙元年,后主立太子,以撰为庶子,迁为仆射,转中散中大夫、右中郎将,犹侍太子。太子爱其多知,甚悦之。然体轻脱,好戏啁,故世不能重也。著古文《易》、《尚书》、《毛诗》、三《礼》、《左氏传》、《太玄》指归,皆依准贾、马,异于郑玄。与王氏殊隔,初不见其所述,而意归多同。景耀中卒。时又有汉中陈术,字申伯,亦博学多闻,著释问七篇、益部耆旧传及志,位历三郡太守。著述有:《古文易注》、《尚书注》、《毛诗注》、《三礼注》、《太玄指归》,见本传。《春秋左氏传指归》,见《经典释文·叙录》。

[文献]《三国志》卷四二《李譔传》。

案:据本传,李譔于蜀汉景耀中卒,庄大钧《魏晋南北朝经学学术编年》系年于景耀四年(261),宋桂梅《魏晋儒学编年》系年于景耀三年(260)。今暂系景耀三年。

2. 贺循生

贺循太兴二年卒,时年六十。逆推知其生于是年。

[文献]《晋书》卷六八《贺循传》。

景元二年(蜀景耀四年　吴永安四年)
公元 261 年

1. 魏王基卒

王基(190—261),字伯舆,东莱曲城人。少孤,与叔父翁居。翁抚养甚笃,基亦以孝称。年十七,郡召为吏,非其好也,遂去,入琅邪界游学。刺史王凌特表请基为别驾,后召为秘书郎,凌复请还。顷之,司徒王朗辟基,凌不遣。大将军司马宣王辟基,未至,擢为中书侍郎。迁安平太守,公事去官。大将军曹爽请为从事中郎,出为安丰太守。郡接吴寇,为政清严有威惠,明设防备,敌不敢犯。加讨寇将军。时曹爽专柄,风化陵迟,基著时要论以切世事。以疾徵还,起家为河南尹,未拜,爽伏诛,基尝为爽官属,随例罢。其年为尚书,出为荆州刺史,加扬烈将军,随征南王昶击吴。赐爵关内侯。高贵乡公即尊位,进封常乐亭侯。毌丘俭、文钦作乱,以基为行监军、假节,统许昌军,适与景王会于许昌。钦等已平,迁镇南将军,都督豫州诸军事,领豫州刺史,进封安乐乡侯。诸葛诞反,基以本官行镇东将军,都督扬、豫诸军事。甘露四年,转为征南将军,都督荆州诸军事。景元二年,襄阳太守表吴贼邓由等欲来归化,基被诏,当因此震荡江表。后由等竟不降。是岁基薨,追赠司空,谥曰景侯。王基文武兼备,才高于世,德溥于时,深得司马懿、司马师、司马昭的器重。他申明礼仪制度,整顿军队秩序,恢复学校教学,南方士人无不称赞。王基为郑玄弟子,曾撰《毛诗驳》五卷与王肃论争,见《隋书·经籍志》;《春秋左氏传注》,见《经典释文·叙录》;《新书》五卷,见《隋书·经籍志》;《时要论》,见本传。马国翰辑《王氏新书》一卷。

[文献]《三国志》卷二七《王基传》。

2. 束晳生

据《晋书》,束晳卒于永康二年,年四十,逆推知其生于是年。

[文献]《晋书》卷五一《束晳传》。

案:《晋书》卷四《怀帝纪》:"(永康元年夏四月甲午)伦矫诏大赦,自为相国、都督中外诸军,如宣文辅魏故事,追复故皇太子位。"赵王伦永康元年(300)四月"自为相国",明年四月被杀,则束晳卒于赵王伦为相国之年,年四十卒,由此推知生于此年。

景元三年(蜀景耀五年　吴永安五年)
公元 262 年

1. 荀崧生

荀崧咸和三年薨,时年六十七。逆推知其生于是年。

[文献]《晋书》卷七五《荀崧传》。

2. 来敏卒

来敏,字敬达,义阳新野人,蜀之儒士。来歙之后也。父艳,为汉司空。涉猎书籍,善左氏春秋,尤精于仓、雅训诂,好是正文字。先主定益州,署敏典学校尉,及立太子,以为家令。后主践阼,为虎贲中郎将。丞相亮住汉中,请为军祭酒、辅军将军,坐事去职。亮卒后,还成都为大长秋,又免,后累迁为光禄大夫,复坐过黜。前后数贬削,皆以语言不节,举动违常也。时孟光亦以枢机不慎,议论于时,然犹愈于敏,俱以其耆宿学士见礼于世。而敏荆楚名族,东宫旧臣,特加优待,是故废而复起。后以敏为执慎将军,欲令以官重自警戒也。年九十七,景耀中卒。

[文献]《三国志》卷四二《蜀书·来敏传》。

案:来敏景耀中卒,庄大钧《魏晋南北朝经学学术编年》系年于此,姑从。

景元四年(蜀景耀六年炎兴元年吴永安六年) 公元263年

1. 郑冲为太保

景元四年十二月庚戌,以司徒郑冲为太保。

[文献]《三国志》卷四《陈留王纪》。

2. 何随蜀亡去官

何随蜀亡,去官。察孝廉。

[文献]《华阳国志》卷十一《后贤志》。

3. 杜轸施行教化

州辟不就,为郡功曹史。时邓艾至成都,轸白太守曰:"今大军来征,必除旧布新,明府宜避之,此全福之道也。"太守乃出。艾果遣其参军牵弘自之郡,弘问轸前守所在,轸正色对曰:"前守达去就之机,辄自出官舍以俟君子。"弘器之,命复为功曹,轸固辞。察孝廉,除建宁令,导以德政,风化大行,夷夏悦服。

[文献]《晋书》卷九十《杜轸传》,又见《华阳国志》卷十一《杜轸传》。

4. 孟光好《公羊春秋》

孟光,字孝裕,河南洛阳人,汉太尉孟郁之族。灵帝末为讲部吏。献帝迁都长安,遂逃入蜀,刘焉父子待以客礼。博物识古,无书不览,尤锐意三史,长于汉家旧典。好《公羊春秋》而讥呵《左氏》,每与来敏争此二义,光常譊譊讙咋。先主定益州,拜为议郎,与许慈等并掌制度。后主践阼,为符节令、屯骑校尉、长乐少府,迁大司农。后光坐事免官,年九十余卒。

［文献］《三国志》卷四二《蜀光·孟光传》。

案:孟光生卒事迹不详,姑将其系于蜀亡之年。

景元五年(咸熙元年 吴永安七年元兴元年)
公元 264 年

1. 荀顗等人受诏撰《晋礼》

及晋国建,文帝又命荀顗因魏代前事,撰为新礼,参考今古,更其节文,羊祜、任恺、庾峻、应贞并共刊定,成百六十五篇,奏之。

[文献]《晋书》卷十九《礼志上》,又见《晋书》卷三九《荀顗传》,《晋书》卷二《文帝纪》。

2. 文立为郎中

蜀平,举秀才,除郎中。

[文献]《晋书》卷九一《文立传》。

3. 司马胜之为梁州别驾从事

司马胜之,字兴先,广汉绵竹人也。学通《毛诗》,治《三礼》。清尚虚素,性澹不事荣利。初为郡功曹,甚善纪纲之体。州辟从事,进尚书左选郎,徙秘书郎。时蜀国州书佐望与郡功曹参选,而从事侔台郎;特重察举,虽位经朝要,还为秀孝,亦为郡端右。景耀末(263),郡请察孝廉。大同后,梁州辟别驾从事,举秀才,历广都、繁令,政理尤异。以清秀徵为散骑侍郎,以宗室礼之。终以疾辞去职。即家拜汉嘉太守,候迎盈门,固让,不之官。闲居清静,谦卑自牧,常言:"世人不务求道德而汲汲于爵禄。若吾

84

者,可少以为有余荣矣。"训化乡闾,以恭敬为先。年六十五卒于家。

[文献]《华阳国志》卷十一《后贤志》。

案:据《华阳国志》,晋统一巴蜀(264)后,梁州新建,聘请司马胜之为别驾从事。司马胜之生卒年史无明载,暂系其事于任梁州别驾从事之年。

4. 王化为乐涫令

王化,字伯远,广汉郪人,汉将作大匠王堂后也。祖父商,字文表,州牧刘璋时为蜀太守,有懿德高名,在《耆旧传》。父彭,字仲,巴郡太守。化兄弟四人,少有令望。化治《毛诗》、《三礼》、《春秋公羊传》。郡命功曹,州辟从事,光禄郎中、主事,尚书郎,除阆中令。为政清静。察孝廉。大同后,端右。郡察孝廉,为乐涫令。县近边塞,值胡虏反,化率吏民积谷坚守。虏断道重围,孤绝七年。伺虏怠惰,出军讨之,民得野掠。大军至,虏退。以功封关内侯。迁朱提太守,抚和殊俗,得夷、晋欢心。转任梓潼,复有称绩。为人严重,言论方雅,臧否允衷,州里服其诚亮。年七十二卒官。

[文献]《华阳国志》卷十一《后贤志》。

案:王化生卒年不详,只知年七十二卒官。故将其事系于大同后,为乐涫令之时。

5. 锺会卒

锺会字士季,颍川长社人,太傅繇小子,魏晋之际玄学家、理论家,以"才性之辩"知名。少敏惠凤成。及壮,有才数技艺,而博学精练名理,以夜续昼,由是获声誉。正始中,以为秘书郎,迁尚书中书侍郎,后迁黄门侍郎。平定诸葛诞之乱中,锺会料敌制胜,有谋谟之勋,迁司隶校尉。嵇康等见诛,皆会之谋。景元年间,锺会拜镇西将军、假节、都督关中诸军事,主持伐蜀事宜。景元四年(263),锺会攻打蜀汉,蜀汉灭亡。咸熙元年春正月,槛车征艾。乙丑,帝奉天子西征,次于长安。是时魏诸王侯悉在邺城,命从事中郎山涛行军司事,镇于邺,遣护军贾充持节、督诸军,据汉中。锺会遂反于蜀,监军卫瓘、右将军胡烈攻会,斩之。儒学著述有《周易尽神论》一卷,《周易无互体论》三卷,见《隋志》;又《周易论》四卷,《刍荛论》五卷,见《旧唐志》,隋唐时将《刍荛论》归入杂家;又《道论》二十篇,《四本论》,见本传,《道论》内容偏法家。

[文献]《晋书》卷二《文帝纪》,又《三国志》卷二八《钟会传》载:"会以五年正月十五日至,其明日,悉请护军、郡守、牙门骑督以上及蜀之故官,为太后发丧于蜀朝堂。矫太后遗诏,使会起兵废文王,……姜维率会左右战,手杀五六人,众既格斩维,争赴杀会。会时年四十,将士死者数百人。"

案:刘汝霖《汉晋学术编年》载钟会卒年263年,据《三国志》及《晋书》,应为264年。

晋泰始元年(魏咸熙二年　吴元兴二年 甘露元年)公元 265 年

1.范平敦悦儒学

范平,字子安,吴郡钱塘人。其先铨侯馥,避王莽之乱适吴,因家焉。平研览坟素,遍该百氏,姚信、贺邵之徒皆从受业。吴时举茂才,累迁临海太守,政有异能。孙晧初,谢病还家,敦悦儒学。吴平,太康中,频徵不起,年六十九卒。有诏追加谥号曰文贞先生,贺循勒碑纪其德行。三子:奭、咸、泉,并以儒学至大官。

[文献]《晋书》卷九一《范平传》。

案:范平生卒年无所考,故将其事系于孙晧初,谢病还家之时。

2.荀勖为中书监

武帝受禅,改封济北郡公。勖以羊祜让,乃固辞为侯。拜中书监,加侍中,领著作,与贾充共定律令。

[文献]《晋书》卷三九《荀勖传》。

3.陈邵为燕王师

陈邵,字节良,东海襄贲人。郡察孝廉,不就。以儒学徵为陈留内史,累迁燕王师。

[文献]《晋书》卷九一《陈邵传》。

案:《晋书》卷三八《乐安王鉴传》:"乐安平王鉴,字大明,初封临泗亭侯。武帝践祚,封乐安王。帝为鉴及燕王机高选师友。"又《晋书》卷三八《清惠亭侯京》:"清惠亭侯京,字子佐,魏末以公子赐爵。年二十四薨,追赠射声校尉,以文帝子机字太玄为嗣。泰始元年,封燕王,邑六千六百六十三户。"故系年于此。

4. 王懋约为燕王师

王懋约,史书无载。泰始元年,封燕王,王懋约为燕王师,故系年于此。注《周官宁朔新书》八卷,见《旧唐志》。《礼记宁朔新书》八卷,见《隋书·经籍志》。

[文献]《册府元龟·学校部》,又见《经义考》卷一二一。

5. 伊说为乐安王友

伊说,史书无传。据《晋书》卷三十八《乐安王鉴传》:"武帝践祚,封乐安王。帝为鉴及燕王机高选师友。"故系其事于此。著有《尚书义疏》四卷,梁又有《周官宁朔新书》八卷,亡。见《隋书·经籍志》。《旧唐志》云十卷。又《经义考》卷一三七著录尹氏失名有《丧服杂记》,并引《七录》作二十卷。而《补晋书艺文志》云作者当为伊说。《册府元龟》卷六百六:"姜道盛为给事中,注《集释尚书》十一卷,乐安王友撰,伊训说。"又《经义考》卷七七云:"伊氏说《尚书义疏》《七录》四卷,佚。阮孝绪曰:'说为晋乐安王友。'"

[文献]《晋书》卷三八《乐安王鉴传》。

6. 晋武帝崇儒兴学

世祖武皇帝应运登禅,崇儒兴学。经始明堂,营建辟雍,告朔班政,乡饮大射。西阁东序,河图秘书禁籍。台省有宗庙太府金墉故事,太学有石经古文先儒典训。贾、马、郑、杜、服、孔、王、何、颜、尹之徒,章句传注众家之学,置博士十九人。九州之中,师徒相传,学士如林,犹选张华、刘寔居太常之官,以重儒教。

[文献]《晋书》卷七五《荀崧传》,又见《晋书》卷三《武帝纪》,《晋书》卷

十九《礼志上》,《晋书》卷二四《职官志》。

案:晋武帝建明堂、行乡饮大射、祀孔子、起国子学、提倡孝道,努力恢复儒学,并置十九博士。王国维《汉魏博士考》、刘汝霖《汉晋学术编年》对晋博士进行了考证,蒋善国《尚书综述》和王志平《中国学术史》亦有相关阐述。

7. 崔游为朗中

泰始初,武帝禄叙文帝故府僚属,就家拜郎中。

[文献]《晋书》卷九十一《崔游传》。

8. 晋武帝重用儒家大族

泰始元年冬十二月丁卯,卫将军贾充为车骑将军、鲁公,尚书令裴秀为巨鹿公,侍中荀勖为济北公,太保郑冲为太傅、寿光公,太尉王祥为太保、睢陵公,丞相何曾为太尉、郎陵公,御史大夫王沈为骠骑将军、博陵公,司空荀顗为临淮公,镇北大将军卫瓘为菖阳公。其余增封进爵各有差,文武普增位二等。

[文献]《晋书》卷三《帝纪第三·武帝纪》。

9. 董遇等七人被尊为儒宗

《魏略》以遇及贾洪、邯郸淳、薛夏、隗禧、苏林、乐详等七人为儒宗,其序曰:"从初平之元,至建安之末,天下分崩,人怀苟且,纲纪既衰,儒道尤甚。至黄初元年之后,新主乃复始扫除太学之灰炭,补旧石碑之缺坏,备博士之员录,依汉甲乙以考课。申告州郡,有欲学者,皆遣诣太学。太学始开,有弟子数百人。至太和、青龙中,中外多事,人怀避就。虽性非解学,多求诣太学。……嗟夫! 学业沈陨,乃至于此。是以私心常区区贵乎数公者,各处荒乱之际,而能守志弥敦者也。"

[文献]《三国志》卷十三《魏书·王肃传》注引《魏略》。

案:此事史无明确记载,据《三国志·王肃传》:"从初平之元,至建安之末,天下分崩。"姑系于魏末。

泰始二年（吴宝鼎元年） 公元 266 年

1. 袁准卒

袁准，字孝尼，西晋陈郡阳夏（今河南太康县）人。忠信公正，不耻下问，唯恐人之不胜已。以世事多险，故常恬退而不敢求进。著书十余万言，论治世之务，为《易》、《周官》、《诗》传，及论五经滞义，圣人之微言，以传于世。此准之自序也。著述有：《周易传》，见本传，又见《三国志》卷二三《裴潜传》裴注引；《袁氏诗传》、《周官传》，见本传；《丧服经注》一卷，见《隋书·经籍志》；《仪礼音》一卷，见《旧唐志》；《仪礼注》一卷，见《新唐志》；《袁子正论》十九卷，见《隋书·经籍志》；《袁子正书》二十五卷，见《隋书·经籍志》。马国翰辑《袁子正论》二卷，《袁子正书》一卷。马国翰辑有《丧服经传袁氏注》一卷，《袁子正论》二卷，《袁子正书》一卷。

［文献］《三国志》卷十一《袁涣传》裴注引《袁氏世纪》。又《晋书》卷八三《袁瑰传》附准传云："准字孝尼，以儒学知名，注《丧服经》。官至给事中。"

案：袁准生卒年不详。《三国志》注引荀绰《九州记》："准有俊才，泰始中为给事中。袁氏子孙世有名位，贵达至今。"《魏晋南北朝经学学术编年》将其事系于泰始五年（269）。《汉晋学术编年》据袁准之父袁涣卒于曹操之前，则至此时，袁准必在五十岁以上，故系于此。今从此说。

2. 傅玄上疏陈尊儒重教

帝初即位，广纳直言，开不讳之路，玄及散骑常侍皇甫陶共掌谏职。玄上疏曰："臣闻先王之临天下也，明其大教，长其义节。道化隆于上，清议行于下,上下相奉,人怀义心。……惟未举清远有礼之臣,以敦风节;未退虚鄙,以惩不恪,臣是以犹敢有言。"诏报曰:"举清远有礼之臣者,此尤今之要也。"乃使玄草诏进之。玄复上疏曰:"夫儒学者,王教之首也。尊其道,贵其业,重其选,犹恐化之不崇;忽而不以为急,臣惧日有陵迟而不觉也。仲尼有言:'人能弘道,非道弘人。'然则尊其道者,非惟尊其书而已,尊其人之谓也。贵其业者,不妄教非其人也。重其选者,不妄用非其人也。若此,而学校之纲举矣。"书奏,帝下诏曰:"二常侍恳恳于所论,可谓乃心欲佐益时事者也。而主者率以常制裁之,岂得不使发愤耶!……古人犹不拒诽谤,况皆善意在可采录乎!近者孔晁、綦毋龢皆案以轻慢之罪,所以皆原,欲使四海知区区之朝无讳言之忌也。"俄迁侍中。

[文献]《晋书》卷四七《傅玄传》,又见《晋书》卷三《武帝纪》、《资治通鉴》卷七九。

3. 傅玄与羊祜论三年之丧

初,文帝崩,祜谓傅玄曰:"三年之丧,虽贵遂服,自天子达;而汉文除之,毁礼伤义,常以叹息。今主上天纵至孝,有曾闵之性,虽夺其服,实行丧礼。丧礼实行,除服何为邪!若因此革汉魏之薄,而兴先王之法,以敦风俗,垂美百代,不亦善乎!"玄曰:"汉文以末世浅薄,不能行国君之丧,故因而除之。除之数百年,一旦复古,难行也。"祜曰:"不能使天下如礼,且使主上遂服,不犹善乎!"玄曰:"主上不除而天下除,此为但有父子,无复君臣,三纲之道亏矣。"祜乃止。

[文献]《晋书》卷三四《羊祜传》。

泰始三年(吴宝鼎二年)　公元 267 年

1. 裴頠生

裴頠于永康元年(300)为司马伦(赵王)所杀,时年三十四。逆推当生于此年。

[文献]《晋书》卷三五《裴頠传》,《晋书》卷四《惠帝纪》。

2. 文立为晋太子中庶子

泰始初,拜济阴太守,入为太子中庶子。

[文献]《晋书》卷九一《文立传》。

案:《华阳国志》卷十一《大同志》:"武帝立太子,以司徒李胤为太傅,齐王骠骑为少傅,选立为中庶子。"又《晋书》卷三《武帝纪》:"(泰始三年春正月)丁卯,立皇子衷为皇太子。"故系年于此。

3. 行乡饮酒、乡射礼

泰始三年十月,始行乡饮酒乡射礼。

[文献]《晋辟雍碑》,据余嘉锡《晋辟雍碑考证》①。

---

① 余嘉锡:《晋辟雍碑考证》,见《余嘉锡论学杂著》(上),中华书局 1963 年版,第 134 页。

4. 姚信为吴太常

姚信,吴太常。其生卒事迹不详。赤乌七年,代顾雍为丞相。及太子有不安之议,逊上疏陈:"太子正统,宜有盘石之固,鲁王藩臣,当使宠秩有差,彼此得所,上下获安。谨叩头流血以闻。"书三四上,及求诣都,欲口论適庶之分,以匡得失。既不听许,而逊外生顾谭、顾承、姚信,并以亲附太子,枉见流徙。太子太傅吾粲坐数与逊交书,下狱死。权累遣中使责让逊,逊愤恚致卒,时年六十三,家无余财。著述有:《周易注》十卷,见《隋书·经籍志》、新旧《唐志》、《经典释文·叙录》。《清史稿·艺文志》、《古佚书辑本目录附考证》云一卷。严可均《全三国文》录有《士纬》十卷、《姚氏新书》二卷。马国翰辑有《周易姚氏注》一卷。

[文献]《三国志》卷五八《陆逊传》,又见《三国志》卷五九《孙和传》:"(宝鼎二年)十二月,遣守丞相孟仁、太常姚信等备官僚中军步骑二千人,以灵舆法驾,东迎神于明陵。"《晋书·范平传》载姚信曾从范平问学,《太平御览》中颇多引用姚信之语。

案:姚信史书无传,此年明载其为吴太常,故暂系年于此。

5. 晋徵李密为太子洗马

蜀平,泰始初,诏徵为太子洗马。密以祖母年高,无人奉养,遂不应命。

[文献]《晋书》卷八八《李密传》,又见《华阳国志》卷十一《后贤志》:"武帝立太子,徵为洗马。诏书累下,郡县相逼。于是宓上疏曰……"

案:泰始三年,武帝立太子,故系年于此。

6. 谯周拜骑都尉

晋室践阼,累下诏所在发遣周。周遂舆疾诣洛,泰始三年至。以疾不起,就拜骑都尉,周乃自陈无功而封,求还爵土,皆不听许。

[文献]《三国志》卷四二《谯周传》。

7. 孔震为奉圣亭侯

及武帝泰始三年十一月,改封宗圣侯孔震为奉圣亭侯。又诏太学及鲁国,四时备三牲以祀孔子。

[文献]《晋书》卷十九《礼志》,又见《晋书》卷三《武帝纪》:"(泰始三年)十二月,徙宗圣侯孔震为奉圣亭侯。"

泰始四年(吴宝鼎三年) 公元 268 年

1. 王祥卒

王祥(180—268),字休徵,琅邪临沂(今山东临沂)人。书圣王羲之的族曾祖父。祥性至孝。早丧亲,继母朱氏不慈,数谮之,由是失爱于父。王祥奉后母极孝,为二十四孝之一"卧冰求鲤"的主人翁,有"孝圣"之称。汉末遭乱,扶母携弟览避地庐江,隐居三十余年,不应州郡之命。母终,居丧毁瘁,杖而后起。举秀才,除温令,累迁大司农。高贵乡公即位,与定策功,封关内侯,拜光禄勋,转司隶校尉。从讨毌丘俭,增邑四百户,迁太常,封万岁亭侯。拜司空,转太尉,加侍中。武帝践阼,拜太保,进爵为公,加置七官之职。帝新爱命,虚己以求谠言。祥与何曾、郑冲等耆艾笃老,希复朝见,帝遣侍中任恺谘问得失,及政化所先。祥以年老疲耄,累乞逊位,帝不许。及疾笃,著遗令训子孙曰:"夫生之有死,自然之理。吾年八十有五,启手何恨。不有遗言,使尔无述。……夫言行可覆,信之至也;推美引过,德之至也;扬名显亲,孝之至也;兄弟怡怡,宗族欣欣,悌之至也;临财莫过乎让:此五者,立身之本。颜子所以为命,未之思也,夫何远之有!"其子皆奉而行之。泰始五年薨。文见《全晋文》。

[文献]《晋书》卷三三《王祥传》,又见《三国志》卷十八《吕虔》附《王祥传》,《资治通鉴》卷七九,《晋阳秋·世说德行第一》亦有载。

案:据《晋书·王祥传》,王祥遗令有八十有五的说法,又云:泰始五年,薨。据此,其生卒年当为 184—268 年。又裴松之注引王隐晋书曰:"祥始出仕,年过五十矣,稍迁至司隶校尉。高贵乡公入学,以祥为三老,迁司空太尉。……泰始四年,年八十九薨。"又《晋书》卷三《武帝纪》载:"(泰始四年)夏四月戊戌,太保、睢陵公王祥薨。"余嘉锡认为,据《晋书·

王祥传》"徐州刺史吕虔檄为别驾,祥年垂耳顺。"以及虞预《晋书》"向六十,刺史吕虔檄为别驾总之",指出"若依王隐书计之,则祥当生于汉光和三年,至延康元年,年四十有一;即下至黄初七年魏文崩时,亦止四十七。与年垂耳顺之语不合。此盖臧荣绪误依虞预(作《晋书》),而唐史臣(房玄龄等)因之,未及考之王隐书也。"

2. 杜预论黜陟之课

泰始中,守河南尹。预以京师王化之始,自近及远,凡所施论,务崇大体。受诏为黜陟之课,其略曰:"臣闻上古之政,因循自然,虚己委诚,而信顺之道应,神感心通,而天下之理得。……六年顿荐,黜陟无渐,又非古者三考之意也。今每岁一考,则积优以成陟,累劣以取黜。以士君子之心相处,未有官故六年六黜清能,六进否劣者也。监司将亦随而弹之。若令上下公相容过,此为清议大颓,亦无取于黜陟也。"

[文献]《晋书》卷三四《杜预传》。

案:据《晋书·杜预传》,泰始中,守河南尹时,受诏为黜陟之课。又《晋书》卷三《武帝纪》载,泰始五年二月丁亥,武帝诏令黜陟,故杜预论黜陟之当在诏令之前,故系于是年。

3. 傅玄起为晋御史中丞

泰始四年,傅玄以为御史中丞。

[文献]《晋书》卷四七《傅玄传》。

4. 孔衍生

孔衍卒于太兴三年(320),时年五十三,逆推知其生于是年。

[文献]《晋书》卷九一《孔衍传》。

泰始五年（吴建衡元年） 公元 269 年

1. 应贞卒

应贞（？—269）字吉甫，汝南南顿（今项城南顿镇上头村）人。魏侍中璩之子也。自汉至魏，世以文章显，轩冕相袭，为郡盛族。贞善谈论，以才学称。夏侯玄有盛名，贞诣玄，玄甚重之。举高第，频历显位。武帝为抚军大将军，以为参军。及践阼，迁给事中。初置太子中庶子官，贞与护军长史孔恂俱为之。后迁散骑常侍，以儒学与太尉荀顗撰定新礼，未施行。泰始五年卒。著述：《明易论》，见《经典释文·叙录》、《新唐书·艺文志》、《经典释文序录疏证》。又张璠《周易集解》，应贞为其中一家。《二十五史补编·补晋书艺文志》："《周易论》一卷，应贞。谨按见《旧唐志》、《新志》、《释文序录》均作《明易论》。"严可均《全晋文》卷三十五载其文九篇。

［文献］《晋书》卷九二，又《三国志》卷二一《应贞传》裴注引《文章叙录》："晋室践阼，迁太子中庶子、散骑常侍。又以儒学与太尉荀顗撰定新礼，事未施行。泰始五年卒。"其事迹又见《晋书》卷三十九《荀顗传》，《晋书》卷十九《礼志上》。

2. 傅玄迁太仆

泰始五年，迁太仆。时比年不登，羌胡扰边，诏公卿会议。玄应对所问，陈事切直，虽不尽施行，而常见优容。

［文献］《晋书》卷四七《傅玄传》。

泰始六年(吴建衡二年)　公元 270 年

1. 晋武帝于辟雍行大射礼

世祖武皇帝应运登禅,崇儒兴学。经始明堂,营建辟雍,告朔班政,乡饮大射。

[文献]《晋书》卷七五《荀崧传》。

案:据晋辟雍碑所载,是年正月行大射礼,"六年正月,又奏行大射礼。"①

2. 陈邵拜给事中

陈邵,字节良,东海襄贲人也。郡察孝廉,不就。以儒学徵为陈留内史,累迁燕王师。撰《周礼评》,甚有条贯,行于世。泰始中,诏曰:"燕王师陈邵清贞洁静,行著邦族,笃志好古,博通六籍,耽悦典诰,老而不倦,宜在左右以笃儒教。可为给事中。"卒于官。其著有《周礼评》,见本传。《隋书·经籍志》录:《周官礼异同评》十二卷,《旧唐志》云陈劭驳,傅玄评。马国翰辑有《周官礼异同评》一卷。

[文献]《晋书》卷九一《儒林传·陈邵传》。又可见《艺文类聚》卷四八云:"晋武帝诏燕王师陈劭,清贞廉洁,博通六籍,宜在左右以敦儒训,可给事中。"《册府元龟》卷四百五十七同。

案:陈邵生卒事迹不可考。据本传知陈邵于"泰始中"为给事中,姑将其事迹系于此年。

---

① 余嘉锡:《晋辟雍碑考证》,见《余嘉锡论学杂著》(上),中华书局 1963 年版,第 134 页。

3. 谯周卒

谯周(201—270),研精六经,尤善书札。六年秋,为散骑常侍,疾笃不拜,至冬卒。详见《学案》

[文献]《三国志》卷四二《谯周传》。

4. 晋武帝幸学

晋武帝泰始六年十一月,帝临辟雍,行乡饮酒之礼。诏曰:"礼仪之废久矣,乃今复讲肄旧典。"赐太常绢百匹,丞、博士及学生牛酒。

[文献]《晋书》卷二一《礼志下》,《晋书》卷三《武帝纪》,《宋书·礼志》。

案:余嘉锡《晋辟雍碑考证》载:"泰始三年十月,始行乡饮酒乡射礼。"①

---

① 余嘉锡:《余嘉锡论学杂著》(上),中华书局 1963 年版,第 134 页。

泰始七年(吴建衡三年)　公元 271 年

1. 晋武帝亲躬临拜宗庙

晋武帝泰始七年四月,帝将亲祠,车驾夕牲,而仪注还不拜。诏问其故,博士奏历代相承如此。帝曰:"非致敬宗庙之礼也。"于是实拜而还,遂以为制,夕牲必躬临拜,而江左以来复止。

［文献］《晋书》卷十九《礼志上》。

2. 裴秀卒

裴秀(224—271),字季彦,河东闻喜(今山西省闻喜县)人。裴秀出身著名的大族"河东裴氏",是东汉尚书令裴茂之孙,曹魏光禄大夫裴潜之子。弘通博济,八岁能属文,遂知名。大将军曹爽辟。丧父服终,推财与兄弟。年二十五,迁黄门侍郎。爽诛,以故吏免。迁卫国相,累迁散骑常侍、尚书仆射令、光禄大夫。咸熙中,晋文王始建五等,命秀典为制度,封广川侯。晋室受禅,进左光禄大夫,改封钜鹿公,迁司空。年四十八,泰始七年薨,谥元公,配食宗庙。著《易论》,见《三国志·魏书·裴秀伟》注引《文章叙录》、《二十五史补编·补晋书艺文志》。又有《乐论》,见《魏志·裴潜传》注《文章叙录》。《全晋文》收录有《平吴表章》、《奏事》、《与山涛书》等。

［文献］《三国志》卷二三《裴潜传》裴注引《文章叙录》,又见《晋书》卷三五《裴秀传》:"服寒食散,当饮热酒而饮冷酒,泰始七年薨,时年四十八。"其事迹又见于《文选》卷三八《为萧扬州作荐士表》注引孙盛《晋阳秋》、《通志》卷一二一上。

案：京相璠，裴秀门客。著《春秋土地名》三卷，见《新唐书·艺文志一》，《隋书·经籍志》云：裴秀客京相璠等著。《旧唐书·经籍志》不署撰者，《古逸书辑本录》云京相璠撰。马国翰辑有《春秋土地名》一卷。京相璠生卒事迹不详，暂系年于此。

3. 吕忱撰《字林》

晋世义阳王典祠令任城吕忱表上《字林》六卷，寻其况趣，附托许慎《说文》，而案偶章句，隐别古籀奇惑之字，文得正隶，不差篆意也。忱弟静别放故左校令李登《声类》之，法作《韵集》五卷，宫商角徵羽各为一篇，而文字与兄便是鲁卫，间读楚、夏，时有不同。吕忱著作《字林》七卷，见《隋书·经籍志》，又《旧唐志》云十卷。

[文献]《魏书》卷九一《江式传》，又见唐代封演《闻见记》："晋吕忱撰《字林》七卷，亦五百四十部，凡一万二千八百二十四字。"

案：吕忱作《字林》具体时间不详。据《晋书》卷三十七《宗室》云："义阳成王望，字子初，出继伯父朗，宽厚有父风。仕郡上计吏，举孝廉，辟司徒掾，历平阳太守、洛阳典农中郎将。……武帝受禅，封义阳王，邑万户，给兵二千人。……泰始七年薨，时年六十七。"知义阳王卒于泰始七年，吕忱曾为其典祠令。《中国学术思想编年》、《魏晋南北朝经学学术编年》、《魏晋儒学编年》皆系年于此，今从之。

又案：吕忱《字林》已佚，据《隋书·经籍志》题晋弦令吕忱撰，七卷。《字林》是《说文》与《玉篇》之间的一部字书，在字书发展史上有很重要的地位，然而长久以来不受重视。颜之推《颜氏家训·勉学》篇云："夫文字者，坟籍根本，世之学徒，多不晓字。读五经者，是徐邈而非许慎；习赋诵者，信褚诠而忽吕忱。"又任大椿《字林考逸·自序》有云："今字书传世者莫古于《说文》《玉篇》。而《字林》实承《说文》之绪，开《玉篇》之先。《字林》不传，则自许氏以后、顾氏以前六书相传之脉中阙弗续。"

4. 晋皇太子衷讲《孝经》通

泰始七年，皇太子讲《孝经》通。

［文献］《晋书》卷十九《礼志》。

按：魏历代帝王重视儒学。《晋书》卷十九《礼志》："礼，始立学必先释奠于先圣先师，及行事必用币。汉世虽立学，斯礼无闻。魏齐王正始二年二月，帝讲《论语》通，五年五月，讲《尚书》通，七年十二月，讲《礼记》通，并使太常释奠，以太牢祠孔子于辟雍，以颜回配。武帝泰始七年，皇太子讲《孝经》通。咸宁三年，讲《诗》通，太康三年，讲《礼记》通。惠帝元康三年，皇太子讲《论语》通。元帝太兴二年，皇太子讲《论语》通。太子并亲释奠，以太牢祠孔子，以颜回配。成帝咸康元年，帝讲《诗》通。穆帝升平元年三月，帝讲《孝经》通。孝武宁康三年七月，帝讲《孝经》通。并释奠如故事。穆帝、孝武并权以中堂为太学。"

泰始八年(吴凤凰元年)　公元 272 年

1.晋武帝下诏整顿太学生

晋武帝初,太学生三千人。晋武帝泰始八年,有司奏:"太学生七千余人,才任四品,听留。"诏:"已试经者留之,其余遣还郡国。大臣子弟堪受教者,令入学。"

[文献]《宋书》卷十四《礼志一》,《通典·卷第五十三·太学》。

2.向秀卒

向秀生卒年史书无载。据《晋书·向秀传》,自景元四年(263)嵇康、吕安被司马昭害死后,向秀受司马昭接见,在朝不任职,后卒于位。何启民《竹林七贤年谱》将向秀卒年定于公元 272 年,卒时年 46 岁。《中古文学系年》记其卒于咸宁五年(279),王晓毅《儒释道与魏晋玄学》认为向秀卒于西晋咸宁元年前后。今从年谱说。向秀儒学著作有《周易》注,马国翰辑有向秀《周易义》一卷。

[文献]《晋书》卷四九《吴书·向秀传》。

泰始九年(吴凤凰二年)　公元 273 年

韦昭卒

韦昭(204—273),又名曜①,字弘嗣,吴郡云阳(今江苏丹阳)人。三国吴名儒。少好学,能属文,从丞相掾,除西安令,还为尚书郎,迁太子中庶子。时太子侍从蔡颖好博弈,太子孙和以为无益,命曜论之。曜作《博弈论》曰:

> 盖闻君子耻当年而功不立,疾没世而名不称,故曰学如不及,犹恐失之。是以古之志士,悼年齿之流迈而惧名称之不立也,故勉精厉操,晨兴夜寐,不遑宁息,经之以岁月,累之以日力。……

> 今世之人多不务经术,好玩博弈,废事弃业,忘寝与食,……人事旷而不修,宾旅阙而不接,虽有太牢之馔,韶夏之乐,不暇存也。……廉耻之意驰,而忿戾之色发,然其所志不出一枰之上,所务不过方罫之间,胜敌无封爵之赏,获地无兼土之实。技非六艺,用非经国;立身者不阶其术,征选者不由其道。求之于战陈,则非孙、吴之伦也;考之于道艺,则非孔氏之门也;以变诈为务,则非忠信之事也;以劫杀为名,则非仁者之意也。……且君子之居室也勤身以致养,其在朝也竭命以纳忠,临事且犹盱食,而何博弈之足耽?……

> 方今大吴受命,海内未平,圣朝乾乾,务在得人,……当世之士,宜勉思至道,爱功惜力,以佐明时,使名书史籍,勋在盟府,乃君子之

---

① 韦昭又名韦曜,《三国志》卷六五《韦曜传》裴松之注曰:“曜,本名昭,史为晋讳,改之。”即为避晋文帝司马昭讳而将其更名为曜。但《三国志》中很多“昭”字也没有避讳,如张昭、昭仪、胡昭等。故有学者认为,《三国志》中可能作用的韦昭的别名,即韦曜。

上务，当今之先急也。夫一木之枰孰与方国之封？枯棋三百孰与万人之将？……假令世士移博弈之力而用之于诗书，是有颜、闵之志也；用之于智计，是有良、平之思也；用之于资货，是有猗顿之富也；用之于射御，是有将帅之备也。如此则功名立而鄙贱远矣。

和废后，为黄门侍郎。

孙亮即位，诸葛恪辅政，表曜为太史令，撰《吴书》，华覈、薛莹等皆与参同。孙休践阼，为中书郎、博士祭酒。命曜依刘向故事，校定众书。又欲延曜侍讲，而左将军张布近习宠幸，事行多玷，惮曜侍讲儒士，又性精确，惧以古今警戒休意，固争不可。休深恨布，语在休传。然曜竟止不入。

孙皓即位，封高陵亭侯，迁中书仆射，职省，为侍中，常领左国史。时所在承指数言瑞应。皓以问曜，曜答曰："此人家筐箧中物耳。"又皓欲为父和作纪，曜执以和不登帝位，宜名为传。如是者非一，渐见责怒。曜益忧惧，自陈衰老，求去侍、史二官，乞欲成所造书，以从业别有别付，皓终不听。曜以为外相毁伤，内长尤恨，使不济济，非佳事也，故但示难问经义言论而已。皓以为不承用诏命，意不忠尽，遂积前后嫌忿，收曜付狱，是岁凤皇二年也。曜因狱吏上辞，冀以此求免，而皓更怪其书之垢，故又以诘曜。华覈连上疏救曜，皓不许，遂诛曜，徙其家零陵。韦曜与华覈、薛莹等同撰《吴书》五十五卷；又《孝经解赞》一卷，见《隋书·经籍志》；《毛诗答杂问》七卷，《隋书·经籍志》："吴侍中韦昭、侍中朱育等撰。"《春秋外传国语注》二十二卷，见《隋书·经籍志》；《辨释名》一卷，见《隋书·经籍志》；《鲁论解》，见《补三国艺文志》引《尔雅翼》卷八；又著《初学篇》，见《旧唐志》；《异字》二卷，见《隋书·经籍志》。马国翰辑有《孝经解》一卷，《毛诗答杂问》一卷，《辨释名》一卷，《异字》一卷。其中，《国语注》对后世影响极大，是《国语》六大家之一。

［文献］《三国志》卷六五《韦曜传》，裴注曰："曜，本名昭，史为晋讳，改之。"

泰始十年(吴凤凰三年) 公元 274 年

1. 郑冲卒

郑冲(? —274),字文和,荥阳开封(今河南开封)人。三国曹魏末至西晋初儒学家。起自寒微,卓尔立操,清恬寡欲,耽玩经史,遂博究儒术及百家之言。及魏文帝为太子,搜扬侧陋,命冲为文学,累迁尚书郎,出补陈留太守。冲以儒雅为德,莅职无干局之誉,箪食缊袍,不营资产,世以此重之。大将军曹爽引为从事中郎,转散骑常侍、光禄勋。嘉平三年,拜司空。及高贵乡公讲《尚书》,冲执经亲授,与侍中郑小同俱被赏赐。俄转司徒。常道乡公即位,拜太保,位在三司之上,封寿光侯。冲虽位阶台辅,而不预世事。时文帝辅政,平蜀之后,命贾充、羊祜等分定礼仪、律令,皆先谘于冲,然后施行。武帝践阼,拜太傅,进爵为公。冲遂不视事,表乞骸骨。优诏不许,遣使申喻。冲固辞,上貂蝉印绶,诏又不许。九年,冲又抗表致仕。明年薨。谥曰成。咸宁初,有司奏,冲与安平王孚等十二人皆存铭太常,配食于庙。与何晏等撰有《论语集解》,流传于世。另著有《甲乙问议》一篇,见于《晋书·礼志中》,《全晋文》亦有收录。

[文献]《晋书》卷三三《郑冲传》。又见《晋书》卷三《武帝纪》:"(泰始十年春正月)闰月癸酉,太傅、寿光公郑冲薨。"《晋书》卷九一《儒林传序》:"武帝受终……犹复修立学校,临幸辟雍。而荀顗以制度赞惟新,郑冲以儒宗登保傅,茂先以博物参朝政。"

2. 荀顗卒

荀顗(? —274),字景倩,颍川颍阴人,魏太尉彧之第六子也。性至孝,总角知名,博学洽闻,理思周密。魏时以父勋除中郎。宣帝时擢拜散骑侍郎,累迁侍中。为魏少帝执经,拜骑都尉,赐爵关内侯。难钟会《易》无互体,又与扶风王骏论仁孝孰先,见称于世。时曹爽专权,何晏等欲害太常傅嘏,顗营救得免。文帝辅政,迁尚书。帝征诸葛诞,留顗镇守。顗甥陈泰卒,顗代泰为仆射,领吏部,四辞而后就职。顗承泰后,加之淑慎,综核名实,风俗澄正。咸熙中,迁司空,进爵乡侯。顗年逾耳顺,孝养蒸蒸,以母忧去职,毁几灭性,海内称之。咸熙初,封临淮侯。武帝践阼,进爵为公,寻加侍中,迁太尉、都督城外牙门诸军事。时以《正德》《大豫》雅颂未合,命顗定乐。事未终,以泰始十年薨。帝为举哀,皇太子临丧。咸宁初,诏论次功臣,将配飨宗庙。所司奏顗等十二人铭功太常,配飨清庙。荀顗曾与何晏等人共同撰集《论语集解》,又著有《晋杂议》十卷,见《隋书·经籍志》。严可均《全三国文》卷三十一辑其佚文。

[文献]《晋书》卷三九《荀顗传》,又见《晋书》卷三《武帝纪》:"(泰始十年)夏四月巳未,太尉、临淮公荀顗薨。"《晋书》卷九一《儒林传序》:"武帝受终……犹复修立学校,临幸辟雍。而荀顗以制度赞惟新,郑冲以儒宗登保傅,茂先以博物参朝政。"

3. 张靖、杜预等奏议皇太子除服事

泰始十年,武元杨皇后崩,及将迁于峻阳陵,依旧制,既葬,帝及群臣除丧即吉。先是,尚书祠部奏从博士张靖议,皇太子亦从制俱释服。博士陈逵议,以为:"今制所依,盖汉帝权制,兴于有事,非礼之正。皇太子无有国事,自宜终服。"有诏更详议。尚书杜预以为:"古者天子诸侯三年之丧始同齐斩,既葬除丧服,谅闇以居,心丧终制,不与士庶同礼。……今皇太子与尊同体,宜复古典,卒哭除衰麻,以谅闇终制。于义既不应不除,又无取于汉文,乃所以笃丧礼也。"于是尚书仆射卢钦、尚书魏舒问杜预证据所依。预云:"传称三年之丧自天子达,此谓天子绝期,唯有三年丧也。非谓居丧衰服三年,与士庶同也。故后、世子之丧,而叔向称有三年之丧二也。周公不言高宗服丧三年,而云谅闇三年,此释服心丧之文也。叔向不讥景王除丧,而讥其燕乐已早,明既葬应除,而违谅阁之节也。……"于是钦、舒从之,遂命预造议,奏曰:"……于是太子遂以厌降之议,从国制除衰麻,

107

谅闇终制。"于时外内卒闻预异议,多怪之。或者乃谓其违礼以合时。时预亦不自解说,退使博士段畅博采典籍,为之证据,令大义著明,足以垂示将来。畅承预旨,遂撰集书传旧文,条诸实事成言,以为定证,以弘指趣。

[文献]《晋书》卷二十《礼志中》,又见《晋书》卷三四《杜预传》:"元皇后梓宫将迁于峻阳陵。旧制,既葬,帝及群臣即吉。尚书奏,皇太子亦宜释服。预议'皇太子宜复古典,以谅闇终制',从之。"又《通典》卷八二,又《通典》卷九三:"咸宁二年,安平穆王薨,嗣子上继献王后,移问太常应何服,博士张靖答。"

案:张靖,生卒事迹不详。著有《穀梁传注》十卷,见《隋书·经籍志》,新旧《唐志》均云十一卷。《春秋穀梁废疾》三卷,《隋书·经籍志》云:何休作,郑玄释,张靖笺。《谥法》两卷,见《玉海》卷五十四引。张靖初为博士,不知何年。故将其事迹系于议皇太子服时。

晋咸宁元年(吴天册元年) 公元 275 年

1. 卫瓘为晋尚书令

卫瓘于咸宁初,征拜尚书令,加侍中。性严整,以法御下,视尚书若参佐,尚书郎若掾属。

[文献]《晋书》卷三六《卫瓘传》。

2. 晋武帝将郑冲、荀𫖮等人列于铭飨

以故太傅郑冲、太尉荀𫖮、司徒石苞、司空裴秀、骠骑将军王沈、安平献王孚等及太保何曾、司空贾充、太尉陈骞、中书监荀勖、平南将军羊祜、齐王攸等皆列于铭飨。

[文献]《晋书》卷三《武帝纪》。

咸宁二年（吴天玺元年） 公元 276 年

孙毓为博士

孙毓，字休朗，北海平昌人，长沙太守。咸宁二年，安平穆王薨，无嗣，以母弟敦上继献王后，移太常问应何服。博士张靖答，宜依鲁僖服闵三年例。尚书符诘靖："穆王不臣敦，敦不继穆，与闵僖不同。"孙毓、宋昌议，以穆王不之国，敦不仕诸侯，不应三年。其著述有：《礼记音》一卷，见《隋书·经籍志》《经典释文·叙录》；《毛诗异同评》十卷，见《隋书·经籍志》及新旧《唐志》，马国翰辑有《毛诗异同评》三卷；《春秋左氏传义注》十八卷，见《隋书·经籍志》；《旧唐志》云三十卷。马国翰辑有《春秋左氏传义注》一卷。《春秋左氏传贾、服异同略》五卷，见《隋书·经籍志》。马国翰辑有《孙氏成败志》一卷。《五礼驳》，严可均辑。

［文献］《晋书》卷二十《礼志》，《经典释文·叙录》。

案：孙毓，生卒年及事迹不详。据《晋辟雍碑》记载，有"博士东莞孙毓休郎"。则咸宁二年议何服时张靖、孙毓、宋昌可能皆为博士。宋桂梅《魏晋儒学编年》系年于此，今从之。

咸宁三年（吴天纪元年） 公元 277 年

1. 司马衷讲《诗》通

咸宁三年，皇太子衷讲《诗》通。

［文献］《晋书》卷十九《礼志》。

2. 刘寔为晋太常

咸宁中为太常，转尚书。杜预之伐吴也，寔以本官行镇南军司。

［文献］《晋书》卷四一《刘寔传》。

案：《晋辟雍碑》载："咸宁三年，太常修阳子平原刘寔命博士京兆段畅、渔阳崔豹讲肄大礼。"又据《晋书·武帝纪》，杜预伐吴在咸宁四年，故系刘寔为太常于此年。

3. 晋武帝临学宫

武帝泰始六年帝临辟雍，行乡饮酒之礼。诏曰："礼仪之废久矣，乃今复讲肄旧典。"赐太常绢百匹，丞、博士及学生牛酒。咸宁三年、惠帝元康九年，复行其礼。

［文献］《晋书》卷二一《礼下》，又见《宋书》卷十四《礼志》。

按：宋桂梅《魏晋儒学编年》据《晋辟雍碑》认为，此年是皇太子莅临，故武帝未尝亲躬。本文按《晋书》。

咸宁四年(吴天纪二年) 公元 278 年

1. 司马衷行大射礼于辟雍

咸宁四年二月,行大射礼于辟雍。

[文献]《晋辟雍碑》。

案:余嘉锡《晋辟雍碑考证》曰:"晋宋书礼志止言泰始六年、咸宁三年行乡饮酒礼,其他皆不书,盖两志皆无射礼,故泰始三年之乡射,六年正月及咸宁四年之大射,遂不见于志。"①

2. 傅玄卒

傅玄(217—278),字休奕。北地郡泥阳县(今陕西铜川)人。西晋思想家。祖燮,汉汉阳太守。父幹,魏扶风太守。玄少孤贫,博学善属文,解钟律。性刚劲亮直,不能容人之短。郡上计吏再举孝廉,太尉辟,皆不就。州举秀才,除郎中,与东海缪施俱以时誉选入著作,撰集《魏书》。后参安东、卫军军事,转温令,再迁弘农太守,领典农校尉。所居称职,数上书陈便宜,多所匡正。五等建,封鹑觚男。武帝为晋王,以玄为散骑常侍。及受禅,进爵为子,加驸马都尉。帝初即位,玄及散骑常侍皇甫陶共掌谏职。俄迁侍中。玄以事与陶争,为有司所奏,二人竟坐免官。泰始四年,以为御史中丞。五年,迁太仆。转司隶校尉。玄天性峻急,不能有所容;每有奏劾,或值日暮,捧白简,整簪带,竦踊不寐,坐而待旦。于是贵游慑伏,台阁生风。寻卒于家,时年六十二,谥曰刚。除参加撰写《魏书》外,著有《周

---

① 余嘉锡:《晋辟雍碑考证》,见《余嘉锡论学杂著》(上),中华书局 1963 年版,第 138 页。

官评论》十二卷,见《新唐志》;著《傅子》数十万言,为内、外、中篇,凡有四部、六录,合百四十首,已佚,今存辑本;又有《傅玄集》十五卷,见《隋书·经籍志》。明人张溥辑有《傅鹑觚集》一卷,收入《汉魏六朝百三家集》中。严可均在《全上古三代秦汉三国六朝文》中辑有《傅子》,叶德辉辑《傅子》三卷。马国翰辑有《傅子》一卷。

[文献]《晋书》卷四七《傅玄传》。

案:傅玄卒年无载,然据本传知他卒于献皇后崩后不久,据《晋书》卷三一《景献羊皇后传》:"咸宁四年,太后崩,时年六十五,祔葬峻平陵。"故系年于此。

3.晋武帝初立国子学

及咸宁四年,武帝初立国子学,定置国子祭酒、博士各一人,助教十五人,以教生徒。博士皆取履行清淳,通明典义者,若散骑常侍、中书侍郎、太子中庶子以上,乃得召试。及江左初,减为九人。元帝末,增《仪礼》、《春秋公羊》博士各一人,合为十一人。后又增为十六人,不复分掌《五经》,而谓之太学博士也。

[文献]《晋书》卷二四《职官志》。

案:《宋书》卷十四《礼志一》:"咸宁二年,起国子学。盖《周礼》国之贵游子弟所谓国子,受教于师氏者也。"《晋书》卷三《武帝纪》:"(咸宁二年夏五月)立国子学。"《资治通鉴》卷一百九十二记:"晋武帝咸宁四年立国子学,置祭酒、博士各一人,助教十五人,以教生徒。"《汉晋学术编年》系晋立国子学于咸宁二年。吕思勉在《两晋南北朝史》中考证认为:"屋宇起于咸宁二年(276),教官定于四年(278),生徒入学之法,实至元康三年(293)而后定。[1]"《资治通鉴》卷一九二记:"晋武帝咸宁四年立国子学,置祭酒、博士各一人,助教十五人,以教生徒。"今从此说。

---

[1] 吕思勉:《两晋南北朝史》,上海古籍出版社1983年版,第1335页。

4. 王恂卒

王恂(? —278),字良夫,文明皇后之弟也。父肃,魏兰陵侯。恂文义通博,在朝忠正,累迁河南尹,建立二学,崇明《五经》。鬲令袁毅尝馈以骏马,恂不受。及毅败,受货者皆被废黜焉。魏氏给公卿已下租牛客户数各有差,自后小人惮役,多乐为之,贵势之门动有百数。又太原诸部亦以匈奴胡人为田客,多者数千。武帝践位,诏禁募客,恂明峻其防,所部莫敢犯者。武帝咸宁四年卒,年四十余。

[文献]《晋书》卷九三《王恂传》。

5. 郤正卒

郤正(? —278),本名郤纂,字令先,河南偃师(今河南偃师)人,三国时期学者。少以父死母嫁,单茕只立,而安贫好学,博览坟籍。弱冠能属文,入为秘书吏,转为令史,迁郎,至令。性澹于荣利,而尤耽意文章,自司马、王、扬、班、傅、张、蔡之俦遗文篇赋,及当世美书善论,益部有者,则钻凿推求,略皆寓目。自在内职,与宦人黄皓比屋周旋,经三十年,皓从微至贵,操弄威权,正既不为皓所爱,亦不为皓所憎,是以官不过六百石,而免于忧患。依则先儒,假文见意,号曰《释讥》,其文继于崔骃达旨。时论嘉之。赐爵关内侯。泰始中,除安阳令,迁巴西太守。泰始八年诏曰:"正昔在成都,颠沛守义,不违忠节,及见受用,尽心干事,有治理之绩,其以正为巴西太守。"咸宁四年卒。凡所著述诗论赋之属,垂百篇,多散佚。

[文献]《三国志》卷四二《郤正传》。

6. 卢钦卒

卢钦(? —278),字子若,范阳郡涿县(今河北涿州)人。东汉名儒卢植之孙、曹魏司空卢毓之子。世以儒业显。钦清淡有远识,笃志经史,举孝廉,不行,魏大将军曹爽辟为掾。爽弟尝有所属请,钦白爽子弟"不宜干犯法度",爽深纳之,而罚其弟。除尚书郎。爽诛,免官。后为侍御史,袭父爵大利亭侯,累迁琅邪太守。宣帝为太傅,辟从事中郎,出为阳平太守,迁淮北都督、伏波将军,甚有称绩。徵拜散骑常侍、大司农,迁吏部尚书,进封大梁侯。武帝受禅,以为都督沔北诸军事、平南将军、假节。钦在镇宽猛得中,疆埸无虞。入为尚书仆射,加侍中、奉车都尉,领吏部。钦举必以材,称为廉平。咸宁四年卒。所著诗赋论难数十篇,名曰《小道》。《全晋文》载有《论徐邈》。

[文献]《晋书》卷四四《卢钦传》。

咸宁五年（吴天纪三年） 公元 279 年

1. 汲郡竹简出土

晋咸宁五年,汲郡人不准盗发魏襄王墓,或言安釐王冢,得竹书数十车。《纪年》十三篇,《易经》二篇,《易繇阴阳卦》二篇,《卦下易经》一篇,《公孙段》二篇,《国语》三篇,《名》三篇,《师春》一篇,《琐语》十一篇,《梁丘藏》一篇,《缴书》二篇,《生封》一篇,《大历》二篇,《穆天子传》五篇,《图诗》一篇,又杂书十九篇,大凡七十五篇,七篇简书折坏,不识名题。漆书皆科斗字。初发冢者烧策照取宝物,及官收之,多烬简断札,文既残缺,不复诠次。武帝以其书付秘书校缀次第,寻考指归,而以今文写之。晳在著作,得观竹书,随疑分释,皆有义证。详见《纪事篇》。

［文献］《晋书》卷五一《束晳传》,又见《晋书》卷三《武帝纪》,《晋书·卫恒传》亦有载。

2. 荀勖著《新簿》

魏氏代汉,采掇遗亡,藏在秘书中、外三阁。魏秘书郎郑默,始制《中经》,秘书监荀勖,又因《中经》,更著《新簿》,分为四部,总括群书。一曰甲部,纪六艺及小学等书;二曰乙部,有古诸子家、近世子家、兵书、兵家、术数;三曰丙部,有史记、旧事、皇览簿、杂事;四曰丁部,有诗赋、图赞、汲冢书,大凡四部合二万九千九百四十五卷。但录题及言,盛以缥囊,书用细素。至于作者之意,无所论辩。惠、怀之乱,京华荡覆,渠阁文籍,靡有孑遗。

［文献］《隋书》卷三二《经籍一》,又见《晋书》卷三九《荀勖传》,《广弘

明集》卷三。

案:据《晋书·荀勖传》,勖领秘书监,当在泰始、咸宁之间;荀勖撰《新薄》时间当在汲冢竹书发现之后,故系于此。《新薄》在中国目录学史上具有重要意义。荀勖因郑默《中经》更著《新薄》,分为四部,确立了目录学上甲、乙、丙、丁四部分类法,且收录有佛经。后著作朗李充又加以修正。

3. 文立卒

文立(?—279),字广休,巴郡临江(今重庆忠县)人。西晋著名学者。蜀时游太学,专《毛诗》、《三礼》,师事谯周,门人以立为颜回,陈寿、李虔为游、夏,罗宪为子贡。仕至尚书。蜀平,举秀才,除郎中。泰始初,拜济阴太守,入为太子中庶子。迁卫尉。咸宁末(279),卒。文立著奏章诗赋数十篇,但多亡佚。现仅存《上疏辞太子中庶子》、《上疏辞散骑常侍》、《上书请叙故蜀大官及死事者子孙》三篇,见严可均《全晋文》。

[文献]《晋书》卷九一《文立传》,又《华阳国志》卷十一《后贤志》:"咸宁末年,卒。帝缘立有怀旧性,乃送葬于蜀,使者护丧事,郡县修坟茔,当时荣之。"《全晋文》卷七十亦有载。

晋太康元年 公元 280 年

1. 虞溥大修庠序

虞溥迁公车司马令,除鄱阳内史。大修庠序,广诏学徒,移告属县曰:"学所以定情理性而积众善者也。情定于内而行成于外,积善于心而名显于教,故中人之性随教而移,积善则习与性成。……宜崇尚道素,广开学业,以赞协时雍,光扬盛化。"乃具为条制。于是至者七百余人。溥乃作诰以奖训之,曰:"……今诸生口诵圣人之典,体闲庠序之训,比及三年,可以小成。而令名宣流,雅誉日新,朋友钦而乐之,朝士敬而叹之。于是州府交命择官而仕,不亦美乎!"

[文献]《晋书》卷八二《虞溥传》,又见《晋书》卷二十《礼志》:"太康元年……都令史虞溥议曰:'臣以为礼不二嫡,所以重正,非徒如前议者防妒忌而已。……使昌父尚存,二妻俱在,必不使二嫡专堂,两妇执祭,同为之齐也。'"

案:虞溥于是年为都令史,后除鄱阳内史,故系年于此。

2. 晋武帝行教化

太康平吴,九州共一,礼经咸至,乐器同归,于是齐鲁诸生,各携缃素。武皇帝亦初平寇乱,意先仪范。其吉礼也,则三茅不翦,日观停瑄;其凶礼也,则深衣布冠,降席撤膳。明乎一谦三益之义,而教化行焉。

[文献]《晋书》卷十九《礼志上》。

太康二年　公元 281 年

1. 挚虞等讨论荀顗撰《五礼》

太康初,尚书仆射朱整奏付尚书郎挚虞讨论之。虞表所宜损增曰:"臣典校故太尉顗所撰《五礼》,臣以为夫革命以垂统,帝王之美事也,隆礼以率教,邦国之大务也,是以臣前表礼事稽留,求速讫施行。又以《丧服》最多疑阙,宜见补定。又以今礼篇卷烦重,宜随类通合。事久不出,惧见寝嘿。……又此礼当班于天下,不宜繁多。顗为百六十五篇,篇为一卷,合十五余万言,臣犹谓卷多文烦,类皆重出。案《尚书·尧典》祀山川之礼,惟于东岳备称牲币之数,陈所用之仪,其余则但曰'如初'。《周礼》祀天地五帝享先王,其事同者皆曰'亦如之',文约而义举。今礼仪事同而名异者,辄别为篇,卷烦而不典。皆宜省文通事,随类合之,事有不同,乃列其异。如此,所减三分之一。"虞讨论新礼讫,以元康元年上之。所陈惟明堂五帝、二社六宗及吉凶王公制度,凡十五篇。有诏可其议。后虞与傅咸缵续其事,竟未成功。

[文献]《晋书》卷十九《礼志上》

2. 裴頠为晋太子中庶子

太康二年,徵为太子中庶子,迁散骑常侍。

[文献]《晋书》卷三五《裴頠传》。

3.蔡谟生

据本传,蔡谟永和十二年卒,时年七十六。逆推知其生于是年。

[文献]《晋书》卷七七《蔡谟传》。

4.卫瓘议宜复古乡举里选

瓘以魏立九品,是权时之制,非经通之道,宜复古乡举里选。与太尉亮等上疏曰:"昔圣王崇贤,举善而教,用使朝廷德让,野无邪行。诚以闾伍之政,足以相检,询事考言,必得其善,人知名不可虚求,故还修其身。是以崇贤而俗益穆,黜恶而行弥笃。斯则乡举里选者,先王之令典也。自兹以降,此法陵迟。魏氏承颠覆之运,起丧乱之后,人士流移,考详无地,故立九品之制,粗且为一时选用之本耳。……如此,则同乡邻伍,皆为邑里,郡县之宰,即以居长,尽除中正九品之制,使举善进才,各由乡论。然则下敬其上,人安其教,俗与政俱清,化与法并济。人知善否之教,不在交游,即华竞自息,各求于己矣。今除九品,则宜准古制,使朝臣共相举任,于出才之路既博,且可以厉进贤之公心,核在位之明暗,诚令典也。"武帝善之,而卒不能改。

[文献]《晋书》卷三六《卫瓘传》。

5.阮侃著《毛诗音》

阮侃,不详其生卒事迹。字德恕,陈留人,河内太守。晋武帝太康二年六月丁卯,白雀二见河内南阳,太守阮侃获以献。著有《毛诗音》,见《经典释文·叙录》。

[文献]《宋书》卷二九《符瑞下》,《经典释文·叙录》。《世说新语·贤媛》注引《陈留志名》:"(阮共)少子侃,字德如,有俊才,而饬以名理。风仪雅润,与嵇康为友,仕至河内太守。"

案:阮侃著《毛诗音》时间不详,暂将其系于仕河内太守之年。

6. 束皙校编汲冢竹书

初,太康二年,汲郡人不准盗发魏襄王墓,或言安釐王冢,得竹书数十车。大凡七十五篇,七篇简书折坏,不识名题。漆书皆科斗字。初发冢者烧策照取宝物,及官收之,多烬简断札。文既残缺,不复诠次。武帝以其书付秘书校缀次第,寻考指归,而以今文写之。皙在著作,得观竹书,随疑分释,皆有义证。迁尚书郎。武帝尝问挚虞三日曲水之义,皙进曰:"虞小生,不足以知,臣请言之。昔周公成洛邑,因流水以泛酒,故逸诗云:'羽觞随波。'又秦照王以三日置酒河,见金人奉水心之剑,曰:'令君制有西夏。'乃霸诸侯,因此立为曲水。二汉相缘皆为盛集。"帝大悦,赐皙金五十斤。时有人于嵩高山下得竹简一枚,上两行科斗书,传以相示,莫有知者。司空张华以问皙,皙曰:"此汉明帝显节陵中策文也。"检验果然,时人伏其博识。赵王伦为相国,请为记室。皙辞疾罢归,教授门徒。

[文献]《晋书》卷五一《束皙传》。

案:汲冢竹书出土时间,可参见《纪事》卷,《束皙传》所载,应为束皙等人校编时间。

太康三年　公元 282 年

1. 皇甫谧卒

皇甫谧(215—282),字士安,幼名静,安定朝那(今宁夏固原市)人。魏晋著名学者。年二十,不好学,游荡无度,或以为痴。尝得瓜果,辄进所后叔母任氏。居贫,躬自稼穑,带经而农,遂博综典籍百家之言。沉静寡欲,始有高尚之志,以著述为务,自号玄晏先生。著《礼乐》、《圣真》之论。耽玩典籍,忘寝与食,时人谓之"书淫"。景元初,相国辟,不行。其后乡亲劝令应命,谧为《释劝论》以通志焉。岁余,又举贤良方正,并不起。自表就帝借书,帝送一车书与之。谧虽羸疾,而披阅不怠。初服寒食散,而性与之忤,每委顿不伦,尝悲恚,叩刃欲自杀,叔母谏之而止。咸宁初,诏谧为太子中庶子,谧固辞。寻复发诏徵为议郎,又召补著作郎。司隶校尉刘毅请为功曹,并不应。著论为葬送之制,名曰《笃终》。而竟不仕。太康三年卒,时年六十八。其著有《周易解》,见《周易正义》引。《玄晏春秋》、《礼乐论》、《圣真论》、《玄守论》、《年历》、《释劝论》,见本传。《四库全书总目》卷五十七有《高士传》详考,卷一百三有《甲乙经》详考。严可均《全晋文》卷七十一载文 13 篇。马国翰辑有《年历》一卷,《达士传》一卷,《皇甫谧说》一卷,《高士传》佚文一卷。

[文献]《晋书》卷五一《皇甫谧传》,又见《册府元龟》卷五九八,《太平御览》卷三八六、《艺文类聚》卷三七皆载有其事迹。

2. 杜预作《春秋左氏经传集解》

杜预博学多通,明于兴废之道,常言:"德不可以企及,立功立言可庶几也。"既立功之后，从容无事，乃耽思经籍，为《春秋左氏经传集解》。当时论者谓预文义质直，世人未之重，唯秘书监挚虞赏之，曰："左丘明本为《春秋》作传，而《左传》遂自孤行，《释例》本为《传》设，而所发明何但《左传》，故亦孤行。"时王济解相马，又甚爱之，而和峤颇聚敛，预常称"济有马癖，峤有钱癖"。武帝闻之，谓预曰："卿有何癖？"对曰："臣有《左传》癖。"

［文献］《晋书》卷三四《杜预传》。

案：《春秋左氏经传集解》是现存最早的关于《春秋左氏传》的注释。全书共三十卷，采用马融、郑玄"分传附经"的编排方式，使《春秋》与《左传》合为一书作注。孔颖达《春秋正义序》："晋世杜元凯又为《左氏集解》，专取丘明之传以释孔氏之经。所谓子应乎母，以胶投漆，虽欲勿合，其可离乎？今校先儒优劣，杜为甲矣，故晋宋传授，以至于今。"唐代《五经正义》、清代《十三经注疏》，皆采杜预《集解》为本。

3. 司马衷讲《礼记》

武帝泰始七年，皇太子讲《孝经》通。

［文献］《晋书》卷十九《礼志》。

太康四年　公元 283 年

华峤著《汉后书》

初,峤以《汉纪》烦秽,慨然有改作之意。会为台郎,典官制事,由是得遍观秘籍,遂就其绪,起于光武,终于孝献,一百九十五年,为帝纪十二卷、皇后纪二卷、十典十卷、传七十卷及三谱、序传、目录,凡九十七卷。峤以皇后配天作合,前史作外戚传以继末编,非其义也,故易为皇后纪,以次帝纪。又改志为典,以有《尧典》故也。而改名《汉后书》奏之。诏朝臣会议。时中书监荀勖、令和峤、太常张华、侍中王济咸以峤文质事核,有迁固之规,实录之风,藏之秘府。后太尉汝南王亮、司空卫瓘为东宫傅,列上通讲,事遂施行。

［文献］《晋书》卷四四《华峤传》。

案:据《晋书·华峤传》:"太尉汝南王亮、司空卫瓘为东宫傅,列上通讲,事遂施行。"《晋书》卷三《武帝纪》:"(太康三年)冬十二月甲申,以……汝南王亮为太尉,光禄大夫山涛为司徒,尚书令卫瓘为司空。"可知华峤事当在太康三年之后,暂系于此。华峤创立了《皇后纪》,并改"志"为"典"。但十典未成而峤卒,其子华彻、华畅先后继承父业,完成此书。惜该书在西晋末"永嘉之乱"中散佚。清姚之骃《后汉书补逸》,黄奭《汉学堂丛书》,汪文台《七家后汉书》,王仁俊《玉函山房辑佚书补编》中均有辑本。

太康五年　公元 284 年

1. 修明堂、辟雍、灵台

太康五年，修作明堂、辟雍、灵台。

［文献］《宋书》卷十四《礼志》。

2. 杜预卒

杜预（222—284），预以天下虽安，忘战必危，勤于讲武，修立泮宫，江汉怀德，化被万里。预身不跨马，射不穿札，而每任大事，辄居将率之列。结交接物，恭而有礼，问无所隐，诲人不倦，敏于事而慎于言。既立功之后，从容无事，乃耽思经籍，为《春秋左氏经传集解》。其后徵为司隶校尉，加位特进，行次邓县而卒，时年六十三。详见《学案篇》。

［文献］《晋书》卷三四《杜预传》，又见《晋书》卷三《武帝纪》："（太康五年十二月）闰月，镇南大将军、当阳侯杜预卒。"

3. 何随卒

何随（213—284），字季业，蜀郡郫人也，汉司空武后。蜀地今文经学家。世有名德，徵聘入官。随治《韩诗》、《欧阳尚书》，研精文纬，通星历。郡命功曹，州辟从事，光禄郎中、主事，除安汉令。大同后，台召，不诣；除河间王郎中令，不就。居贫固俭，衣弊蔬食，昼躬耕耨，夕修讲讽。乡族馈及礼厚皆不纳，目不视色，口不语利。著《谭言》十篇，论道德仁让。太康中，即家拜江阳太守，民思其政。年七十一卒官。后州乡人言议平当者，

125

皆相谓"何江阳"；至于汶山夷有正直廉让者,亦号"夷中何江阳"。杜景文、何兴仁皆为作传。其著为《谭言》十篇,见本传。

[文献]《华阳国志》卷十一《后贤志》。

案:据《华阳国志·后贤志》,何随于太康中,即家拜江阳太守,年七十一卒官,故暂系其卒年为太康五年。

太康六年　公元 285 年

1. 陈寿撰成《三国志》

太康元年(280),陈寿历经十年艰辛,完成了纪传体史学巨著《三国志》。《三国志》是一部记载从魏文帝黄初元年（220）到晋武帝太康元年(280)魏、蜀、吴三国鼎立时期的纪传体断代史。其中,《魏书》三十卷,《蜀书》十五卷,《吴书》二十卷,共六十五卷,与《史记》、《汉书》、《后汉书》并称"前四史"。

[文献]《晋书》卷八二《列传第五十二》,《华阳国志》卷十一。

2. 刘毅卒

刘毅(216—285),字仲雄,东莱掖人。汉城阳景王章之后。父喈,丞相属。毅幼有孝行,少厉清节,然好臧否人物,王公贵人望风惮之。侨居平阳,太守杜恕请为功曹,沙汰郡吏百余人,三魏称焉。为之语曰:"但闻刘功曹,不闻杜府君。"魏末,本郡察孝廉,辟司隶都官从事,京邑肃然。同郡王基荐毅于公府,曰:"毅方正亮直,介然不群,言不苟合,行不苟容。往日侨仕平阳,为郡股肱,正色立朝,举纲引墨,朱紫有分,《郑》、《卫》不杂,孝弟著于邦族,忠贞效于三魏。昔孙阳取骐骥于吴坂,秦穆拔百里于商旅。毅未遇知己,无所自呈。前已口白,谨复申请。"太常郑袤举博士,文帝辟为相国掾,辞疾,积年不就。时人谓毅忠于魏氏,而帝怒其顾望,将加重辟。毅惧,应命,转主薄。武帝受禅,为尚书郎、驸马都尉,迁散骑常侍、国子祭酒。帝以毅忠蹇正直,使掌谏官。转城门校尉,迁太仆,拜尚书,坐事免官。咸宁初,复为散骑常侍、博士祭酒。转司隶校尉,纠正豪右,京师肃然。司部守令望风投印绶者甚众,时人以毅方之诸葛丰、盖宽饶。在职六年,迁尚书左仆射。毅以魏立九品,权时之制,未见得人,而有八损,乃上疏曰:"臣闻:立政者,以官才为本,官才有三难,而兴替之所由也。人物难知,一也;爱憎难防,二也;情伪难明,三也。今立中正,定九品,高下任意,荣辱在手。操人主之威福,夺天朝之权势。爱憎决于心,情伪由于己。公无考校之负,私无告讦之忌。用心百态,求者万端。廉让之风灭,苟且之欲成。天下讻讻,但争品位,不闻推让,窃为圣朝耻之。……今之中正,不精才实,务依党利,不均称尺,备随爱憎。所欲与者,获虚以成誉;所欲下者,吹毛以求疵。高下逐强弱,是非由爱憎。随世兴衰,不顾才实,衰则削下,兴则扶上,一人之身,旬日异状。或以货赂自通,或以计协登进,附托者必达,守道者困悴。无报于身,必见割夺。有私于己,必得其欲。是以上品无寒门,下品无势族。暨时有之,皆曲有故。慢主罔时,实为乱源。损政之道一也。……"疏奏,优诏答之。后司空卫瓘等亦共表宜省九品,复古乡议里选。帝竟不施行。年七十,告老。久之,见许,以光禄大夫归第,后司徒举毅为青州大中正,尚书以毅悬车致仕,不宜劳以碎务。青州自二品已上凭毅取正。毅遂为州都,铨正人流,清浊区别,其所弹贬,自亲贵者始。太康六年卒。刘毅著有《尚书王氏传问》二卷,《尚书义》二卷,见《隋书·经籍志》,又有《汉记》,《隋书·经籍志》载:"其后刘珍、刘毅、刘陶、伏无忌等,相次著述东观,谓之《汉记》。"又有《刘毅集》二卷,见《隋书·经籍志》、新旧《唐志》。严可均《全晋文》辑有《上疏请罢中正除九品》等多篇文章。

[文献]《晋书》卷四五《刘毅传》。

太康七年　公元 286 年

孔坦生

坦字君平,孔子第 26 代后人。祖冲,丹阳太守。父侃,大司农。坦少方直,有雅望,通《左氏传》,解属文。完帝为晋王,以坦为世子文学。东宫建,补太子舍人,迁尚书郎。咸和初,迁尚书左丞,及峻平,以坦为吴郡太守。后迁尚书,疾笃未任。俄卒,时年五十一。

[文献]《晋书》卷七八《孔坦传》,又《资治通鉴》卷九五载:"咸康二年丙申,公元三三六年……前廷尉孔坦卒。坦疾笃,庾冰省之,流涕。"

案:据《资治通鉴》卷九五,孔坦卒于东晋咸康二年(336),时年五十一,逆推知其生于本年。

太康八年　公元 287 年

李密卒

　　李密,字令伯,犍为武阳人也,一名虔。父早亡,母何氏醮。密时年数岁,感恋弥至,烝烝之性,遂以成疾。祖母刘氏,躬自抚养,密奉事以孝谨闻。刘氏有疾,则涕泣侧息,未尝解衣,饮膳汤药必先尝后进。有暇则讲学忘疲,而师事谯周,周门人方之游夏。少仕蜀,为郎。数使吴,有才辩,吴人称之。出为温令,而憎疾从事,从事白其书司隶,司隶以密在县清慎,弗之劾也。密有才能,常望内转,而朝廷无援,乃迁汉中太守,自以失分怀怨。及赐饯东堂,诏密令赋诗,末章曰:"人亦有言,有因有缘。官无中人,不如归田。明明在上,斯语岂然!"武帝忿之,于是都官从事奏免密官。后卒于家。

　　[文献]《晋书》卷八十八《孝友·李密传》。《华阳国志·后贤志》:"左迁汉中太守,诸王多以为冤。一年去官,年六十四,卒。著《述理论》,论中和仁义、儒学道化之事,凡十篇。"《隋书·李密传》、《旧唐书》、《新唐书》皆载有李密事。

　　案:刘汝霖《汉晋学术编年》和姜亮夫《历代人物年里碑传综表》系其卒年于此,今从。

太康九年　公元 288 年

傅咸上书言宗社事

晋初仍魏，无所增损。至太康九年，改建宗庙，而社稷坛一庙俱徙。乃诏曰"实一神，其并二社之祀。"于是车骑司马傅咸表曰："《祭法》王社太社，各有其义。天子尊事郊庙，故冕而躬耕。躬耕也者，所以重孝享之粢盛，亲耕故自报，自为立社者，为藉田而报者也。国以人为本，人以谷为命，故又为百姓立社而祈报焉。事异报殊，此社之所以有二也。……谓宜仍旧立二社，而加立帝社之稷。"时成粲义称景侯论太社不立京都，欲破郑氏学。咸重表以为："如粲之论，景侯之解文以此坏。《大雅》云'乃立冢土'，毛公解曰：'冢土，大社也。'景侯解《诗》，即用此说。《禹贡》'惟土五色'，景侯解曰：'王者取五色土为太社，封四方诸侯，各割其方色土者覆四方也'。如此，太社复为立京都也。不知此论何从而出，而与解乖，上违经记明文，下坏景侯之解。臣虽顽蔽，少长学门，不能默已，谨复续上。"刘寔与咸议同。诏曰："社实一神，而相袭二位，众议不同，何必改作！其便仍旧，一如魏制。"

［文献］《晋书》卷十九《礼志上》。

太康十年　公元 289 年

1. 荀勖卒

荀勖(？—289 年)，字公曾，颍川颍阴(今河南许昌市)人。东汉司空荀爽曾孙。荀勖年十余岁，能属文，既长，遂博学，达于从政。仕魏，辟大将军曹爽掾，迁中书通事郎。爽诛，门生故吏无敢往者，勖独临赴，众乃从之。历任安阳令、骠骑从事中郎、廷尉正，参文帝大将军军事，赐爵关内侯，转从事中郎，领记室。数进策谋，深见信任，与裴秀、羊祜共掌机密。荀勖博学多才，曾与贾充一起修订法令。掌管乐事，又修正律吕。领秘书监时，曾与张华一起，按刘向《别录》整理典籍。其间汲郡竹简出土，荀勖受诏撰录编次，将出土古书列入《中经新薄》。荀勖曾建议朝廷立《尚书》博士，置弟子教习。咸宁初，与石苞等并为佐命功臣，列于铭飨。太康十年十一月去世。著有《孝经集议》一卷，见《隋书·经籍志》。《太乐杂歌辞》三卷、《太乐歌辞》二卷，见《新唐志》。《拟诗》六篇，《经义考》卷二百七十四云：存。严可均《全隋文》卷三一辑其文多篇。

[文献]《晋书》卷三九《荀勖传》。又见《晋书》卷三《武帝纪》："(太康十年)十一月丙辰，守尚书令、左光禄大夫荀勖卒。"

2. 刘兆不应公府辟

刘兆，字延世，济南东平人，汉广川惠王之后。晋武帝时期大儒。兆博学洽闻，温笃善诱，从受业者数千人。武帝时五辟公府，三徵博士，皆不就。安贫乐道，潜心著述，不出门庭数十年。以《春秋》一经而三家殊途，诸儒是非之议纷然，互为仇敌，乃思三家之异，合而通之。《周礼》有调人之官。作《春秋调人》七万余言，皆论其首尾，使大义无乖。时有不合者，举其长短以通之。又为《春秋左氏》解，名曰《全综》，《公羊》、《穀梁》解诂皆纳经传中，朱书以别之。又撰《同易训注》，以正动二体互通其文。凡所赞述百余万言。兆年六十六卒。儒学著作有：《春秋公羊穀梁传》十二卷，见《隋书·经籍志》。《春秋三家集解》十一卷，见《新唐志》。《周易训注》、《春秋调人》、《春秋左氏全综》，见本传。马国翰辑有《春秋公羊穀梁传解诂》一卷。

［文献］《晋书》卷九一《刘兆传》。

案：刘兆生卒年不详，据本传，晋武帝时五辟公府，三徵博士，《魏晋儒学编年》系于武帝之末，今从之。

3. 刘智卒

刘智（？—289），字子房，刘寔之弟，贞素有兄风。少贫穷，每负薪自给，读诵不辍，竟以儒行称。历中书黄门吏部郎，出为颍川太守。太康末卒，谥曰成。著有《丧服释疑论》，见本传。《隋书·经籍志》云：《丧服释疑》二十卷，刘智撰。亡。严可均《全晋文》曰："刘智有《丧服疑论》二十卷，今见于《通典》者凡十五条。"马国翰辑有《丧服释疑》一卷，又序曰："余氏萧客云《通典》引数处并云晋刘智，无孔智。按《礼记正义》亦引刘智，以此合本传证之，知《隋书·经籍志》误刘为孔也。"

［文献］《晋书》卷四一《刘寔传》附《刘智传》。

晋永熙元年　公元 290 年

1. 群臣议《晋书》之起始年

先是,朝廷议立《晋书》限断,中书监荀勖谓宜以魏正始起年,著作郎王瓒欲引嘉平已下朝臣尽入晋史,于时依违未有所决。惠帝立,更使议之。贾谧上议,请从泰始为断。于是事下三府,司徒王戎、司空张华、领军将军王衍、侍中乐广、黄门侍郎嵇绍、国子博士谢衡皆从谧议。骑都尉济北侯荀畯、侍中荀藩、黄门侍郎华混以为宜用正始开元。博士荀熙、刁协谓宜嘉平起年。谧重执奏戎、华之议,事遂施行。

[文献]《晋书》卷四十《贾谧传》。又见《晋纪》:"束皙难陆士衡晋书限断。"《初学记·职官部》引王隐《晋书》:"陆士衡以文学为秘书监,虞浚所请为著作郎,议晋书限断。"《初学记·文部》:"陆士衡《晋书》限断议曰:'三祖实终为臣,故书为臣之事,不可如传,此实录之谓也,而名同帝王,故(自帝王)之籍不可以不称纪,则追王之议。'"

案:《晋书》是研究魏晋儒学的重要史学资料。晋朝修国史,议晋朝起始年代。晋武帝时,荀勖认为始于魏正始时期(240),王瓒认为嘉平时期起(249)。惠帝时贾谧上议以泰始(265)为断。王戎、张华、王衍、乐广、嵇绍、谢衡皆从谧议,荀畯、荀藩、华混主张以正始开元,荀刁认为以嘉平起年。最后从贾谧之议。

2. 崔豹官至太傅

崔豹,字正熊,燕国人,晋尚书左中兵郎。《世说新语》引《晋百官名》曰:"惠帝时官至太府丞。"儒学著作有《论语集议》八卷,见《隋书·经籍志》;《经典释文·叙录》作《论语注》十卷;《论语大义解》十卷,见《旧唐书·经籍志》、《新唐书·艺文志》;又《古今注》三卷,见《隋书·经籍志》,《旧唐书·经籍志》作五卷,《新唐书·艺文志》作三卷,《中华古今注·序》亦言三卷。

［文献]《经典释文·叙录》,《世说新语》引《晋百官名》。

案:崔豹生卒年不详,据《世说新语》,于惠帝时官至太傅,故将其生平事迹系于惠帝永熙元年。余嘉锡《四库提要辨证》[①]曰:"豹以治王氏礼为博士,又兼通《论语》,在晋初卓然大师,此书特其绪余,观其训释名物,非湛深经术者不能作,故唐、宋人著书,率引以为据,奈何《提要》不加深考,漫诋为伪书乎?"

3. 裴頠为国子祭酒

惠帝既位,(裴頠)转国子祭酒,兼右军将军。

［文献]《晋书》卷三五《裴頠传》。傅畅《诸公赞》云:"裴頠为国子祭酒,奏立国子太学,起讲堂,筑门阙,刻石写五经。"

案:祭酒,古代学官名,类似于现代大学校长。《百官志》:"祭酒,皂朝服,介帻,进贤两梁冠,佩水苍玉,官品第三。"晋武帝时始设国子学,置国子祭酒与博士各一名,教导诸生。

---

① 余嘉锡:《四库提要辨证》卷十五子部,云南人民出版社 2004 年版,第 734 页。

晋元康元年　公元 291 年

1. 卫瓘卒

卫瓘(220—291)，字伯玉，河东安邑(今山西夏县北)人。高祖暠，汉明帝时，以儒学自代郡徵，至河东安邑卒，因赐所亡地而葬之，子孙遂家焉。父觊，曹魏尚书。瓘年十岁丧父，至孝过人。性贞静有名理，以明识清允称。袭父爵阌乡侯，弱冠为魏尚书郎。后历任散骑常侍、侍中、廷尉等职。后以镇西军司、监军身份参与伐蜀战争。蜀汉亡后，与锺会一道逮捕邓艾，锺会谋反时，又成功平息叛乱，命田续杀邓艾父子。回师后转任督徐州诸军事、镇东将军，封菑阳侯。西晋建立后，历任青州、幽州刺史、征东大将军等职，成功化解北方边境威胁，因功进爵菑阳公。后入朝为尚书令、侍中，又升任司空，领太子少傅。后逊位，拜太保。晋惠帝即位后，与贾皇后对立，终在政变中满门遇害，享年七十二岁。

卫瓘著有《丧服仪》一卷，《集注论语》六卷，晋八卷，梁有《论语补阙》二卷，以上见《隋书·经籍志》及《二十五史补编·补晋书艺文志》。《新唐书·艺文志》载："宋明帝补《卫瓘论语注》十卷。"《易义》，见《经典释文叙录疏证》，张瑶集魏晋二十二家《易》说，瓘说为一家。《二十五史补编·补晋书艺文志》录有《周易卫氏义》。《全晋文》还载有《请议郊诋假葬除服表》、《请除九品用土断疏》、《奏免山涛》、《奏请赠郑默三司》、《与某书》、《与魏舒书》等文。马国翰辑有《论语卫氏集注》一卷。

[文献]《晋书》卷三六《卫瓘传》。又见《晋书》卷四《惠帝纪》："(元康元年)六月，贾后矫诏使楚王玮杀太宰、汝南王亮，太保、淄阳公卫瓘。"

2. 挚虞上礼议十五篇

元康中,迁吴王友。时荀顗撰《新礼》,使虞讨论得失而后施行。元皇后崩,杜预奏:"谅暗之制,乃自上古,是以高宗无服丧之文,而唯文称不言。汉文限三十六日。魏氏以降,既虞为节。皇太子与国为体,理宜释服,卒哭便除。"虞答预书曰:"唐称遏密,殷云谅暗,各举事以为名,非既葬有殊降。周室以来,谓之丧服。丧服者,以服表丧。今帝者一日万机,太子监抚之重,以宜夺礼,葬讫除服,变制通理,垂典将来,何必附之于古,使老儒致争哉!"皇太孙尚蒙,有司奏"御服齐衰期"。诏令博士议。虞曰:"太子生,举以成人之礼,则殇理除矣。太孙亦体君传重,由位成而服全,非以年也。"从之。虞又议玉辂、两社事,见《舆服志》。

[文献]《晋书》卷五一《列传第二十一》,又《晋书》卷十九《礼志上》:"虞讨论《新礼》讫,以元康元年上之。所陈惟明堂五帝、二社六宗及吉凶王公制度,凡十五篇。有诏可其议。"

案:《晋书》卷十九《礼志上》言挚虞讨论《新礼》并于元康元年上之,《晋书》卷五十一言元康中始讨论荀顗撰《新礼》,今从《晋书·卷十九·礼志上》,系年于此。

3. 欧阳建为冯翊太守

欧阳建历山阳令、尚书郎、冯翊太守,甚得时誉。

[文献]《晋书》卷三三《欧阳建传》。又见《文选》卷二三《临终诗》引王隐《晋书》:"欧阳建字坚石,渤海人,石崇甥也,为冯翊太守。"

案:《晋书》卷四《惠帝纪》:"(元康元年九月)辛丑,征西大将军、梁王肜为卫将军、录尚书事,以赵王伦为征西大将军、都督雍梁二州诸军事。"司马伦于是年为征西将军,故系年于此。

4. 皇太子讲《孝经》

元康元年冬十二月,上以皇太子富于春秋,而人道之始莫先于孝悌,

137

初命讲《孝经》于崇正殿。

［文献］《晋书》卷五五《潘尼传》。

5. 杜轸卒

杜轸(约 240—291),字超宗,蜀郡成都人也。父雄,绵竹令。轸师事谯周,博涉经书。州辟不就,为郡功曹史。轸博闻广涉,奏议驳论多见施用。时涪人李骧亦为尚书郎,与轸齐名,每有论议,朝廷莫能逾之,号蜀有二郎。轸后拜犍为太守,甚有声誉。当迁,会病卒,年五十一。

［文献］《晋书》卷九十《杜轸传》,又见《华阳国志》卷十一《杜轸传》:"杜轸,字超宗,蜀郡成都人也。……方用内侍,会卒。时年五十八。"

案:杜轸卒年为晋元康二年(291),其年龄,《晋书》云五十一,《华阳国志》云五十八。从《晋书》,则其生年为公元 240 年。

6. 董景道隐于商洛山

董景道字文博,弘农人。少而好学,千里追师,所在惟昼夜读诵,略不与人交通。明《春秋三传》《京氏易》《马氏尚书》《韩诗》,皆精究大义。《三礼》之义,专遵郑氏,著《礼通论》非驳诸儒,演广郑旨。永平中,知天下将乱,隐于商洛山。

［文献］《晋书》卷九一《董景道传》。

案:本传载永平中,永平是晋惠帝司马衷的第二个年号,共计 3 个月。永平元年(291)三月改元元康元年。故系年于此。

元康三年　公元 293 年

1. 裴頠奏修国学

时天下暂宁,頠奏修国学,刻石写经。皇太子既讲,释奠祀孔子,饮飨射侯,甚有仪序。又令荀藩终父勖之志,铸钟凿磬,以备郊庙朝享礼乐。

[文献]《晋书》卷三五《裴頠传》,又见《宋书》卷十四《礼志》:"晋惠帝、明帝之为太子。及愍怀太子讲经竟,并亲释奠于太学,太子进爵于先师,中庶子进爵于颜渊。"《晋书》卷十九《礼志》:"惠帝元康三年,皇太子讲《论语》通。"

案:王应麟《困学纪闻》载:"石经有七,汉熹平则蔡邕,魏正始则邯郸淳,晋裴頠,唐开成,中唐玄度,后蜀孙逢吉等,本朝嘉祐中杨南仲等"。

2. 晋诏国子学品第诸生

永泰元年,东昏侯即位,尚书符依永明旧事废学。领国子助教曹思文上表曰:"今之国学,即古之太学。晋初太学生三千人,既多猥杂,惠帝时欲辩其泾渭,故元康三年始立国子学,官品第五以上得入国学。"

[文献]《南齐书》卷九《礼志上》。

案:曹思文,南朝梁武帝时东宫舍人。永泰元年上书批评因明帝去世而废止国学之举,提到晋初国子学以品第选择诸生。

3. 华峤卒

华峤(? —293),字叔骏,才学深博,少有令闻。文帝为大将军,辟为掾属,补尚书郎,转车骑从事中郎。泰始初,赐爵关内侯。迁太子中庶子。出为安平太守。辞亲老不行,更拜散骑常侍,典中书著作,领国子博士,迁侍中。元康初,封宜昌亭侯。诛杨骏,改封乐乡侯,迁尚书。后以峤博闻多识,属书典实,有良史之志,转秘书监,加散骑常侍,班同中书。寺为内台,中书、散骑、著作及治礼音律,天文数术,南省文章,门下撰集,皆典统之。元康三年卒,追赠少府,谥曰简。

[文献]《晋书》卷四四《华峤传》。

4. 潘尼上《释奠颂》

元康初,尼拜太子舍人,上《释奠颂》。其辞曰:"元康元年冬十二月,上以皇太子富于春秋,而人道之始莫先于孝悌,初命讲《孝经》于崇正殿。……三年春闰月,将有事于上库,释奠于先师,礼也。越二十四日丙申,侍祠者既齐,舆驾次于太学。"

[文献]《晋书》卷五五《潘尼传》。严可均《全晋文》卷九四载潘尼《释奠颂》。

案:潘尼生卒年不详,姑系其事于此。据《晋书》本传,尼字正叔。祖勖,汉东海相,父满,平原内史,并以学行称。潘尼少有清才,与潘岳并以文章见知。性静退不竞,唯以勤学著述为事。初应州辟,后以父老,辞位致养。太康中举秀才,为太常博士。历高陆令、淮南王允镇东参军。元康初,拜太子舍人,上《释奠颂》,后出为宛令,恤隐勤政。入补尚书郎,俄转著作郎。赵王伦篡位,孙秀专政,尼闻齐王冏起文,乃赴许昌,同引为参军,兼管书记。事平,封安昌公。永兴中为尚书令,永嘉中为太常卿。洛阳将没,欲还乡里,道遇贼,病卒于坞壁,年六十余。

又案:傅咸亦有《皇太子释奠颂》,载严可均《全晋文》卷五二。

元康四年　公元 294 年

张华召束皙为掾

华召皙为掾，又为司空、下邳王晃所辟。华为司空，复以为贼曹属。

［文献］《晋书》卷五一《束皙传》。

按：据《晋书》卷一百七《石季龙下》："永和六年，杀石鉴。"石鉴于元康四年（294）正月初一被杀。《中古文学系年》引《北堂书钞》卷五十七《文士传》认为束皙约于元康四年十一月入司空府，故系于此。

元康五年　公元 295 年

束皙为晋著作佐郎

束皙元康四年晚应司空府，入月余，亦除著作佐郎，著作西观，撰《晋书》，草创《三帝纪》及《十志》。

[文献]《北堂书钞》卷五七"著作佐郎"条注引《文士传》，又见《初学记》卷十二《著作郎》条下引张隐《文士传》。《晋书》卷五十一《束皙传》："华为司空，复以为贼曹属。……转佐著作郎，撰《晋书·帝纪》、十《志》，迁转博士，著作如故。……皙在著作，得观竹书，随疑分释，皆有义证。"

案：文廷式《补晋书艺文志》记其事于元康四年，陆侃如《中古文学系年》引严可均《全晋文》卷八十七载皙《避讳议》："元康七年诏书称……"，①认为应是元康六年。据《中古文学系年》引《北堂书钞》卷五十七《文士传》认为束皙约于元康四年十一月入司空府，入月余，亦除著作佐郎，其当为元康五年初，故系年于此。

---

① 陆侃如：《中古文学系年》(下)，人民文学出版社 1985 年版，第 769 页。

元康七年 公元 297 年

陈寿卒

陈寿(233—297),字承祚,巴西郡安汉县(今四川南充)人。三国时蜀汉及西晋著名史学家。陈寿少好学,师事同郡谯周,仕蜀为观阁令史。遭父丧,有疾,使婢丸药,客往见之,乡党以为贬议。司空张华举为孝廉,除佐著作郎,出补阳平令。撰《蜀相诸葛亮集》,奏之。除著作郎,领本郡中正。撰魏吴蜀《三国志》,凡六十五篇。时人称其善叙事,有良史之才。夏侯湛时著《魏书》,见寿所作,便坏己书而罢。张华深善之,将举寿为中书郎,荀勖忌华而疾寿,遂讽吏部迁寿为长广太守。辞母老不就。杜预将之镇,复荐之于帝,宜补黄散。由是授御史治书。后数岁,起为太子中庶子,未拜。元康七年,病卒,时年六十五。《晋书》卷九一《儒林列传》评:"(谯周)门人以(文)立为颜回,陈寿、李虔为游、夏。"陈寿所著除《三国志》外,还有《古国志》五十篇,《益都耆旧传》十篇,已佚。又有《释讳》、《广国论》二文。《全晋文》还收录有《表上诸葛氏集目录》、《驳虞溥议王昌前母服》。马国翰辑有《益都耆旧传》一卷,《续汉书佚文》一卷,《三国志》佚文一卷。

[文献]《晋书》卷八二《陈寿传》,又见《世说新语·排调》注引王隐《晋书》。

案:陈寿所著《三国志》完整记叙了自汉末至晋初近百年间中国由分裂走向统一的历史全貌,与《史记》、《汉书》、《后汉书》并称"前四史"。是中古时期儒学研究的重要史料来源。《文心雕龙·史传》:"魏代三雄,记传互出,《阳秋》《魏略》之属,江表《吴录》之类,或激抗难徵,或疏阔寡要,唯陈寿三志,文质辨洽,荀张比之于迁固,非妄誉也。"钱大昕《潜研堂文集》①评价曰:"陈承祚《三国志》,创前人未有之例,悬诸日月而不刊者也。魏氏据中原日久而承其禅。当时中原人士,知有魏而不知有蜀,吴也。自承祚书出,始正三国之名。"

---

① 钱大昕:《潜研堂文集》卷二十四《三国志辨疑·序》,《四部丛刊初编》,上海书店出版社 1989 年版。

元康八年　公元 298 年

贺循补晋太子舍人

　　刺史嵇喜举秀才，除阳羡令，后为武康令，政教大行，邻城宗之。然无援于朝，久不进序。著作郎陆机上疏荐循，久之，召补太子舍人。

　　[文献]《晋书》卷六八《贺循传》。

　　案：据《中古文学系年》，陆机于此年补著作郎，作《荐贺循郭讷表》[①]。《魏晋儒学编年》系年于此，今从。

---

①　陆侃如：《中古文学系年》（下），人民文学出版社 1985 年版，第 771 页。

元康九年　公元 299 年

1. 孙盛生

孙盛生年史无明载,据张可礼《东晋文艺系年》考,孙盛生于西晋元康九年(299)[1],咸和六年(331)"举秀才,起家著作郎"。自咸和九年(334)起,任征西将军庾亮主薄,后转参军。李中华《中国儒学史》引《晋书·孙盛传》云"盛年十岁,避难渡江",永嘉之乱主要发生在晋怀帝永嘉年间(307—313),李中华据此推测孙盛应生于永嘉之乱前十年,即晋惠帝太安二年(303)前后。刘学智《中国学术思想编年·魏晋南北朝卷》及宋桂梅《魏晋儒学编年》皆系年于此,今从。

［文献］《晋书》卷八二《孙盛传》。

2. 裴頠为晋尚书仆射

元康九年秋八月,以尚书裴頠为尚书仆射。

［文献］《晋书》卷四《惠帝纪》。

3. 阎缵论皇族子弟教育

阎缵,字续伯,巴西安汉人。祖圃,为张鲁功曹,劝鲁降魏,封平乐乡侯。父璞,嗣爵,仕吴至牂柯太守。缵侨居河南新安,少游英豪,多所交结,博览坟典,该通物理。为太傅杨骏舍人,转安复令。河间王颙引为西

---

① 张可礼:《东晋文艺系年》,山东教育出版社 1992 年版,第 30 页。

戎校尉司马，有功，封平乐乡侯。愍怀太子之废也，缵舆棺诣阙，上书理太子之冤曰："臣伏念通生于圣父而至此者，由于长养深宫，沉沦富贵。受饶先帝，父母骄之。每见选师傅下至群吏，率取膏粱击钟鼎食之家，希有寒门儒素如卫绾、周文、石奋、疏广、洗马、舍人亦无汲黯、郑庄之比，遂使不见事君之道。……非但东宫，历观诸王三友文学，皆豪族力能得者，率非龚遂、王阳，能以道训。友无亮直三益之节，官以文学为名，实不读书，但共鲜衣好马，纵酒高会。嬉游博弈，岂有切磋，能相长益！……置游谈文学，皆选寒门孤宦以学行自立者，及取服勤更事、涉履艰难、事君事亲、名行素闻者，使与共处。使严御史监护其家，绝贵戚子弟、轻薄宾客。如此，左右前后，莫非正人。师傅文学，可令十日一讲，使共论议于前。敕使但道古今孝子慈亲、忠臣事君，及思愆改过之义，皆闻善道，庶几可全。"书御不省。

［文献］《晋书》卷四八《阎缵传》。

案：《晋书》卷四《惠帝》纪："（元康九年）十二月壬戌，废皇太子遹为庶人，及其三子幽于金墉城，杀太子母谢氏。"故系年于此。

4. 邹湛卒

邹湛（？—299），字润甫，南阳郡新野（今河南省新野县）人。魏晋大臣，曹魏左将军邹轨之子。少以才学知名。仕魏，历任通事郎、太学博士。泰始初年，转史书郎，深为羊祜所器重。太康中，拜散骑侍郎，出补渤海太守，转太傅杨骏长史，迁侍中。骏诛，以僚佐免官。寻起为散骑常侍、国子祭酒，转少府。著有《周易统略》五卷，见《隋书·经籍志》。张璠集魏晋二十二家《易》中收入邹湛《周易统略》。马国翰辑有《周易统略》一卷。

［文献］《晋书》卷九二《邹湛传》。

5. 晋惠帝临学宫

晋武帝泰始六年十二月，帝临辟雍，行乡饮酒之礼。诏曰："礼仪之废久矣，乃今复讲肆旧典。"赐太常绢百匹，丞、博士及学生牛酒。咸宁三年，惠帝元康九年，复行其礼。

［文献］《晋书》卷二一《礼志下》，又见《宋书》卷十四《礼志一》。

晋永康元年　公元 300 年

1. 裴頠卒

裴頠(267—300),西晋哲学家。頠深患时俗放荡,不尊儒术,何晏、阮籍素有高名于世,口谈浮虚,不遵礼法,尸禄耽宠,仕不事事;至王衍之徒,声誉太盛,位高势重,不以物务自婴,遂相仿效,风教陵迟,乃著《崇有》之论以释其蔽。初,赵王伦谄事贾后,頠甚恶之,伦数求官,頠与张华复固执不许,由是深为伦所怨。伦又潜怀篡逆,欲先除朝望,因废贾后之际遂诛之,时年三十四。详见《学案》。

[文献]《晋书》卷三五《裴頠传》。

案:裴頠代表作为《崇有论》。王衍之徒攻难交至,并莫能屈。又著《辨才论》,古今精义皆辨释焉。未成而遇祸。"又《世说新语·文学》:"裴成公作《崇有论》,时人攻难之,莫能折。唯王夷甫来,如小屈。时人即以王理难裴理,还复申。"

裴頠除有《崇有论》,当还有《贵无论》。《三国志》卷二三《裴潜传》注引陆机《惠帝起居注》:"裴雅有远量,当朝名士也。又曰:民之望也。頠理具渊博,赡于论难,著《崇有》《贵无》二论,以矫虚诞之弊,文辞精富,为世名论。"注又引《晋诸公赞》:"頠疾世俗尚虚无之理。故著《崇有》二论以斥之。"

2. 欧阳建卒

欧阳建(269—300)[①],字坚石,冀州人,石崇之甥。西晋渤海南皮(今

---

① 据《鲁西南欧阳氏宗谱》载欧阳建生于二六九年。

河北南皮)人。历任尚书郎、冯翊(今陕西大荔)太守,到赵王司马伦专权时,欧阳建欲立楚王,由是与司马伦有隙。于是他与潘岳偷偷劝淮南王司马允诛杀司马伦,事泄,欧阳建全家不论老少都被斩首,欧阳建时年三十余岁。临刑时,作诗文《临终诗》,甚哀楚。他曾提出"言尽意"的思想,否定语言不能表达事物的说法,并著《言尽意论》。流传下来的《言尽意论》全文只有268个字。《文选》中有《临终诗》一首。《隋书·经籍志》著录文集二卷。严可均《全晋文》卷一百九载文二篇。

[文献]《晋书》卷三三《欧阳建传》。

3. 束皙卒

束皙(约261—约300),字广微,阳平元城(今河北大名东)人。西晋文献学家。汉太子太傅疏广之后。以博学多闻、善为文辞而知名。还乡里,察孝廉,举茂才,皆不就。少时游国学,作《玄居释》,张华见而奇之,石鉴卒,王戎乃辟琼。华召皙为掾,又为司空、下邳王晃所辟。华为司空,复以为贼曹属。转佐著作郎,撰《晋书·帝纪》、十《志》,迁转博士。赵王伦为相国,请为记室,皙辞疾罢归,教授门徒。年四十卒。撰有《五经通论》、《七代通记》、《晋书纪志》、《三魏人士传》、《汲冢书释》、《汲冢书释难》,见本传。《发蒙记》一卷,见《隋书·经籍志》。明人辑有《束广微集》。严可均《全晋文》有所辑佚。马国翰《玉函山房辑佚书》辑有《竹书佚文》一卷,《发蒙记》一卷,《汲冢书钞》一卷,《五经通论》一卷。

[文献]《晋书》卷五一《束皙传》。

案:束皙生卒年不详,据本传知"年四十卒"。《晋书》卷四《怀帝纪》:"(永康元年夏四月甲午)伦矫诏大赦,自为相国、都督中外诸军,如宣文辅魏故事,追复故皇太子位。"赵王伦永康元年(300)四月"自为相国",明年四月被杀,则束皙卒于赵王伦为相国之年。

晋永宁元年　公元 301 年

1. 王长文卒

王长文(约 238—302),字德睿,广汉郪人,西晋经学家。少以才学知名,而荡不羁,州府辟命皆不就。州辟别驾,乃微服窃出,举州莫知所之。后于成都市中蹲踞啮胡饼。刺史知其不屈,礼遣之。闭门自守,不交人事。著书四卷,拟《易》,名曰《通玄经》,有《文言》《卦象》,可用卜筮,时人比之扬雄《太玄》。梁王肜为丞相,引为从事中郎。后终于洛。著述颇多,作《无名子》十二卷,《春秋三传注》十二卷,《约礼记》十卷,《通玄经》四卷,以上皆见本传。

[文献]《晋书》卷八二《王长文传》,又见《华阳国志·后贤志》。

案:《汉晋学术编年》据蜀李特反于此年,故是年长文拜蜀太守,卒于未上任时。又《华阳国志·后贤志》:"元康初,试守江源令,……长文闻益州乱,以通经筮得老蚕绿枯桑之卦。叹曰:'桑无叶,蚕以卒也。吾蜀人,殄于是矣。'拜蜀郡太守,暴疾,卒时年六十四。"故系于此。

又案:王长文好治五经,崇尚儒家学说,但是在《晋书》中被置于卷八十二史家列传。

2. 赵王伦以郭琦为吏

郭琦字公伟,太原晋阳人。少方直,有雅量,博学,善五行,作《天文志》《五行传》,注《穀梁》、《京氏易》百卷。乡人王游等皆就琦学。武帝欲以琦为佐著作郎,问琦族人尚书郭彰。彰素疾琦,答云:"不识。"帝曰:"若如卿言,乌丸家儿能事卿,即堪为郎矣。"遂决意用之。及赵王伦篡位,又欲用琦,琦曰:"我已为武帝吏,不容复为今世吏。"终身处于家。著有《穀梁注》、《京氏易注》,见本传。

[文献]《晋书》卷九四《郭琦传》。

案:《晋书》卷四《惠帝纪》:"永宁元年春正月乙丑,赵王伦篡帝位。"故系于此。

3. 赵王伦以贺循为侍御史,辞疾去职

赵王伦篡位,转侍御史,辞疾去职。

[文献]《晋书》卷六八《贺循传》。

4. 张轨在郡立学

张轨字士彦,安定乌氏人,汉常山景王耳十七代孙也。家世孝廉,以儒学显。轨少明敏好学,有器望,资仪典则,与同郡皇甫谧善,曾从皇甫谧问学,后隐于宜阳女几山。永宁初,出为护羌校尉、凉州刺史。征九郡胄子五百人,立学校,始置崇文祭酒,位视别驾,春秋行乡射之礼。张轨著有《易义》一种,见张瑶《周易集解》及《经典释文·叙录》。马国翰辑有《周易张氏义》一卷。张轨生卒年无考,主要生活在西晋,姑系其事于此。

[文献]《晋书》卷八八《张轨传》。

晋太安元年(永宁二年)　公元 302 年

1. 徐苗卒

徐苗(？—302)，字叔胄，高密淳于人。累世相承，皆以博士为郡守。苗少家贫，昼执锄耒，夜则吟诵。弱冠，与弟贾就博士济南宋均受业，遂为儒宗。作《五经同异评》，又依道家著《玄微论》，前后所造数万言，皆有义味。郡察孝廉，州辟从事、治中、别驾，举异行，公府五辟博士，再徵，并不就。武、惠时计吏至台，帝辄访其安不。永宁二年卒，遗命濯巾浣衣，榆棺杂砖，露车载尸，苇席瓦器而已。儒学著作有《徐氏周易筮占》二十四卷，见新旧《唐志》。《五经同异评》，见本传及《二十五史补编·补晋书艺文志》。《玄微论》，见本传。

［文献］《晋书》卷九一《徐苗传》，又见王隐《晋书》卷七。

2. 刘寔为太傅

太安元年五月，以右光禄大夫刘寔为太傅。

［文献］《晋书》卷四《惠帝纪》。

晋永兴元年　公元 304 年

1. 刘渊以范隆为大鸿胪

后与(朱)纪依于刘元海,元海以隆为大鸿胪。纪为太常,并封公。

［文献］《晋书》卷九一《范隆传》。

2. 崔游卒

崔游(210—约 304),字子相,上党人也。少好学,儒术甄明,恬靖谦退,自少及长,口未尝语及财利。魏末,察孝廉,除相府舍人,出为氏池长,甚有惠政。年七十余,犹敦学不倦,撰《丧服图》,行于世。及刘元海僭位,命为御史大夫,固辞不就。卒于家,时年九十三。著作有《丧服图》,见《旧唐志》。

［文献］《晋书》卷九一《崔游传》。

案:《晋书》卷一百一《刘元海载记》:"永兴元年,元海乃为坛于南郊,僭即汉王位。"可知崔游任御史大夫当在此年。其卒于家时间未详,姑系于此年。

［文献］《三国志》卷四八《三嗣主传》。

永兴二年 公元 305 年

1. 王接卒

王接(268—306),字祖游,西晋河东猗氏人,汉京兆尹尊十世孙也。父蔚,世修儒史之学。接幼丧父,及母终,柴毁骨立,居墓次积年。备览众书,多出异义。性简率,不修俗操,乡里大族多不能善之,唯裴頠雅知焉。后州辟部平阳从事,出补都官从事。永宁初,举秀才。及东海王越率诸侯讨颙,尚书令王堪统行台,上请接补尚书殿中郎,未至而卒,年三十九。著有《春秋公羊传注》。

〔文献〕《晋书》卷五一《王接传》。

2. 江惇生

江惇永和九年卒,时年四十九,逆推知其生于是年。

〔文献〕《晋书》卷五六《江惇传》。

3. 徵贺循为丹阳内史不就

及陈敏之乱,诈称诏书,以循为丹阳内史。循辞以脚疾,手不制笔,又服寒食散,露发祖身,示不可用,敏竟不敢逼。及敏破,征东将军周馥上循领会稽相,寻除吴国内史,公车徵贤良,皆不就。

〔文献〕《晋书》卷六八《贺循传》。

4. 庾翼生

庾翼(305—345),字稚恭。永和元年(345)去世,时年四十一。逆推知其生于是年。

[文献]《晋书》卷七三《庾翼传》,《晋书》卷八《穆帝纪》。

晋光熙元年　公元 306 年

1. 司马彪卒

　　司马彪(？—306)，字绍统，河内温县(今河南温县)人，晋宣帝司马懿六弟中郎司马进之孙，高阳王司马睦长子，西晋宗室、史学家。少笃学不倦，然好色薄行，为睦所责，故不得为嗣，虽名出继，实废之也。彪由此不交人事，而专精学习，故得博览群籍，终其缀集之务。初拜骑都尉。泰始中，为秘书郎，转丞。注《庄子》，作《九州春秋》。彪乃讨论众书，缀其所闻，起于世祖，终于孝献，编年二百，录世十二，通综上下，旁贯庶事，为纪、志、传凡八十篇，号曰《续汉书》。泰始初，武帝亲祠南郊，彪上疏定议，语在《郊祀志》。后拜散骑侍郎。惠帝末年卒，时所六十余。著《九州春秋》十卷，见《隋书·经籍志》。另有《续汉书》，其《八志》成为范晔《后汉书》的重要组成部分。儒学著作有《礼记注》，见《经典释文·叙录》。

　　[文献]《晋书》卷八二《司马彪传》。

2. 纪瞻与顾荣共论《易》之太极

　　纪瞻字思远，丹阳秣陵人。召拜尚书郎，与荣同赴洛，在途共论《易》太极。荣曰："太极者，盖谓混沌之时蒙昧未分，日月含其辉，八卦隐其神，天地混其体，圣人藏其身。然后廓然既变，清浊乃陈，二仪著象，阴阳交泰，万物始萌。六合开拓。《老子》云'有物混成，先天地生'，诚《易》之太极也。而王氏云'太极天地'，愚谓未当。夫两仪之谓，以体为称，则是天地；以气为名，则名阴阳。今若谓太极为天地，则是天地自生，无生天地者也。《老子》又云'天地所以能长且久者，以其不自生，故能长久'，'一生

156

二,二生三,三生万物',以资始冲气以为和。原元气之本,求天地之根,恐宜以此为准也。"瞻曰:"昔伏羲嘲八卦,阴阳之理尽矣。文王、仲尼系其遗业,三圣相承,共同一致。称《易》准天,无复其余也。夫天清地平,两仪交泰。四时推移,日月辉其间,自然之数,虽经诸圣,孰知其始。吾子云'蒙昧未分',岂其然乎! 圣人,人也,安得混沌之初能藏其身于未分之内! 老氏先天之言。此盖虚诞之说,非《易》者之意也。亦谓吾子神通体解,所不应疑。意者直谓太极极尽之称,言其理极,无复外形,外形既极,而生两仪。王氏指向可谓近之。古人举至极以为验,谓二仪生于此。非复谓有父母。若必有父母,非天地其孰在?"荣遂止。至徐州,闻乱日甚,将不行。会刺史裴盾得东海王越书,若荣等顾望,以军礼发遣,乃与荣及陆玩等各解船弃车牛,一日一夜三百里,得还扬州。

[文献]《晋书》卷六八《纪瞻传》。

案:陈敏反晋之战是晋永兴二年(305)至永嘉元年(307),本纪载纪瞻在同赴洛的途中论《易》,至徐州,闻乱日甚,则乱未平,故系于此年。

晋怀帝永嘉元年　公元 307 年

1. 公车徵虞喜为博士

虞喜少立操行,博学好古。诸葛恢临郡,屈为功曹。察孝廉,州举秀才,司徒辟,皆不就。元帝初镇江左,上疏荐喜。怀帝即位,公车徵拜博士,不就。

[文献]《晋书》卷九一《虞喜传》。

案:怀帝于是年即位。

2. 徵杜夷不至

惠帝时三察孝廉,州命别驾,永嘉初,公车徵拜博士,太傅、东海王越辟,并不就。怀帝诏王公举贤良方正,刺史王敦以贺循为贤良,夷为方正。敦于是逼夷赴洛。夷遁于寿阳。

[文献]《晋书》卷九一《杜夷传》。

3. 孔衍为安东参军

孔衍避地江东,元帝引为安东参军,专掌记室。

[文献]《晋书》卷九一《孔衍传》。

案:据《晋书·怀帝纪》,是年秋七月,元帝为安东将军,故系年于此。

永嘉三年 公元 309 年

1. 续咸历廷尉平、东安太守

续咸字孝宗,上党人也。性孝谨敦重,履道贞素。好学,师事京兆杜预,专《春秋》《郑氏易》,教授常数十人,博览群言,高才善文论。又修陈杜律,明达刑书。永嘉中,历廷尉平、东安太守。

[文献]《晋书》卷九一《续咸传》。

2. 缪播卒

缪播(? —309),字宣则,东海兰陵(今山东枣庄市)人。父悦,光禄大夫。播才思清辩,有意义。高密王泰为司空,以播为祭酒,累迁太弟中庶子。及帝崩,太弟即帝位,是为怀帝,以播为给事黄门侍郎。俄转侍中,徙中书令,任遇日隆,专管诏命。永嘉三年,为司马越所害。朝赠播卫尉,祠以少牢。其著有《论语旨序》三卷,见《隋书·经籍志》,新《唐志》录《旨序》二卷,旧《唐志》录《论语旨序》二卷,《古佚书辑本目录附考证》录《论语旨序》一卷。马国翰辑有《沦语旨序》一卷。

[文献]《晋书》卷六十《缪播传》。

案《宋书》卷三十四:"明年(永嘉三年),司马越杀缪播等,暴蔑人主。"又《晋书》卷九十八《王敦传》:"俄而越收中书令缪播等十余人杀之。"《晋书》卷二十八《五行志中》:"是年永嘉三年三月,司马越归京都,遣兵入宫,收中书令缪播等九人杀之,皆僭逾之罚也。"

永嘉四年　公元 310 年

1. 刘寔卒

刘寔（220—310），字子真，平原郡高唐县（今山东高唐）人。寔少贫窭，及位望通显，每崇俭素，不尚华丽。自少及老，笃学不倦，虽居职务，卷弗离手。郡察孝廉，州举秀才，皆不行。以计吏入洛，调为河南尹丞，迁尚书郎、廷尉正。后历吏部郎，参文帝相国军事，封循阳子。以世多进趣，廉逊道阙，乃著《崇让论》以矫之。泰始初，进爵为伯，累迁少府。咸宁中为太常，转尚书，以本官行镇南军司。后免官，顷之为大司农，又以夏罪免。后起为国子祭酒、散骑常侍。愍怀太子初封广陵王，高选师友，以寔为师。元康初，进爵为侯，累迁太子太保，加侍中、特进、右光禄大夫、开府仪同三司，领冀州都督。太安初，寔以老病逊位，及长沙成都之相攻也，寔为军人所掠，潜归乡里。惠帝崩，寔赴山陵。怀帝即位，复授太尉。寔自陈年老，固辞，不许。三年，岁余薨，时年九十一，谥曰元。寔精于《三传》，辨正《公羊》，著有《春秋左氏条例》二十卷，见本传，《隋书·经籍志》、《旧唐志》云十一卷；《左氏牒例》二十卷，见《新唐志》；《春秋公羊违义》三卷，见《隋书·经籍志》，亡；《集解春秋序》一卷，见《隋书·经籍志》；《崇让论》，见本传。

［文献］《晋书》卷四一《刘寔传》。

2. 刘殷为前赵大司徒

刘殷，字长盛，新兴人。弱冠，博通经史，综核群言，文章诗赋靡不该览，性倜傥，有济世之志，俭而不陋，清而不介，望之颓然而不可侵也。乡党亲族莫不称之。郡命主簿,州辟从事,皆以供养无主,辞不赴命。司空、齐王攸辟为掾,征南将军羊祜召参军事,皆以疾辞。属永嘉之乱,没于刘聪。聪奇其才而擢任之,累至侍中、太保、录尚书事。有七子,五子各授一经。一子授《太史公》,一子授《汉书》,一门之内,七业俱兴,北州之学,殷门为盛。竟以寿终。

[文献]《晋书》卷八八,又《晋书》卷一百二《刘聪载记》:"(聪)于是以永嘉四年僭即皇帝位……左光禄刘殷为大司徒。"

3. 江统卒

江统(?—310),字应元,陈留郡圉县(今河南省杞县)人。统静默有远志,时人为之语曰:"嶷然稀言江应元。"袭父爵,除山阴令。时关陇、屡为氐、羌所扰,孟观西讨,自擒氐帅齐万年。统深惟四夷乱华,宜杜其萌,乃作《徙戎论》。帝不能用。未及十年,而夷狄乱华,时服其深识。迁中郎。选司以统叔父春为宜春令,统因上疏曰:"故事,父祖与官职同名,皆得改选,而未有身与官职同名,不在改选之例。臣以为父祖改选者,盖为臣子开地,不为父祖之身也。而身名所加,亦施于臣子。佐吏系属,朝夕从事,官位之号,发言所称,若指实而语,则违经礼讳尊之义;若诡辞避回,则为废官擅犯宪制。……若易私名以避官职,则违《春秋》不夺人亲之义。臣以为身名与官职同者,宜与触父祖名为比,体例既全,于义为弘。"朝廷从之。转太子洗马。在东宫累年,甚被亲礼。后为博士、尚书郎,参大司马、齐王同军事。统举高平郗鉴为贤良,陈留阮修为直言,济北程收为方正,时以为知人。寻迁黄门侍郎、散骑常侍,领国子博士。永嘉四年,避难奔于成皋,病卒。

[文献]《晋书》卷五十六《江统传》。

161

永嘉五年 公元 311 年

挚虞卒

挚虞(250—300),字仲洽,京兆长安(今陕西西安)人。父模,魏太仆卿。虞少事皇甫谧,才学通博,著述不倦。郡檄主簿。举贤良,与夏侯湛等十七人策为下第,拜中郎。擢为太子舍人,除闻喜令。以母忧解职。久之,召补尚书郎。元康中,迁吴王友。时荀顗撰《新礼》,使虞讨论得失而后施行。后历秘书监、卫尉卿,光禄勋、太常卿。及洛京荒乱,盗窃纵横,人饥相食。虞素清贫,遂以馁卒。儒学著作有《畿服经》170 卷,见《隋书·经籍志》。《决疑要注》一卷,见《隋书·经籍志》。另著《文章志》四卷,注解《三辅决录》,又著《流别集》等,见本传。

[文献]《晋书》卷五一《挚虞传》。

案:据本传,挚虞卒于洛京慌乱之时,据《太平御览》卷四八六引王隐《晋书》:"永嘉五年,洛中大饥,五月,挚虞饿死。"又见《世说新语·文学》、《艺文类聚》卷五六,可知卒于此年。王隐《晋书》卷六亦有载其卒于永嘉五年[1]。

---

① 汤球:《九家旧晋书辑本》,《丛书集成初编》,中华书局 1985 年版。

永嘉六年　公元 312 年

郭象卒

郭象(约 252—312)，字子玄，河南洛阳人，西晋玄学家，儒道兼综。少有才理，好《老》、《庄》，能清言，常闲居。辟司徒掾，稍迁黄门侍郎。东海王司马越引为太傅主簿，甚见亲委。任职专权，为时论所轻。尝以向秀《庄子注》为己注，述而广之。一说窃注之事，恐未必信。力倡"独化论"，主张名教即自然，为当时玄学大师。著作最有名的为《庄子注》三十卷，目一卷。另有《论语体略》二卷，见《隋书·经籍志》；《论语隐》一卷，见《隋书·经籍志》，亡；又《庄子音》三卷，见《隋书·经籍志》；《唐书·经籍志》著录象文集五卷，《隋书·经籍志》作二卷，《旧唐书·艺文志》著录《郭象集》五卷，今均已佚失。在梁代皇侃《论语义疏》中引有郭象注九则，清代马国翰《玉函山房辑佚书》中有辑本。《道藏》中题为齐顾欢撰《道德真经疏》、李霖《道德真经取善集》等书中，均列郭象注《老子》，并引有郭象注文若干条，但全文已不存。又《晋书》本传记《碑论》十二篇。《文选》刘孝标《辨命论》一文中提到郭象撰有关于论"命"的著作，唐李善注说："郭子玄作《致命由己论》，言吉凶由己。"这些可能都是《郭象集》中的内容。马国翰辑有《论语体略》一卷。

［文献］《晋书》卷五十《郭象传》。

案：《晋书》卷五十《郭象传》："永嘉末病卒，著碑论十二篇。"故暂系于此。

又案：郭象注《庄子》为哲学史上一桩公案。据《晋书·郭象传》载："先是，注《庄子》者数十家，莫能究其旨统。向秀于旧注外而为解义，妙演奇致，大畅玄风，惟《秋水》、《至乐》二篇未竟而秀卒。秀子幼，其义零落，然颇有别本迁流。象为人行薄,以秀义不传于世,遂窃以为己注,乃自注《秋水》、《至乐》二篇,又易《马蹄》一篇,其余众篇或点定文句而已。其后秀义别本出,故今有向、郭二《庄》,其义一也。"至今,学界对《庄子注》是否郭象"窃注"还是"自著"仍然争议不休。

晋建兴元年　公元 313 年

1. 刘琨以续咸为晋从事中郎

刘琨承制于并州，以（续咸）为从事中郎。

［文献］《晋书》卷九一《续咸传》。

案：据《晋书》卷六二《刘琨传》载："愍帝即位，（刘琨）拜大将军、都督并州诸军事，加散骑常侍、假节。"愍帝于建兴元年（313 年）即位，是年刘琨都督并州诸军事，故系年于此。

2. 蔡谟为晋丞相掾

元帝拜丞相，复辟为掾，转参军。后为中书侍郎，历义兴太守、大将军王敦从事中郎、司徒左长史，迁侍中。

［文献］《晋书》卷七七《蔡谟传》。

案：据《晋书》卷六《元帝纪》："愍帝即位，加左丞相。岁余，进位丞相、大都督中外诸军事。"又同卷同篇："（明皇帝）建兴初，拜东中郎将，镇广陵。"建兴元年（313）晋愍帝即位，故系于此。

3. 后赵石勒立太学

（晋愍帝建兴元年）立太学，简明经善书吏署为文学掾，选将佐子弟三百人教之。

［文献］《十六国春秋》卷十二《石勒中》，《十六国春秋辑补》卷十二同。又见《晋书》卷一百四《石勒载记上》："立太学，简明经善书吏署为文学掾，选将佐子弟三百人教之。"

建兴二年　公元 314 年

孙绰生

晋简文帝咸安元年,散骑常侍领著作孙绰卒,时年五十八,逆推其应生于愍帝建兴二年(314)。

[文献]许嵩《建康实录》。孙绰事迹可见《晋书》卷五六《孙楚传》附《孙绰传》。

建兴四年 公元 316 年

1. 虞溥卒

虞溥字允源,高平昌邑(今山东巨野南)人。父秘,为偏将军。镇陇西。溥从父之官,专心坟籍。时疆场阅武,人争视之,溥未尝寓目。郡察孝廉,除郎中,补尚书都令史。稍迁公车司马令,除鄱阳内史。大修庠序,广诏学徒,移告属县,具为条制,于是至者七百余人。溥乃作诰以奖训之。时祭酒求更起屋行礼,溥曰:"君子行礼,无常处也,故孔子射于矍相之圃,而行礼于大树之下。况今学庭庠序,高堂显敞乎!"溥为政严而不猛,风化大行,有白乌集于郡庭。卒于洛,时年六十二。据本传,虞溥注《春秋》经、传,撰《江表传》及文章诗赋数十篇,惜皆佚。马国翰辑有虞溥《厉学》一卷。

[文献]《晋书》卷八二《虞溥传》。

案:虞溥生卒年史书无载。据《晋书》,虞溥约卒于西晋末年,故系年于此。

2. 续咸卒

续咸(约221—约316),字孝宗,上党(今山西潞城)人,五胡十六国时期后赵文帝石弘师傅。性孝谨敦重,履道贞素。好学,师事京兆杜预,专《春秋》、《郑氏易》教授常数十人,博览群言,高才善文论。又修陈杜律,明达刑书。永嘉中,历廷尉平、东安太守。刘琨承制于并州,以为从事中郎。后遂没石勒,勒以为理曹参军。持法平详,当时称其清裕,比之于公。著《远游志》、《异物志》、《汲冢古文释》皆十卷,行于世。年九十七,死于石季龙之世,季龙赠仪同三司。

[文献]《晋书》卷九一《续咸传》。

3. 氾毓撰《春秋释疑》

氾毓,字稚春,济北卢人也。奕世儒素,敦睦九族,客居青州,逮毓七世,时人号其家"儿无常父,衣无常主",毓少履高操,安贫有志业。父终,居于墓所三十余载,至晦朔,躬扫坟垄,循行封树,还家则不出门庭。或荐之武帝,召补南阳王文学、秘书郎、太傅参军,并不就。于时青土隐逸之士刘兆、徐苗等皆务教授,惟毓不蓄门人,清静自守。时有好古慕德者谘询,亦倾怀开诱,以一隅示之。合《三传》为之解注,撰《春秋释疑》、《肉刑论》,凡是述造七万余言。年七十一卒。

[文献]《晋书》卷九一《氾毓传》。

案:氾毓生卒年无考,由本传知其当生活于西晋时期,故系其事于西晋末年。

4. 张璠撰《周易集解》

张璠,安定人,东晋秘书郎,参著作。集二十二家解。《三国志》卷四裴注:"虞溥、郭颁皆晋之令史,璠、颁出为官长,溥,鄱阳内史。璠撰《后汉纪》,虽似未成,辞藻可观。其儒学著作有:《周易集解》,见《经典释文·叙录》;《隋书·经籍志》云《周易》八卷,晋著作郎张璠注,残缺。梁有十卷;《周易略论》一卷,见《旧唐志》;另有《后汉纪》三十卷,见《隋书·经籍志》、《三国志》。马国翰辑有《周易张氏集解》一卷。黄奭《汉学堂丛书》、孙堂《汉魏二十一家易注》亦有所辑录。

[文献]《经典释文·序录》。

案:《经典释文·叙录》记张璠所集二十二家为:"锺会《易无互体论》;向秀《易义》;庾运,字玄度,新野人,官至尚书,为《易义》,一云《易注》;应贞《明易论》;苟辉《易义》;张辉字义元,梁国人,晋侍中、平陵亭侯,为《易义》;阮咸《易义》;阮浑《易义》;杨义字玄舒,汝南人,晋司徒左长史,为《易卦序论》;王济《易义》;卫瑾《易义》;栾肇《易论》;邹湛《易统略》;杜育《易义》；杨瓒不知何许人，晋司徒有长史，为《易义》；张轨《易义》；宣舒字幼骥，陈郡人，晋宜城令为《通知来藏往论》；邢融、裴藻、许适、杨藻四人不详何人，并为《易义》。"

又案：张璠生卒年无考，《经典释文·叙录》与《三国志》卷四裴注"张璠、虞溥、郭颁皆晋之令史，璠、颁出为官长，溥，鄱阳内史"并记其活动于西晋末年，《中国学术思想编年·魏晋南北朝卷》《魏晋儒学编年》皆将张璠事纪年于此，今从之。

5.《鲁诗》亡

汉初，有鲁人申公，受《诗》于浮丘伯，作诂训，是为《鲁诗》。齐人辕固生亦传《诗》，是为《齐诗》。燕人韩婴亦传《诗》，是为《韩诗》。终于后汉，三家并立。汉初，又有赵人毛苌善《诗》，自云子夏所传，作《诂训传》，是为《毛诗》古学，而未得立。后汉有九江谢曼卿，善《毛诗》，又为之训。东海卫敬仲，受学于曼卿。先儒相承，谓之《毛诗》。序，子夏所创，毛公及敬仲又加润益。郑众、贾逵、马融，并作《毛诗传》，郑玄作《毛诗笺》。《齐诗》，魏代已亡；《鲁诗》亡于西晋；《韩诗》虽存，无传之者。唯《毛诗郑笺》，至今独立。

［文献］《隋书·经籍志一》。

案：皮锡瑞《经学历史》："重以永嘉之乱，《易》亡梁丘、施氏、高氏，《书》亡欧阳、大小夏侯，《齐诗》在魏已亡，《鲁诗》不过江东。《韩诗》虽存，无传之者，孟、京、黄《易》亦无传人，《公》、《穀》虽在若亡。"

马端临《文献通考》卷一七八："东莱吕氏曰：'《鲁》《齐》《韩》《毛诗》，读异，义亦不同。以《鲁》《齐》《韩》之义尚可见者较之，独《毛诗》率与经传合。《关雎》，正风之首，三家者乃以为刺，余可知矣，是则《毛诗》之义，最得其真也。"

6. 义理易兴，费氏易盛

汉初，传《易》者有田何，何授丁宽，宽授田王孙，王孙授沛人施仇、东海孟喜、琅邪梁丘贺。由是有施、孟、梁丘之学。又有东郡京房，自云受

《易》于梁国焦延寿,别为京氏学。尝立,后罢。后汉施、孟、梁丘、京氏,凡四家并立,而传者甚众。汉初又有东莱费直传《易》,其本皆古字,号曰《古文易》。以授琅邪王璜,璜授沛人高相,相以授子康及兰陵毋将永。故有费氏之学,行于人间,而未得立。后汉陈元、郑众,皆传费氏之学。马融又为其传,以授郑玄。玄作《易注》,荀爽又作《易传》。魏代王肃、王弼,并为之注。自是费氏大兴,高氏遂衰。梁丘、施氏、高氏,亡于西晋。孟氏、京氏,有书无师。梁、陈郑玄、王弼二注,列于国学。齐代唯传郑义。

[文献]《隋书·经籍志一》。

案:《周易》既属儒家经典,又是三玄之一,故易学在魏晋玄学时期得到了很好的发展。魏晋易学的特点就是形成义理易学,其代表人物是王弼。王弼引道入儒,以玄解易,是义理易学的集大成者;虞翻建立象数易学体系,孙盛同样坚持象数易学,管辂批何晏、王弼易学"美而多伪"。魏晋时期的易学发展就是在象数易与义理易的不断论争中推进的。

晋建武元年　公元 317 年

1. 王导奏请复兴太学

晋国既建,以导为丞相军咨祭酒。俄拜右将军、扬州刺史、监江南诸军事,迁骠骑将军,加散骑常侍、都督中外诸军、领中书监、录尚书事、假节,刺史如故。导以敦统六州,固辞中外都督。后坐事除节。于时军旅不息,学校未修,导上书曰:"夫风华之本在于正人伦,人伦之正存乎设庠序。庠序设,五教明,德礼洽通,彝伦攸叙,而有耻且格,父子兄弟夫妇长幼之序顺,而君臣之义固矣。……择朝之子弟并入于学,选明博修礼之士而为之师,化成俗定,莫尚于斯。"帝甚纳之。"

[文献]《晋书》卷六五《王导传》。

案:据《晋书》卷六《元帝纪》记载,本年三月丙辰,以"右将军王导都督中外诸军事、骠骑将军"。《晋书》卷六十九《戴邈传》:"于时凡百草创,学校未立,邈上疏曰:'臣闻天道之所大,莫大于阴阳;帝王之至务,莫重于礼学。是以古之建国,有名堂辟雍之制,乡有庠序学校之仪,皆所以抽导幽滞,启广才思。……'疏奏,纳焉,于是始修礼学。"又见《晋书·贺循传》、《晋书·荀崧传》等,《宋书·礼志一》亦有载。

2. 晋元帝立太学

晋元帝建武元年,置史官,立太学。

[文献]《晋书》卷六《元帝纪》,又见《晋书》卷六九《戴邈传》载有邈上疏议立太学,疏奏,帝纳焉,于是始修礼学。

171

3. 干宝撰《晋纪》

中兴草创，未置史官，中书监王导上疏曰："夫帝王之迹，莫不必书，著为令典，垂之无穷。宣皇帝廓定四海，武皇帝受禅于魏，至德大勋，等踪上圣，而纪传不存于王府，德音未被乎管弦。陛下圣明，当中兴之盛，宜建立国史，撰集帝纪，上敷祖宗之烈，下纪佐命之勋，务以实录，为后代之准，厌率土之望，悦人神之心，斯诚雍熙之至美，王者之弘基也。宜备史官，敕佐著作郎干宝等渐就撰集。"元帝纳焉。宝于是始领国史。以家贫，求补山阴令，迁始安太守。王导请为司徒右长史，迁散骑常侍，著《晋纪》，自宣帝迄于愍帝五十三年，凡二十卷，奏之。其书简略，直而能婉，咸称良史。

［文献］《晋书》卷八二《干宝传》。

案：据《晋书·干宝传》，元帝初年干宝领国史，始撰《晋纪》，故纪年于此。干宝《晋纪》唐初时尤存，此后唐人以臧荣绪《晋书》为本修撰《晋书》，十八家晋史遂亡，干宝《晋纪》亦亡。据《隋书·经籍志》，《晋纪》共 23 卷，《史通·古今正史》及《新唐书·艺文志》作 22 卷，《晋书》则言 27 卷。因其书佚，不可详考。《晋纪》为干宝代表作，其中贯穿匡时救世的儒家学说和参正得失的鉴戒史观。《文选·晋纪论晋武帝革命》注引何法盛《晋书》："（宝）始以尚书郎领国史，迁散骑常侍，卒。撰《晋纪》，起宣帝迄愍，五十三年。评论切中，咸称善之。"《史通·载言》："昔干宝议撰《晋史》，以为宜准左丘明，其臣下委曲，仍为谱注。于时议者，莫不宗之。"

4. 贺循为晋太常

建武初，循为中书令，加散骑常侍，又以老疾固辞。后改拜太常，常侍如故。循以九卿旧不加官，今又疾患，不宜兼处此职，惟拜太常而已。

［文献］《晋书》卷六八《贺循传》。

5. 元帝诏博议三年之丧

会衰薨，潭上疏求行终丧礼，曰："在三之义，礼有达制，近代以来，或

172

随时降杀,宜一匡革,以敦于后,辄案令文,王侯之丧,官僚服斩,既葬而除。今国无继统,丧庭无主,臣实陋贱,不足当重,谬荷首任,礼宜终丧。"诏下博议。国子祭酒杜夷议:"古者谅闇,三年不言。下及周世,税衰效命。春秋之时,天子诸侯既葬而除。此所谓三代损益,礼有不同。故三年之丧,由此而废。然则汉文之诏,合于随时,凡有国者,皆宜同也,非唯施于帝皇而已。案礼,殇与无后,降于成人。有后,既葬而除。今不得以无后之故而独不除也。愚以丁郎中应除衰麻,自宜主祭,以终三年。"太常贺循议:"礼,天子诸侯俱以至尊临人,上下之义,群臣之礼,自古以来,其例一也。故礼盛则并全其重,礼杀则从其降。春秋之事,天子诸侯不行三年。至于臣为君服,亦宜以君为节,未有君除而臣服,君服而臣除者。今法令,诸侯卿相官属为君斩衰,既葬而除。以令文言之,明诸侯不以三年之丧与天子同可知也。君若遂服,则臣子轻重无应除者也。若当皆除,无一人独重之文。礼有摄主而无摄重,故大功之亲主人丧者,必为之再祭练祥,以大功之服,主人三年丧者也。苟谓诸侯与天子同制,国有嗣王,自不全服,而人主居丧,素服主祭,三年不摄吉事,以尊令制。若当远迹三代,令复旧典,不依法令者,则侯之服贵贱一例,亦不得唯一人论。"于是诏使除服,心丧三年。

[文献]《晋书》卷七八《丁潭传》。

6. 杜夷为晋国子祭酒

元帝为丞相,教曰:"今大义颓替,礼典无宗,朝廷滞义莫能攸正,宜特立儒林祭酒官,以弘其事。处士杜夷栖情遗远,确然绝俗,才学精博,道行优备,其以夷为祭酒。"夷辞疾,未尝朝会。帝常欲诣夷,夷陈万乘之主不宜往庶人之家。帝乃与夷书曰:"吾与足下虽情在忘言,然虚心历载。正以足下羸疾,故欲相省,宁论常仪也!"又除国子祭酒。

[文献]《晋书》卷九一《杜夷传》。

案:《晋书》卷七八《丁潭传》载:"及帝践阼,……会衰薨,潭上疏求行终丧礼,曰……国子祭酒杜夷议……"琅邪王司马衰薨于建武元年十月,则杜夷为国子祭酒当在是年。

173

7. 梅赜献《孔传古文尚书》

初汉武帝时,鲁恭王坏孔子旧宅,得其末孙惠所藏之书,字皆古文。孔安国以今文校之,得二十五篇。其《泰誓》与河内女子所献不同。又济南伏生所诵,有五篇相合。安国并依古文,开其篇第,以隶古字写之,合成五十八篇。其余篇简错乱,不可复读,并送之官府。安国又为五十八篇作传,会巫蛊事起,不得奏上,私传其业于都尉朝,朝授胶东庸生,谓之《尚书古文》之学,而未得立。后汉扶风杜林,传《古文尚书》,同郡贾逵为之作训,马融作传,郑玄亦为之注。然其所传,唯二十九篇,又杂以今文,非孔旧本。自余绝无师说。晋世秘府所存,有《古文尚书》经文,今无有传者。及永嘉之乱,欧阳,大、小夏侯《尚书》并亡。济南伏生之传,唯刘向父子所著《五行传》是其本法,而又多乖戾。至东晋,豫章内史梅赜,始得安国之传,奏之,时又阙《舜典》一篇。齐建武中,吴姚方兴于大桁市得其书,奏上,比马、郑所注多二十八字,于是始列国学。梁、陈所讲,有孔、郑二家,齐代唯传郑义。至隋,孔、郑并行,而郑氏甚微。自余所存,无复师说。又有《尚书逸篇》,出于齐、梁之间,考其篇目,似孔壁中书之残缺者,故附《尚书》之末。

[文献]《隋书》卷三二《经籍志》。又见陆德明《经典释文·序录》:"江左中兴,元帝时豫章内史梅赜奏上《孔传古文尚书》,亡《舜典》一篇,购不能得,乃取王肃注《尧典》,从'慎徽五典'以下分为《舜典》篇以续之,学徒遂盛。后范宁变为今文集注,俗间或取《舜典》篇以续《孔氏》。""永嘉丧乱,众家之书并灭,而古文《孔传》始兴,置博士。"《史通·古今正史》:"晋元帝时,豫章内史梅赜始以《孔传》奏上,而缺《舜典》一篇,乃取肃之《尧典》,从'慎徽'以下,分为《舜典》以续之。自是欧阳、大小夏侯家等学,马融、郑玄、王肃诸注废,而《古文孔传》独行,列于学官,永为世范。"

案:关于孔传《古文尚书》中《舜典》篇的由来,陆德明的《经典释文·序录》记载较为详细。时任豫章内史的梅赜得孔安国所传《古文尚书》,于是年奏上。所献经文有58篇,注解只有57篇,内缺《舜典传》1篇,比伏生所传《尚书》多出25篇。据载,此书最初由魏末晋初学者郑冲传扶风人苏愉,苏愉传天水梁柳,梁柳传城阳人臧曹,臧曹传梅赜献上,遂立于学官。

东晋末年范宁撰《尚书集解》10 卷，为之作注解。又有谢沈注《尚书》十五卷。该书随之在江南地区流传开来，而郑玄古文《尚书》学则备受冷落。是书后相继由明人梅鷟、清人阎若璩、惠栋等人的研究，特别是阎若璩《尚书古文疏证》，认为《孔传古文尚书》为伪书。是书保留了今文的 28 篇。应该视为商周文献的孑遗。故仍是今人研究古史的珍贵资料。至于是否伪书，仍是存疑。

8. 前燕慕容廆引纳儒生

慕容廆（269—333），字弈洛瑰，昌黎棘城鲜卑人。永嘉初，廆自称鲜卑大单于。建兴中，愍帝遣使拜廆镇军将军、昌黎、辽东二国公。建武初，元帝承制拜廆假节、散骑常侍、都督辽左杂夷流人诸军事、龙骧将军、大单于、昌黎公，廆让而不受。时二京倾覆，幽、冀沦陷，廆刑政修明，虚怀引纳，流亡士庶多襁负归之。廆乃立郡以统流人，冀州人为冀阳郡，豫州人为成周郡，青州人为营丘郡，并州人为唐国郡。于是推举贤才，委以庶政，以河东裴嶷、代郡鲁昌、北平阳耽为谋主，北海逄羡、广平游邃、北平西方虔、渤海封抽、西河宋奭、河东裴开为股肱，渤海封弈、平原宋该、安定皇甫岌、兰陵缪恺以文章才俊任居枢要，会稽朱左车、太山胡毋翼、鲁国孔纂以旧德清重引为宾友，平原刘赞儒学该通，引为东庠祭酒，其世子皝率国胄束修受业焉。廆览政之暇，亲临听之，于是路有颂声，礼让兴矣。

[文献]《晋书》卷一百八《慕容廆载记》。

晋太兴元年(前赵光初元年) 公元 318 年

1. 孔衍为晋太子中庶子

明帝之在东宫,领太子中庶子。于时庶事草创,衍经学深博,又练识旧典,朝仪轨制多取正焉。由是元明二帝并亲爱之。

[文献]《晋书》卷九一《孔衍传》。

案:《晋书》卷六《明帝纪》:"明皇帝讳绍,字道畿,元皇帝长子也。幼而聪哲,为元帝所宠异。……建兴初,拜东中郎将,镇广陵。元帝为晋王,立为晋王太子。及帝即尊号,立为皇太子。性至孝,有文武才略,钦贤爱客,雅好文辞。当时名臣,自王导、庾亮、温娇、桓彝、阮放等,咸见亲待。尝论圣人真假之意,导等不能屈。又习武艺,善抚将士。于时东朝济济,远近属心焉。"同书同卷《元帝纪》:"庚午,立王太子绍为皇太子。"

2. 孔坦补太子舍人

元帝为晋王,以坦为世子文学,东宫建,补太子舍人,迁尚书郎。

[文献]《晋书》卷七八《孔坦传》。

3. 晋皇太子执经问义

皇太子三至夷第,执经问义。夷虽逼时命,亦未尝朝谒,国有大政,恒就夷咨访焉。

[文献]《晋书》卷九一《杜夷传》。

4. 孔愉《奏日蚀伐鼓非旧典》

元帝太兴元年四月,合朔,中书侍郎孔愉奏曰:"《春秋》,日有蚀之,天子伐鼓于社,攻诸阴也;诸侯伐鼓于朝,臣自攻也。案尚书符,若日有变,便击鼓于诸门,有违旧典。"诏曰:"所陈有正义,辄敕外改之。"

[文献]《晋书》卷十九《礼志上》,又见《宋书》卷十四《礼志一》。

5. 郭璞、王隐受命撰《晋史》

郭璞(276—324年),字景纯,河东郡闻喜县(今山西省闻喜县)人。两晋时期著名训诂学家。父瑗,尚书都令史。璞好经术,博学有高才,而讷于言论,词赋为中兴之冠。好古文奇字,妙于阴阳算历。晋元帝时拜著作佐郎,与王隐共撰《晋史》。后为大将军王敦记室参军,以卜筮不吉劝阻王敦谋反而遇害,时年四十九。郭璞承家传易学,又抄京、费诸家要最,撰《新林》十篇、《卜韵》一篇,见本传。《毛诗拾遗》一卷,梁又有《毛诗略》四卷,见《隋书·经籍志》。《尔雅》五卷,见《隋书·经籍志》,梁有《尔雅音》二卷,孙炎、郭璞撰。《尔雅图》十卷,梁有《尔雅图赞》二卷。《方言》十三卷,汉扬雄撰,郭璞注。《三苍》三卷,郭璞注。以上并见《隋书·经籍志》。马国翰辑有《毛诗拾遗》一卷,《尔雅音义》一卷,《尔雅图赞》一卷。

[文献]《晋书》卷七二《郭璞传》

按:郭璞《尔雅注》成就卓著,收入《十三经注疏》。《经典释文·叙录》云:"先儒多为亿必之说,乖盖阙之义,惟郭景纯洽闻强识,详悉古今,作《尔雅注》,为世所重。"

6. 董景道固辞前赵太子少傅

董景道,字文博,弘农人。少而好学,千里追师,所在惟昼夜读诵,略不与人交通。明《春秋三传》、《京氏易》、《马氏尚书》、《韩诗》,皆精究大义。《三礼》之义,专遵郑氏,著《礼通论》非驳诸儒,演广郑旨。永平中,知天下将乱,隐于商洛山,衣木叶,食树果,弹琴歌笑以自娱,毒虫猛兽皆绕其傍,是以刘元海及聪屡征,皆碍而不达。至刘曜时出山,庐于渭汭。曜徵为太子少傅、散骑常侍,并固辞,竟以寿终。著有《礼通论》,见《经义考》卷一六三,佚。

［文献］《晋书》卷九一《儒林·董景道传》,又见《十六国春秋》卷九。

案:据《晋书·刘曜载记》,刘曜于是年即位,改元光初,征董景道当于此年。

7. 韦谀为前赵黄门郎

韦谀仕于刘曜,为黄门郎。

［文献］《晋书》卷九一《韦谀传》。

按:韦谀为黄门郎具体在何年无考,因此年刘曜即位,《东晋文艺系年》及《魏晋儒学编年》系于此,今从之。

8. 晋元帝议修学校置博士,荀崧作《上疏请增置博士》

元帝践阼,征拜尚书仆射,使崧与协共定中兴礼仪。转太常。时方修学校,简省博士,置《周易》王氏、《尚书》郑氏、《古文尚书》孔氏、《毛诗》郑氏、《周官礼记》郑氏、《春秋左传》杜氏服氏、《论语》《孝经》郑氏博士各一人,凡九人,其《仪礼》《公羊》《穀梁》及郑《易》皆省不置。崧以为不可,乃上疏曰:"自丧乱以来,儒学尤寡,今处学则阙朝廷之秀,仕朝则废儒学之俊。昔咸宁、太康、永嘉之中,侍中、常侍、黄门通洽古今、行为世表者,领国子博士。一则应对殿堂,奉酬顾问;二则参训国子,以弘儒训;三则祠、仪二曹及太常之职,以得质疑。今皇朝中兴,美隆往初,宜宪章令轨,祖述前典。世祖武皇帝应运登禅,崇儒兴学。经始明堂,营建辟雍,告朔班政,乡饮大射。西阁东序,河图秘书禁籍。台省有宗庙太府金墉故事,太学有石经古文先儒典训。贾、马、郑、杜、服、孔、王、何、颜、尹之徒,章句传注众家之学,置博士十九人。九州之中,师徒相传,学士如林,犹选张华、刘寔居太常之官,以重儒教。传称'孔子没而微言绝,七十二子终而大义乖'。……宜为郑《易》置博士一人,郑《仪礼》博士一人,《春秋公羊》博士一人,《穀梁》博士一人。……臣以为三传虽同曰《春秋》,而发端异趣,案如三家异同之说,此乃义则战争之场,辞亦剑戟之锋,于理不可得共。博士宜各置一人,以博其学。"元帝诏曰:"崧表如此,皆经国之务。为政所由。息马投戈,犹可讲艺,今虽日不暇给,岂忘本而遗存邪!可共博议者详之。"议者多请从崧所奏。诏曰:"《穀梁》肤浅,不足置博士,余如奏。"会王敦之难,不行。

[文献]《晋书》卷七五《荀崧传》,又见《宋书》卷十四《礼志一》,《通典》卷五三。

案:据《南齐书》卷三十九《陆澄传》载陆澄与王俭书曰:"晋太兴四年,太常荀崧请置《周易》郑玄注博士,行乎前代,于时政由王、庾,皆隽神清识,能言玄远,舍辅嗣而用康成,岂其妄然。太元立王肃《易》,当以在玄、弼之间。"今据《晋书》本传系年于此。

9. 范隆卒

范隆,字玄嵩,雁门人。父方,魏雁门太守。隆在孕十五月,生而父亡。年四岁,又丧母,哀号之声,感恸行路。单孤无缌功之亲,疏族范广愍而养之,迎归教书,为立祠堂。隆好学修谨,奉广如父。博通经籍,无所不览,著《春秋三传》,撰《三礼吉凶宗纪》,甚有条义。惠帝时,天下将乱,隆隐迹不应州郡之命,昼勤耕稼,夜诵书典。颇习秘历阴阳之学,知并州将有氛祲之祥,故弥不复出仕。与上党朱纪友善,尝共纪游山,见一父老于穷涧之滨。父老曰:"二公何为在此?"隆等拜之,仰视则不见。后与纪依于刘元海,元海以隆为大鸿胪,纪为太常,并封公。隆死于刘聪之世,聪赠太师。

[文献]《晋书》卷九一《范隆传》。

案:范隆生卒年不详,据本传,隆死于刘聪之世,刘聪在位时间为310—318年,暂将其事系年于此。

太兴二年(前赵光初二年)　公元 319 年

1. 贺循上书言置经学博士

东晋元帝时,太常贺循上言:"尚书被符,经置博士一人。又多故历纪,儒道荒废,学者能兼明经义者少。且《春秋》三传,俱出圣人,而义归不同,自前代通儒,未有能通得失兼而学之者也。况今学义甚颓,不可令一人总之。今宜《周礼》、《仪礼》二经置博士二人,《春秋》三传置三人,其余则经置一人,各八人。"

[文献]《通典》卷五三,又见《晋书》卷六《元帝纪》载:"(太兴二年六月)罢御府及诸郡丞,置博士生员五人。乙亥,加太常贺循开府仪同三司。"

案:荀崧在太兴初上表奏请增立《仪礼》、《公羊》、《穀梁》及郑《易》四家博士,司马睿作《报荀崧请增博士诏》,贺循又于是年上疏请置经学博士,《周礼》、《仪礼》置博士二人,《春秋》三《传》置三人,其余一人,共八人。由此可见,东晋新制与西晋太学"十九博士"相比,人数大为减少。

2. 贺循卒

贺循(260—319)操尚高厉,童龀不群,言行进止,必以礼让。太子亲临者三焉,往还皆拜,儒者以为荣。太兴二年卒,时年六十。详见《学案》。

[文献]《晋书》卷六八《贺循传》,卷六《元帝纪》载本年"秋七月乙丑,太常贺循卒。"

3. 庾亮侍讲东宫

中兴初,拜中书郎,领著作,侍讲东宫。其所论释,多见称述。与温峤俱为太子布衣之好。

[文献]《晋书》卷七三《庾亮传》。

案:《晋书》卷十九《礼志上》:"元帝渡江,太兴二年始议立郊祀仪。……司徒荀组据汉献帝都许即便立郊,自宜于此修奉。骠骑王导、仆射荀崧、太常华恒、中书侍郎庾亮皆同组议,事遂施行,立南郊于巳地。其制度皆太常贺循所定,多依汉及晋初之仪。三月辛卯,帝亲郊祀,飨配之礼一依武帝始郊故事。"张可礼《东晋文艺系年》第 59 页"据此知本年二月前亮仍任中书郎,是领著作郎最早只能在本年二月后,姑系于此。"从之。

4. 后赵石勒立小学

勒增置宣文、宣教、崇儒、崇训十余小学于襄国四门,简将佐豪右子弟百余人以教之,且备击柝之卫。

[文献]《晋书》卷一百四《载记·石勒上》,又见《十六国春秋》卷十三:"(赵王元年)勒增置宣文、宣教、崇儒、崇训十余小学于襄国四门,简将佐豪有子弟百余人以教之,且备击柝之卫。"《十六国春秋辑补》卷十三同。

案:《十六国春秋》卷十三《石勒下》记此事于赵王元年,即晋太兴二年。《东晋学术编年》系石勒立小学于太兴元年,《魏晋儒学编年》系于太兴二年。今据《十六国春秋》系于此年。

5. 后赵石勒崇信儒学

太兴二年,勒伪称赵王,依春秋列国、汉初侯王每世称元,改称赵王元年。始建社稷,立宗庙,营东西宫。署从事中郎裴宪、参军傅畅、杜嘏并领经学祭酒,参军续咸、庾景为律学祭酒,任播、崔濬为史学祭酒。勒亲临大小学,考诸学生经义。尤高者赏帛有差。

[文献]《晋书》卷一百五《石勒载记下》。

太兴三年(前赵光初三年) 公元 320 年

1. 晋元帝司马睿诏议宗庙祭仪

元帝既即尊位,上继武帝,于元为祢,如汉光武上继元帝故事也。于时百度草创,旧礼未备,毁主权居别室。至太兴三年正月乙卯,诏曰:"吾虽上继世祖,然于怀、愍皇帝皆北面称臣。今祠太庙,不亲执觞酌,而令有司行事,于情礼不安。可依礼更处。"太常恒议:"今圣上继武皇帝,宜准汉世祖故事,不亲执觞爵。"又曰:"今上承继武帝,而庙之昭穆,四世而已,前太常贺循、博士傅纯,并以为惠、怀及愍,宜别立庙。然臣愚谓庙室当以容主为限,无拘常数。殷世有二祖三宗,若拘七室,则当祭祢而已。推此论之,宜还复豫章、颍川,全祠七庙之礼。"骠骑长史温峤议:"凡言兄弟不相入庙,既非礼文,且光武奋剑振起,不策名于孝平,务神其事,以应九世之谶,又古不共庙,故别立焉。今上以策名而言,殊于光武之事,躬奉蒸尝,于经既正,于情又安矣。太常恒欲还二府君,以全七世,峤谓是宜。"骠骑将军王导从峤议。峤又曰:"其非子者,可直言皇帝敢告某皇帝,又若以一帝为一世,则不祭祢,反不及庶人。"帝从峤议,悉施用之。于是乃更定制,还复豫章、颍川于昭穆之位,以同惠帝嗣武故事,而惠、怀、愍三帝自从《春秋》尊尊之义,在庙不替也。

[文献]《晋书》卷十九《礼志上》。

2. 晋元帝作《太子释奠诏》

晋惠帝、明帝之为太子,及愍怀太子讲经竟,并亲释奠于太学。太子进爵于先师,中庶子进爵于颜渊。元帝诏曰:"吾识太子此事,祠讫便请王公以下者,昔在洛时,尝豫清坐也。"

[文献]《宋书》卷十四《礼志一》。又见《晋书》卷六《元帝纪》:"(太兴三年八月)辛未,皇太子释奠于太学。

3. 孔衍卒

孔衍(268—320),字舒元,晋代鲁国人。孔衍少好学,年十二,通诗书。石勒称衍为儒雅之士。太兴三年卒于官,年五十三。详见《学案篇》。

[文献]《晋书》卷九一《孔衍传》。

4. 孔坦作《奏议策除秀孝》

坦字君平。祖冲,丹阳太守。父侃,大司农。坦少方直,有雅望,通《左氏传》,解属文。元帝为晋王,以坦为世子文学。东宫建,补太子舍人,迁尚书郎。时台郎初到,普加策试,帝手策问曰:"吴兴徐馥为贼,杀郡将,郡今应举孝廉不?"坦对曰:"四罪不相及,殛鲧而兴禹。徐馥为逆,何妨一郡之贤!"又问:"奸臣贼子弑君,污宫潴宅,莫大之恶也。乡旧废四科之选,今何所依?"坦曰:"季平子逐鲁昭公,岂可以废仲尼也!"竟不能屈。先是,以兵乱之后,务存慰悦,远方秀孝到,不策试,普皆除署。至是,帝申明旧制,皆令试经,有不中科,刺史、太守免官。太兴三年,秀孝多不敢行,其有到者,并托疾。帝欲除署孝廉,而秀才如前制。坦奏议曰:"臣闻经邦建国,教学为先,移风崇化,莫尚斯矣。古者且耕且学,三年而通一经,以平康之世,犹假渐渍,积以日月。自丧乱以来,十有余年,干戈载扬,俎豆礼戢,家废讲诵,国阙庠序,率尔责试,窃以为疑。然宣下以来,涉历三载,累遇庆会,遂未一试。扬州诸郡,接近京都,惧累及君父,多不敢行。其远州边郡,掩诬朝廷,冀于不试,冒昧来赴,既到审试,遂不敢会。臣愚以不会与不行,其为阙也同。若当偏加除署,是为肃法奉宪者失分,侥幸投射者得官,颓风伤教,惧于是始。夫王言如丝,其出如纶,临事改制,示短天下,人听有惑,臣窃惜之。愚以王命无贰,宪制宜信。去年察举,一皆策试。如不能试,可不拘到,遣归不署。又秀才虽以事策,亦泛问经义,苟所未学,实难暗通,不足复曲碎垂例,违旧造异。谓宜因其不会,徐更革制。可申明前下，崇修学校，普延五年，以展讲习，钧法齐训，示人轨则。夫信之与法，为政之纲，施之家室，犹弗可贰，况经国之典而可玩黩乎！"帝纳焉。听孝廉申至七年，秀才如故。时典客令万默领诸胡，胡人相诬，朝廷疑默有所偏助，将加大辟。坦独不署，由是被谴，遂弃官归会稽。

［文献］《晋书》卷七八《孔坦传》。

5. 赵主刘曜立学

刘曜，字永明，元海之族子。少孤，见养于元海。幼而聪彗，有奇度。性拓落高亮，与众不群。读书志于广览，不精思章句，善属文，工草隶。曜以太兴元年僭即皇帝位，大赦境内，惟准一门不在赦例，改元光初。曜立太学于长乐宫东，小学于未央宫西，简百姓年二十五已下十三已上，神志可教者千五百人，选朝贤宿儒明经笃学以教之。以中书监刘均领国子祭酒。置崇文祭酒，秩次国子。散骑侍郎董景道以明经擢为崇文祭酒。以游子远为大司徒。

［文献］《晋书》卷一百三《刘曜载记》，又见《十六国春秋》卷五《刘曜上》系此事于光初三年九月，《十六国春秋辑补》卷六同，《资治通鉴》卷九一系刘曜立太学等事于本年六月。

太兴四年　公元 321 年

晋元帝置《周易》、《仪礼》、《公羊》博士

太兴四年三月,置《周易》、《仪礼》、《公羊》博士。

[文献]《晋书》卷六《元帝纪》。

晋永昌元年　公元 322 年

王廙卒

王廙(276—322)，又名王廙，字世将，琅邪(今山东临沂)人。辟太傅掾，转参军。豫迎大驾，封武陵县侯，拜尚书郎，出为濮阳太守。元帝作镇江左，廙弃郡过江。帝见之大悦，以为司马。频守庐江、鄱阳二郡。豫讨周馥、杜弢，以功累增封邑，除冠军将军，镇石头，领丞相军谘祭酒。王敦启为宁远将军、荆州刺史。及帝即位，廙奏《中兴赋》。帝徵廙为辅国将军，加散骑常侍。以母丧去职。服阕，拜征虏将军，进左卫将军。敦得志，以廙为平南将军、领护南蛮校尉、荆州刺史。寻病卒，享年四十七岁，谥号康。王廙著有《周易注》三卷，梁有十卷，见《隋书·经籍志》。陆德明《经典释文·叙录》录王廙《易注》十二卷，新旧《唐志》均作十卷。马国翰辑有王廙著《出后者为本父母服议》一卷，《周易王氏注》一卷。

[文献]《晋书》卷七六《王廙传》，《晋书》卷六《元帝纪》："(永昌元年冬十月)乙丑，都督荆梁二州诸军事、平南将军、荆州刺史、武陵侯王廙卒。"

案：张惠言《易义别录》①卷十三："东晋以后言《易》者大率以王弼为本，而附之以玄言，其用郑、宋诸家，小有去取而已，非能通其说如王廙者是也。"

---

① 张惠言：《易义别录》卷一四，清经解本。

晋太宁元年 公元 323 年

1. 杜夷卒

杜夷(258—323),字行齐,庐江灊(今安徽六安)人。世以儒学称,博览经籍百家之书,算历图纬靡不毕究。年四十余,始还乡里,闭门教授,生徒千人。太宁元年卒,年六十六。著有《幽求子》二十篇,见《晋书》本传及《隋书·经籍志》,《唐志》作三十卷。原书已佚,《北堂书钞》、《文选注》、《太平御览》引之。严可均《全晋文》辑有《丁潭为琅邪王行终丧礼议》、《东海王为新蔡王殇服议》、《议王式事》、《驳荀组所陈表议》、《墓毁服议》、《遗命》。其论礼之文又见于杜佑《通典》,《晋书》本传亦有载。马国翰辑有《杜氏幽求新书》一卷,《幽求子》一卷。

［文献］《晋书》卷九一《杜夷传》。

2. 荀崧领太子太傅

太宁初,加散骑常侍,后领太子太傅。

［文献］《晋书》卷七五《荀崧传》。

3. 杨方著《五经钩沉》

杨方字公回。少好学,有异才。初为郡铃下威仪,公事之暇,辄读《五经》,乡邑未之知。时虞喜兄弟以儒学立名,雅爱方,为之延誉。司徒王导辟为掾,转东安太守,迁司徒参军事。方在都邑,缙绅之士咸厚遇之,自以地寒,不愿久留京华,求补远郡,欲闲居著述。导从之,上补高梁太守。在郡积年,著《五经钩沈》,更撰《吴越春秋》,并杂文笔,皆行于世。以年老,弃郡归。导将进之台阁,固辞还乡里,终于家。所著《五经钩沈》见《隋书·经籍志》;《小学》九卷,见《隋书·经籍志》。马国翰辑有《五经钩沈》一卷。

[文献]《晋书》卷六八《贺循传》。

案:丁国钧《补晋书艺文志》卷一:"是书据方自序,见《中兴书目》,盖撰于太宁元年。"又王应麟《玉海》卷四二引《中兴书目》所载杨方自《序》曰:"晋太宁元年(323)撰。钩经传之沈义,著论难以起滞。"

太宁二年 公元 324 年

1. 石勒亲临学校考学生经义

赵王六年春正月,勒将兵都尉石瞻寇下邳,败晋将军刘长,遂寇兰陵,攻彭城内史刘续,续败遁走。东莞太守竺珍、东海太守萧诞以郡降勒。二月朔,勒亲临大小学,考诸学生经义,尤高者赏帛有差。勒手不能书,目不识字,然雅好文学,虽在军旅之中,常令儒生诵读春秋史汉诸传而听之,皆解其意,每以己意论古帝王善恶,朝贤儒士听者莫不归美。

〔文献〕《十六国春秋》卷十三,《晋书》卷一百五《石勒载记下》略同,又见《十六国春秋辑补》卷十四。

2. 晋明帝诏议三恪二王

东晋明帝太宁二年,诏曰:"三恪二王,代之所重;兴灭继绝,政之所先。禋祀不传,甚用伤悼。主者详议立后以闻。"时曹励为嗣陈留王,以主魏祀。

〔文献〕《通典》卷七十四,《晋书》卷六《明帝纪》。

太宁三年　公元 325 年

1. 明帝诏祀孔子

太宁三年秋七月,诏曰:"郊祀天地,帝王之重事。自中兴以来,惟南郊,未曾北郊,四时五郊之礼都不复设,五岳、四渎、名山、大川载在祀典应望秩者,悉废而未举。主者其依旧详处。"

[文献]《晋书》卷六《明帝纪》,又见《通典》卷五三:"晋武帝泰始三年,改封孔子二十三代孙宗圣侯震为奉圣亭侯。又诏大学及鲁国,四时备三牲以祀孔子。明帝太宁三年,诏给奉圣亭侯四时祠孔子祭直,如泰始故事。"

2. 虞喜被徵为博士

太宁三年三月癸巳,征处士临海任旭、会稽虞喜并为博士。

[文献]《晋书》卷六《明帝纪》,又见《晋书》卷九一《虞喜传》。

3. 荀崧录尚书事

太宁三年八月闰月,以尚书左仆射荀崧为光禄大夫、录尚书事。

[文献]《晋书》卷六《明帝纪》,又见《晋书》卷七十五《荀崧传》:"后拜金紫光禄大夫、录尚书事,散骑常侍如故。迁右光禄大夫、开府仪同三司,录尚书如故。"

4. 干宝著《晋纪》奏上

干宝《晋纪》已佚,今存《晋纪总论》于《文选》、《艺文类聚》卷十一、《群书治要》卷二十九中,其文曰:"史记曰,昔高祖宣皇帝以雄才硕量,应运而仕,值魏太祖创基之初,筹画军国,嘉谋屡中,遂服舆轸,驱驰三世,性深阻有如城府,而能宽绰以容纳,行任数以御物,而知人善采拔,故贤愚咸怀,小大毕力,尔乃取邓艾于农隙,引州泰于行役,委以文武,各善其事……案愍帝盖秦王之子也,得位于长安,长安固秦地也,而西以南阳王为右丞相,东以琅邪王为左丞相,上讳业,故改邺为临漳,漳水名也,由此推之,亦有徵祥。而皇极不建,祸辱及身,岂上帝临我而贰其心,将由人能弘道非道弘人者乎?淳耀之烈未渝,故大命重集于中宗元皇帝。"

[文献]《晋书》卷八二《干宝传》。

案:刘汝霖《东晋南北朝学术编年》系年于此,今从之。

晋咸和元年　公元 326 年

1. 应詹卒

应詹(274—326)，字思远(《宣和书谱》误作詹思远)，汝南南顿(今河南项城)人。魏侍中应璩之孙。詹幼孤，为祖母所养。年十余岁，祖母又终，居丧毁顿，杖而后起，遂以孝闻。家富于财，年又稚弱，乃请族人共居，委以资产，情若至亲，世以此异焉。初辟公府，为太子舍人。赵王伦以为征东长史。伦诛，坐免。成都王颖辟为掾。镇南大将军刘弘，詹之祖舅也，请为长史，迁南平太守。元帝时，拜后军将军，上疏陈便宜之事，曰："先王设官，使君有常尊，臣有定卑，上无苟且之志，下无觊觎之心。下至亡秦，罢侯置守，本替末陵，纲纪废绝。汉兴，虽未能兴复旧典，犹杂建侯守，故能享年享世，殆参古迹。今大荒之后，制度改创，宜因斯会，厘正宪则，先举盛德元功以为封首，则圣世之化比隆唐虞矣。"又曰："性相近，习相远，训导之风，宜慎所好。魏正始之间，蔚为文林。元康以来，贱经尚道，以玄虚宏放为夷达，以儒术清俭为鄙俗。永嘉之弊，未必不由此也。今虽有儒官，教养未备，非所以长育人才，纳之轨物也。宜修辟雍，崇明教义，先令国子受训，然后皇储亲临释奠，则普天尚德，率土知方矣。"元帝雅重其才，深纳之。顷之，出补吴国内史，以公事免。镇北将军刘隗出镇，以詹为军司。加散骑常侍，累迁光禄勋。王敦之乱平定后，因功封观阳县侯，出任使持节、都督江州诸军事、平南将军、江州刺史。咸和元年(326)，应詹去世，年五十三。著有文集五卷，见《隋书·经籍志》、《唐书·经籍志》作三卷；又著有《江南故事》三卷，见《隋书·经籍志》。《全晋文》收录有《上表请兴复农官》、《上疏陈便宜》、《上疏让封观阳侯》、《为江州临行上疏》、《启呈杜弢书并上言》、《荐韦泓于元帝》、《疾笃与陶侃书》。

［文献］《晋书》卷七《成帝纪》，《晋书》卷七十《应詹传》。

案：《晋书》卷七十《应詹传》载"以咸和六年卒，时年五十三。"建康实录》卷七亦谓应詹卒于咸和六年，而《晋书》卷七《成帝纪》，《资治通鉴》卷九十三则言卒于咸和元年。今从《成帝纪》作"元年"。

2.荀崧领秘书监

太宁初，加散骑常侍，后领太子太傅。以平王敦功，更封平乐伯。坐使威仪为猛兽所食，免职。后拜金紫光禄大夫、录尚书事，散骑常侍如故。迁右光禄大夫、开府仪同三司，录尚书如故。又领秘书监，给亲兵百二十人。年虽衰老，而孜孜典籍，世以此嘉之。

［文献］《晋书》卷七五《荀崧传》。

案：《太平御览·职官部》卷三十一载温峤《举荀崧为秘书监表》曰："夫国史之兴，将以明得失之迹，谓之实录，使一代之典，焕然可观。散骑常侍崧文质彬彬，思义通博，历位先朝，莅事以穆，宜掌秘奥，宣明史籍。"《东晋文艺系年》认为其作于咸和元年，故荀崧领秘书监事系于此年。

3.戴逵生

据本传，戴逵年七十岁，至晚太元二十一年病卒，则其当生于是年。

［文献］《晋书》卷九四《戴逵传》。

咸和三年　公元 328 年

王导、荀崧等入宫侍帝

丙辰，峻攻青溪栅，因风纵火，王师又大败。于是司徒王导、右光禄大夫陆晔、荀崧等卫帝于太极殿，太常孔愉守宗庙。贼乘胜麾戈接于帝座，突入太后后宫，左右侍人皆见掠夺。是时太官唯有烧余米数石，以供御膳。百姓号泣，响震都邑。

［文献］《晋书》卷七《成帝纪》。又见《晋书》卷六五《王导传》：“既而难作，六军败绩，导入宫侍帝。峻以导德望，不敢加害，犹以本官居己之右。峻又逼乘舆幸石头，导争之不得。峻日来帝前肆丑言，导深惧有不测之祸。时路永、匡术、贾宁并说峻，令杀导，尽诛大臣，更树腹心。峻敬导，不纳，故永等贰于峻。导使参军袁耽潜讽诱永等，谋奉帝出奔义军。而峻衔御甚严，事遂不果。导乃携二子随永奔于白石。”《晋书》卷七十五《荀崧传》：“苏峻之役，崧与王导、陆晔等共登御床拥卫帝，及帝被逼幸石头，崧亦侍从不离帝侧。

咸和四年　公元 329 年

1. 荀崧卒

荀崧(263—329)，字景猷，颍川颍阴(今河南许昌)人。曹魏太尉荀彧玄孙、羽林右监荀頵之子。初为濮阳王文学掾，累迁侍中、中护军。永嘉之乱后，监江北军事，遣兵入洛阳修复晋帝陵。晋元帝即位建康，以为尚书左仆射，与刁协共定礼仪制度。累官至右光禄大夫、开府仪同三司、录尚书事，兼领秘书监。曾上疏请增立《仪礼》、《公羊》、《穀梁》及郑《易》四家博士。年虽衰老，犹孜孜典籍，世以此嘉之。咸和三年(329)去世，时年六十七岁，赠侍中，谥号为敬。其著有集一卷，已佚，见《隋书·经籍志四》。严可均《全晋文》辑录其文六篇，有《议王式事》、《答卞壶论刘畷同姓为昏》《与王导书》。

[文献]《晋书》卷七五《荀崧传》。

案:《晋书》校勘记云:"上文云'帝幸温峤舟，崧犹力步而从'，此事在咸和四年二月，则崧死固当在其后。'三年'之'三'字疑误。"《晋书·成帝纪》载"(咸和四年)二月，……(滕)含奉帝御于温峤舟，群臣顿首号泣请罪。"则荀崧卒年为咸和四年，宋桂梅《魏晋儒学编年》据此系于公元 329 年。今从之。

2. 谢沈为何充参军

谢沈，字行思，会稽山阴(今浙江绍兴)人，生卒年不详。沈少孤，事母至孝，博学多识，明练经史。郡命为主簿、功曹，察孝廉，太尉郗鉴辟，并不就。会稽内史何充引为参军，以母老去职。晋康帝时徵为太学博士，迁著

195

作郎。《隋书·经籍志》所载：有《后汉书》一百二十二卷，今不传，清代有辑本。《尚书注》十五卷，见《隋书·经籍志》。《毛诗》谢沈注二十卷。《谢氏毛诗谱钞》一卷。《毛诗释义》十卷，《毛诗义疏》十卷，见《隋书·经籍志》。梁有《文章志录杂文》八卷，谢沈撰，又《名士杂文》八卷，亡。《五经音》十卷，见《隋书·经籍志》。

[文献]《晋书》卷八二《谢沈传》

案：据《晋书·何充传》，咸和四年，苏峻难平，何充为建威将军、会稽内史，举荐虞喜、选拔谢奉等，推测谢沈任何充参军当在此年。因谢沈生卒年不详，故系其事于此。

3. 蔡谟为琅邪王师

苏峻平，复为侍中，迁五兵尚书，领琅邪王师。谟上疏让曰："八坐之任，非贤莫居，前后所用，资名有常。孔愉、诸葛恢并以清节令才，少著名望。昔愉为御史中丞，臣尚为司徒长史；恢为会稽太守，臣为尚书郎；恢尹丹阳，臣守小郡。名辈不同，阶级殊悬。……是以叩心自忖，三省愚身，与其苟进以秽清涂，宁受违命狷固之罪。"疏奏，不许。转掌吏部。

[文献]《晋书》卷七七《蔡谟传》。

案：据《晋书·康帝纪》，咸和三年（328），苏峻以讨伐庾亮为名，联合祖约起兵反叛；咸和四年，苏峻战败被杀。故系年于此。

咸和六年(后赵建平二年) 公元331年

1. 后赵石勒起明堂、辟雍、灵台于襄国城西

后赵建平二年,又下书令公卿百僚岁荐贤良、方正、直言、秀异、至孝、廉清各一人,答策上第者拜议郎,中第中郎,下第郎中。其举人得递相荐引,广招贤之路。起明堂、辟雍、灵台于襄国城西。

[文献]《晋书》卷一百五《石勒载记下》,《十六国春秋》卷十三系此事于后赵建平二年,《十六国春秋辑补》卷一五同。

2. 韩伯生

据《建康实录》卷九,韩伯卒于太元五年八月,时年四十九,逆推知其生于是年。

[文献]《晋书》卷七五《韩康伯传》,《建康实录》卷九。

咸和七年（后赵建平三年） 公元 332 年

1. 后赵命郡国立学官

后赵建平四年五月，命郡国立学官，每郡置博士祭酒二人，弟子百五十人，三考修成，显升台府。于是擢拜太学生五人为佐著作郎，录述时事。

［文献］《十六国春秋》卷十三《石勒下》，又见《晋书》卷一百五《石勒载记》，《十六国春秋辑补》卷十五。

2. 晋诏举贤良

咸和七年冬十一月壬子朔，进太尉陶侃为大将军。诏举贤良。

［文献］《晋书》卷七《成帝纪》。

咸和九年　公元 334 年

孙绰徵拜太学博士

征西将军庾亮请孙绰为参军,补章安令,徵拜太学博士,迁尚书郎。

［文献］《晋书》卷五六《孙绰传》。

案:据《晋书》卷七三《庾亮传》:"陶侃薨,迁亮都督江、荆、豫、益、梁、雍六州诸军事,领江、荆、豫三州刺史,进号征西将军、开府仪同三司、假节。亮固让开府,乃迁镇武昌。"陶侃薨于咸和九年(334),是年庾亮代侃,故系年于此。

晋咸康元年　公元 335 年

1. 孔坦任王导司马

咸康元年,石聪寇历阳,王导为大司马,讨之,请坦为司马。会石勒新死,季龙专恣,石聪及谯郡太守彭彪等各遣使请降。坦与聪书曰:"华狄道乖,南北回邈,瞻河企宋,每怀饥渴。数会阳九,天祸晋国,奸凶猾夏,乘衅肆虐。我德虽衰,天命未改。……今六军诚严,水陆齐举,熊罴踊跃,龁噬争先,锋镝一交,玉石同碎,虽复后悔,何嗟及矣!仆以不才,世荷国宠,虽实不敏,诚为行李之主,区区之情,还信所具。夫机事不先,鲜不后悔,自求多福,唯将军图之。"朝廷遂不果北伐,人皆怀恨。坦在职数年,迁侍中……及帝既加元服,犹委政王导,坦每发愤,以国事为己忧,尝从容言于帝曰:"陛下春秋以长,圣敬日跻,宜博纳朝臣,谘诹善道。"由是忤导,出为廷尉,怏怏不悦,以疾去职。加散骑常侍,迁尚书,未拜。

[文献]《晋书》卷七八《孔坦传》。

2. 江惇被徵为儒林参军、博士、著作郎

苏峻之乱,惇避地东阳山,太尉郗鉴檄为兖州治中,又辟太尉掾;康帝为司徒,亦辟焉;征西将军庾亮请为儒林参军;徵拜博士、著作郎,皆不就。邑里宗其道,有事必咨而后行。

[文献]《晋书》卷五六《江统传》。

案:据《晋书》卷七三《庾亮传》,庾亮于 334 年代陶侃为征西将军,后征镇武昌,后请江惇为儒林参军、博士、著作郎,不就,则当在 335 年,故系于此。

咸康二年 公元 336 年

1. 干宝卒

干宝(? —336),字令升,祖籍新蔡(今河南省新蔡县),后迁居海宁盐官之灵泉乡(今属浙江)。东晋经学家、史学家。干宝自小博览群书,精通史学、喜好易学。以才器召为著作郎。平杜弢有功,赐爵关内侯。中兴草创,未置史官,中书监王导上疏议置史官,元帝纳焉。宝于是始领国史。以家贫,求补山阴令,迁始安太守。太宁元年(323),王导请为司徒右长史,迁散骑常侍,著《晋纪》,自宣帝迄于愍帝五十三年,凡二十卷,奏之。其书简略,直而能婉,咸称良史。性好阴阳术数,留思京房、夏侯胜等传。宝撰集古今神祇灵异人物变化,名为《搜神记》,凡三十卷。宝又为《春秋左氏义外传》,注《周易》、《周官》凡数十篇,及杂文集皆行于世。咸康二年三月,散骑常侍干宝卒。干宝著述颇丰,主要有《周易注》十卷,见《隋书·经籍志》、《经典释文·叙录》;《周官礼注》十二卷,见《隋书·经籍志》;《周易宗涂》四卷,见《隋书·经籍志》,亡;《周易玄品》二卷,见《隋书·经籍志》,脱作者,据《册府元龟·释门》记载为干宝撰,又见《经义考》卷十一;《周易爻义》一卷,见《隋书·经籍志》;《毛诗音隐》二卷,见《隋书·经籍志》,亡,注"干氏",疑为干宝,又见《经典释文·叙录》;《七庙议》一卷,《后养议》五卷,见《隋书·经籍志》;《春秋左氏函传义》十五卷,《春秋序论》二卷,见《隋书·经籍志》;《司徒仪》一卷,见《隋书·经籍志》,又《太平御览》卷二○九引;《晋纪》二十三卷,《搜神记》三十卷,《干子》十八卷,以上并见《隋书·经籍志》;《正言》十卷,见《新唐书·艺文志》。《全晋文》辑有《驳招魂葬议》、《王昌前母服论》、《晋纪总论》、《司徒议》等文。马国翰辑有《周易干氏注》三卷,《周官礼干氏注》一卷,《后养议》一卷,《春秋左氏函传义》一卷。

[文献]《晋书》卷八二《干宝传》，又许嵩《建康实录》卷七《显宗成皇帝》载咸康二年三月，"散骑常侍干宝卒"。

2. 孔坦卒

孔坦(286—336)，字君平，居会稽。任世子文学，后补为太子舍人，迁尚书郎，任吴郡太守，后迁尚书，疾笃未任。累迁廷尉，所以也称孔廷尉。晋元帝年间，建议申明贡举之制，崇修学校。俄卒，时年五十一。追赠光禄勋，谥曰"简"。著述有《孔坦集》十七卷，梁五卷，录一卷，见《隋书·经籍志四》。《全晋文》卷一百二十六辑文五篇。

[文献]《晋书》卷七八《孔坦传》，《资治通鉴》卷九五载咸康二年七月至九月之间，"前廷尉孔坦卒"。

3. 郗超生

郗超卒于太元二年，时年四十二岁，则其当生于本年。

[文献]《晋书》卷六七《郗超传》，《资治通鉴》卷一百四，《世说新语·言语第二》注引《中兴书》。

4. 王愆期议陈诜妻丧服

咸康二年，零陵李繁姊，先适南平郡陈诜为妻，产四子而遭贼。姊投身于贼，请活姑命，贼略将姊去。诜更娶严氏，生三子。繁后得姊消息，往迎还诜，诜籍注领二妻。及李亡，诜疑制服，以事言征西大将军庾亮府平议，时议亦往往异同。司马王愆期议曰："案礼不二嫡，故惠公元妃孟子，孟子卒，继室以声子。诸侯犹尔，况庶人乎!《士丧礼》曰，继母本实继室，故称继母，事之如嫡，故曰如母也。诜不能远虑避难，以亡其妻，非犯七出见绝于诜。始不见绝，终又见迎，养姑于堂，子为首嫡，列名黄籍，则诜之妻也。……若云不能，官当有制。先嫡后继，有自来矣。众议贬讥太峻，故略序异怀。"亮从愆期议定。

［文献］《晋书》卷二十《礼志》。

案：据《经典释文·叙录》，王愆期，字门子，河东人，其生卒年不详，东晋散骑常侍，辰阳伯。世修儒史之学。其父王接，《晋书》有传。王愆期著有《春秋公羊传注》十三卷，见《隋书·经籍志》，《经典释文·叙录》言十二卷。王愆期议陈诜妻丧服事未明确时间，宋桂梅《魏晋儒学编年》将其系年于此，今从之。

咸康三年　公元 337 年

晋国子祭酒袁瑰、太常冯怀上疏言复兴学校

晋元帝建武元年置史官,立太学。成帝咸康三年,时当丧乱之后,礼教陵迟,国子祭酒袁环、太常冯怀又上疏曰:"臣闻先王之教也,崇典训,明礼学,以示后生,道万物之性,畅为善之道也。……况今陛下以圣明临朝,百官以虔恭莅事,朝野无虞,江外静谧。如之何泱泱之风,漠焉无闻;洋洋之美,坠于圣世乎! 古人有言,《诗》《书》义之府,礼乐德之则。实宜留心经籍,阐明学义,使讽颂之音,盈于京室;味道之贤,典谟是咏,岂不盛哉!"疏奏,帝有感焉。由是议立国学,微集生徒,而世尚庄、老,莫肯用心儒训。

[文献]《晋书》卷八三《袁瑰传》,又见《宋书》卷十四《礼志一》,《建康实录》卷七《显宗成皇帝》,《通典》卷七一,《世说新语·文学第二》引《冯氏谱》。《晋书》卷七《成帝纪》:"(咸康)三年春正月辛卯,立太学。"

咸康四年　公元 338 年

1. 李充撰《学箴》

（李充）辟丞相王导掾,转记室参军。幼好刑名之学,深抑虚浮之士,尝著《学箴》,称:"《老子》云:'绝仁弃义,家复孝慈。'岂仁义之道绝,然后孝慈乃生哉? 盖患乎情仁义者寡而利仁义者众也。道德丧而仁义彰,仁义彰而名利作,礼教之弊,直在兹也。……"于时典籍混乱,充删除烦重,以类相从,分作四部,甚有条贯,秘阁以为永制。

［文献］《晋书》卷九二《李充传》。

案:李充撰《学箴》时间,《资治通鉴》卷九六:"（咸康四年）导以李充为丞相掾,充以时俗崇尚浮虚,乃著《学箴》。"

2. 庾亮作《武昌开置学官教》

征西将军庾亮在武昌,开置学官。教曰:"人情重交而轻财,好逸而恶劳。学业致苦,而禄答未厚,由捷径者多,故莫肯用心。洙、泗邈远,《风》、《雅》弥替,后生放任,不复宪章典谟;临官宰政者,务目前之治,不能闲以典诰。遂令《诗》、《书》荒尘,颂声寂漠,仰瞻俯省,能弗叹慨! 自胡夷交侵,殆三十年矣。而未革面响风者,岂威武之用尽,抑文教未洽,不足绥之邪? 昔鲁秉周礼,齐不敢侮;范会崇典,晋国以治。楚、魏之君,皆阻带山河,凭城据汉,国富民殷,而不能保其强大,吴起、屈完所以为叹也。由此言之,礼义之固,孰与金城汤池? 季路称摄乎大国之间,加之以师旅,因之以饥馑,为之三年,犹欲行其义方。况今江表晏然,王道隆盛,而不能弘敷礼乐,敦明庠序,其何以训彝伦而来远人乎! 魏武帝于驰骛之时,以马上为家,逮于建安之末,风尘未殄。然犹留心远览,大学兴业,所谓颠沛必于是,真通才也。今使三时既务,五教并修,军旅已整,俎豆无废,岂非兼善者哉!便处分安学校处所,筹量起立讲舍。参佐大将子弟,悉令入学,吾家子弟,亦令受业。四府博学识义通涉文学经纶者,建儒林祭酒,使班同三署,厚其供给;皆妙选邦彦,必有其宜者,以充此举。近临川、临贺二郡,并求修复学校,可下听之。若非束修之流,礼教所不及,而欲阶缘免役者,不得为生。明为条制,令法清而人贵。"又缮造礼器俎豆之属,将行大射之礼。亮寻薨,又废。

[文献]《宋书》卷十四《礼志一》。

案:庾亮卒于咸康六年(340 年),咸康五年作《杂乡射等议》,上言开置学官当在是年,暂系于此。

又案:《释奠祭孔子文》见《艺文类聚》卷三十八《礼部上》:"晋庾亮释奠祭孔子文曰:维咸康三年,荆豫州刺史、都亭侯庾亮,敬告孔圣明灵,诗书焕于唐虞,宪章盛于文武,然后黎民时雍,彝伦攸叙,幽厉颓纪,玉绳绝纪,高岸为谷,六合错否,上凌夷而失教,下苟免而无耻,公以玄圣之灵,应感圆通,万物我赖,匪我求蒙,夫子既没,洪范乖流,秦虽慢道,汉聿孔修,洎我皇晋,仰钦大猷,宗圣既建,遐胄俾侯,令月吉辰,祇陈大礼,磬管锵锵,威仪济济,嘉奠既设,钦若灵规,心存凤德,尚想来仪,神其歆之,降鉴在斯。"此文或与作《武昌开置学官教》时间相近,暂系于此。

3. 范宣辞郗鉴任命

太尉郗鉴命为主薄,诏徵太学博士、散骑郎,并不就。

[文献]《晋书》卷九一《范宣传》。

案:据《晋书·成帝纪》,是年五月,郗鉴为太尉,咸康五年卒。故系年于此。

4. 李寿徵龚壮为太师

李寿以咸康四年僭即伪位,赦其境内,改元为汉兴。以安车束帛聘壮为太师,壮固辞,特听缟巾素带,居师友之位。

［文献］《晋书》卷一二一《李寿载记》。

案：《晋书》卷九四《龚壮传》："龚壮字子玮，巴西人也。洁己自守，与乡人谯秀齐名。……惟研考经典，谭思文章，至李势时卒。初，壮每叹中夏多经学，而巴蜀鄙陋，兼遭李氏之难，无复学徒，乃著《迈德论》，文多不载。"

咸康五年(后赵建武五年)　公元 339 年

1. 庾亮作《杂乡射等议》,修雅乐

庾亮为荆州,与谢尚共为朝廷修雅乐,亮寻薨。

［文献］《宋书》卷十九《乐志一》。

案:《二十五史补编·补晋书艺文志》卷一:"《杂乡射等议》三卷,庾亮。谨按,见《七录》。《通典》:'晋咸康五年,征西。时庾亮行乡射之礼,依古周制,亲执其事,洋洋有洙泗之风。'是书当成于彼时。"

2. 范宁生

范宁年六十三,卒于家。据《历代人物年里碑传综表》[①],范宁当生于晋成帝咸康五年,卒于晋安帝隆安五年(401)。

［文献］《晋书》卷七五《范宁传》。

3. 后赵石虎令郡国立五经博士

春正月,后赵主石虎下书,令诸郡国立五经博士。初,勒置大小学博士,至是复置国子博士、助教。

［文献］《晋书》卷一百六《石季龙载记》,《十六国春秋》卷十六。

案:《晋书》卷四十四《卢湛传》载卢湛"以为国子祭酒",具体时间不详,疑在石虎立五经博士时。

---

① 姜亮夫:《历代人物年里碑传综表》,中华书局 1959 年版,第 55 页。

4. 前凉张骏立辟雍明堂

咸康五年冬十月,张骏以右长史任处领国子祭酒,立辟雍、明堂,而行礼。命西曹掾集阁内外事付索续,以著《凉春秋》。十一月,以世子重华行凉州事。

[文献]《十六国春秋》卷七二,《十六国春秋辑补》卷七十《前凉录四·张骏录》,《史通·外篇古今正史》。

咸康六年 公元 340 年

1. 庾冰奏请沙门礼拜王者

庾冰(296—344),字季坚,亮弟。徵秘书郎,封都乡侯,王导请为司徒右长史,出补吴兴内史,徙振威将军、会稽内史,入为中书监、扬州刺史、都督扬豫兖三州军事、征虏将军、假节,代王导辅政,进号左将军。康帝即位,进车骑将军,出为江州刺史,假节、镇武昌,卒。晋咸康六年,成帝幼冲,庾冰以元舅辅政,奏沙门应尽礼王者。尚书令何充等议,不应致拜,下礼官详议,博士议与充合,而门下承冰风旨为驳。尚书令充、仆射褚翌、诸葛恢,尚书冯怀、戴广等奏曰:"世祖武皇帝以盛明革命,肃祖明皇帝聪圣玄览,岂于时沙门不易屈膝,顾以不变其修善之法,所以通天下志也。臣等谓宜遵承先帝故事,于义为长。冰固谓应尽敬。"……充等三上章执奏曰:"今沙门之守戒专专,然及为其礼一而已矣。至于守戒之笃,亡身不恪,曷敢以性骸而慢礼敬哉。……"冰议遂寝。

[文献]《佛祖历代通载》卷六,又见《弘明集》卷十二,《大正藏》第五二卷,《晋书》卷三十亦有载,又见隋僧彦悰撰《集沙门不应拜俗等事》卷一。

案:关于晋代的这场争论,参阅恒玄《为沙门不敬王者与远法师书》、何充《奏沙门不应尽敬表》、庾冰《代晋成帝沙门不应尽敬诏》、《重代晋成帝沙门不应尽敬诏》等。

2. 王隐上《晋书》

王隐,字处叔,陈郡陈(今河南淮阳)人。东晋史学家。父铨,历阳令,少好学,有著述之志,每私录晋事及功臣行状,未就而卒。隐以儒素自守,不交势援,博学多闻,受父遗业,西都旧事多所谙究。太兴初,典章稍备,元帝乃召隐及郭璞俱为著作郎,令撰晋史。豫平王敦功,赐爵平陵乡侯。时著作郎虞预私撰《晋书》,而生长东南,不知中朝事,数访于隐,并借隐所著书窃写之,所闻渐广。是后更疾隐,形于言色。预既豪族,交结权贵,共为朋党,以斥隐,竟以谤免,黜归于家。贫无资用,书遂不就,乃依征西将军庾亮于武昌。亮供其纸笔,书乃得成,诣阙上之。隐虽好著述,而文辞鄙拙,芜舛不伦。其书次第可观者,皆其父所撰;文体混漫义不可解者,隐之作也。年七十余,卒于家。王隐所著有《晋书》88 卷,见《隋书·经籍志》,并云"本九十三卷,今残缺",两《唐书·艺文志》、《史通》皆作 89 卷。《删补蜀记》7 卷,见《唐志》。

[文献]《晋书》卷八二《王隐传》,又见《史通·古今正史》卷十二,《书钞·事类赋注》十五引臧荣绪《晋书》。

案:刘知几《史通·曲笔》评论说:"其有舞词弄札,饰非文过,若王隐、虞预毁辱相凌,子野、体文释纷相谢,用舍由乎臆说,威福行乎笔端,斯乃作者之丑行,人伦所同疾也。"《史通·鉴识》又引刘祥撰《宋书·序录》,历说诸家晋史,"其略云:'法盛《中兴》,荒庄少气。王隐、徐广,沦溺罕华。'"赵翼《廿二史札记》卷七:"(王)隐文部拙,其文之可观者,乃其父所撰;不可解者,隐之词也。"皆评价不高。

3. 孙盛与殷浩、刘惔等人论《易》

殷中军(浩)、孙安国(盛)、王(濛)、谢(尚)能言诸贤,悉在会稽王许。殷与孙共论《易象妙于见形》。孙语道合,意气干云,一坐威不安孙理,而辞不能屈。会稽王慨然叹曰:"使真长(刘惔)来,故应有以制彼。"既迎真长。孙意已不如。真长既至,先令孙自叙本理。孙粗说已语,亦觉殊不及向。刘便作二百许语,辞难简切,孙理遂屈。一坐同时抚掌而笑,称美良久。

[文献]《世说新语·文学》,《晋书》卷七五《刘惔传》略同。

案:关于孙盛与殷浩易学争论的时间,史无明载。《晋书·刘惔传》称:"简文帝初作相,与王濛并为谈客,俱蒙上宾礼。时孙盛作《易象妙于见形论》,帝使殷浩难之,不能屈。"《世说新语·文学》谓:"殷中军(浩)、孙安国〔盛〕、王〔濛〕、谢〔尚〕能言诸贤。悉在会稽王许。殷与孙共论《易》象妙于见形。"余嘉锡《笺疏》引程炎震云:"此王、谢是王濛、谢尚,非逸少、安石也。知者以此称会稽,不称抚军与相王,知是成帝成康六年事。当深源屏居墓所之时,濛、尚同为会稽谈客。安国虽历佐陶侃、庾翼,容亦奉使下都。若安石、逸少,永和中始会于都下,安国方从桓温征伐蜀、洛矣。注不斥言王、谢何人。殆阙疑之意。《晋书·恢传》取此,并没王、谢不言。"如以《刘恢传》所说此论辩发生在简文为相时,而据《晋书》卷九本纪,简文初为相是在太和元年(366)。而此时殷浩已卒(永和十二年),不可能发生论辩。故程炎震所说"成帝威康六年事"当为可信。

又《三国志》卷二十裴松之注引孙盛《王弼注〈易〉》:"《易》之为书,穷神知化。非天下之至精,其孰能与于此?世之注解,殆皆妄也。况弼以傅会之辩而欲笼统玄旨者乎?故其叙浮义则丽辞整目,造阴阳则妙验无间。至于六爻变化,群象所效,日时岁月,五气相推,弼皆演落,多所不美。虽有可观者焉,恐将泥夫大道。"又见《晋书》卷八二《孙盛传》、《广弘明集》卷五。

晋建元元年(后赵建武九年) 公元 343 年

1. 后赵石虎遣博士洛阳写石经

建元元年八月,石季龙使其将宁远刘宁攻武都狄道,陷之。中谒者令申扁有宠于季龙,而宣亦昵之。九卿以下,望尘而拜。唯侍中郑系、王谦、常侍卢谌、崔约等十余人,与之抗礼。季龙虽昏虐无道,而颇慕经学,遣国子博士诣洛阳写石经,校中经于秘书。国子祭酒聂熊,注《榖梁春秋》,列于学官。

[文献]《十六国春秋辑补》卷十七《后赵录七·石虎录》,又见《晋书》卷一百六《石季龙载记》,《晋书》卷七《康帝纪》:"八月,李寿死,子势嗣伪位。石季龙使其将刘宁攻陷狄道。"

2. 谢沈为晋太学博士

康帝即位,朝议疑七庙迭毁,乃以太学博士徵,以质疑滞。以母忧去职。服阙,除尚书度支郎。

[文献]《晋书》卷八二《谢沈传》。

3. 孙盛与褚裒论南北学风

褚季野语孙安国云:"北人学问,渊综广博。"孙答曰:"南人学问,清通简要。"支道林闻之曰:"圣贤固所忘言。自中人以还,北人看书,如显处视月;南人学问,如牖中窥日。"

[文献]《世说新语·文学》。

案：褚裒，字季野，康献皇后父，少有简贵之风。孙褚二人论南北学风时间，宋桂梅《魏晋儒学编年》据《孙盛若干生平事迹及著述考辨》①一文考证，认为孙盛、褚裒、支遁三人同在建康的可能时间只有 343 年这一年，因此孙褚论南北学风的时间当在此年十月前，故系于此。今从之。

---

① 王建国：《孙盛若干生平事迹及著述考辨》，《洛阳师范学院学报》2006 年第 3 期。

建元二年　公元 344 年

1. 徐邈生

徐邈,东莞姑幕人。隆安元年,遭父忧。邈先疾患,因哀毁增笃,不逾年而卒,年五十四。逆推知其生于此年。

［文献］《晋书》卷九一《徐邈传》。

2. 谢沈卒

谢沈,字行思,会稽山阴(今浙江绍兴)人。博学多识,明练经史。郡命为主薄、功曹,推举孝廉。晋康帝时以太学博士徵,又除尚书度支郎。何充、庾冰并称沈有史才,迁著作郎。会卒,时年五十二。据本传,谢沈撰著有《后汉书》122 卷,《尚书注》15 卷,《毛诗注》20 卷,《汉书外传》,《晋书》30 余卷。书早佚,故《隋书·经籍志》、新旧《唐志》不载。严可均《全晋文》卷 131 辑有《尚书注》15 卷,录一卷;《毛诗注》20 卷,《后汉书》122 卷,集 10 卷。

［文献］《晋书》卷八二《谢沈传》。

案:谢沈生卒年事迹不详。据《晋书·穆帝纪》,庾冰卒于康帝之二年,故志之于此。

晋永和元年　公元 345 年

1. 司马昱录尚书六条事

永和元年,崇德太后临朝,进位抚军大将军,录尚书六条事。

[文献]《晋书》卷九《简文帝纪》,卷八《穆帝纪》。

2. 庾翼卒

庾翼(305—345),字稚恭。颍川鄢陵(今河南鄢陵)人。征西将军庾亮、晋明帝皇后庾文君之弟。世称小庾、庾征西、庾小征西。庾翼外表风仪秀伟,年轻时便有经世大略。《唐会要》将其尊为魏晋八君子之一。苏峻之乱时以白衣身份守备石头城,又随庾亮逃奔温峤。事后,受太尉陶侃徵辟,历任参军、从事中郎,后任振威将军、鄱阳太守,转任建威将军、西阳太守。庾亮准备北伐时,任命庾翼为南蛮校尉、南郡太守等职,镇守江陵,以协助保卫石城之功,封都亭侯。庾亮逝世后,出任都督六州诸军事、安西将军、荆州刺史,接替庾亮镇守武昌。后部署诸将,意图北伐,任征西将军、荆州刺史。永和元年(345)去世,时年四十一。著有《春秋公羊论》二卷,庾翼问,王愆期答,见《隋书·经籍志》;《论语释》一卷,见《隋书·经籍志》。《全晋文》卷三十七辑文 14 篇,马国翰辑有《论语庾氏释》一卷。

[文献]《晋书》卷七三《庾翼传》,《晋书》卷八《穆帝纪》。

3. 范宣在豫章讲授经学

范宣,字宣子,陈留人。年十岁,能诵《诗》《书》。尝以刀伤手,捧手改容。人问痛邪,答曰:"不足为痛,但受全之体而致毁伤,不可处耳。"家人以其年幼而异焉。少尚隐遁,加以好学,手不释卷,以夜继日,遂博综众书,尤善《三礼》。家至贫俭,躬耕供养。亲没,负土成坟,庐于墓侧。家于豫章,太守殷羡见宣茅茨不完,欲为改宅,宣固辞之。庾爰之以宣素贫,加年荒疾疫,厚饷给之,宣又不受。爰之问宣曰:"君博学通综,何以太儒?"宣曰:"汉兴,贵经术,至于石渠之论,实以儒为弊。正始以来,世尚老庄。逮晋之初,竞以裸裎为高。仆诚太儒,然'丘不与易'。"宣言谈未尝及《老》《庄》。客有问人生与忧俱生,不知此语何出。宣云:"出《庄子·至乐篇》。"客曰:"君言不读《老》《庄》,何由识此?"宣笑曰:"小时尝一览。"时人莫之测也。宣虽闲居屡空,常以讲诵为业,谯国戴逵等皆闻风宗仰,自远而至,讽诵之声,有若齐、鲁。太元中,顺阳范宁为豫章太守,宁亦儒博通综,在郡立乡校,教授恒数百人。由是江州人士并好经学,化二范之风也。宣年五十四卒。其著有《拟周易说》八卷,见《隋书·经籍志》。《隋书·经籍志》云《周易论》四卷。《礼记音》二卷,见《隋书·经籍志》、《经典释文·叙录》。马国翰辑有《礼记范氏音》一卷。《礼论难》见本传,又见《古经解钩沉》卷十三引。马国翰辑有《礼论难》一卷。又《徵士范宣集》十卷,录一卷,见《隋书·经籍志》。

[文献]《晋书》卷九一《范宣传》。

案:刘汝霖《东晋南北朝学术编年》考证曰:"以范宣既家于豫章则庾爰之与其相见,亦必在居豫章之时。考《世说》注四及《晋书》七十三《虞翼传》,俱载翼卒后,爰之为桓温所废,徙于豫章。翼卒在此年,则爰之之徙亦当在此年也。"今从是说,系年于此。

4. 前燕立东庠

赐其大臣子弟为官学生者号高门生,立东庠于旧宫,以行乡射之礼,每月临观,考试优劣。儁雅好文籍,勤于讲授,学徒甚盛,至千余人。亲造《太上章》以代《急就》,又著《典诫》十五篇,以教胄子。冬十月,儁以古者诸侯即位各称元年,于是始不用晋年号,自称十二年。

[文献]《晋书》卷一百九《慕容儁载记》,《十六国春秋》卷二五《慕容儁下》。

永和二年　公元 346 年

1. 蔡谟辅政

二月癸丑,以左光禄大夫蔡谟领司徒,录尚书六条事、抚军大将军、会稽王昱及谟并辅政。

[晋书]卷九《简文帝纪》,卷三二《康献褚皇后传》。《晋书》卷八《穆帝纪》。《晋书》卷七七《殷浩传》。

2. 蔡谟、冯怀、司马无忌、孙绰、徐禅、虞喜、范宣议十月殷祭

至康帝崩,穆帝立,永和二年七月,有司奏:"十月殷祭,京兆府君当迁祧室。昔征西、豫章、颍川三府君毁主,中兴之初权居天府,在庙门之西。咸康中,太常冯怀表续奉还于西储夹室,谓之为祧,疑亦非礼。今京兆迁入,是为四世远祖,长在太祖之上。昔周室太祖世远,故迁有所归。今晋庙宣皇为主,而四祖居之,是屈祖就孙也;殷祫在上,是代太祖也。"领司徒蔡谟议:"四府君宜改筑别室,若未展者,当入就太庙之室,人莫敢卑其祖,文武不先不窋。殷祭之日,征西东面,处宣皇之上。其后迁庙之主,藏于征西之祧,祭荐不绝。"护军将军冯怀议:"礼,无庙者为坛以祭,可立别室藏之,至殷祫则祭于坛也。"辅国将军谯王司马无忌等议:"诸儒谓太王、王季迁主,藏于文武之祧。如此,府君迁主宜在宣帝庙中。然今无寝室,宜变通而改筑。又殷祫太庙,征西东面。"尚书郎孙绰与无忌议同,曰:"太祖虽位始九五,而道以从畅,替人爵之尊,笃天伦之道,所以成教本而光百代也。"尚书郎徐禅议:"《礼》'去祧为坛,去坛为墠',岁祫则祭之。今四祖迁

主,可藏之石室,有祷则祭于坛墠。"又遣禅至会稽,访处士虞喜。喜答曰:"汉世韦玄成等以毁主瘗于园,魏朝议者云应埋两阶之间。且神主本在太庙,若今别室而祭,则不如永藏。又四君无追号之礼,益明应毁而无祭。"是时简文为抚军、与尚书郎刘邵等奏:"四祖同居西祧,藏主石室,禘祫及祭,如先朝旧仪。"时陈留范宣兄子问此礼,宣答曰:"舜庙所祭,皆是庶人,其后世远而毁,不居舜上,不序昭穆。今四君号犹依本,非以功德致祀也。若依虞主之瘗,则犹藏子孙之所;若依夏主之埋,则又非本庙之阶。宜思其变,则筑一室,亲未尽则禘祫处宣帝之上,亲尽则无缘下就子孙之列。"其后太常刘遐等同蔡谟议。博士张凭议:"或疑陈于太祖者,皆其后之毁主,凭案古义无别前后之文也。禹不先鲧,则迁主居太祖之上,亦何疑也。"于是京兆迁入西储,同谓之祧,如前三祖迁主之礼,故正室犹十一也。

[文献]《晋书》卷十九《礼志上》。又《晋书》卷九一《虞喜传》:"永和初,有司奏称十月殷祭,京兆府君当迁祧室,征西、豫章、颍川三府君初毁主,内外博议不能决。时喜在会稽,朝廷遣就喜咨访焉。其见重如此。"

3. 张重华徵祈嘉为儒林祭酒

祈嘉字孔宾,酒泉人。少清贫,好学。西至敦煌,依学官诵书,贫无衣食,为书生都养以自给,遂博通经传,精究大义。西游海渚,教授门生百余人。张重华徵为儒林祭酒。性和裕,教授不倦,依《孝经》作《二九神经》。在朝卿士、郡县守令彭和正等受业独拜床下者二千余人,天锡谓为先生而不名之。竟以寿终。

[文献]《晋书》卷九四《隐逸·祈嘉传》。《晋书》卷九四《祈嘉传》。

案:《晋书》卷八十六《张重华传》:"重华字泰临,骏之第二子也。……以永和二年自称持节、大都督、太尉、护羌校尉、凉州牧、西平公、假凉王,赦其境内。"张重华于永和二年为凉州牧,在位共十一年,故系年于此。祈嘉生卒年无所考,故将其事置于此。

4. 殷融以郑玄义议典礼

及康帝即位,立琅邪王妃为皇后,封母谢氏为寻阳乡君。及穆帝即位,尊后曰皇太后。时帝幼冲,未亲国政。领司徒蔡谟等上奏临朝称制。太常殷融议依郑玄义,卫将军衰在宫庭则尽臣敬,太后归宁之日自如家人之礼。太后诏曰:"典礼诚所未详,如所奏,是情所不能安也,更详之。"征西将军翼、南中郎尚议谓"父尊尽于一家,君敬重于天下,郑玄义合情礼之中"。太后从之。

[文献]《晋书》卷三二《康献褚皇后传》。

殷融,字洪远,陈郡长平(今河南西华)人。为司徒左西属,累迁吏部尚书、太常卿。约卒于晋惠帝永康元年前后。殷融好《易》、《老》之学,善属文不善口辩。其著有《象不尽意》、《大贤须易论》,见《世说新语·文学第四》。《全晋文》卷一百二十九辑文六篇。因其生卒年不详,姑将其事迹系于此。

5. 晋博士荀讷议忌月之事

据《经典释文·叙录》,荀讷字世言,新蔡人,东晋尚书左民郎。永和二年纳后。穆帝纳后欲用九月,九月是忌月。范汪问王彪之,答云:"礼无忌月,不敢以所不见,便谓无之。"博士曹耽、荀讷等并谓无忌月之文,不应有妨。王洽曰:"若有忌月,当复有忌岁。"荀讷著有《左氏音》四卷。

[文献]《晋书》卷二一《礼志》。

案:荀讷生卒事迹无考,姑系于议忌月之年。

永和三年　公元 347 年

1. 前燕慕容儁考试诸生

永和三年慕容儁亲临东庠考试学生,其经通秀异者,擢充近侍。

［文献］《晋书》卷一百九《慕容儁载记》,《十六国春秋》卷二五《慕容儁下》。

2. 蔡谟为扬州刺史

时桓温既灭蜀,威势转振,朝廷惮之。简文以浩有盛名,朝野推伏,故引为心膂,以抗于温,于是与温颇相疑贰。会遭父忧,去职,时以蔡谟摄扬州,以俟浩。

［文献］《晋书》卷七七《殷浩传》,又同卷《蔡谟传》。

案:蔡谟为扬州刺史当在桓温灭蜀之后,故系于此。

永和四年　公元 348 年

袁乔卒

　　袁乔(312—348),字彦叔,小字羊,陈郡阳夏(今河南太康)人。郎中令袁涣玄孙,国子祭酒袁瑰之子。初拜佐著作郎。辅国将军桓温请为司马,除司徒左西属,不就,拜尚书郎。桓温镇京口,复引为司马,领广陵相。迁安西谘议参军、长沙相,不拜。进号龙骧将军,封湘西伯。寻卒,年三十六,温甚悼惜之。追赠益州刺史,谥曰简。乔博学有文才,著有《论语注》十卷,见《经典释文·叙录》、《隋书·经籍志》。马国翰辑有《论语袁氏注》一卷。《全晋文》卷五十六辑文三篇。

　　[文献]《晋书》卷八三《袁乔传》。

　　按:据《晋书·穆帝纪》:"(永和二年)十一月辛未,安西将军桓温帅征虏将军周抚,辅国将军、谯王无忌,建武将军袁乔伐蜀。"穆帝永和三年,袁乔从桓温伐蜀,故克成都,成汉亡。其后邓定、隗文反,乔又与温分而破之。永和四年,晋廷追论平灭成汉的功勋,袁乔进号龙骧将军,封湘西伯,寻卒。故系年于此。

永和六年　公元 350 年

1. 蔡谟被免为庶人

蔡谟，"兖州八伯"之一。永和六年十二月，殷浩免司徒蔡谟为庶人。

［文献］《晋书》卷八《穆帝纪》，卷七七《蔡谟传》。又《建康实录》："及帝临轩，以司徒称疾，数召不至，为有司奏，至是免官。"

2. 韦謏卒

韦謏（？—350），字宪道，京兆人也。雅好儒学，善著述，于群言秘要之义，无不综览。仕于刘曜，为黄门郎。后又入石季龙，署为散骑常侍，历守七郡，咸以清化著名。又征为廷尉，识者拟之于、张。前后四登九列，六在尚书，二为侍中，再为太子太傅，封京兆公。好直谏，陈军国之宜，多见允纳。著《伏林》三千余言，遂演为《典林》二十三篇。凡所述作及集记世事数十万言，皆深博有才义。至冉闵，又署为光禄大夫。时闵拜其子胤为大单于，而以降胡一千处之麾下。謏谏之，闵志在绥抚，锐于澄定，闻其言，大怒，遂诛之，并杀其子伯阳。

［文献］《晋书》卷九一《韦謏传》。

永和八年 公元 352 年

1. 晋罢遣太学生徒

穆帝永和八年,殷浩西征,以军兴罢遣,由此遂废。

[文献]《宋书》卷十四《礼志》。

2. 徐广生

徐广,字野民,东莞姑幕人。徐广卒于元嘉二年(425),时年七十四,逆推知其生于是年。

[文献]《宋书》卷五五《徐广传》,《晋书》卷八二《徐广传》。

3. 李充为晋大著作郎,定目录四部分类法

征北将军褚裒又引为参军,充以家贫,苦求外出。乃除县令,遭母忧。服阕,为大著作郎。于时典籍混乱,充删除烦重,以类相从,分作四部,甚有条贯,秘阁以为永制。

[文献]《晋书》卷九二《李充传》。

案:据唐张彦远集《法书要录》记载,李充母卫夫人卒于永和五年(349),李充服丧三年,为大著作郎,则当于是年。张可礼《东晋文艺系年》定李充遭母丧在永和九年,为大著作郎在永和十二年。今按张彦远系于此。

224

永和九年　公元 353 年

1. 江惇卒

　　江惇(305—353),字思悛,西晋江统之子,陈留圉人也。孝友淳粹,高节迈俗。性好学,儒玄并综。每以为君子立行,应依礼而动,虽隐显殊途,未有不傍礼教者也。若乃放达不羁,以肆纵为贵者,非但动违礼法,亦道之所弃也。乃著《通道崇检论》,世咸称之。苏峻之乱,避地东阳山,太尉郗鉴檄为兖州治中,又辟太尉掾;康帝为司徒,亦辟焉;邑里宗其道,有事必谘而后行。东阳太守阮裕、长山令王蒙,皆一时名士,并与惇游处,深相钦重。养志二十余年,永和九年卒,时年四十九,友朋相与刊石立颂,以表德美云。惇著有《毛诗音》,《春秋公羊传音》,见《经典释文·叙录》;《通道崇检论》,见本传。

　　[文献]《晋书》卷五六《江惇传》。

永和十年（前秦皇始四年）　公元 354 年

1. 谢安与子侄论学

谢公因子弟集聚，问《毛诗》何句最佳？遏（谢玄小字）称曰："昔我往矣，杨柳依依；今我来思，雨雪霏霏。"公曰："吁谟定命，远猷辰告。"谓此句偏有雅人深致。

［文献］《世说新语·文学》，《世说新语·言语》："谢公云：'贤圣去人，其间亦迩。'子侄未之许。公叹曰：'若都超闻此语，必不至河汉。'"又《晋书》卷九六《王凝之妻谢氏传》："王凝之妻谢氏，字道韫，安西将军奕之女也。聪识有才辩。叔公安尝问：'《毛诗》何句最佳？'道韫称：'吉甫作颂，穆如清风。仲山甫永怀，以慰其心。'安谓有雅人深致。"

案：谢安与子侄论学一事当在谢安出仕之前，《东晋文艺系年》及庄大钧《两晋经学学术编年》皆系于此年，今从。

2. 张祚徵郭荷为博士祭酒

郭荷，字承休，略阳人。自整（荷六世祖）及荷，世以经学致位。荷明究群籍，特善史书。不应州郡之命。张祚遣使者以安车束帛徵为博士祭酒，使者迫而致之。及至，署太子友。荷上疏乞还，祚许之，遣以安车蒲轮送还张掖东山。年八十四卒，谥号玄德先生。

［文献］《晋书》卷九四《郭荷传》。

案：郭荷生卒年无所考，暂将其事置于张祚徵郭荷年。

3.前秦苻健修尚儒学

　　苻健,字建业,洪第三子。永和十年,西虏乞没军邪遣子入侍,健于是置来宾馆于平朔门以怀远人。起灵台于杜门。与百姓约法三章,薄赋卑宫,垂心政事,优礼耆老,修尚儒学,而关右称来苏焉。

　　[文献]《晋书》卷一百十二《苻健载记》。

永和十一年　公元 355 年

1. 集群臣论经义

至晋穆帝永和十一年，及孝武帝太元元年。再聚群臣，共论经义，有荀昶者撰集《孝经》诸说，始以郑氏为宗。

［文献］《唐会要》卷七七《贡举下》，《玉海》卷四一《艺文》。

2. 范泰生

范泰，字伯伦。范泰卒于元嘉五年，时年七十四岁，则其当生于本年。

［文献］《宋书》卷六十《范泰传》。

3. 曹耽议谥

永和十一年(355)，彭城国为李太妃求谥。博士曹耽之议："夫妇行不必同，不得以夫谥谥妇。《春秋》妇人有谥甚多，经无讥文，知礼得谥也。"胡讷云："礼，妇人生以夫爵，死以夫谥。《春秋》夫人有谥，不复依礼耳。安平献王李妃、琅邪武王诸葛妃，太傅东海王裴妃并无谥，今宜率旧典。"

［文献］《晋书》卷二十《礼志中》。

永和十二年　公元 356 年

1. 晋穆帝讲《孝经》

永和十二年二月辛丑,帝讲《孝经》。

[文献]《晋书》卷八《穆帝传》。

2. 虞喜卒

虞喜(281—356)少立操行,博学好古。永和初,有司奏称十月殷祭,京兆府君当迁祧室,征西、豫章、颍川三府君初毁主,内外博议不能决。时喜在会稽,朝廷遣就喜谘访焉。喜专心经传,兼览谶纬,乃著《安天论》以难浑、盖,又释《毛诗略》,注《孝经》,为《志林》三十篇。凡所注述数十万言,行于世。年七十六卒。详见《学案篇》。

[文献]《晋书》卷九一《虞喜传》。

3. 蔡谟卒

蔡谟(281—356),字道明,陈留考城(今河南省民权县)人。曾祖睦,魏尚书。祖德,乐平太守。父克,少好学,博涉书记,为邦族所敬。性公亮守正,行不合己,虽富贵不交也。后为成都王颖大将军记室督。颖为丞相,擢为东曹掾。又转任参军。历任中书侍郎、义兴太守、大将军从事中郎、司徒左长史、侍中等职。后迁侍中、五兵尚书,又迁太常。郗鉴去世后,任征北将军,都督徐、兖、青三州军事。康帝即位后,入朝任左光禄大夫、开府仪同三司。又领司徒,与会稽王司马昱共同辅政。后被正式拜为侍中、司徒,此后,蔡谟便闭门不出,终日教授子弟。数年后,再任光禄大夫、开府仪同三司,但他称病不朝,无心政事。永和十二年(356),蔡谟卒,时年七十六。蔡谟曾为《汉书》做集解。著有《丧服谱》一卷,见《隋书·经籍志》;《礼记音》二卷,见《隋书·经籍志》、《经典释文·叙录》;《论语注》,江熙《论语集解》蔡谟为其一家;《毛诗疑字》,见《初学记·服食部》卷二十六引。《全晋文》卷一百十四辑文 32 篇。马国翰辑有《蔡氏丧服谱》一卷,《论语蔡氏注》一卷。

[文献]《晋书》卷七七《蔡谟传》。

案:据《蔡谟传》,蔡谟卒于此年。《中国学术思想编年》系其卒年为太元十二年(387),今从本传。

晋升平元年(秦永兴元年)　公元357年

1. 晋穆帝讲《孝经》

(升平元年)三月,帝讲《孝经》。壬申,亲释奠于中堂。

[文献]《晋书》卷八《穆帝纪》。

2. 胡讷、王彪之议纳皇后礼

升平元年(357),帝姑庐陵公主未葬,符问太常,冬至小会应作乐不。博士胡讷议云:"君于卿大夫,比卒哭不举乐。公主有骨肉之亲,宜阙乐。"太常王彪之云:"案武帝诏,三朝举哀,三旬乃举乐;其一朝举哀者,三日则举乐。泰始十年春,长乐长公主薨,太康七年秋,扶风王骏薨,武帝并举哀三日而已。中兴已后,更参论不改此制。今小会宜作乐。"二议竟不知所取。

[文献]《晋书》卷二十《礼中》。

升平三年(前燕光寿三年)　公元 359 年

前燕慕容儁立小学

儁立小学于显贤里以教胄子。封其子泓为济北王,冲为中山王。

[文献]《晋书》卷一百十《慕容儁载记》,《十六国春秋》卷二七《慕容儁》下,《十六国春秋辑补》卷二七同。

升平四年(前燕建熙元年) 公元 360 年

王欢为前燕国子博士

王欢字君厚,乐陵人也。安贫乐道,专精耽学,不营产业,常丐食诵《诗》,虽家无斗储,意怡如也。欢守志弥固,遂为通儒。至慕容暐袭伪号,署为国子博士,亲就受经。迁祭酒。

[文献]《晋书》卷九一《王欢传》。

案:《晋书》卷一百十一《慕容暐载记》载慕容暐于晋升平四年(360)即位,改元建熙,王欢为国子博士当在此年。

升平五年(前秦甘露三年) 公元 361 年

1.前秦苻坚广修学官

坚僭位五年,凤凰集于东阙,大赦其境内,百僚进位一级。甘露三年冬十二月,坚广修学官,召郡国学生通一经以上充之,公卿已下子孙并遣受业。其有学为通儒、才堪干事、清修廉直、孝悌力田者,皆旌表之。于是人思劝励,号称多士,盗贼止息,请托路绝,田畴修辟,帑藏充盈,典章法物靡不悉备。

[文献]《晋书》卷一百十三《苻坚载记下》,又《十六国春秋》卷三六,《十六国春秋辑补》卷三三同。

2.范宁作《春秋穀梁传集解》

初,宁以《春秋》穀梁氏未有善释,遂沉思积年,为之集解。其义精审,为世所重。继而徐邈复为之注,世亦称之。

[文献]《晋书》卷七五《范宁传》。

案:范宁《春秋穀梁传集解·序》有:"升平之末,岁次大梁,先君北蕃回轸,顿驾于吴"等文句,故将此事系于是年。《春秋穀梁传集解》收入《十三经注疏》。宋人晁公武《郡斋读书志》卷三载:"自汉、魏以来,为之注解者,有尹更始、唐固、糜信、孔演、江熙等十数家,而范宁以为皆肤浅,于是帅其长子参、中子雍、小子凯、从弟劭及门生故吏,商略名例,博采诸儒同异之说,成其父汪之志。尝谓《三传》之学,《穀梁》所得最多;诸家之解,范宁之论最善。"《全晋文》卷一二五辑有范宁《春秋穀梁传集解序》。

3. 习凿齿著《汉晋春秋》

是时温觊觎非望，凿齿在郡，著《汉晋春秋》以裁正之。起汉光武，终于晋愍帝。于三国之时，蜀以宗室为正，魏武虽受汉禅晋，尚为篡逆，至文帝平蜀，乃为汉亡而晋始兴焉。引世祖讳炎兴而为禅受，明天心不可以势力强也。凡五十四卷。后以脚疾，遂废于里巷。

［文献］《晋书》卷八二《习凿齿传》，《世说新语·文学第四》："于病中犹作《汉晋春秋》，品评卓异。"

案：习凿齿著《汉晋春秋》的具体时间不详，今据"是时（桓）温觊觎非望"，桓温图谋篡位，北伐希望先建立功勋，永和十年（354）二月，桓温首次率军发动北伐前秦，永和十二年（356）七月，桓温再次出兵北伐，太和四年（369）四月，桓温第三次北伐前燕。姑系年于此。

晋隆和元年(前秦甘露四年)　公元 362 年

1. 江逌议《尚书》洪祀之制

江逌字道载,陈留圉人。哀帝以天文失度,欲依《尚书》洪祀之制,于太极前殿亲执虔肃,冀以免咎,使太常集博士草其制。逌上疏谏曰:"臣寻《史》《汉》旧事,《艺文志》刘向《五行传》,洪祀出于其中。然自前代以来,莫有用者。……今若于承明之庭,正殿之前,设群神之坐,行躬亲之礼,准之旧典,有乖常式。……今案文而言,皆漫而无适,不可得详。若不详而修,其失不小。"帝不纳,逌又上疏。帝犹敕撰定,逌又陈古义,帝乃止。病卒,时年五十八。

[文献]《晋书》卷八三《江逌传》,又见《晋书》卷十二《天文志》。

2. 李充卒

李充,字弘度,江夏人。善楷书,妙参钟索,世咸重之。辟丞相王导掾,转记室参军。幼好刑名之学,深抑虚浮之士,尝著《学箴》,征北将军褚裒又引为参军,除县令,遭母忧。服阕,为大著作郎。于时典籍混乱,充删除烦重,以类相从,分作四部,甚有条贯,秘阁以为永制。累迁中书侍郎,卒官。充注《尚书》及《周易旨》六篇,见本传。《论语集注》十卷,《论语释》一卷,见《隋书·经籍志》、丁国钧《补晋书艺文志》卷一;《翰林论》三卷,见《隋书·经籍志四》。《全晋文》卷五十三辑文 15 篇。马国翰辑有《论语李氏集注》二卷。李充著述表现为以儒为本、含刑名之学、兼综道玄。

[文献]《晋书》卷九二《李充传》。

案:李充卒年未详,姑将其卒年系于任中书侍郎三年时。

又案：李颙，李充子，生卒年无所考。据《晋书》卷九十二《李充传》载：李充子李颙，亦有文义，多所述作，郡举孝廉，曾任乐安亭侯。其著《周易卦象数旨》六卷，《集解尚书》十一卷，《尚书新释》二卷，见《隋书·经籍志》。

3. 前秦苻坚临太学

甘露四年夏五月，坚亲临太学，考学生经义优劣，品而第之。问难五经，博士多不能对。坚自是每月一临太学，诸生竞劝焉。

［文献］《十六国春秋》卷三六《苻坚上》，《晋书》卷一百十三《苻坚载记》。

4. 宣文君传《周官》

韦逞母宋氏，不知何郡人也，家世以儒学称。宋氏幼丧母，其父躬自养之。及长，授以《周官》音义，谓之曰："吾家世学《周官》，传业相继，此又周公所制，经纪典诰，百官品物，备于此矣。吾今无男可传，汝可受之，勿令经世。"属天下丧乱，宋氏讽诵不辍。其后为石季龙徙之于山东，宋氏与夫在徙中，推鹿车，背负父所授书，到冀州，依胶东富人程安寿，寿养护之。逞时年小，宋氏昼则樵采，夜则教逞，然纺绩无废。寿每叹曰："学家多士大夫，得无是乎！"逞遂学成名立，仕苻坚为太常。坚尝幸其太学，问博士经典，乃悯礼乐遗阙。时博士卢壶对曰："废学既久，书传零落，此年缀撰，正经粗集，唯《周官礼注》未有其师。窃见太常韦逞母宋氏世学家女，传其父业，得《周官》音义，今年八十，视听无阙，自非此母无可以传授后生。"于是就宋氏家立讲堂，置生员百二十人，隔绛纱幔而受业，号宋氏为宣文君，赐侍婢十人。《周官》学复行于世，时称韦氏宋母焉。

［文献］《晋书》卷九六《列女传》。

案：韦逞母宋氏生卒事迹不详，今据苻坚"尝幸太学，问博士经典"，暂系于苻坚临太学年。

237

晋兴宁元年（前燕建熙四年）　公元363年

前燕慕容暐祀孔子，以王欢为国子祭酒

四年正月，暐南郊。十月，太尉奕迎神主于和龙。初，暐委政太宰恪，专受经于博士王欢。助教尚锋、秘书监郎杜铨，并以明经讲论左右。至是通诸经，祀孔子于东堂。以欢为国子祭酒，锋国子博士，铨散骑侍郎。其执经侍讲者，皆有拜授。

［文献］《十六国春秋》卷二八。

兴宁二年　公元 364 年

1. 桓温奏请敦明学业

温以既总督内外，不宜在远，又上疏陈便宜七事，其六，宜述遵前典，敦明学业；其七，宜选建史官，以成晋书。有司皆奏行之。寻加羽德鼓吹，置左右长史、司马、从事中郎四人。受鼓吹，余皆辞。复率舟军进合肥。

［文献］《晋书》卷九八《桓温传》。

2. 胡讷、王彪之议纳皇后礼

升平八年（364），台符问"迎皇后大驾应作鼓吹不"。博士胡讷议："临轩《仪注》阙，无施安鼓吹处所，又无举麾鸣钟之条。"太常王彪之以为："婚礼不乐。鼓吹亦乐之总名。《仪注》所以无者，依婚礼。今宜备设而不作。"时用此议。

［文献］《晋书》卷二一《礼下》。

按：胡讷史书无传，《全晋文》载：永和末太学博士。《经典释文·叙录》载：《穀梁胡讷集解》十卷。《隋书·经籍志》载：《春秋穀梁传》十卷，胡讷集解，亡。《春秋三传评》十卷，梁有《春秋集三师难》三卷，《春秋集三传经解》十卷。今亡。《旧唐书·经籍志》录有《春秋三传经解》十一卷，《春秋三传评》十卷。《新唐书·艺文志》录胡讷集撰《三传经解》十一卷。

兴宁三年　公元 365 年

范汪卒

　　范汪(308—372)，字玄平，南阳顺阳(今河南淅川县)人。曾任东阳太守，故称范东阳。父稚，早卒。汪少孤贫，六岁过江，依外家新野庾氏。年十三，丧母，居丧尽礼，亲邻哀之。及长，好学。博学多通，善谈名理。蜀平，进爵武兴县侯。而温频请为长史、江州刺史，皆不就。自请还京，求为东阳太守。温甚恨焉。在郡大兴学校，甚有惠政。迁中领军、本州大中正，官至安北将军、徐兖二州刺史，晚年屏居吴都。咸安二年，卒于家，时年六十五。次子范宁，东晋大儒之一。范汪在礼学方面很是精湛，《通典》载其议丧礼之文甚多。著有《祭典》三卷，见《隋书·经籍志》、《七录》、《唐志》。《尚书大事》二十卷，见《隋书·经籍志》、《唐志》。《全晋文》收录有《为旧君服议》、《与江惇书》、《祭典》等奏疏及作品。马国翰辑有《祭典》一卷，

　　[文献]《晋书》卷七五《范汪传》。

晋太和三年 公元 368 年

1. 王述卒

王述(303—368),字怀祖,太原晋阳(今山西太原市)人。少孤,事母以孝闻。安贫守约,不求闻达。性沈静,每坐客驰辨,异端竞起,而述处之恬如也。少袭父爵。年三十,尚未知名,人或谓之痴。司徒王导以门地辟为中兵属。康帝为骠骑将军,召补功曹,出为宛陵令。太尉、司空频辟,又除尚书吏部郎,并不行。历庾冰征虏长史。述出补临海太守,迁建威将军、会稽内史。母忧去职。服阕,代殷浩为扬州刺史,加征虏将军。太和二年,以年迫悬车,上疏乞骸骨,不许。述竟不起。三年卒,时年六十六。追赠侍中、骠骑将军、开府。著有《春秋左氏经传通解》四卷,见《隋书·经籍志》;《春秋旨通》十卷,《隋书·经籍志》载:王述之撰。《世说新语·轻诋第二十六》余嘉锡笺疏:"六朝人名有之者,多去'之'为单名,述之疑即王述。"

[文献]《晋书》卷七十五《王述传》,卷八《海西公纪》载本年"秋八月壬寅,尚书令、卫将军、蓝田侯王述卒。"《建康实录》卷八系王述卒于永和二年,疑误。

2. 徐邈应选儒学之士

及孝武帝始览典籍,招延儒学之士,邈既东州儒素,太傅谢安举以应选。

[文献]《晋书》卷九一《徐邈传》。

案:其应选的具体时间不详,此年孝武帝七岁,据"孝武帝始览典籍",故系于此。

太和四年　公元 369 年

傅隆生

　　傅隆,字伯祚,北地灵州人也。宋元嘉二十八年卒,时年八十三。据此知其生于是年。

　　[文献]《宋书》卷五五《傅隆传》。

太和五年　公元 370 年

1. 孟陋注《论语》

孟陋(326—388)，字少孤，武昌(今湖北鄂州)人。吴司空宗之曾孙也。兄嘉，桓温征西长史。陋少而贞立，清操绝伦，布衣蔬食，以文籍自娱。口不及世事，未曾交游，时或弋钓，孤兴独往，虽家人亦不知其所之也。丧母，毁瘠殆于灭性，不饮酒食肉十有余年。简文帝辅政，命为参军，称疾不起。桓温躬往造焉。或谓温曰："孟陋高行，学为儒宗，宜引在府，以和鼎味。"温叹曰："会稽王尚不能屈，非敢拟议也。"陋闻之曰："桓公正当以我不往故耳。亿兆之人，无官者十居其九，岂皆高士哉！我疾病不堪恭相王之命，非敢为高也。"由是名称益重。博学多通，长于《三礼》。注《论语》十卷行于世。卒以寿终。其著今佚。

[文献]《晋书》卷九四《孟陋传》。

案：庄大钧等著《魏晋南北朝经学学术编年》据司马昱太和元年十月为丞相，咸安元年十一月即帝位，推测孟陋注《论语》大致在司马昱辅政期间，故将其事系于是年，今从之。

2. 何承天生

何承天，东海郯人，卒于刘宋元嘉二十四年(447)，年七十八岁，逆推知其生于是年。

[文献]《宋书》卷六四《何承天传》，《南史》卷三十三《何承天传》。

3. 王欢卒

王欢,字君厚,乐陵人。安贫乐道,专精耽学,不营产业,常丐食诵《诗》,虽家无斗储,意怡如也。其妻患之,或焚毁其书而求改嫁,欢笑而谓之曰:"卿不闻朱买臣妻邪?"时闻者多哂之。欢守志弥固,遂为通儒。至慕容暐袭伪号,署为国子博士,亲就受经。迁祭酒。及暐为苻坚所灭,欢死于长安。

[文献]《晋书》卷九一《王欢传》。

案:王欢生卒年史无明载。据《晋书》,及暐为苻坚所灭,欢死于长安。太和五年,苻坚灭前燕暐。十二月,秦王苻坚徙慕容暐及燕国后妃、王公百官及鲜卑四万余户回长安。故系王欢卒年于此。

4. 孙盛卒

孙盛,字安国。太原中都(今山西平遥)人。曹魏骠骑将军孙资玄孙、冯翊太守孙楚之孙。父恂,颍川太守。恂在郡遇贼,被害。盛年十岁,避难渡江。及长,博学,善言名理。于时殷浩擅名一时,与抗论者,惟盛而已。盛尝诣浩谈论,对食,奋掷麈尾,毛悉落饭中,食冷而复暖者数四,至暮忘餐,理竟不定。盛又著医卜及《易象妙于见形论》,浩等竟无以难之,由是遂知名。起家佐著作郎,以家贫亲老,求为小邑,出补浏阳令。太守陶侃请为参军。庾亮代侃,引为征西主簿,转参军。时丞相王导执政,以盛为安西谘议参军,寻迁廷尉正。会桓温代翼,留盛为参军,与俱伐蜀,蜀平,赐爵安怀县侯,累迁温从事中郎。从入关平洛,以功进封吴昌县侯,出补长沙太守。以家贫,颇营资货,部从事至郡察知之,服其高名而不劾。盛与温笺,而辞旨放荡,称州遣从事观采风声,进无威凤来仪之美,退无鹰鹯搏击之用,徘徊湘川,将为怪鸟。温得盛笺,复遣从事重案之,脏私狼籍,槛车收盛到州,舍而不罪。累迁秘书监,加给事中。年七十二卒。孙盛一生著述破丰,多为史籍,有《魏氏春秋》二十卷、《魏氏春秋异同》八卷、《晋阳秋》三十二卷,今仅存轶文。《全晋文》收录其文。马国翰辑有《周象妙于见形论》一卷。《三国志》卷二十八《钟会传》注引孙盛《王弼注易》。

［文献］《晋书》卷八二《孙盛传》。

案：孙盛生卒年无确切记载，本传只说他卒年七十二，推断其生卒年主要根据《晋书·孙盛传》中"父恂，颍川太守。恂在郡遇贼，被害。盛年十岁，避难渡江"此条记载。但是学者对此看法不一。刘学智《中国学术思想编年·魏晋南北朝卷》认为其生年为永熙九年(299)，卒年为太和五年(370)。张可礼《东晋文艺系年》认为孙盛生于永康二年(300)，卒于太和六年(371)。曹道衡、沈玉成《中古文学史料丛考》据《怀帝纪》永嘉五年(311)六月石勒陷洛阳后，冬十月，勒寇豫州诸郡，至江而还，孙盛兄弟遇难渡江当在此时。由此推之，其生年当在惠帝永宁二年(302)，卒年当在孝武帝宁康元年(373)。刘汝霖《汉晋学术编年》推论孙盛作《晋阳秋》不晚于此年，故孙氏约卒于此年前后。宋桂梅《魏晋儒学编年》系年于太和五年(370)，其依据是《建康实录》卷九："(太元十一年)是岁，辽东表送孙盛《魏晋春秋》三十卷。"今从刘学智之说，以待后考。

太和六年(咸安元年　前秦建元七年)
公元 371 年

1. 孙绰卒

孙绰(314—371),字兴公,中都(今山西平遥)人,后迁会稽(今浙江绍兴)。博学善属文,少与高阳许询俱有高尚之志。绰性通率,好讥调。尝与习凿齿共行,绰在前,顾谓凿齿曰:"沙之汰之,瓦石在后。"凿齿曰:"簸之扬之,糠秕在前。"绰少以文才垂称,于时文士,绰为其冠。温、王、郗、庾诸公之薨,必须绰为碑文,然后刊石焉。晋废帝太和六年卒,时年五十八。儒学类著作有《集解论语》十卷,见《隋书·经籍志》、《经典释文·叙录》、《旧唐志》。另有《喻道论》,见《弘明集》卷三。马国翰辑有《论语孙氏集解》一卷。

[文献]《建康实录》卷八《太宗简皇帝录》,《晋书》卷五六。

2. 苻坚置礼学祭酒

建元七年春,行礼于辟雍,祀先师孔子。太子及公卿大夫之元子,皆束修释奠焉。高平苏通、长乐刘祥并硕学耆儒,尤精二礼。坚以通为《礼记》祭酒,居于东庠,祥为《仪礼》祭酒。处于西序。坚每月朔旦率百僚亲临讲论。

[文献]《晋书》卷一百十三《苻坚载记》,《十六国春秋》卷三六《苻坚上》,《十六国春秋辑补》卷三四。

晋咸安二年　公元 372 年

1. 苻坚临太学

建元八年三月，诏关东之民学通一经、才成一艺者。所在郡县，以礼送之。在官，百石以上学不通一经、才不成一艺者，罢遣还民。复魏晋十籍。使役有常。其诸非正道典学，一皆禁之。永嘉之乱，庠序无闻。及坚之僭，颇留心儒学，乃亲临太学，考学生经义。上第擢叙者八十二三人。

［文献］《十六国春秋》卷三七《苻坚录中》，又见《晋书》卷一百十三《苻坚载记》。

2. 张凭为晋吏部郎

张凭，字长宗。祖镇，苍梧太守。凭年数岁。镇谓其父曰："我不如汝有佳儿。"凭曰："阿翁岂宜以子戏父邪！"及长，有志气，为乡闾所称。举孝廉，负其才，自谓必参时彦。初，欲诣恢，乡里及同举者共笑之。既至，恢处之下坐，神意不接，凭欲自发而无端。会王就濛恢清言，有所不通，凭于末坐判之，言旨深远，足畅彼我之怀，一坐皆惊。恢延之上坐，清言弥日，留宿至旦遣之。凭既还船，须臾，恢遣传教觅张孝廉船，便召与同载，遂言之于简文帝。帝召与语，叹曰："张凭勃窣为理窟。"官至吏部郎、御史中丞。著作有：《论语注》十卷，见《经典释文·叙录》《隋书·经籍志》，马国翰辑有《论语张氏注》一卷；《论语释》一卷，见《隋书·经籍志》。

［文献］《晋书》卷七五《张凭传》。

案：简文在位共两年，张凭为吏部郎当在此年前后。张凭生卒年无所考，暂将其事系于此。

3. 裴松之生

　　裴松之卒年有两种说法,今据《宋书》卷六十四《裴松之传》,元嘉二十八年卒,时年八十,则当生于本年。参见裴松之卒年考。

　　［文献］《宋书》卷六四《裴松之传》。

晋宁康元年　公元 373 年

车胤为中书侍郎

桓温在荆州，辟车胤为从事，以辩识义理深重之。引为主簿，稍迁别驾、征西长史，遂显于朝廷。宁康初，以胤为中书侍郎、关内侯。

[文献]《晋书》卷八三《车胤传》。

宁康二年　公元 374 年

1. 傅亮生

傅亮卒于元嘉三年,时年五十三岁,则当生于本年。

[文献]《宋书》卷四三《傅亮传》。

2. 范宁任余杭令时兴学校,养生徒

范宁少笃学,多所通览。简文帝为相,将辟之,为桓温所讽,遂寝不行。故终温之世,兄弟无在列位者。时以浮虚相扇,儒雅日替,宁以为其源始于王弼、何晏,二人之罪深于桀纣,乃著论曰:"或曰:'黄唐缅邈,至道沦翳,濠濮辍咏,风流靡托,争夺兆于仁义,是非成于儒墨。平叔神怀超绝,辅嗣妙思通微,振千载之颓纲,落周孔之尘网。斯盖轩冕之龙门,濠梁之宗匠。尝闻夫子之论,以为罪过桀纣,何哉?'答曰:'子信有圣人之言乎? 夫圣人者,德侔二仪,道冠三才,虽帝皇殊号,质文异制,而统天成务,旷代齐趣。王何蔑弃典文,不遵礼度,游辞浮说,波荡后生,饰华言以翳实,骋繁文以惑世。搢绅之徒,翻然改辙,洙泗之风,缅焉将堕。遂令仁义幽沦,儒雅蒙尘,礼坏乐崩,中原倾覆。古之所谓言伪而辩、行僻而坚者,其斯人之徒欤! 昔夫子斩少正于鲁,太公戮华士于齐,岂非旷世而同诛乎! 桀纣暴虐,正足以灭身覆国,为后世鉴诫耳,岂能回百姓之视听哉! 王何叨海内之浮誉,资膏粱之傲诞,画螭魅以为巧,扇无检以为俗。郑声之乱乐,利口之覆邦,信矣哉! 吾固以为一世之祸轻,历代之罪重,自丧之衅小,迷众之愆大也。'"宁崇儒抑俗,率皆如此。温薨之后,始解褐为余杭令,在县兴学校,养生徒,洁己修礼,志行之士莫不宗之。期年之后,风化

大行。自中兴已来，崇学敦教，未有如宁者也。

[文献]《晋书》卷七五《范宁传》

案：据《晋书》，桓温卒于宁康元年"秋七月"，故将范宁出仕系于桓温卒后之年。

3. 王坦之与殷康子论公谦之义

坦之又尝与殷康子书论公谦之义曰："夫天道以无私成名，二仪以至公立德。立德存乎至公，故无亲而非理；成名在乎无私，故在当而忘我。此天地所以成功，圣人所以济化，由斯论之，公道体于自然，故理泰而愈降；谦义生于不足，故时弊而义著。故大禹、咎繇称功言惠而成名于彼，孟反、范燮殿军后入而全身于此。从此观之，则谦公之义固以殊矣。夫物之所美，己不可收；人之所贵，我不可取。诚患人恶其上，众不可盖，故君子居之，而每加损焉。隆名在于矫伐，而不在于期当，匿迹在于违显，而不在于求是。于是谦光之义与矜竞而俱生，卑挹之义与夸伐而并进。由亲誉生于不足，未若不知之有余；良药效于瘳疾，未若无病之为贵也。夫乾道确然，示人易矣；坤道聭然，示人简矣。二象显于万物，两德彰于群生，岂矫枉过直而失其所哉！由此观之，则大通之道公坦于天地，谦伐之议险嶪于人事。今存公而废谦，则自伐者托至公以生嫌，自美者因存党以致惑。此王生所谓同貌而实异，不可不察者也，然理必有根，教亦有主。苟探其根，则玄指自显；若寻其末，弊无不至。岂可以嫌似而疑至公，弊贪而忘于谅哉！"康子及袁宏并有疑难，坦之标章摘句，一一申而释之，莫不厌服。

[文献]《晋书》卷七五《王坦之传》、《韩伯传》，又《太平御览》四百二十三："袁彦伯《明谦》曰：贤人君子，推诚以存礼，非降己以应世；率心以成谦，非匿情以同物。故侯王以孤寡縻天下，江海以卑下朝百川。《易》曰：'天道下济而光明，地道卑而上行。'老子曰：'高以下为基，贵以贱为本。'此之谓乎。"

案：据《晋书》本传，宁康三年（375），王坦之病逝，逝之前与谢安、桓冲书信往来频繁，在此期间与殷康子辩公谦之义，故将其辩论时间系于王坦之卒之前一年。

宁康三年(前秦建元十一年) 公元 375 年

1. 孝武帝讲《孝经》

宁康三年九月,帝讲《孝经》。仆射谢安侍坐,尚书陆纳侍讲,侍中卞耽执读,黄门侍郎谢石、吏部郎袁宏执经,胤与丹阳尹王混摘句,时论荣之。

[文献]《晋书》卷九《孝武帝纪》,《晋书》卷八三《车胤传》,又《世说新语·言语》。

案:谢安有《孝经注》,当成于此时,见《补晋书艺文志》卷一。

2. 苻坚下诏增崇儒教

建元十一年冬十月下诏:"新丧贤辅,百司或未称朕心,可置听讼观于未央南,朕五日一临,以求民隐。今天下虽未大定,权可偃武修文,以称武侯雅旨。其增崇儒教,禁《老》《庄》、图谶之学,犯者弃市。"苻坚置听讼观于未央之南。禁《老》《庄》、图谶之学。妙简学生,太子及公侯百僚之子皆就学受业;中外四禁、二卫、四军长上将士,皆令受学。二十人给一经生,教读音句,后宫置典学以教掖庭,选阉人及女隶敏慧者诣博士授经。

[文献]《晋书》卷一百十三《苻坚载记》,又见《十六国春秋》卷三七《苻坚中》。

3. 孝武帝亲祀孔子

成、穆、孝武三帝,亦皆亲释奠。孝武时,以太学在水南悬远,有司议依升平元年,于中堂权立行太学。于时无复国子生,有司奏:"应须二学生百二十人。太学生取见人六十,国子生权选大臣子孙六十人,事讫罢。"奏可。宁康三年十二月癸已,帝释奠于中堂,祠孔子,以颜回配。

[文献]《晋书》卷九《孝武帝纪》,又《宋书》卷十四《礼志》。

晋太元元年(前秦建元十二年)　公元376年

晋孝武帝集群臣论经义

至晋穆帝永和十一年,及孝武帝太元元年,再聚群臣,共论经义,有苟昶者撰集《孝经》诸说,始以郑氏为宗。

[文献]《唐会要》卷七七《贡举下》,《玉海》卷四一《艺文》。

案:《补晋书艺文志》录有《元帝孝经传》、《穆帝时孝经》一卷、《孝武帝总章馆孝经讲义》一卷。

太元二年(前秦建元十三年)　公元 377 年

1. 周续之生

周续之字道祖,雁门广武人也。卒于刘宋景平元年(423),时年四十七,逆推知其生于是年。

[文献]《宋书》卷九三《周续之传》。

2. 徐广被辟为谢玄从事

徐广家贫,未尝以产业为意,妻中山刘镏之女忿之,数以相让。广终不改。如此数十年,家道日弊,遂与广离。

[文献]《南史》卷三三《徐广传》。

案:据《晋书》卷九《孝武帝纪》及卷八二《徐广传》,谢玄于本年十月辛丑为兖州刺史。徐广被辟为谢玄从事当在此后。

3. 裴松之学《论语》《毛诗》

松之年八岁,学通《论语》《毛诗》。博览坟籍,立身简素。

[文献]《宋书》卷六四《裴松之传》。

案:据《宋书·裴松之传》,裴松之生于晋咸安二年(372),卒于宋元嘉二十八年(451),则其八岁时当在是年。

太元三年　公元 378 年

1. 王淮之生

王淮之,字元曾,琅邪临沂人。十年,卒,时年五十六。逆推知其生于是年。

[文献]《宋书》卷六十《王淮之传》,《宋书》卷六十《王淮之传》,《南史》卷二四《王淮之传》,《通志》卷一三三,又见《全宋文》卷十九,《太平广记》卷九九引《冥祥记》。

2. 荀伯子生

荀伯子于元嘉十五年卒官,时年六十一,逆推知其生于是年。

[文献]《宋书》卷六十《荀伯子传》,《南史》卷三三《荀伯子传》。

3. 戴颙生

戴颙,字仲若。据《宋书》本传,戴颙卒于宋文帝元嘉十八年(441),年六十四,逆推知其生于是年。

[文献]《宋书》卷九十三《隐逸》,《南史》卷七十五《隐逸上·戴颙传》。

太元五年　公元 380 年

1. 谢安始立国学

晋孝武帝太元中,卫将军谢安始立国学。

[文献]《宋书》卷五五《臧焘传》。

案:谢安始立国学时间不详。据《晋书》卷七九《谢安传》:"拜卫将军、开府仪同三司,封建昌县公。"卷九《孝武帝纪》:"(五年)五月,大水。以司徒谢安为卫将军、仪同三司,《宋书》卷五十五《臧焘传》:"晋孝武帝太元中,卫将军谢安始立国学。"上述事件具体时间不详,今据"太元中"和谢安为"将军"姑系于此。

2. 范宁议辟雍、明堂礼制

范宁任余杭令六年,迁临淮太守,封阳遂乡侯。顷之,徵拜中书侍郎。在职多所献替,有益政道。时更营新庙,博求辟雍、明堂之制,宁据经传奏上,皆有典证。孝武帝雅好文学,甚被亲爱,朝廷疑议,辄咨访之。

[文献]《晋书》卷七五《范宁传》。

案:范宁于太元四年任临淮太守,此后不久即徵拜中书侍郎,姑系于此年。

3. 韩伯卒

韩伯(331—380),字康伯,颍川长社(今河南长葛西)人,东晋玄学家、训诂学家。喜好老庄思想,儒道兼综。举秀才,徵召任职皆不就任。晋简文帝引为谈客,从司徒左西属转任抚军掾、中书郎、散骑常侍、豫章太守,入朝任侍中。后改任丹杨尹、吏部尚书、领军将军。病重后改任太常,未就任而去世,时年四十九。其著作有《周易系辞》二卷,见《隋书·经籍志》。又晁公武《郡斋读书志》:"王弼《周易》十卷。魏尚书郎王弼辅嗣注。系辞、说卦、杂卦、序卦,弼之门人韩康伯注。"《隋书·经籍志》也载:"《周易》十卷,魏尚书郎王弼注《六十四卦》六卷,韩康伯注《系辞》以下三卷。"

[文献]《晋书》卷七五《韩康伯传》,《建康实录》卷九。

太元六年　公元 381 年

1. 前秦焚其史

初,坚母少寡,将军李威有辟阳之宠,史官载之。至是,坚收起居注及著作所录而观之,见其事,惭怒,乃焚其书,大检史官,将加其罪。著作郎赵泉、车敬等已死,乃止。

［文献］《晋书》卷一百十三《载记》。

2. 崔浩生

崔浩于北魏太平真君十一年(450)因"国史之狱"被夷九族,时年七十岁,知其生于是年。

［文献］《魏书》卷三十五《崔浩传》,《北史》卷二十一《崔浩传》,《北史》卷三十一《高允传》,《魏书》卷一百一十四《释老志》。

太元八年　公元 383 年

黄泓卒

黄泓(约 286—约 383 年),字始长,魏郡斥丘(今河北省邯郸)人。父沈,善天文秘术。黄泓从父受业,精妙愈深,兼博览经史,尤明《礼》、《易》。平生忠勤,非礼不动。及慕容俊即王位,迁从事中郎,及僭号,署为进谋将军、太史令、关内侯,寻加奉车都尉、西海太守、领太史令、开阳亭侯,又封平舒县五等伯。慕容暐败,以老归家,年九十七卒。

[文献]《晋书》卷九五《黄泓传》。

案:慕容垂于晋太元十一年(386)建立后燕,此前三年即太元八年,姑系于此年。

太元九年　公元 384 年

1. 谢石请兴复国学

尚书谢石陈之曰："立人之道,曰仁与义。翼善辅性,唯礼与学。……请兴复国学,以训胄子;班下州郡,普修乡校。"烈宗纳其言。太元九年夏四月己卯,增置太学生百人。封张天锡为西平公,以车胤领国子博士。胤上言曰："案二汉旧事,博士之职,唯举明经之士迁移。各以本资,初无定班。魏及中朝,多以侍中,常侍儒学最优者领之。不同汉氏,尽于儒士取用,其揆一也。今博士八人,愚谓宜依魏氏故事,择朝臣一人经学最优者,不系位之高下,常以领之。每举太常,共研厥中。其余七人,自依常铨选。"学生多顽嚚,因风放火,焚房百余间,是后考课不厉,赏黜无章,有育才之名,无收贤之实。

[文献]《宋书》卷十四《礼志》,《通典》卷五三,《建康实录》卷九,《晋书》卷九《孝武纪》,卷二四《职官志》,卷八三《车胤传》

案:《南齐书》卷三九《陆澄传》言,太元立王肃《易》,《左氏传注》太元取服虔,而兼取贾逵《经》,又《穀梁传注》太元旧有麋信注,东晋各经所立博士无详载,姑附于此。

2. 习凿齿卒

习凿齿(? —384),字彦威,襄阳(今湖北襄阳)人。世代为荆楚豪族,东汉襄阳侯习郁之后人,精通玄学、佛学、史学。曾任桓温从事、西曹主簿,因忤桓温图谋篡逆的旨意,降为户曹参军,后任荥阳太守,太元九年(384 年)四月,襄阳、邓州回归东晋。晋廷打算徵召习凿齿,让他主管撰写国史。不久,习凿齿病死。《晋书·习凿齿传》对于习凿齿的评价极高。前秦王苻坚将其才华与曾轰动洛阳的陆机、陆云兄弟同列,桓温曰:"徒三十年看儒书,不如一诣习凿齿。"习凿齿著有《汉晋春秋》54卷,是影响深远的史学名著,见本传及《隋书·经籍志》,又有《襄阳耆旧记》五卷,见《隋书·经籍志》。《逸人高士传》八卷,见《旧唐书·经籍志上》。《全晋文》卷一百三十四辑文27篇,有《汉晋春秋论先主到当阳》、《诸葛武侯宅铭》、《孔明杀马谡》等。马国翰辑有《春秋公子谱》一卷,《汉晋春秋》一卷,《襄阳记》一卷,《襄阳耆旧记》一卷,《襄阳耆旧记佚文》一卷。

[文献]《晋书》卷八二《习凿齿传》,《建康实录》卷九《烈宗孝武皇帝录》:"(太元九年冬十月)前荣阳太守习凿齿卒。"

案:习凿齿晚年经历存在争议,一说曾被苻坚徵召,于长安会面,后仍回襄阳;襄阳为晋室收复后,习凿齿被徵以国史职事,未就而卒。《晋书·习凿齿传》:"吾以去五三日来达襄阳,触目悲感,略无欢情,痛恻之事,故非书言之所能具也。每定省家舅,从北门入,西望隆中,想卧龙之吟;东眺白沙,思凤雏之声;北临樊墟,存邓老之高;南眷城邑,怀羊公之风;纵目檀溪,念崔徐之友;肆眺鱼梁,追二德之远,未尝不徘徊移日,惆怅极多,抚乘踌躇,慨尔而泣。曰若乃魏武之所置酒,孙坚之所陨毙,裴杜之故居,繁王之旧宅,遗事犹存,星列满目。琐琐常流,碌碌凡士,焉足以感其方寸哉!"另说习凿齿因不屈于苻坚逼用,为避杀身之祸而隐遁江西新余白梅。故其生年有说为306—313年,或313—316年,或319年,其卒年则从《建康实录》记载。

3. 颜延之生

颜延之卒于刘宋孝建三年(456),时年七十三,逆推知其生于是年。
[文献]《宋书》卷七三《颜延之传》。

太元十年　公元 385 年

1. 殷茂与李辽上书言学

国子祭酒殷茂言之曰:"臣闻弘化正俗,存乎礼教,辅性成德,必资于学。先王所以陶铸天下,津梁万物,闲邪纳善,潜被于日用者也。故能疏通玄理,穷综幽微,一贯古今,弥纶治化。且夫子称回,以好学为本;七十希仰,以善诱归宗。《雅》、《颂》之音,流咏千载。圣贤之渊范,哲王所同风。自大晋中兴,肇基江左,崇明学校,修建庠序,公卿子弟,并入国学。寻值多故,训业不终。陛下以圣德玄一,思隆前美,顺通居方,导达物性,兴复儒肆,金与后生。……窃谓群臣内外,清官子侄,普应入学,制以程课。今者见生,或年在扞格,方圆殊趣,宜听其去就,各从所安。所上谬合,乞付外参议。"烈宗下诏褒纳,又不施行。朝廷及草莱之人有志于学者,莫不发愤叹息。清河人李辽又上表曰:"臣闻教者,治化之本,人伦之始,所以诱达群方,进德兴仁,譬诸土石,陶冶成器。虽复百王殊礼,质文参差,至于斯道,其用不爽。自中华湮没,阙里荒毁,先王之泽寝,圣贤之风绝。自此迄今,将及百年。……臣自致身辇毂,于今八稔,违亲转积,夙夜匪宁。振武将军何澹之今震扞三齐,臣当随反。裴回天邑,感恋罔极。乞臣表付外参议。"又不见省。

[文献]《宋书》卷十四《礼志》,又见《通典》卷五三。

案:据《宋书·礼志》载,尚书谢石言学在孝武帝太元九年,烈宗纳其言。其年,选公卿二千石子弟为生,增造庙屋一百五十五间。则殷茂与李辽上书言学当在当年或年后,姑系于太元十年。

2. 车胤领国子博士

太元中，增置太学生百人。以车胤领国子博士。

［文献］《晋书》卷八三《车胤传》。

太元十一年(北魏登国元年)　公元 386 年

1. 封孔靖之为奉圣亭侯

太元十一年秋八月庚午,封孔靖之为奉圣亭侯,奉宣尼祀。

[文献]《晋书》卷九《孝武帝纪》。

2. 雷次宗生

雷次宗于元嘉二十五年,卒于钟山,时年六十三。逆推知其生于此年。

[文献]《宋书》卷九三《雷次宗传》。

3. 郭瑀卒

郭瑀(？—386)字元瑜,敦煌人。少有超俗之操,东游张掖,师事郭荷,尽传其业。精通经义,雅辩谈论,多才艺,善属文。荷卒,瑀以为父生之,师成之,君爵之,而五服之制,师不服重,盖圣人谦也,遂服斩衰,庐墓三年。礼毕,隐于临松薤谷,凿石窟而居,服柏实以轻身,作《春秋墨说》、《孝经错纬》,弟子著录千余人。张天赐遣使者孟公明持节,以蒲轮玄纁备礼徵郭瑀。公明至山,瑀指翔鸿以示之曰:"此鸟也,安可笼哉!"遂深逃绝迹。公明拘其门人,瑀乃出而就徵。及至姑臧,值天赐母卒,瑀括发入吊,三踊而出,还于南山。及天锡灭,苻坚又以安车徵瑀定礼仪,会父丧而止,太守辛章遣书生三百人就受业。及苻氏之末,略阳王穆起兵酒泉,以应张大豫,遣使招瑀。瑀乃与敦煌索嘏起兵五千,运粟三万石,东应王穆。穆

265

以瑀为太府左长史、军师将军。虽居元佐，而口咏黄老，冀功成世定，追伯成之踪。穆惑于谗间，西伐索䴊，瑀谏而穆不从。瑀出城大哭，举手谢城曰："吾不复见汝矣！"还而引被覆面，不与人言，不食七日，舆疾而归，旦夕祈死。遂还酒泉南山赤崖阁，饮气而卒。

　　［文献］《晋书》卷九四《郭瑀传》。

太元十二年　公元 387 年

1. 范宁在郡兴学

宁在郡又大设庠序,遣人往交州采磐石,以供学用,改革旧制,不拘常宪。远近至者千余人,资给众费,一出私禄。并取郡四姓子弟,皆充学生,课读《五经》。又起学台,功用弥广。

［文献］《晋书》卷七五《范宁传》,又见《晋书》卷九一《范宣传》。

案:王孟白《陶渊明年谱简证》曰:"是则范宁为豫章太守,倡导经学,亦当在是年(387)或稍前。"①又据《晋书·范宣传》:"太元中,顺阳范宁为豫章太守,宁亦儒博通综,在郡立乡校,教授恒数百人。由是江州人士并好经学,化二范之风也。"故系年于此。

2. 车胤议郊庙明堂之事

其后年,议郊庙明堂之事,胤以"明堂之制既甚难详,且乐主于和,礼主于敬,故质文不同,音器亦殊。既茅茨广厦不一其度,何必守其形范而不弘本顺时乎! 九服成宁,四野无尘,然后明堂辟雍可光而修之"。时从其议。

［文献］《晋书》卷八三《车胤传》。

---

① 刘跃进、范子烨编:《六朝作家年谱辑要》,黑龙江教育出版社 1999 年版,第 136 页。

3. 徐邈议明堂郊祀

　　孝武帝太元十二年五月壬戌，诏曰："昔建太庙，每事从俭，太祖虚位，明堂未建。郊祀国之大事，而稽古之制阙然，便可详议。"祠部郎中徐邈议："圆丘郊祀，经典无二，宣皇帝尝辩斯义，而检以圣典。爰及中兴，备加研极，以定南北二郊，诚非异学所可轻改也。谓仍旧为安。武皇帝建庙六世，祖三昭三穆。宣皇帝创基之主，实惟太祖，亲则王考。四庙在上，未及迁世，故权虚东向之位也。兄弟相及，义非二世。故当今庙祀，世数未足，而欲太祖正位，则违事七之义矣。又《礼》曰庶子王亦祫祖立庙，盖谓支胤援立，则亲近必复。京兆府君于今六世，宜复立此室，则宣皇未在六世之上，须前世既迁，乃太祖位定耳。京兆迁毁宜藏主于石室，虽禘祫犹弗及。何者？传称毁主升合乎太祖，升者自下之名，不谓可降尊就卑也。太子太孙，阴室四主，储嗣之重，升祔皇祖，所配之庙，世远应迁，然后从食之孙，与之俱毁。明堂方圆之制，纲领已举，不宜阙配帝之祀。且王者以天下为家，未必一邦，故周平、光武无废于二京也。明堂所配之神，积疑莫辩。案《易》'殷荐上帝，以配祖考'，祖考同配，则上帝亦为天，而严父之义显。《周礼》旅上帝者，有故告天，与郊祀常礼同用四圭，故并言之。若上帝是五帝，《经》文何不言祀天旅五帝，祀地旅四望乎？"侍中车胤议同。又曰："明堂之制，既其难详，且乐主于和，礼主于敬，故质文不同，音器亦殊。既茅茨广厦，不一其度，何必守其形范，而不弘本从俗乎？九服咸宁，河朔无尘，然后明堂辟雍可崇而修之。"时朝议多同，于是奉行，一无所改。

　　[文献]《晋书》卷十九《礼志上》。

4. 晋孝武帝徵戴逵、龚玄之，皆不至

　　太元十二年六月癸卯，束帛聘处士戴逵、龚玄之。龚玄之，字道玄，武陵汉寿人。玄之好学潜默，安于陋巷。州举秀才，公府辟，不就。孝武帝下诏曰：谯国戴逵、武陵龚玄之并高尚其操，依仁游艺，洁己贞鲜，学弘儒业，朕虚怀久矣。可并以为散骑常侍，领国子博士。皆不就。

　　[文献]《晋书》卷九《孝武帝纪》，《晋书》卷九四《龚玄之传》，《晋书》卷

九四《戴逵传》。

5. 博士曹耽议二王后与太子先后

曹耽,字爱道,谯国人。太和中为太学博士,升平中迁尚书郎,后为安北咨议参军。太元十二年,议二王后与太子先后。博士庾弘之及尚书参议,并以为:"陈留,国之上宾。皇太子虽国之储贰,犹在臣位,陈留王坐应在太子上。"陈留王劢表称疾病积年,求放罢,诏礼官博士议之。博士曹耽云:"劢为祭主而无执祭之期,宜与穆子、孟挚事同。"王彪之云:"二王之后,不宜轻致废立。记传未见有已为君而疾病退罢者,当知古无此礼。孟絷、穆子是方应为君,非陈留之比。"曹耽著有《礼记音》二卷,见《隋书·经籍志》《经典释文·叙录》。

[文献]《晋书》卷二一《礼下》,《经典释文·叙录》。

案:曹耽生卒事迹不详,姑系于此。

太元十三年　公元388年

1. 范弘之为晋太学博士

范弘之以儒术该明,为太学博士。

[文献]《晋书》卷九一《范弘之传》。

案:范弘之初为太学博士,不知何年;太元十三年,谢石卒,时其为太学博士,议谥号。姑系于此。

2. 周续之从范宁受学

豫章太守范宁于郡立学,招集生徒,远方至者甚众,续之年十二,诣宁受业。居学数年,通五经并《纬候》,名冠同门,号曰"颜子"。既而闲居读《老》、《易》,入庐山事沙门释慧远。

[文献]《南史》卷七五《周续之传》。

3. 王珉卒

王珉(351—388),字季琰,小字僧弥,琅邪临沂(今山东临沂)人。东晋丞相王导孙。王珉年轻时就已展现出其才华,名望更比其兄王珣更高,并与堂兄王献之齐名。王珉初任著作郎,后历任散骑郎、国子博士、黄门侍郎和侍中。太元十一年(386),时任中书令的王献之去世,王珉接任中书令,当时人就称王献之为"大令",王珉为"小令"。太元十三年(388),王珉去世,享年三十八岁。朝廷追赠太常。著有《论语注》,见皇侃《论语义疏序》,丁国钧《补晋书艺文志》卷一;又《王珉集》十卷,梁录一卷,见《隋书·经籍志四》。《全晋文》卷二十辑文有《告庙议》、《答徐邈书》等六篇。

[文献]《晋书》卷六五《王珉传》。

太元十四年　公元 389 年

1. 徐邈迁晋散骑侍郎

徐邈迁散骑常侍,犹处西省,前后十年,每被顾问,辄有献替,多所匡益,甚见宠待。

［文献］《晋书》卷九一《徐邈传》。

2. 裴松之拜晋殿中将军

裴松之年二十,拜殿中将军。此官直卫左右,晋孝武太元中革选名家以参顾问,始用琅邪王茂之、会稽谢鞘,皆南北之望。

［文献］《宋书》卷六四《裴松之传》。

太元十五年（北魏登国五年） 公元 390 年

1. 徐邈议太子服生母礼

孝武帝太元十五年，淑媛陈氏卒，皇太子所生也。有司参详母以子贵，赠淑媛为夫人，置家令典丧事。太子前卫率徐邈议："《丧服传》称与尊者为体，则不服其私亲。又，君父所不服，子亦不敢服。故王公妾子服其所生母练冠麻衣，既葬而除，非五服之常，则谓之无服。"从之。

　　［文献］《晋书》卷二十《礼志中》。

　　案：据《晋书·安帝纪》。孝武帝太元十二年（387），其被立为皇太子。《晋书》卷九一《徐邈传》："时皇太子尚幼，帝甚钟心，文武之选皆一时之俊。以邈为前卫率，领本郡大中正，授太子经。"徐邈具体何时为太子前卫率，始授太子经义，史缺无载。但本年徐邈确在此任，故系年于此。

2. 晋徵戴逵为国子祭酒，不至

后王珣为尚书仆射，上疏复请戴逵为国子祭酒，加散骑常侍，徵之，复不至。

　　［文献］《晋书》卷九四《戴逵传》。

　　案：《晋书》卷九《孝武帝纪》："（十五年）九月丁未，以吴郡太守王珣为尚书仆射。"则戴逵事应在王殉为尚书仆射之后。

3. 北魏高允生

据《魏书》本传,高允卒于北魏孝文帝太和十一年(487)正月,年九十八,逆推知其生于是年。

[文献]《魏书》卷四八《高允传》。

太元十六年　公元 391 年

徐广为晋秘书郎,改筑太庙

晋孝武帝以徐广博学。除为秘书郎,校书秘阁,增置职僚。转员外散骑侍郎,领校书如故。十六年春正月,诏徐广校秘阁四部,见书凡三万六千卷。二月庚申,改筑太庙。

［文献］《宋书》卷五五《徐广传》,《晋书》卷八二《徐广传》,《建康实录》卷九《烈宗孝武皇帝》,《晋书》卷九《孝武帝纪》云:"十六年春正月庚申,改筑太庙。"

太元十七年(后秦建初七年)　公元 392 年

1. 殷仲堪与慧远论《易》

殷仲堪之荆州,过山展敬,与远共临北涧,论《易》体,移景不倦,见而叹曰:"识信深明,实难庶几。"

[文献]《高僧传》卷六《释慧远传》,《世说新语·文学第四》:"殷荆州曾问远公:张野远法师铭曰:'《易》以何为体?'答曰:'《易》以感为体。'殷曰:'铜山西崩,灵钟东应,便是《易》耶?'远公笑而不答。"上述事在本年殷仲堪为荆州刺史后,暂系于此。

2. 后秦置学官

后秦姚苌既僭即皇帝位,乃立太学,礼先贤之后。其后破符登,乃下书,令留台诸镇,各置学官,勿有所废。考试优劣,随才擢叙。

[文献]《十六国春秋》卷五五《姚苌》,又见《十六国春秋辑补》卷五,《晋书》卷一一五《符登传》,《册府元龟》卷二二八。

按:《东晋学术编年》系此事于晋太元二十年(395),据《晋书》卷一一五《符登传》,姚苌于晋太元十一年(386)即皇帝位,改元建初。七年(392),姚苌于安定东打败符登。九年十二月,姚苌去世,时年六十四岁。置学官应在破符登之后,故系年于此。

太元十九年　公元 394 年

徐爰生

　　徐爰,字长玉,元徽三年(475),病卒,年八十二。逆推知其生于是年。

　　［文献］《南史》卷七七《徐爰传》,《宋书》卷九四《徐爰传》,《宋书》卷一百《自序》。

太元二十一年（后秦皇初三年） 公元 396 年

1. 后秦姚兴孝廉选士

皇初三年，后秦姚兴令郡国各岁贡清行孝廉一人。

［文献］《晋书》卷一一七《姚兴载记》，又见《十六国春秋》卷五六《姚兴上》，《十六国春秋辑补》卷五十一。

2. 戴逵卒

戴逵（326—396），字安道，谯郡铚县（今安徽濉溪）人，居会稽剡县（今浙江绍兴嵊州市）。戴逵终生不仕，初就学于名儒范宣，博学多才，善鼓琴，工人物、山水，坚拒太宰武陵王召其鼓琴之命，王徽之曾雪夜访之，到门未入，孝武帝时累徵不就。太元二十年，皇太子始出东宫，太子太傅会稽王道子、少傅王雅、詹事王珣又上疏曰："逵执操贞厉，含味独游，年在耆老，清风弥劭。东宫虚德，式延事外，宜加旌命，以参僚侍。逵既重幽居之操，必以难进为美，宜下所在备礼发遣。"会病卒。戴逵儒释道兼综，所著儒学类著作有《五经大义》三卷，见《隋书·经籍志一》；《竹林七贤论》二卷，见《隋书·经籍志二》；梁有《老子音》一卷，亡；《纂要》一卷，戴安道撰，亦云颜延之撰；见《隋书·经籍志三》；《戴逵集》九卷，残缺，梁十卷，录一卷，见《隋书·经籍志四》。《全晋文》卷一百三十七辑文 21 篇，《答范宁问马郑二义书》、《竹林七贤论》三十三条。《玉函山房辑佚书》辑有《五经大义》一卷，

［文献］《晋书》卷九四《戴逵传》，《建康实录》载："（太元二十年）是岁，会稽王道子与尚书王珣连上疏荐会稽处士戴逵参侍东宫，会逵病死。"

案:戴逵曾师从范宣,通经术;又明《老》《庄》,并有《老子音》一卷,又事高僧慧远,可谓儒释道兼综。据本传,戴逵"年在耆老",即七十岁,会病卒,故系年于此。

晋隆安元年（后秦皇初四年）　公元 397 年

1. 徐邈卒

徐邈(343—397)，字仙民，东晋儒家学者。年四十四，始补中书舍人，虽不口传章句，然开释文义，标明指趣，撰正五经音训，学者宗之。迁散骑常侍，转祠部郎，上南北郊宗庙迭毁礼，皆有证据。迁中书侍郎，专掌纶诏，帝甚亲昵之。以邈为前卫率，领本郡大中正，授太子经。隆安元年，遭父忧。邈先疾患，因哀毁增笃，不逾年而卒，年五十四。详见《学案篇》。

[文献]《晋书》卷九一《徐邈传》。

2. 后秦姚兴与天水儒者讲论道艺

天水姜龛、东平淳于岐、冯翊郭高等皆耆儒硕德，经明行修，各门徒数百，教授长安，诸生自远而至者万数千人。兴每于听政之暇，引龛等于东堂，讲论道艺，错综名理。凉州胡辩，苻坚之末，东徙洛阳，讲授弟子千有余人，关中后进多赴之请业。兴敕关尉曰："诸生咨访道艺，修己厉身。往来出入，勿拘常限。"于是学者咸劝，儒风盛焉。

[文献]《晋书》卷一一七《姚兴载记上》，又见《十六国春秋》卷五六《姚兴上》，系年后秦皇初四年。《十六国春秋辑补》卷五一同。

隆安三年(北魏天兴二年)　公元399年

1. 北魏立五经博士

天兴二年三月甲子,初令《五经》群书各置博士,增国子太学生员三千人。

[文献]《魏书》卷二《太祖纪》,又见《魏书》卷八四《儒林传序》。

2. 北魏广集天下经书

李先,字容仁,中山卢奴人。李先转七兵郎,迁博士、定州大中正。太祖问先曰:"天下何书最善,可以益人神智?"先对曰:"唯有经书。三皇五帝治化之典,可以补王者神智。"又问曰:"天下书籍,凡有几何?朕欲集之,如何可备?"对曰:"伏羲创制,帝王相承,以至于今,世传国记,天文秘纬不可计数。陛下诚欲集之,严制天下诸州郡县搜索备送。主之所好,集亦不难。"太祖于是班制天下,经籍稍集。北魏儒风渐盛。

[文献]《魏书》卷三三《李先传》,又见《北史》卷二七《李先传》,《资治通鉴》卷一一一。

3. 殷仲堪卒

殷仲堪(?—399),陈郡长平(今河南西华)人,东晋太常殷融之孙,晋陵太守殷师之子。善属文,每云三日不读《道德论》,便觉舌本间强。其谈理与韩康伯齐名,士咸爱慕之。调补佐著作郎。冠军谢玄镇京口,请为参军。除尚书郎,不拜。玄以为长史,厚任遇之。领晋陵太守,服阕,孝武帝召为太子中庶子，甚相亲爱。初，桓玄弃官归国，仲堪惮其才地，深相交结。玄亦欲假其兵势，诱而悦之。桓玄将讨佺期，先告仲堪。仲堪出奔酂城，为玄追兵所获，逼令自杀，死于柞溪，弟子道护、参军罗企生等并被杀。其著有《毛诗杂义》四卷，注《孝经》一卷，梁有《常用字训》一卷，亡，见《隋书·经籍志》；又《论集》八十六卷，见《隋书·经籍志三》。《全晋文》辑其文多篇，马国翰辑有《孝经殷氏注》一卷，《论语殷氏解》一卷，

　　[文献]《晋书》卷八四《殷仲堪传》，《晋书》卷十《安帝纪》，《晋书》卷十三《天文志》："(隆安)三年六月，洛阳没于寇。桓玄破荆、杀殷仲堪等。"《建康实录》卷十。

隆安四年（南燕建平元年）　公元 400 年

1. 车胤卒

车胤（约 333—401），字武子，南平新洲（今湖南津市）人。车胤少年时勤奋攻读，博览群书，"囊萤映雪"的故事即指他。荆州刺史桓温辟为从事。宁康初年（373），迁中书侍郎，累迁侍中，转骠骑长史、太常，进爵临湘侯，因病离职。隆安初（397），车胤为为吴兴太守，秩中三千石，辞疾不拜。加辅国将军、丹杨尹。顷之。隆安四年（400），迁吏部尚书。元显有过，胤与江绩密言于道子，将奏之，事泄，元显逼令自裁。俄而胤卒，朝廷伤之。著作有：《孝经注》一卷，见《隋书·经籍志》《经典释文·叙录》。《孝经讲义》四卷，署车胤等撰，见《补晋书艺文志》卷一。

［文献］《晋书》卷八三《车胤传》。《建康实录》："（隆安四年）司马元显专政。夜开六门，绩密启会稽王。时车胤亦言：'元显骄纵，宜禁制之。'欲连表奏，道子未许。元显闻而谓众曰；'江绩、车胤我父子。'遂令责绩而害胤。"

2. 南燕建学官

东晋隆安四年，僭即皇帝位于南郊，大赦，改元为建平，设行庙于宫南，遣使奉策告成焉。建立学官，简公卿已下子弟及二品士门二百人为太学生。

［文献］《晋书》卷一二七《慕容德载记》，又见《十六国春秋》卷六三《慕容德》，《十六国春秋辑补》卷六十。

隆安五年(北魏天兴四年　南凉建和二年) 公元 401 年

1. 北魏行释菜礼

天兴四年二月丁亥,命乐师入学习舞,释菜于先圣、先师。

［文献］《魏书》卷二《太祖纪》,《魏书》卷八四《儒林传序》。

案:释菜即"祭菜"、"舍采",是指古代入学时祭祀先圣先师的一种典礼,较释奠礼为轻。

2. 北魏道武帝主持纂成《众文经》

天兴四年冬十二月辛亥,北魏拓跋珪集博士儒生,比众经文字,义类相从,凡四万余字,号曰《众文经》。成为太学教材。

［文献］《魏书》卷二《太祖纪》。

3. 南凉立学

祠部郎中史暠对利鹿孤曰:"古之王者,行师以全军为上,破国次之,拯溺救焚,东征西怨。今不以绥宁为先,惟以徙户为务,安土重迁,故有离叛,所以斩将克城,土不加广。今取士拔才,必先弓马,文章学艺为无用之条,非所以来远人,垂不朽也。孔子曰:'不学礼,无以立。'宜建学校,开庠序,选耆德硕儒以训胄子。"利鹿孤善之,于是以田玄冲、赵诞为博士祭酒,以教胄子。

284

[文献]《晋书》卷一二六《秃发利鹿孤传》，《十六国春秋》卷八八《秃发利鹿孤》同，系年建和二年。《十六国春秋辑补》卷八九同。

按：秃发利鹿孤，十六国时期南凉国君主，于晋隆安三年（399）即位，四年（400）改元建和，故系年于此。《晋书》曰："鹿孤从史暠之言，建学而延胄子。遂能开疆河右，抗衡强国。道由人弘，抑此之谓！"

4. 范宁卒

范宁（约339—约401），字武子。东晋大儒、经学家，徐、兖二州刺史范汪之子，《后汉书》作者范晔祖父。少笃学，多所通览。简文帝为相，将辟之，为桓温所讽，遂寝不行。故终温之世，兄弟无在列位者。范宁崇儒抑俗，曾著《王弼何晏论》以讽之。温薨之后，始解褐为余杭令，在县兴学校，养生徒，洁己修礼，志行之士莫不宗之。期年之后，风化大行。自中兴已来，崇学敦教，未有如宁者也。在职六年，迁临淮太守，封阳遂乡侯。顷之，徵拜中书侍郎。时更营新庙，博求辟雍、明堂之制，宁据经传奏上，皆有典证。孝武帝雅好文学，甚被亲爱，朝廷疑议，辄谘访之。宁指斥朝士，直言无讳。宁在郡大设庠序，遣人往交州采磐石，以供学用，改革旧制，不拘常宪。远近至者千余人，资给众费，一出私禄。并取郡四姓子弟，皆充学生，课续五经。既免官，家于丹阳，犹勤经学，终年不辍。年六十三，卒于家。范宁著作颇丰，注《古文尚书舜典》一卷，梁有《尚书》十卷，亡，见《隋书·经籍志》；《礼杂问》十卷，《春秋穀梁传集解》十二卷，见《隋书·经籍志》，《穀梁传集解》是今存最早的《穀梁传》注解，收入《十三经注疏》；《春秋穀梁传例》一卷，见《隋书·经籍志》。《隋书·经籍志》："《穀梁音》一卷，亡。"丁国钧撰，子辰述注《晋书艺文志补遗》："《穀梁音》，范宁，见贾昌朝《群经音辨》。"丁国钧《补晋书艺文志》卷一："《论语注》，范宁。谨按，江氏《集解》引，见皇侃《论语义疏序》。"子辰注："家大人曰：是书《隋书·经籍志》不著录，而别有范廙《论语别义》十卷。晁氏《读书后志》谓范廙或范宁之讹，此言颇可据信。"《全晋文》卷一百二十五辑文多篇。马国翰辑有《礼杂问》一卷，《薄叔元问穀梁义》一卷，《论语范氏注》一卷，《书范氏集解》一卷。

[文献]《晋书》卷七五《范宁传》。

案:《历代名人年谱》卷二载范宁卒于本年。钱大昕《疑年录》据《宋书·范泰传》丁父忧去职时计,范宁约卒于此年,今从。

又案:范宁《穀梁集解》引郑嗣说凡二十节,马国翰据以辑存。郑嗣,生平事迹无所考,《清史稿·艺文志》录郑嗣《春秋穀梁传说》一卷,《古佚书辑本目录附考证》载:"马氏据范宁《集解序》考之,以为当是宁父汪门生故吏。"今暂录于此。

晋元兴元年 公元 402 年

1. 慧远讲《丧服经》

释慧远（334—416），俗姓贾氏，法名释慧远，雁门娄烦（今山西原平大芳乡）人。历史上著名高僧之一，是净土宗的开山祖师。慧远弱而好书，珪璋秀发，年十三随舅令狐氏游学许洛。故少为诸生，博综六经，尤善《老》、《庄》。时（慧）远讲《丧服经》，雷次宗、宗炳等并执卷承旨。

［文献］《高僧传》卷六《释慧远传》，又见《宋书》卷九三《宗炳传》："（炳）乃下入庐山，就释慧远考寻文义。"《宋书》卷九三《周续之传》："既而闲居读《老》《易》。入庐山事沙门释慧远。"又见《出三藏记集》卷十五《慧远传》。

案：魏晋以来，儒家礼学复兴，尤重《丧服》之学。公元 381 年，慧远一行人来到庐山，慧远在晚年曾于庐山讲《丧服经》。《丧服经》是一部儒家经典，慧远以出家僧人的身份讲儒家经典，并且在当时，南朝名流雷次宗、宗炳等都执卷承旨，说明慧远对儒学有很深的造诣。慧远讲经具体时间不详，《东晋文艺系年》系年于此，今从之。释慧远又著《孝经注》，见《经典释文·叙录》；又《经典释文》卷五《毛诗音义上》云："周续之与雷次宗同受慧远法师《诗》义。"

2. 桓玄与慧远议沙门是否敬王者

桓玄（369—404），字敬道，小字灵宝，谯国龙亢（今安徽怀远龙亢镇）人。谯国桓氏代表人物，大司马桓温之子。隆安六年五月，玄欲简汰沙门，非明至理者悉罢之。又议令沙门致敬王者，慧远答书论不可致之意"。

桓玄作《与桓谦等书论沙门应致敬王者》后桓谦有《答桓玄书明沙门不应致敬王者》,桓玄作《与王谧书论沙门应致敬王者》后,王谧有《答桓玄书明沙门不宜致敬王者》,见《全晋文》卷二十;桓玄又作《难王谧》、《重难王谧》、《三难王谧》;又有《沙汰众僧教》、《与释慧远书劝罢道》、《与释慧远书》、《重与慧远书》,慧远作《答桓玄书》、《与桓玄书论料简沙门》、《沙门不敬王者论》五篇并序。桓玄所作九篇文章都见于《全晋文》卷一一九。

[文献]《建康实录》卷十《安皇帝》,又见《高僧传》卷六《释慧远传》,《佛祖历代通载》卷七,《全晋文》卷一一九。

案:佛教自汉代传入中国后,于魏晋时期开始广泛传播。佛教只跪拜佛祖释迦牟尼,世俗之人如君主、父母皆不行跪拜之礼,这与以上下尊卑等级观念为天理的儒家正统理念发生了正面冲突,桓玄与慧远就沙门是否敬拜王者进行了激烈争论,桓玄作了九篇文章阐发自己的观点,慧远则著《答桓太尉书》和《沙门不敬王者论》证明自己的观点,这两部书可称得上是关于沙门不敬王者论的集大成之作。

3. 梁祚生

据本传,梁祚于北魏太和十二年卒,年八十七。逆推知其生于是年。

[文献]《魏书》卷八四《儒林·梁祚传》。

元兴二年（南燕建平四年） 公元 403 年

1. 徐广任桓玄大将军祭酒

桓玄辅政，以徐广为大将军文学祭酒。桓玄篡位，安帝出宫，广陪列悲恸，哀动左右。

[文献]《宋书》卷五五《徐广传》，又见《晋书》卷八二《徐广传》。

案：据《晋书》卷十《安帝纪》，徐广辅政为元兴二年，故系年于此。

2. 南燕策试诸生

慕容德有太学生二百人。南燕建平四年，德大集诸生，亲临策试。

[文献]《晋书》卷一二七《慕容德载记》，又见《十六国春秋》卷六三《慕容德》。

3. 王淮之任桓楚尚书祠部郎

晋安帝元兴二年，桓玄称帝，任用王淮之为尚书祠部郎。

[文献]《宋书》卷六十《王淮之传》，《南史》卷二十四《王淮之传》。

元兴三年（西凉庚子五年） 公元 404 年

1. 西凉立泮宫

癸卯四年春正月，命立泮宫，增高门学生五百人。起嘉纳堂于后园，以图赞所志。

[文献]《晋书》卷八七《李暠传》，又见《十六国春秋》卷九一《西凉录一·李暠录》。

案：《十六国春秋辑补》卷九二云五年正月。罗校曰："《西凉录》载此事于癸卯四年，误先一年。又案暠建元庚子，故称庚子元年、庚子二年，以至五年，皆以庚子纪之，今本《西凉录》作庚子元年，辛丑二年，壬寅三年，癸卯四年，甲辰五年，误也。当据此改正。"今从之。

2. 徐广谏桓玄宜追立七庙

元兴三年，玄之永始二年也。玄大纲不理。既不追尊祖曾，疑其礼仪，问于群臣。散骑常侍徐广据晋典宜追立七庙，又敬其父则子悦，位弥高者情理得申，道愈广者纳敬必普也。

[文献]《晋书》卷九九《桓玄传》。

案：《礼记·王制》曰："天子七庙，三昭三穆，与太祖之庙而七。"后泛指帝王的宗庙。此事当在本年桓玄被斩之前，姑系于此。

晋义熙元年(西凉建初元年)　公元 405 年

1. 徐广奉诏撰《车服仪注》

义熙初,刘裕使撰《车服仪注》,乃除镇军咨议参军,领记室。封乐成县五等侯。转员外散骑常侍,领著作郎。

[文献]《宋书》卷五五《徐广传》,《晋书》卷八二《徐广传》,又见《宋书》卷十八《礼志五》:"晋立服制令,辨定众仪,徐广《车服注》,略明事目,并行于今者也。"

2. 戴颙注《礼记·中庸》

戴颙(378—441),字仲若,谯郡铚(今安徽宿州市)人。兄戴勃疾患,医药不给。颙谓勃曰:"颙随兄得闲,非有心于默语。兄今疾笃,无可营疗,颙当干禄以自济耳。"乃告时求海虞令,事垂行而勃卒,乃止。桐庐僻远,难以养疾,乃出居吴下。吴下士人共为筑室,聚石引水,植林开涧,少时繁密,有若自然。乃述庄周大旨,著《逍遥论》,注《礼记·中庸》篇。三吴将守及郡内衣冠要其同游野泽,堪行便往,不为矫介,众论以此多之。宋文帝元嘉十八年,戴颙卒,年六十四。《礼记中庸传》二卷,见本传及《隋书·经籍志》、《旧唐书·经籍志》、《新唐书·艺文志》。《二十五史补编·补宋书艺文志》著录有《礼记中庸传》二卷、《月令章句》十二卷。

[文献]《宋书》卷九十三《隐逸》,《南史》卷七十五《隐逸上·戴颙传》。

案:戴颙求出居吴下具体时间未详,当在其兄戴勃卒后,姑系于此。

义熙二年 公元 406 年

1. 徐广受敕撰写国史

义熙二年,尚书奏曰:"臣闻左史述言,右官书事,《乘》、《志》显于晋、郑,《阳秋》著乎鲁史。自皇代有造,中兴晋祀,道风帝典,焕乎史策。而太和以降,世历三朝,玄风圣迹,倏为畴古。臣等参详,宜敕著作郎徐广撰成国史。"诏曰:"先朝至德光被,未著方策,宜流风缅代,永贻将来者也。便敕撰集。"徐广《晋纪》45 卷,是《晋书》的参考史料,可惜在安史之乱时下落不明。

[文献]《宋书》卷五五《徐广传》。

2. 刘毅徵周续之为太学博士

刘毅镇姑孰,命周续之为抚军参军,徵太学博士,并不就。

[文献]《宋书》卷九三《周续之传》。

义熙三年 公元 407 年

1. 殷仲文卒

殷仲文（？—407），陈郡长平（今河南西华）人，殷仲堪从弟。其生年不详。殷仲文少有才华，容貌俊美。曾担任会稽王司马道子的骠骑参军，后降为新安太守。被任命为咨议参军，深受桓玄宠信。桓玄失败后，殷仲文便上表请罪，被徙任东阳太守。义熙三年（407 年），因谋反罪被处死。著有《孝经注》一卷，见《隋书·经籍志》，马国翰《玉函山房辑佚书》辑有《孝经殷氏注》一卷。丁国钧《补晋书艺文志》卷一："《论语解》，殷仲文。谨按，见《论语义疏》。"

［文献］《晋书》卷九九《殷仲文传》，《晋书》卷十《安帝纪》："（义熙）三年春二月乙酉，车骑将军刘裕来朝。诛东阳太守殷仲文、南蛮校尉殷叔文、晋陵太守殷道叔、永嘉太守骆球。"又见《宋书》卷一《武帝纪上》。

2. 西凉以刘昞为儒林祭酒

西凉王李暠徵（昞）为儒林祭酒、从事中郎。

［文献］《魏书》卷五二《刘昞传》。

案：刘汝霖《东晋南北朝学术编年》据《晋书》卷八七《凉武昭王传》考证之，使儒林祭酒刘彦明为文，刻石颂德当与任儒林祭酒在同一年，而刘彦明刻表中有"去乙巳岁……茬苒三年"之语，乙巳乃义熙元年，即暠之建初元年，至此适为三年，故志刘昞为儒林祭酒事于此。据《刘昞传》，刘昞任李暠儒林祭酒似应在李暠任凉公后，李暠于隆安四年（400）任凉公。今从刘说系年于此。

义熙四年 公元 408 年

周续之注《高士传》

江州刺史每相招请,续之不尚节峻,颇从之游。常以嵇康《高士传》得出处之美,因为之注。

[文献]《宋书》卷九三《周续之传》。《隋书》卷三三《经籍志二》:"《圣贤高士传赞》三卷,嵇康传,周续之注。"《唐志》以《传》属嵇康,以《赞》属周续之。

案:周续之注《高士传》具体时间不详,据《宋书·周续之传》,周续之在晋末时受老庄思想影响较多,过着布衣蔬食的生活,常常诵读《高士传》并为之作注。据陈文新、汪春泓编《中国文学编年史》考证,清万斯同《东晋方镇年表》有何无忌于义熙二年至六年三月任江州刺史,上谓江州刺史当指何无忌,故系年于此。姑从之。

义熙五年(北魏永兴元年) 公元 409 年

1. 周续之为刘裕世子讲《礼》

刘裕北讨,世子义符居守,迎续之馆于安乐寺,延入讲《礼》,月余,复还山。

[文献]《宋书》卷九三《周续之传》,又见《太平御览》卷五百零四《逸民部四》。

2. 北魏改国子学为中书学

太宗世,改国子为中书学,立教授博士。

[文献]《魏书》卷八十四《儒林传序》,又见《文献通考》卷四一《学校考二》:"武帝永明三年,诏立学。初,宋太宗置总明观以集……明年,特改国子为中书学,立教授、博士。"

3. 崔浩为北魏博士祭酒

北魏太宗初,崔浩拜博士祭酒,赐爵武城子,常授太宗经书。每至郊祠,父子并乘轩轺,时人荣之。太宗好阴阳术数,闻浩说《易》及《洪范》五行,善之,因命浩筮吉凶,参观天文,考定疑惑。

[文献]《魏书》卷三五《崔浩传》,又见《北史》卷二一《崔浩传》。

案:《魏书》卷三《太宗纪》:"天赐六年冬十月,清河王绍作逆,太祖崩。帝入诛绍。壬申,即皇帝位,大赦,改年为永兴元年。"崔浩拜经学祭酒,当在此年。

4. 北魏太宗以师傅之恩赐爵梁越祝阿侯

梁越,字玄览,新兴人也。少而好学,博综经传,无所不通。性纯和笃信,行无择善。国初为礼经博士。太祖以其谨厚,举动可则,拜上大夫,命授诸皇子经书。太宗即祚,以师傅之恩赐爵祝阿侯。后出为雁门太守,获白雀以献,拜光禄大夫。卒。子弼,早卒。

[文献]《魏书》卷八四《儒林·梁越传》。又见《北史》卷八一《儒林上·梁越传》,《册府元龟》卷七六八:"后魏梁越,字玄览,新兴人。少而好学,博综经传,无所不通。道武时为礼经博士。"

案:梁越乃北魏新兴硕儒,北魏道武帝拓跋珪建国初,即兴办太学,并任命儒学大家梁越"授诸皇子经",组织博士从诸经中编撰成《众文经》,作为太学教科书。由于梁越生卒年无所考,故系于被赐祝阿侯之年。

义熙六年　公元 410 年

徐广迁散骑常侍

六年,迁散骑常侍,又领徐州大中正,转正员常侍。

[文献]《宋书》卷五五《徐广传》,《晋书》卷八二《徐广传》,《南史》卷三三《徐广传》。

案:《宋书》云:"迁散骑常侍。"《校勘记》云:"'散骑常侍',《晋书》《南史》广传作'骁骑将军'。按下又云'转正员常侍',正员常侍即散骑常侍。则此当从《晋书》《南史》改作'骁骑将军'为是。"如正员常侍即散骑常侍,则不用由散骑常侍转正员常侍,故两职并非相同,今按《宋书》。

义熙七年　公元411年

1. 刘裕表天子依旧策试秀才、孝廉

晋安帝义熙七年三月，刘裕始受太尉、中书监。于是改授太尉、中书监，乃受命。奉送黄钺，解冀州。交州刺史杜慧度斩卢循，传首京师。先是，诸州郡所遣秀才、孝廉，多非其人，公表天子，申明旧制，依旧策试。

［文献］《宋书》卷二《武帝纪中》。

案:《资治通鉴》卷一一六:"（晋安帝义熙七年）三月，刘裕始受太尉、中书监。"刘裕上表当在受太尉之年，故系于此。

2. 孔琳之作《建言便宜》

孔琳之遭父忧，去官。服阕，补太尉主簿，尚书左丞，扬州治中从事史，所居著绩。时责众官献便宜，议者以为宜修庠序，恤典刑，审官方，明黜陟，举逸拔才，务农简调。琳之于众议之外，别建言四次，后迁尚书吏部郎。

［文献］《宋书》卷五六《孔琳之传》。

案:据《中国文学编年史·两晋南北朝卷》，孔琳之补太尉主簿当在本年三月刘裕为太尉之后，姑系于此，今从之。

3. 裴松之作《请禁私碑表》

汉以后，天下送死奢靡，多做石室石兽碑铭等物。建安十年，魏武帝以天下雕弊，下令不得厚葬，又禁立碑。义熙初，裴松之为吴兴故鄣令，在

县有绩。入为尚书祠部郎。义熙中，松之以世立私碑，有乖事实，上表陈之曰："碑铭之作，以明示后昆，自非殊功异德，无以允应兹典，大者道勋光远，世所宗推；其次节行高妙，遗烈可纪。若乃亮采登庸，绩用显著，敷化所莅，惠训融远，述咏所寄，有赖镌勒。非斯族也，则几乎僭黩矣。俗敝伪兴，华烦已久。是以孔悝之铭，行是人非；蔡邕制文，每有愧色。而自时厥后，其流弥多。预有臣吏，必为建立。勒铭寡取信之实，刊石成虚伪之常，真假相蒙，殆使合美者不贵。但论其功费，又不可称，不加禁裁，其敝无已。以为诸欲立碑者，宜悉令言上，为朝议所许，然后听之。庶可以防遏无徵，显彰茂实，使百世之下知其不虚，则义信于仰止，道孚于来叶。"由是并断。

［文献］《宋书》卷六四《裴松之传》，《宋书》卷十五《礼志二》。

案：裴松之作表具体时间不详，据《宋书·礼志二》所言"义熙中"，姑系于此。

4. 平恒生

平恒于太和十年卒，时年七十六。逆推知其生于是年。

［文献］《魏书》卷八四《儒林·平恒传》，又见《北史》卷八一《儒林上·平恒传》。

义熙八年(北魏永兴四年)　公元 412 年

1. 何承天除晋太学博士

高祖讨刘毅,留诸葛长民为监军。长民密怀异志,刘穆之屏人问承天曰:"公今行济否云何?"承天曰:"不忧西不时,别有一虑尔。公昔年自左里还入石头,甚脱尔,今还,宜加重复。"穆之曰:"非君不闻此言。项日愿丹徒刘郎,恐不复可得也。"除太学博士。

[文献]《宋书》卷六四《何承天传》。

案:据《宋书·武帝纪》,高祖讨刘毅,在义熙八年九月,故何承天为太学博士当在此年。

2. 北魏崔浩上《孝经》、《论语》、《诗》、《尚书》、《春秋》、《礼记》、《周易》解

浩又上《五寅元历》,表曰:"太宗即位元年,敕臣解《急就章》、《孝经》、《论语》、《诗》、《尚书》、《春秋》、《礼记》、《周易》。三年成讫。复诏臣学天文、星历、易式、九宫,无不尽看。"

[文献]《魏书》卷三五《崔浩传》。

案:据《魏书》卷三《太宗纪第三》记载,太宗于北魏永兴元年十月即位,至本年凡三年。

3. 阚骃典校经籍

阚骃,字玄阴,敦煌人也。骃博通经传,聪敏过人,三史群言,经目则

诵,时人谓之宿读。注王朗《易传》,学者藉以通经。撰《十三州志》,行于世。蒙逊甚重之,常侍左右,访以政治损益。拜秘书考课郎中,给文吏三十人,典校经籍,刊定诸子三千余卷。加奉车都尉。牧犍待之弥重,拜大行,迁尚书。姑臧平,乐平王丕镇凉州,引为从事中郎。王薨之后,还京师。家甚贫敝,不免饥寒。性能多食,一饭至三升乃饱。卒,无后。

［文献］《魏书》卷五二《阚骃传》。

案:《晋书·沮渠蒙逊载记》:"俄而蒙逊迁于姑臧,以义熙八年僭即河西王位",故典校经籍当在此时或之后,暂系年于此。

4. 王玄载生

王玄载,字彦休,永明六年卒,时年七十六。逆推知其生于是年。

［文献］《南齐书》卷二七《王玄载传》,又见《南史》卷《王玄载传》。

义熙九年　公元 413 年

1. 徐广议四府君迁主礼

义熙九年四月，将殷祠，诏博议迁毁之礼。大司农徐广议："四府君尝处庙堂之首，歆率土之祭，若埋之幽壤，于情理未必咸尽。谓可迁藏西储，以为远祧，而祎飨永绝也。"

［文献］《晋书》卷十九《礼志上》。

2. 何偃生

何偃，字仲弘，左光禄大夫何尚之次子。大明二年，卒官，时年四十六岁，逆推知其生于是年。

［文献］《南史》卷三十《何偃传》，《宋书》卷五九《何偃传》。

义熙十年 公元 414 年

徐伯珍生

徐伯珍（414—497），字文楚，建武四年卒，年八十四。逆推知其生于是年。

［文献］《南史》卷七六《徐伯珍传》。

义熙十一年　公元 415 年

1. 周续之为刘柳所荐举

江州刺史刘柳荐之高祖,曰:"臣闻恢耀和肆,必在兼城之宝;翼亮崇本,宜纡高世之逸。是以渭滨佐周,圣德广运,商洛匡汉,英业乃昌。伏惟明公道迈振古,应天继期,游外畅于冥内,体远形于应近,虽汾阳之举,辍驾于时艰;明扬之旨,潜感于穹谷矣。窃见处士雁门周续之,清真贞素,思学钩深,弱冠独往,心无近事。性之所遣,荣华与饥寒俱落;情之所慕,岩泽与琴书共远。加以仁心内发,义怀外亮,留爱昆卉,诚著桃李。若升之宰府,必鼎味斯和;濯缨儒官,亦王猷遐缉。臧文不知,失在降贤;言偃得人,功由升士。愿照其丹款,不以人废言。"俄而辟为太尉掾,不就。

［文献］《宋书》卷九三《周续之传》。

案:《中国文学编年史》考证,据《东晋方镇年表》,刘柳本年至明年六月任江州刺史,其荐周续之当在此时,故系于是年,今从之。

2. 何承天为刘裕世子征虏参军

义熙十一年,(何承天)为世子征虏参军,转西中郎中军参军、钱唐令。

［文献］《宋书》卷六四《何承天传》。

3. 关康之生

关康之,字伯愉,顺帝升明元年卒,时年六十三。逆推知其生于是年。

［文献］《宋书》卷九三《隐逸列传》,又见《南齐书》卷五四《高逸列传》,

《南史》卷七五《隐逸列传》。

4.臧荣绪生

臧荣绪于永明六年卒,年七十四。逆推知其生于是年。

[文献]《南齐书》卷五十四《臧荣绪传》,《南史》卷七十六《臧荣绪传》。

义熙十二年（北燕太平八年）　公元416年

1. 北燕建太学

义熙六年，跋下书曰："武以平乱，文以经务，宁国济俗，实所冯焉。自顷丧难，礼崩乐坏，闾阎绝讽诵之音，后生无庠序之教，子衿之叹复兴于今，岂所以穆章风化，崇阐斯文！可营建太学，以长乐刘轩、营丘张炽、成周翟崇为博士郎中，简二千石已下子弟年十五已上教之。"

［文献］《晋书》卷一二五《冯跋载记》。

案：《十六国春秋》卷九八《冯跋》同，系年为北燕太平八年。

2. 后秦姚兴卒

后秦文桓帝姚兴（366—416），字子略，苌之长子也。苻坚时为太子舍人。苌之在马牧，兴自长安冒难奔苌，苌立为皇太子。苌出征讨，常留统后事。及镇长安，甚有威惠。与其中舍人梁喜、洗马范勖等讲论经籍，不以兵难废业，时人咸化之。天水姜龛、东平淳于岐、冯翊郭高等皆耆儒硕德，经明行修，各门徒数百，教授长安，诸生自远而至者万数千人。兴每于听政之暇，引龛等于东堂，讲论道艺，错综名理。凉州胡辩，苻坚之末，东徙洛阳，讲授弟子千有余人，关中后进多赴之请业。兴敕关尉曰："诸生谘访道艺，修己厉身，往来出入，勿拘常限。"于是学者咸劝，儒风盛焉。给事黄门侍郎古成诜、中书侍郎王尚、尚书郎马岱等，以文章雅正，参管机密。义熙十二年，兴死，时年五十一，在位二十二年。

［文献］《晋书》卷一一七《姚兴载记上》，卷一一八《姚兴载记下》。

3. 裴松之任司州主簿,转治中从事史

高祖北伐,领司州刺史,以松之为州主簿,转治中从事史。既克洛阳,高祖敕之曰:"裴松之廊庙之才,不宜久尸边务,今召为世子洗马,与殷景仁同,可令知之。"

［文献］《宋书》卷六四《裴松之传》。

案:松之为州主簿当在本年十月克洛阳前,姑系于此。

4. 徐广上《晋纪》

义熙十二年,徐广勒成《晋纪》,凡四十六卷,表上之。因乞解史任,不许。迁秘书监。

［文献］《晋书》卷八三《徐广传》

案:《晋纪》在《南史》卷三三《徐广传》中作"四十二卷",《隋书》卷三三《经籍志二》作"四十五卷"。

义熙十三年　公元 417 年

刘裕收书归江左

十三年九月，公至长安。收其图籍，五经子史，才四千卷，皆赤轴青纸，文字古拙。僭伪之盛，莫过二秦，以此而论，足可明矣。故知衣冠轨物，图画记注，播迁之余，皆归江左。

［文献］《隋书》四九《牛弘传》。又《宋书》卷二《武帝中》："（十三年）九月，公至长安。长安丰稔，帑藏盈积。公先收其彝器、浑仪、土圭之属，献于京师；其余珍宝珠玉，以班赐将帅。"

义熙十四年　公元 418 年

1. 刘裕徵宗炳和周续之为太尉掾,皆不起

高祖开府辟召,下书曰:"吾忝大宠,思延贤彦,而《免置》潜处,《考盘》未臻,侧席丘园,良增虚伫。南阳宗炳、雁门周续之,并植操幽栖,无闷巾褐,可下辟召,以礼屈之。"于是并辟太尉掾,皆不起。

［文献］《宋书》卷九三《宗炳传》。

案:刘裕征戴颙、宗炳、周续之当在宋国初建之时,故系年于此。

2. 裴松之任宋国世子洗马

既克洛阳,裴松之居州行事。宋国初建,毛德祖使洛阳,高祖敕之曰:"裴松之廊庙之才,不宜久尸边务,今召为世子洗马。"

［文献］《宋书》卷六四《裴松之传》。

3. 郑鲜之举颜延之为博士

宋国建,奉常郑鲜之举颜延之为博士,仍迁世子舍人。

［文献］《宋书》卷七三《颜延之传》。《宋书》卷六四《郑鲜之传》:"(郑鲜之)宋国初建,转奉常。"

4. 游明根生

游明根,字志远,太和二十二年(498),卒于家,年八十一,逆推知其生于是年。

[文献]《魏书》卷五五《游明根传》。

晋元熙元年（北凉玄始八年）　公元 419 年

1. 裴松之议立五庙乐

高祖北伐，领司州刺史，以松之为州主簿，转治中从事史。既克洛阳，高祖敕之曰："裴松之廊庙之才，不宜久尸边务，今召为世子洗马，与殷景仁同，可令知之。"于时议立五庙乐，松之以妃臧氏庙乐亦宜与四庙同。

［文献］《宋书》卷六四《裴松之传》。

案：《宋书》卷十六《礼志三》："宋武帝初受晋命为宋王，建宗庙于彭城，依魏、晋故事，立一庙。初祠高祖开封府君、曾祖武原府君、皇祖东安府君、皇考处士府君、武敬臧后，从诸侯五庙之礼。"《宋书》卷二《武帝纪中》："元熙元年正月，诏遣大使征公入辅。又申前命，进公爵为王。以徐州之海陵东海北谯北梁、豫州之新蔡、兖州之北陈留、司州之陈郡汝南颍川荥阳十郡，增宋国。"宋武帝刘裕于元熙元年（419）受封宋王，并于本年议立宗庙事，则裴松之议立五庙乐当在本年，故系于此。

2. 范弘之作《与王珣书》

范弘之，字长文，南阳顺阳（今河南淅川）人。祖范汪为安北将军。范弘之生卒年不详，约晋孝武帝宁康元年前后在世，年四十七岁。以儒术该明，为太学博士，议卫将军谢石之谥，又论殷浩宜加赠谥，不得因桓温之黜以为国典，仍多叙温移鼎之迹。又与王珣书曰："见足下答仲堪书，深具义发之怀。夫人道所重，莫过君亲，君亲所系，忠孝而已。孝以扬亲为主，忠以节义为先。殷侯忠贞居正，心贯人神，加与先帝隆布衣之好，著莫逆之契，契阔艰难，夷崄以之，虽受屈奸雄，志达千载，此忠贞之徒所以义干其心不获以已者也。既当时贞烈之徒所究见，亦后生所备闻，吾亦何敢苟避狂狡，以欺圣明。足下不推居正之大致，而怀知己之小惠，欲以幕府之小节夺名教之重义，于君臣之阶既以亏矣。尊大君以殷侯协契忠规，同戴王室，志厉秋霜，诚贯一时，殷侯所以得宣其义声，实尊大君协赞之力也。足下不能光大君此之直志，乃感温小顾，怀其曲泽，公在圣世，欺罔天下，使丞相之德不及三叶，领军之基一构而倾，此忠臣所以解心，孝子所以丧气，父子之道固若是乎？足下言臣则非忠，语子则非孝。二者既亡，吾谁畏哉！吾少尝过庭，备闻祖考之言，未尝不发愤冲冠，情见乎辞。当尔之时，惟覆亡是惧，岂暇谋及国家。不图今日得操笔斯事，是以上愤国朝无正义之臣，次惟祖考有没身之恨，岂得与足下同其肝胆邪！先君往亦尝为其吏，于时危惧，恒不自保，仰首圣朝，心口愤叹，岂复得计策名昔日，自同在三邪！……"弘之词虽亮直，终以桓、谢之故不调，卒于余杭令，年四十七。

[文献]《晋书》卷九一《范弘之传》。

案：范弘之生卒年无所考，姑将其事置于东晋末年。

3. 何琦著《为曾祖后服议》

何琦，字万伦，司空充之从兄。祖父龛，后将军。父阜，淮南内史。琦年十四丧父，哀毁过礼。性沈敏有识度，好古博学，居于宣城阳谷县，事母孜，朝夕色养。常患甘鲜不赡，乃为郡主簿，察孝廉，除郎中，以选补宣城泾县令。司徒王导引为参军，不就。及丁母忧，居丧泣血，杖而后起，停柩在殡，为邻火所逼，烟焰已交，家乏僮使，计无从出，乃匍匐抚棺号哭。俄而风止火息，堂屋一间免烧，其精诚所感如此。服阕，养志衡门，不交人事，耽玩典籍，以琴书自娱。不营产业，节俭寡欲，丰约与乡邻共之。任心而行，率意而动，不占卜，无所事。司空陆玩、太尉桓温并辟命，皆不就。诏征博士，又不起。简文帝时为抚军，钦其名行，召为参军，固辞以疾。公车再征通直散骑侍郎、散骑常侍，不行。由是君子仰德，莫能屈也。琦善养性，老而不衰，布褐蔬食，恒以述作为事，年八十二卒。著有《三国评论》，见本传。《为曾祖后服议》，见《古佚书辑本目录附考证》，严可均《全晋文》辑录。《孙曾为后议》一卷，马国翰《玉函山房辑佚书》辑，王仁俊《经籍佚文》辑。

［文献］《晋书》卷八八《何琦传》。

案:何琦生卒年无所考,暂将其事系于东晋末。

4. 曹毗著《论语释》

曹毗,字辅佐,谯国(今安徽亳州)人。历任著作郎、太学博士、尚书郎等职,后累迁至光禄勋,卒。毗少好文籍,善属词赋。凡所著文笔十五卷,传于世。又著《对儒》,见本传。《论语释》,见《隋书·经籍志》。

［文献］《晋书》卷九二《文苑列传·曹毗传》。

案:曹毗生卒年不详,今暂系于东晋末。

5. 范坚著《春秋释难》

范坚,字子常,博学善属文。永嘉中,避乱江东,拜佐著作郎、抚军参军。讨苏峻,赐爵都亭侯。累迁尚书右丞。后迁护军长史,卒官。《隋书·经籍志》云:"《春秋释难》三卷,晋护军范坚撰。亡。"

［文献］《晋书》卷七五《范汪传》附《范坚传》。

案:范坚生卒年不详,暂系其事于东晋末。

宋永初元年（北魏泰常五年） 公元 420 年

1. 徐广辞官归隐

初，桓玄篡位，帝出宫，广陪列，悲动左右。及刘裕受禅，恭帝逊位，广独哀感，涕泗交流。谢晦见之，谓曰："徐公将无小过也。"广收泪而言曰："君为宋朝佐命，吾乃晋室遗老，忧喜之事固不同时。"乃更歔欷。因辞衰老，乞归桑梓。

［文献］《晋书》卷八十二《徐广传》，又见《宋书》卷五十五《徐广传》，《建康实录》卷十。

案：是年，刘裕篡位，建国号宋。

2. 宋设雅乐

宋武帝永初元年七月，有司奏："皇朝肇建，庙祀应设雅乐，太常郑鲜之等八十八人各撰立新哥。黄门侍郎王韶之所撰哥辞七首，并合施用。"诏可。十二月，有司又奏："依旧正旦设乐，参详属三省改太乐诸哥舞诗。黄门侍郎王韶之立三十二章，合用教试，日近，宜逆诵习。辄申摄施行。"诏可。又改《正德舞》曰《前舞》，《大豫舞》曰《后舞》。

［文献］《宋书》卷十九《乐志》。

3. 北凉以刘昞为秘书郎中

昞初仕西凉，为儒林祭酒。至是，沮渠蒙逊克酒泉，灭西凉，拜昞为秘书郎中，专管注记。蒙逊下令曰："秘书郎中刘彦明，学冠当时，道先区内，可授玄处光生之号，拜以三老之礼。"筑陆沈观于西苑以居之，躬往礼焉。蒙逊尝燕羣臣于游林堂，谈论经传，顾谓晒曰："仲尼何如人也？"晒曰："圣人也。"蒙逊曰："夫圣人者，不凝滞于物而能与世推移。畏于匡，辱于陈，伐树削迹，圣人固若是乎？"晒不能对。蒙逊曰："卿知其外，未知其内。昔鲁人有浮海而失津者，至于亶州，见仲尼及七十二子游于海中。与鲁人木杖，令闭目乘之，使归告鲁侯，筑城以备寇。鲁人出海，投杖水中，乃龙也。具以状告鲁侯，不信。俄而有群燕数万衔土培城，鲁侯信之，大城曲阜。既讫而齐寇至，攻鲁不克而返。此所以称圣人也。"

[文献]《十六国春秋》卷九十七。

永初二年(北魏泰常六年)　公元 421 年

1. 范泰上表请建国学

高祖受命,拜金紫光禄大夫,加散骑常侍。明年,议建国学,以泰领国子祭酒。泰上表曰:"臣闻风化兴于哲王,教训表于至世。至说莫先讲习,甚乐必寄朋来。古人成童入学,易子而教,寻师无远,负粮忘艰,安亲光国,莫不由此。若能出不由户,则斯道莫从。是以明诏爰发,已成涣汗,学制既下,远近遵承。臣之愚怀,少有未达。今惟新告始,盛业初基,天下改观,有志景慕。而置生之制,取少停多,开不来之端,非一涂而已。臣以家推国,则知所聚不多,恐不足以宣大宋之风,弘济济之美。臣谓合选之家,虽制所未达,父兄欲其入学,理合开通;虽小违晨昏,所以大弘孝道。不知《春秋》,则所陷或大,故赵盾忠而书弑,许子孝而得罪,以斯为戒,可不惧哉! 十五志学,诚有其文,若年降无几,而深有志尚者,何必限以一格,而不许其进邪! 扬乌豫《玄》,实在弱齿;五十学《易》,乃无大过。昔中朝助教,亦用二品。颍川陈载已辟太保掾,而国子取为助教,即太尉准之弟。所贵在于得才,无系于定品。教学不明,奖厉不著,今有职闲而学优者,可以本官领之,门地二品,宜以朝请领助教,既可以甄其名品,斯亦敦学之一隅。其二品才堪,自依旧从事。会今生到有期,而学校未立。覆簣实望其速,回辙已淹其迟。事有似赊而宜急者,殆此之谓。古人重寸阴而贱尺璧,其道然也。"时学竟不立。

[文献]《宋书》卷六十《范泰传》,《南史》卷三十三《范泰传》:"武帝受命,议建国学,以泰领国子祭酒,泰上表陈奖进之道。时学竟不立。"

按:刘裕永初元年(420)六月即位,范泰于永初二年(421)请建国学。

2. 颜延之与周续之辩难

雁门人周续之隐居庐山,儒学著称,永初中,征诣京师,开馆以居之。高祖亲幸,朝彦毕至,延之官列犹卑,引升上席。上使问续之三义,续之雅仗辞辩,延之每折以简要。既连挫续之,上又使还自敷释,言约理畅,莫不称善。徙尚书仪曹郎,太子中舍人。时尚书令傅亮自以文义之美,一时莫及,延之负其才辞,不为之下,亮甚疾焉。庐陵王义真颇好辞义,待接甚厚;徐羡之等疑延之为同异,意甚不悦。

[文献]《宋书》卷七十三《颜延之传》。

3. 伏曼容生

伏曼容天监元年卒,时年八十二。逆推知其生于是年。

[文献]《梁书》卷四十八《儒林·伏曼容传》,又见《南史》卷七十一《儒林·伏曼容传》。

永初三年（北魏泰常七年）　公元 422 年

1. 崔浩与寇谦之论古治乱之迹

及车驾之还也，崔浩从太宗幸西河、太原。登憩高陵之上，下临河流、傍览川域，慨然有感，遂与同僚论五等郡县之是非，考秦始皇、汉武帝之违失。好古识治，时伏其言。天师寇谦之每与浩言，闻其论古治乱之迹，常自夜达旦，竦意敛容，无有懈倦。既而叹美之曰："斯言也惠，皆可底行，亦当今之皋繇也。但世人贵远贱近，不能深察之耳。"因谓浩曰："吾行道隐居，不营世务，忽受神中之诀，当兼修儒教，辅助泰平真君，继千载之绝统。而学不稽古，临事暗昧。卿为吾撰列王者治典，并论其大要。"浩乃著书二十余篇，上推太初，下尽秦汉变弊之迹，大旨先以复五等为本。

〔文献〕《魏书》卷三十五《崔浩传》。

案：本年四月刘裕卒，十月北魏明元帝议亲南伐。《魏书》卷四上《世祖纪》载明年十一月，太武帝即位。则其事当在刘裕死，明元帝南伐之后，太武帝即位之前，故系于此。

2. 宋下诏兴学

三年春正月，武帝下诏曰："古之建国，教学为先，弘风训世，莫尚于此；发蒙启滞，咸必由之。故爰自盛王，迄于近代，莫不敦崇学艺，修建庠序。自昔多故，戎马在郊，旌旗卷舒，日不暇给。遂令学校荒废，讲诵蔑闻，军旅日陈，俎豆藏器，训诱之风，将坠于地。后生大惧于墙面，故老窃叹于子衿。此《国风》所以永思，《小雅》所以怀古。今王略远届，华域载清，仰风之士，日月以冀。便宜博延胄子，陶奖童蒙，选备儒官，弘振国学。

主者考详旧典，以时施行。"国子祭酒范泰上表曰："臣闻风化兴于哲王，教训表于至世，至说莫先讲习，甚乐必寄朋来。古人成童入学，易子而教，寻师无远，负粮忘艰，安亲光国，莫不由此。……古人重寸阴而贱尺璧，其道然也。"癸亥，上崩于西殿，时年六十。有司立学未竟而宋主崩，事遂不行。

［文献］《宋书》卷三《武帝纪下》、《礼志一》、《范泰传》。

景平元年(北魏泰常八年) 公元 423 年

1. 周续之卒

周续之(377—423),字道祖,雁门广武人。其先过江居豫章建昌县。续之年八岁丧母,哀戚过于成人,奉兄如事父。豫章太守范宁于郡立学,招集生徒,远方至者甚众。续之年十二,诣宁受业。居学数年,通《五经》并《纬候》,名冠同门,号曰"颜子"。既而闲居读《老》、《易》,入庐山事沙门释慧远。时彭城刘遗民遁迹庐山,陶渊明亦不应徵命,谓之"寻阳三隐"。高祖之北讨,世子居守,迎续之馆于安乐寺,延入讲《礼》,月余,复还山。俄而辟为太尉掾,不就。高祖践阼,复召之,乃尽室俱下。上为开馆东郭外,招集生徒。乘舆降幸,并见诸生,问续之《礼记》"傲不可长"、"与我九龄"、"射于矍圃"三义,辨析精奥,称为该通。续之素患风痹,不复堪讲,乃移病锺山。景平元年卒,时年四十七。通《毛诗》六义及《礼论》、《公羊传》,皆传于世。著有《嵇康高士传注》三卷、《春秋公羊传注》、《礼论》、《毛诗周氏注》、《周氏丧服注》、《丧服答问》等,今多散佚。《隋书·经籍志》注,晋末有徵士《周桓之集》一卷,疑即续之误。《经典释文·序录疏证》录《诗序义》、《丧服》。《清史稿·艺文志》录《毛诗周氏注》一卷。严可均《全晋文》有所辑录,马国翰辑有《圣贤高士传》一卷,《周氏丧服注》一卷,《毛诗周氏注》一卷。

[文献]《宋书》卷九十三《隐逸列传》,《宋书》卷七十三《颜延之传》,《南史》卷七十五《隐逸列传》,又见严可均《全晋文》卷一百四十二,《太平御览》卷五百四《逸民部四》。

2. 北魏明元帝观石经,撰《新集》

明元帝拓跋嗣是北魏第二代帝王,尤其推奖儒学。泰常八年夏四月丁卯,幸成皋城,观虎牢。遂至洛阳,观儒《石经》。帝礼爱儒生,好览史传,以刘向所撰《新序》、《说苑》于经典正义多有所阙,乃撰《新集》三十篇,采诸经史,该洽古义,兼资文武焉。

［文献］《魏书》卷三《太宗纪》。

案:《洛阳伽蓝记》卷三载:"开阳门,御道东有汉国子学堂。堂前有《三种字石经》二十五碑。表里刻之。写《春秋》、《尚书》二部。作篆、科斗、隶三种字。汉右中郎将蔡邕笔之遗迹也。犹有十八碑。余皆残毁。复有石碑四十八枚。亦表里隶书。写《周易》、《尚书》、《公羊》、《礼记》四部。又《赞学碑》一所。并在堂前。魏文帝作《典论》六碑。至太和十七年犹有四碑。高祖题为劝学里。"

宋元嘉元年（北魏始光元年） 公元 424 年

1. 荀昶至中书郎

荀昶字茂祖，颖川颍阴人。生卒年无考，生平事迹不详，仅知他在元嘉初（424 年左右）以文义至中书郎。著有文集十四卷，见《隋志》及两《唐书》志，《隋书·经籍志注》作十五卷。《集议孝经》一卷，亡。见《隋书·经籍志》。《孝经注》二卷，见《隋书·经籍志》及《经典释文·序录疏证》。

［文献］《宋书》卷六十《荀伯子传·附荀昶传》，《南史》卷三十三《荀伯子传·附荀昶传》，《经典释文·序录疏证》。

2. 范晔始撰《后汉书》

元嘉元年冬，彭城太妃薨，将葬，祖夕，僚故并集东府。晔弟广渊，时为司徒祭酒，其日在直。晔与司徒左西属王深宿广渊许，夜中酣饮，开北牖听挽歌为乐。义康大怒，左迁晔宣城太守。不得志，乃删众家《后汉书》为一家之作。

［文献］《宋书》卷六十九《范晔传》，又见《南史》卷三《范泰传》附《范晔传》。

案：范晔被贬到宣城后，不得志，乃删众家《后汉书》为一家之作，成十本纪、八十列传。欲撰"十志"，未成被诛。他对自己所撰的《后汉书》评介颇高，认为是"精意深旨"、"以正一代得失"。后刘昭将司马彪《续汉书》之志补入范著《后汉书》，使是书得以完整。《后汉书》的人物评论标准是儒家的忠义思想，与《史记》、《汉书》、《三国志》并称"前四史"。

3. 孔默之治儒学

孔默之，元嘉初为尚书右丞兼散骑常侍，后转左丞，寻出为广州刺史，以赃免。默之长于儒学，注《穀梁春秋》。见《宋书》卷九十三《孔淳之传》，又见《南史》卷七十五《隐逸列传》，《全宋文》卷四十三。《隋书·经籍志》有"《春秋穀梁传》五卷，孔君揩训，残阙，梁十四卷"。又见《二十五史补编·补宋书艺文志》，《全宋文》卷四十三有《春秋穀梁传注》。

　[文献]《宋书》卷九十三《隐逸列传·孔淳之传》，《南史》卷七十五《隐逸列传》。

　案：孔默之生卒事迹不详。据《宋书·孔淳之传》，孔默之兄孔淳之（372—430年）于元嘉初，复徵为散骑侍郎，乃逃于上虞县界，家人莫知所之。弟默之为广州刺史，出都与别。暂将其事系于默之出都与淳之别之年。

元嘉二年(北魏始光二年)　公元425年

1. 宋徐广卒

徐广(352—425),字野民,东莞姑幕人(今山东省莒县),徐邈之弟。徐广勤学博通,百家数术,无不观鉴。谢玄为州,辟广从事西曹。晋孝武帝以广博学,除为秘书郎,校书秘阁,增置职僚。转员外散骑侍郎,领校书如故。隆安中,尚书令王珣举为祠部郎。元显引为中军参军,迁领军长史。桓玄辅政,以为大将军文学祭酒。义熙初,高祖使撰车服仪注,乃除镇军咨议参军,领记室。封乐成县五等侯。转员外散骑常侍,领著作郎。六年,迁散骑常侍,又领徐州大中正,转正员常侍。又转大司农,领著作郎皆如故。十二年,《晋纪》成,凡四十六卷,表上之。迁秘书监。永初元年,诏曰:"秘书监徐广,学优行谨,历位恭肃,可中散大夫。"广上表曰:"臣年时衰耄,朝敬永阙,端居都邑,徒增替怠。臣坟墓在晋陵,臣又生长京口,恋旧怀远,每感暮心。息道玄谬荷朝恩,忝宰此邑,乞相随之官,归终桑梓。微志获申,殒没无恨。"许之,赠赐甚厚。性好读书,老犹不倦。元嘉二年,卒,时年七十四。

徐广著述有《毛诗背隐义》二卷,见《隋书·经籍志》、《二十五史补编·补宋书艺文志》。《答礼问》百余条,见本传;《隋书·经籍志》载:《礼论答问》八卷(宋中散大夫徐广撰),《礼论答问》十三卷(徐广撰),《礼答问》二卷(徐广撰,残缺。梁十一卷),《答问》四卷(徐广撰);《旧唐书·经籍志》、《新唐书·艺文志》作《礼论问答》九卷(徐广撰);《二十五史补编·补宋书艺文志》录《礼论答问》八卷。又《史记音义》十三卷,见《旧唐书·经籍志》、《新唐书·艺文志》,已佚;裴骃撰《史记集解》有所引用。《晋纪》四十六卷,见本传;《隋书·经籍志》、《旧唐书·经籍志》言四十五卷。《孝子传》三卷，见《旧唐书·经籍志》。《晋尚书仪曹新定仪注》四十一卷，见《旧唐书·经籍志》。《车服杂注》一卷，见《隋书·经籍志》、《旧唐书·经籍志》。《徐广集》十五卷，见本传及《隋书·经籍志》、《旧唐书·经籍志》。他主持编撰的《晋义熙四年秘阁四部目录》，为这一时期的国家图书总目，惜已佚。严可均《全晋文》卷一三六有《礼论答问》八卷（又十三卷）。《礼答问》十一卷。《晋纪》四十六卷。《车服仪注》一卷。《古佚书辑本目录附考证》录《礼论答问》一卷。（清）马国翰辑《玉函山房辑佚书·经编通礼类》辑有《礼论答问》一卷。

[文献]《宋书》卷五五《徐广传》，又《晋书》卷八二《徐广列传》，《南史》卷三三《徐广传》及《全晋文》卷一三六。

案：《晋书》卷八二、《宋书》卷五五《徐广传》皆记"七十四"岁，《南史》卷三三《徐广传》则云"年过八十"。许嵩《建康实录》卷十："徐广……卒于家，时年七十四"。今从之，则其生年当在东晋永和八年（352年）。

2. 陆澄生

隆昌元年，陆澄以老疾，转光禄大夫，加散骑常侍，未拜，卒。年七十。逆推知其生于是年。

[文献]《南齐书》卷三十九《陆澄传》。

元嘉三年（北魏始光三年）　公元 426 年

1. 傅亮卒

　　傅亮（374—426），字季友，北地郡灵洲县（今宁夏吴忠市）人，南朝宋大臣，东晋司隶校尉傅咸玄孙。傅亮博涉经史，尤善文辞。初为建威参军，桓谦中军行参军。桓玄篡位，闻其博学有文采，选为秘书郎，欲令整正秘阁，未及拜而玄败。义熙元年，除员外散骑侍郎，直西省，典掌诏命。转领军长史，以中书郎滕演代之。亮未拜，遭母忧，服阕，为刘毅抚军记室参军，又补领军司马。七年，迁散骑侍郎，复代演直西省。仍转中书黄门侍郎。宋国初建，令书除侍中，领世子中庶子。徙中书令，领中庶子如故。永初元年，迁太子詹事，中书令如故。封建城县公。永初二年，亮转尚书仆射，中书令、詹事如故。三年，高祖不豫，与徐羡之、谢晦并受顾命，给班剑二十人。宋少帝即位，进中书监、尚书令，领护军将军。少帝废，宋文帝即位，加散骑常侍、左光禄大夫、开府仪同三司，进爵始兴郡公。元嘉三年（426），遭诛，时年五十三。初，亮见世路屯险，著论名曰《演慎》。宋少帝失德，内怀忧惧，作《感物赋》以寄意。傅亮博涉经史，尤善文辞。原有集三十一卷，已佚。明人张溥辑有《傅光禄集》。

　　［文献］《宋书》卷四十三《傅亮传》，又见《南史》卷十五《列传第五》：“元嘉三年，太祖欲诛傅亮，先呼入见；省内密有报之者，傅亮辞以嫂病笃，求暂还家。遣信报徐羡之，因乘车出郭门，骑马奔兄迪墓。屯骑校尉郭泓收付廷尉，伏诛。时年五十三。”

2. 颜延之被徵为中书侍郎

元嘉三年，羡之等诛，徵为中书侍郎，寻转太子中庶子。顷之，领步兵校尉，赏遇甚厚。

［文献］:《宋书》卷七十三《颜延之传》。

3. 裴松之始为《三国志》作注

元嘉三年，宋文帝以《三国志》载事伤于简略，命裴松之为陈寿《三国志》作注。是年裴松之鸠集传记，增广异闻。既成奏上，上善之，曰："此为不朽矣。"

［文献］《宋书》卷六十四《裴松之传》。《南史》卷三十三《裴松之传》："宋元嘉中，上使注陈寿《三国志》。松之鸠集传记，增广异闻，既成奏之。上览之曰：'裴世期为不朽矣。'"又可见于《四库全书总目》卷四十五。

4. 北魏起太学，祀孔子，以颜渊配

北魏世祖始光三年春二月，别起太学于城东，祀孔子，以颜渊配。后徵卢玄、高允等。而令州郡各举才学。于是人多砥尚，儒林转兴。

［文献］《魏书》卷四《世祖纪上》，《魏书》卷八十四《儒林列传》，《北史》卷八十一《儒林列传》，《通典》卷五十三《礼十三》。

5. 虞愿生

据本传，虞愿于建元元年卒，年五十四。逆推知其生于是年。

［文献］《南齐书》卷五十三《良政列传》，《南史》卷七十《循吏列传》。

元嘉四年（北魏始光四年） 公元 427 年

陶潜卒

陶潜（352—427），字元亮，又字渊明，号五柳先生，浔阳柴桑（今江西九江）人。曾祖为东晋大司马陶侃。潜少怀高尚，博学善属文，尝著《五柳先生传》以自况。素简贵，不私事上官。以宋元嘉中卒，时年六十三。陶潜儒学著作有《五孝传》，《集圣贤群辅录》（又名《四八目》），见北齐阳休之编《陶潜集》。《四库全书总目》提要认为《五孝传》、《四八目》为伪书。待考。

［文献］《晋书》卷九十四《陶潜传》，又见《宋书》卷九十三《陶潜传》。

元嘉五年(北魏神廳元年) 公元 428 年

1. 宋太祖令谢灵运撰写《晋书》

宋太祖登祚,诛徐羡之等,徵灵运为秘书监,再召不起,上使光禄大夫范泰与灵运书敦奖之,乃出就职。使整理秘阁书,补足阙文。以晋氏一代,自始至终,竟无一家之史,令灵运撰《晋书》,粗立条流;书竟不就,但亦有单篇流传者。

[文献]《宋书》卷六十七《谢灵运传》,《梁书》卷五十二《止足传》说:"谢灵运《晋书·止足传》,先论晋世文士之避乱者,殆非其人;唯阮思旷遗荣好遁,远殆辱矣。"又见《文选》卷三十。

2. 范泰卒

范泰(355—428),字伯伦,顺阳郡山阴(今河南内乡县)人。范宁之子,范晔之父。初为太学博士,后历任中书侍郎、侍中侍郎、御史中丞、左光禄大夫。范泰曾上表劝谏国学创立,终未施行。五年卒,年七十四,追赠车骑将军,谥号为宣。范泰博览篇籍,好为文章,著《古今善言》二十四篇,见本传。著有文集二十卷,见本传,《隋书·经籍志》作十九卷,两《唐志》为二十卷。马国翰辑有《古今善言》一卷。

[文献]《宋书》卷六十《范泰传》,又见《南史》卷三三《范泰传》。

元嘉六年(北魏神䴥二年) 公元 429 年

1. 裴松之上《三国志注》

裴松之《上三国志注表》:"臣前被诏,使采三国异同以注陈寿《三国志》。寿书铨叙可观,事多审正,诚游览之苑囿,近世之嘉史。然失在于略,时有所脱漏。臣奉旨寻详,务在周悉。上搜旧闻,傍摭遗逸。按三国虽历年不远,而事关汉、晋,首尾所涉,出入百载,注记纷错,每多舛互,其寿所不载。事宜存录者,则罔不毕取以补其阙。或同说一事而辞有乖杂,或出事本异,疑不能判,并皆抄内以备异闻。若乃镰缪显然,言不附理,则随违矫正以惩其妄。其时事当否及寿之小失,颇以愚意有所论辩。……元嘉六年七月二十四日,中书侍郎西乡侯臣裴松之上。"

[文献]《三国志》附录《上三国志注表》。

案:裴松之注搜罗广博,内容丰富,使陈寿《三国志》中许多失载的史事得以保存,对三国时期儒学研究有极为重要的史料价值。

2. 崔浩叙成北魏《国书》三十卷

初,北魏太祖诏尚书郎邓渊著《国记》十余卷,编年次事,体例未成。逮于太宗,废而不述。神䴥二年,诏集诸文人撰录《国书》,浩及弟览、高谠、邓颖、晁继、范亨、黄辅等共参著作,叙成《国书》三十卷。

[文献]《魏书》卷三十五《崔浩传》。

元嘉八年(北魏神䴥四年) 公元 431 年

1. 宋殷淳撰《元嘉八年秘阁四部目录》

殷淳(403—434),字粹远,陈郡长平(今河南西华)人。南北朝时期南朝宋目录学家。殷淳先是在秘书阁撰《四部书大目》,以四部分类编录国家藏书,共 40 卷。以四部分类,自晋荀勖始,经晋李充,宋殷淳因之。此书目是继东晋李充之后。又一部以经、史、子、集四部分类的目录。《新唐书·艺文志》著录殷淳《四部书目序录》三十九卷。《隋书》卷三十五著录《殷淳集》二卷。而《旧唐书》卷四十七、《新唐书》卷六十录为三卷。

[文献]《宋书》卷五十九《殷淳传》,《南史》卷二十七《殷淳传》。

案:《隋书》卷三二《经籍志一》:"东晋之初,渐更鸠聚,著作郎李充以(荀)勖旧簿校之,其见存者,但有三千一十四卷,充遂总没众篇之名,但以甲乙为次,自尔因循,无所变革。其后中朝遗书,稍流江左。宋元嘉八年,秘书监谢灵运造《四部目录》,大凡六万四千五百八十二卷。"此处认为《元嘉八年秘阁四部目录》应为谢灵运主持。但是谢灵运在元嘉五年(428)时,就已称病东归,没有再返回都城建康,时殷淳为秘书郎,故此书应为殷淳主撰。

2. 张伟拜中书博士

张伟,字仲业,小名翠螭,太原中都人也。高祖敏,晋秘书监。伟学通诸经,讲授乡里,受业者常数百人。儒谨泛纳,勤于教训,虽有顽固不晓,问至数十,伟告喻殷勤,曾无愠色。常依附经典,教以孝悌,门人感其仁化,事之如父。性恬平,不以夷崄易操,清雅笃慎,非法不言。世祖时,与高允等俱被辟命,拜中书博士。转侍郎、大将军乐安王范从事中郎、冯翊太守。还,仍为中书侍郎、本国大中正。使酒泉,慰劳沮渠无讳。还,迁散骑侍郎。聘刘义隆还,拜给事中、建威将军,赐爵成皋子。出为平东将军、营州刺史,进爵建安公。卒,赠征南将军、并州刺史,谥曰康。在州郡以仁德为先,不任刑罚,清身率下,宰守不敢为非。

[文献]《魏书》卷八十四《儒林·张伟传》,又见《北史》卷八十一《儒林上·张伟传》。

案:张伟生卒年不详,今据本传"世祖时,与高允等俱被辟命,拜中书博士",太武帝拓跋焘于泰常八年(423)十一月初九日登基,据《魏书》卷四十八《高允传》,高允拜中书博士为神䴥四年(431),故系年于此。

元嘉十年(北魏延和二年)　公元 433 年

1. 卢丑卒

卢丑(？—433),昌黎徒河人,襄城王鲁元之族。世祖之为监国,丑以笃学博闻入授世祖经。后以师傅旧恩赐爵济阴公。除镇军将军,拜尚书,加散骑常侍,出为河内太守。延和二年冬,卒于河内太守。阙初,中山袭爵,太和中,以老疾自免。

［文献］《魏书》卷八十四《儒林列传》,《北史》卷八十一《卢丑传》。

2. 王淮之卒

王淮之(378—433),字元曾,琅邪临沂(今山东临沂)人。晋末儒学家,晋尚书仆射王彬玄孙。曾祖王彪之,位尚书令。祖王临之、父王讷之并御史中丞。王淮之博学多闻,熟悉《礼传》,擅长文辞。东晋时,起家右常侍。入宋后,历任御史中丞、黄门侍郎、司徒左长史、始兴太守、都官尚书。元嘉十年卒,时年五十六。王淮之明礼制,赡于文辞,但寡乏风素,不为时流所重。彭城王刘义康叹其学问广博,云"何须高论玄虚,正得如王淮之两三人,天下便治矣"。王淮之在宋武帝永初二年上疏建议朝廷厘定郑玄等人所倡导的三年之丧,以为应该按照郑玄二十七月之说,规范宋之三年之丧。此议被宋武帝采纳。撰《仪注》,朝廷遵用之,成为当时礼仪制度的典范。

［文献］《宋书》卷六十《王淮之传》,《南史》卷二十四《王淮之传》,《通志》卷一百三十三,又见《全宋文》卷十九,《太平广记》卷九十九引《冥祥记》:"宋王淮之字元曾,琅琊人也。世尚儒业,不信佛法。常谓身神俱灭,

宁有三世耶？元嘉中，为丹阳令。十年，得病绝气，少时还复暂苏。时建康令贺道力省疾，适会下床。淮之语道力曰：'始知释教不虚，人死神存，信有徵矣。'道力曰：'明府生平置论不尔，今何见而乃异之耶？'淮之敛眉答云：'神实不尽，佛教不得不信。'语讫而终。"

案：《校勘记》："王淮之字元曾。三朝本作'王准之'。北监本、毛本、殿本、局本作'王淮之'。元大德本《南史》作'王準之'。殿本《南史》作'王淮之。字元鲁'。《太平广记》九九引《冥祥记》作'王淮之。字元曾'。《殿本考证》谓'准即準之减画。实一字也。《范泰传》前司徒长史王準之，为王雅之子。《晋书·王雅传》：'长子準之。散骑侍郎。'与此王准之非一人。"今录于此，以备考证。

元嘉十一年(北魏延和三年)　公元 434 年

刘瓛生

据本传,刘瓛永明七年卒,时年五十六,逆推知其生于是年。

[文献]《南齐书》卷三十九《刘瓛传》,《全齐文》卷十八。

元嘉十三年(北魏太延二年) 公元436年

1. 何尚之建南学

何尚之雅好文义,从容赏会,甚为文帝所知。元嘉十三年,彭城王义康欲以司徒长史刘斌为丹阳尹,上不许,乃以尚之为之。立宅南郭外,立学聚生徒。东海徐秀,庐江何昙黄,颍川荀子华,太原孙宗昌、王延秀,鲁郡孔惠宣并慕道来游,谓之南学。王球常云:"尚之西河之风不坠。"尚之亦云:"球正始之风尚在。"

[文献]《南史》卷三十《何尚之传》,又见《宋书》卷六十六《何尚之传》:"十三年,彭城王义康欲以司徒左长史刘斌为丹阳尹,上不许。乃以尚之为尹,立宅南郭外,置玄学,聚生徒。"《宋书》卷八十二《周朗沈怀文列传》:"隐士雷次宗被征居钟山,后南还庐岳,何尚之设祖道,文义之士毕集。"

2. 宋徵雷次宗,不就

次宗隐退不交世务,本州辟从事,员外散骑侍郎征,并不就。与子侄书以言所守,曰:"夫生之修短,咸有定分,定分之外,不可以智力求,但当于所禀之中,顺而勿率耳。吾少婴羸患,事钟养疾,为性好闲,志栖物表,故虽在童稚之年,已怀远迹之意。暨于弱冠,遂托业庐山,逮事释和尚。于时师友渊源,务训弘道,外慕等夷,内怀徘发,于是洗气神明,玩心坟典,勉志勤躬,夜以继日。爰有山水之好,悟言之欢,实足以通理辅性,成夫亹亹之业,乐以忘忧,不知朝日之晏矣。自游道餐风,二十余载,渊匠既倾,良朋凋索,续以衅逆违天,备尝荼蓼,畴昔诚愿,顿尽一朝,心虑荒散,情意衰损,故遂与汝曹归耕垄畔,山居谷饮,人理久绝。日月不处,忽复十年,犬马之齿,已逾知命。……但愿守全所志,以保令终耳。自今以往,家事大小,一勿见关,子平之言,可以为法。"

[文献]《宋书》卷九十三《隐逸·雷次宗传》。

案:与子侄书中提及"犬马之齿,已逾知命",而他卒于元嘉二十五年,年六十三岁,故不应徵而写书应为元嘉十三年或稍后。刘汝霖《东晋南北朝学术编年》将其系于此,今从之。

元嘉十四年（北魏太延三年） 公元 437 年

宋傅隆论《新礼》

元嘉十四年，太祖以新撰《礼论》付傅隆使下意，隆上表曰："臣以下愚，不涉师训，孤陋闾阎，面墙靡识，谬蒙询逮，愧惧流汗。原夫礼者，三千之本，人伦之至道。故用之家国，君臣以之尊，父子以之亲。用之婚冠，少长以之仁爱，夫妻以之义顺。用之乡人，友朋以之三益，宾主以之敬让。所谓极乎天，播乎地，穷高远，测深厚，莫尚于礼也。……伏惟陛下钦明玄圣，同规唐、虞，畴咨四岳，兴言《三礼》，而伯夷未登，微臣窃位，所以大惧负乘，形神交恶者，无忘夙夜矣。而复猥充博采之数，与闻爰发之求，实无以仰酬圣旨万分之一。不敢废默，谨率管穴所见五十二事上呈。虽鄙茫浪，伏用竦赧。"

［文献］《宋书》卷五十五《傅隆传》。

元嘉十五年（北魏太延四年） 公元 438 年

1. 荀伯子卒

荀伯子（378—438），颍川颍阴（今河南许昌市）人。少好学，博览经传，而通率好为杂戏。遨游闾里，故以此失清涂。解褐为驸马都尉，奉朝请，员外散骑侍郎。著作郎徐广重其才学，举荀伯子为佐郎，助撰《晋史》及著桓玄等传。后为世子征虏功曹，国子博士。元嘉十五年，卒官，时年六十一。有集，见《全宋文》。

〔文献〕《宋书》卷六十《荀伯子传》，《南史》卷三十三《荀伯子传》。

2. 宋文帝立四学馆

雷次宗于宋元嘉十五年，征至都，开馆于鸡笼山，聚徒教授，置生百余人。会稽朱膺之、颍川庾蔚之并以儒学总监诸生。时国子学未立，上留意艺文，使丹阳尹何尚之立玄学，太子率更令何承天立史学，司徒参军谢元立文学，凡四学并建。车驾数至次宗馆，资给甚厚。

〔文献〕《南史》卷七十五《隐逸·雷次宗传》，又见《宋书》卷九十三《隐逸·雷次宗传》。

元嘉十六年（北魏太延五年）　公元 439 年

1. 萧道成治《礼》及《左氏春秋》

齐高帝萧道成(427—482)，字绍伯，姓萧氏，小讳斗将，汉相国萧何二十四世孙也。太祖以元嘉四年丁卯岁生。姿表英异，龙颡钟声，鳞文遍体。儒士雷次宗立学于鸡笼山，太祖年十三，受业，治《礼》及《左氏春秋》。

［文献］《南齐书》卷一《高帝本纪上》，《南齐书》卷二《高帝本纪下》，《南史》卷四《齐本纪上》。

2. 魏诏崔浩监修国史

魏主平凉州，诏浩曰："昔皇祚之兴，世隆北土，积德累仁，多历年载，泽流苍生，义闻四海。我太祖道武皇帝，协顺天人，以征不服，应期拨乱，奄有区夏。太宗承统，光隆前绪，厘正刑典，大业惟新。然荒域之外，犹未宾服。此祖宗之遗志，而贻功于后也。朕以眇身，获奉宗庙，战战兢兢，如临渊海，惧不能负荷至重，继名丕烈。故即位之初，不遑宁处，扬威朔裔，扫定赫连。逮于神麚，始命史职注集前功，以成一代之典。自尔已来，戎旗仍举，秦陇克定，徐兖无尘，平逋寇于龙川，讨擘竖于凉域。岂朕一人获济于此，赖宗庙之灵，群公卿士宣力之效也。而史阙其职，篇籍不着，每惧斯事之坠焉。公德冠朝列，言为世范，小大之任，望君存之。命公留台，综理史务，述成此书，务从实录。"浩于是监秘书事，以中书侍郎高允、散骑侍郎张伟参著作，续成前纪。至于损益褒贬，折中润色，浩所总焉。

［文献］《魏书》卷三十五《崔浩传》。

3. 刘义庆撰《世说新语》

　　刘义庆（403—444），字季伯，彭城（今江苏徐州）人，世居京口（今江苏镇江）。刘义庆曾任秘书监一职，掌管国家的图书著作，有机会接触与博览皇家典籍。17 岁升任尚书左仆射，29 岁便乞求外调，解除左仆射一职。元嘉二十一年卒于京邑，时年四十二。刘义庆喜好文学，439 至 440 年任荆州刺史期间招揽了何长瑜、鲍照等许多文人，撰《世说新语》。《世说》共三卷。分德行、言语、政事、文学、方正、雅量、识鉴等三十六门类，涉及人物多达五六百人，汇集了汉末至魏晋名士的轶闻趣事。虽然是一部小说，但它反映了玄学兴盛时期士人的生活与思想面貌，对研究魏晋儒学具有十分重要的价值。梁代刘孝标为之作注，使得是书内容更加丰富。刘义庆还著有《后汉书》五十八卷、《徐州先贤传赞》九卷、《江左名士传》一卷、《集林》一百八十一卷、《宣验记》十三卷、《幽明录》三十卷等。《隋书·经籍志》、新、旧《唐书》皆著录，今已不全。马国翰辑有《说苑》一卷，《幽明録》一卷。

　　[文献]《南史》卷十三《刘义庆传》，《宋书》卷五十一《刘义庆传》。

341

元嘉十七年(北魏太平真君元年)
公元 440 年

1. 刘昞卒

刘昞(? —440),字延明,敦煌(今甘肃敦煌市)人。父宝,字子玉,以儒学称。刘昞勤奋好学,年十四,就博士郭瑀学。初隐于酒泉,受业者五百余人。西凉李暠徵为儒林祭酒,北凉沮渠蒙逊平酒泉,拜为秘书郎。魏世祖平凉州,士民东迁,夙闻其名,拜乐平王从事中郎。世祖诏诸年七十以上听留本乡,一子扶养。昞时老矣,在姑臧,岁余,思乡而返,至凉州西四百里韭谷窟,遇疾而卒。刘昞以三史文繁,著述颇丰,特好《周易》,注《周易》、《韩子》、《人物志》、《黄石公三略》,并行于世,以上见本传,《经义考》、《古佚书辑本目录附考证》均有著录。马国翰辑有《周易刘氏注》一卷,黄奭《黄氏逸书考》亦有所辑录。其书《隋》、《唐志》均不载。

[文献]《魏书》卷五十二《刘昞传》,《北史》卷三十四《刘延明传》。

案:刘昞生年无考,卒年据《北史》,魏太武帝平凉州在太延五年(439),刘昞被任为乐平王从事郎,岁余而卒,则应在339年末或440年,姑系于此。

2. 崔浩注《易》

凉州平,(张湛)入国,年五十余矣,赐爵南浦男,加宁远将军。司徒崔浩识而礼之。崔浩注《易》,叙曰:"国家西平河右,敦煌张湛、金城宗钦、武威段承根三人,皆儒者,并有俊才,见称于西州。每与余论《易》,余以《左氏传》卦解之,遂相劝为注。故因退朝之余暇,而为之解焉。"其见称如此。湛至京师,家贫不粒,操尚无亏,浩常给其衣食。每岁赠浩诗颂,浩常报答。及浩被诛,湛惧,悉烧之。

[文献]《魏书》卷五十二《张湛传》。

案:《魏书·张湛传》载崔浩注《易》当在凉州平之后,张湛初入魏之年,北魏平凉州在 439 年,故系年于此。

3. 常爽教授门徒

常爽,生卒年不详,字仕明,北朝河内温(今河南温县)人。爽少而聪敏,严正有志概。笃志好学,博闻强识,明习纬候,《五经》百家多所研综。州郡礼命皆不就。魏世祖西征凉土,爽与兄仕国归款军门,世祖嘉之。赐仕国爵五品,显美男;爽为六品,拜宣威将军。是时戎车屡驾,征伐为事,贵游子弟未遑学术,爽置馆温水之右,教授门徒七百余人,京师学业,翕然复兴。爽立训甚有劝罚之科,弟子事之若严君焉。尚书左仆射元赞、平原太守司马真安、著作郎程灵虹,皆是爽教所就,崔浩、高允并称爽之严教,奖厉有方。允曰:"文翁柔胜,先生刚克,立教虽殊,成人一也。"其为通识叹服如此。因教授之暇,述《六经略注》,以广制作,甚有条贯。爽不事王侯,独守闲静,讲肄经典二十余年,时人号为"儒林先生"。年六十三,卒于家。其书《隋》、《唐志》不载,马国翰辑有《六经略注序》一卷,《清史稿》著录《六经略注》一卷。

[文献]《魏书》卷八十四《列传第七十二·常爽传》,又见《北史》卷四十二。

案:太延五年,北魏太武帝西征,灭北凉。常爽乃归魏,拜宣威将军。常爽于魏设馆授业,教授门徒七百余人。由此京师学业,又渐振兴。因其生卒年不详,太武帝时归魏,故系其事于此。

4. 范岫生

范岫,字懋宾,济阳考城人。据本传,范岫十三年卒官,时年七十五。逆推知其生于是年。

[文献]《梁书》卷二十六《范岫传》,《南史》卷六十《范岫列传》略同。

元嘉十八年(北魏太平真君二年)
公元 441 年

1. 沈约生

据本传,沈约于天监十二年卒于官,时年七十三岁,逆推知其生于是年。

[文献]《梁书》卷十三《沈约传》,《南史》卷五十七《沈约传》,又见《宋书》卷一百《沈约传》。

2. 常爽撰《六经略注》

因教授之暇,述《六经略注》,以广制作,甚有条贯。其序曰:"传称:'立天之道曰阴与阳,立地之道曰柔与刚,立人之道曰仁与义。'然则仁义者人之性也,经典者身之文也,皆以陶铸神情,启悟耳目,未有不由学而能成其器,不由习而能利其业。……由是言之,六经者先王之遗烈,圣人之盛事也。安可不游心寓目,习性文身哉!顷因暇日,属意艺林,略撰所闻,讨论其本,名曰六经略注以训门徒焉。"其略注行于世。书行于世。

[文献]《魏书》卷八十四《儒林列传》,《北史》卷四十二《常爽传》。

案:据本传,常爽于教授之余著《六经略注》,今暂系于教授门徒之后。

元嘉十九年(北魏太平真君三年)
公元 442 年

1. 宋诏立国子学,皇太子讲《孝经》

十九年正月乙巳,诏曰:"夫所因者本,圣哲之远教;本立化成,教学之为贵。故诏以三德,崇以四术,用能纳诸义方,致之轨度。盛王祖世,咸必由之。永初受命,宪章弘远,将陶钧庶品,混一殊风。有诏典司,大启庠序,而频沟屯夷,未及修建。永瞻前猷,思敷鸿烈,今方隅乂宁,戎夏慕响,广训胄子,实维时务。便可式遵成规,阐扬景业。"于是太子率更令何承天以本官领国子博士。皇太子讲《孝经》,何承天与中庶子颜延之同为执经。

[文献]《宋书》卷五《文帝纪》,又见《宋书》卷六十四《何承天传》。

2. 苏宝为宋国子学《毛诗》助教

苏宝(?—458),名宝生,本寒门,有文义之美。元嘉中立国子学,为《毛诗》助教,为太祖所知,官至南台侍御史,江宁令。坐知高阇反不即启闻,与阇共伏诛。

[文献]《宋书》卷七十五《王僧达传》。

案:苏宝史载不详,元嘉中为国子学《毛诗》助教,暂系于此年。

3. 宋制崇孔圣诏

十二月丙申诏曰:"胄子始集,学业方兴。自微言泯绝,逝将千祀,感事思人,意有慨然。奉圣之胤,可速议继袭。於先庙地,特为营造,依旧给祠置令,四时飨祀。阙里往经寇乱,黉校残毁,并下鲁郡修复学舍,采召生徒。昔之贤哲及一介之善,犹或卫其丘垄,禁其刍牧,况尼父德表生民,功被百代,而坟茔荒芜,荆棘弗翦。可蠲墓侧数户以掌洒扫。"鲁郡上民孔景等五户,居近孔子墓侧,蠲其课役,供给洒扫,井种松柏六百株。

[文献]《宋书》卷五《文帝纪》。《册府元龟》卷一九四。

元嘉二十年(北魏太平真君四年)
公元 443 年

1. 宋何承天上新历

宋太祖颇好历数,太子率更令何承天私撰新法。元嘉二十年,上表曰:"臣授性顽惰,少所关解。自昔幼年,颇好历数,耽情注意,迄于白首。臣亡舅故秘书监徐广,素善其事,有既往《七曜历》,每记其得失。自太和至泰元之末,四十许年。臣因比岁考校,至今又四十载。故其疏密差会,皆可知也。……伏愿以臣所上《元嘉法》下史官考其疏密,若谬有可采,庶或补正阙谬,以备万分。"诏曰:"何承天所陈,殊有理据。可付外详之。"有司奏:"治历改宪,经国盛典,爰及汉、魏,屡有变革。良由术无常是,取协当时。方今皇猷载晖,旧域光被,诚应综核晷度,以播维新。承天历术,合可施用。宋二十二年,普用《元嘉历》。"诏可。

[文献]《宋书》卷十二《志第二·历中》。

2. 明山宾生

明山宾,字孝若,平原鬲人。大通元年,卒,时年八十五。逆推知其生于是年。

[文献]《梁书》卷二十七《明山宾传》。

3. 宋国子学成

高祖受命,诏有司立学,未就而崩。太祖元嘉二十年,复立国子学。

[文献]《宋书》卷十四《礼志一》。

元嘉二十一年(北魏太平真君五年)
公元 444 年

魏禁私立学校

五年春正月戊申,诏曰:"愚民无识,信惑妖邪,私养师巫,挟藏谶记、阴阳、图纬、方伎之书;又沙门之徒,假西戎虚诞,生致妖孽。非所以壹齐政化,布淳德于天下也。自王公已下至于庶人,有私养沙门、师巫及金银工巧之人在其家者,皆遣诣官曹,不得容匿。限今年二月十五日,过期不出,师巫、沙门身死,主人门诛。明相宣告,咸使闻知。"

庚戌,诏曰:"自顷以来,军国多寡,未宣文教,非所以整齐风俗,示轨则于天下也。今制自王公已下至于卿士,其子息皆诣太学。其百工伎巧、驺卒子息,当习其父兄所业,不听私立学校。违者师身死,主人门诛。"

[文献]《魏书》卷四下《世祖太武帝纪》。

元嘉二十二年（北魏太平真君六年）
公元 445 年

徐湛之上表告发范晔、孔熙先、谢综等人谋反事

二十二年，太子詹事范晔等谋反，事逮义康，事在《晔传》。有司上曰："义康昔擅国权，恣心凌上，结朋树党，苞纳凶邪。重衅彰著，事合明罚。特遭陛下仁爱深至，敦惜周亲，封社不削，爵宠无贬。四海之心，朝野之议，咸谓皇德虽厚，实挠典刑。而义康曾不思此大造之德，自出南服，诡饰情貌，外示知惧，内实不悛。穷好极欲，干请无度。圣慈含弘，每不折旧，矜释屡加，恩畴已往。而阴敦行李，方启交通之谋，潜资左右，以要死士之命。崎岖伺隙，不忘窥窬。时犹隐忍，罚止仆侍。狂疾之性，永不惩革，凶心遂成，悖谋仍构。远投群丑，千里相结，再议宗社，重窥鼎祚。赖陛下至诚感神，宋历方永，故奸事昭露，罪人斯得。周公上圣，不辞同气之刑；汉文仁明，无隐从兄之恶。况义康衅深二叔，谋过淮南，背亲反道，自弃天地。臣等参议，请下有司削义康王爵，收付廷尉法狱治罪。"诏特宥大辟。于是免义康及子泉陵侯允，女始宁、丰城、益阳、兴平四县主为庶人，绝属籍，徙付安成郡。以宁朔将军沈邵为安成公相，领兵防守。义康在安成读书，见淮南厉王长事，废书叹曰："前代乃有此，我得罪为宜也。"

［文献］《宋书》卷六十八《武二王传》，《南史》卷三十三《范晔传》，又见《宋书》卷六十九《范晔传》。

案：范晔（398—445），字蔚宗，顺阳（今河南淅川）人。范晔出身儒学世家。祖范宁，父范泰，范晔出继从伯范弘之，范弘之亦以儒学知名。范晔先任左卫将军、太子詹事，参预机要。元嘉九年，彭城太妃薨。范晔饮

酒并开北牖听挽歌为乐。彭城王刘义康大怒,迁晔为宣城太守。元嘉二十二年,范晔被告发与孔熙先、谢综等谋立彭城王刘义康为帝而入狱,晔及子蔼、遥、叔蒌、孔熙先及弟休先、景先、思先、熙先子桂甫、桂甫子白民、谢综及弟约、仲承祖、许耀,诸所连及,并伏诛。晔时年四十八。

又案:据《宋书·范晔传》载,孔熙先曰:"凡诸处分,符檄书疏,皆范晔所造及治定。"《宋书》本传又载徐湛之"善于尺牍,音辞流畅",他上表为自己开脱,蒙文帝宽宥。

元嘉二十三年（北魏太平真君七年）
公元 446 年

1. 宋文帝临国子学策试诸生

太祖文皇帝刘义隆，小字车儿，武帝第三子。永初元年入朝，时年十四。元嘉二十三年九月己卯，车驾幸国子学，策试诸生，答问凡五十九人。冬十月戊子，诏曰："庠序兴立累载，胄子肄业有成。近亲策试，睹济济之美，缅想洙、泗，永怀在昔。诸生答问，多可采览。教授之官，并宜沾赍。"赐帛各有差。

［文献］《宋书》卷五《文帝本纪》，《南史》卷二《宋本纪》。

2. 北魏太武帝灭佛

世祖即位，富于春秋。既而锐志武功，每以平定祸乱为先。虽归宗佛法，敬重沙门，而未存览经教，深求缘报之意。及得寇谦之道，帝以清净无为，有仙化之证，遂信行其术。时司徒崔浩，博学多闻，帝每访以大事。浩奉谦之道，尤不信佛，与帝言，数加非毁，常谓虚诞，为世费害。帝以其辩博，颇信之。会盖吴反杏城，关中骚动，帝乃西伐，至于长安。先是，长安沙门种麦寺内，御驺牧马于麦中，帝入观马。沙门饮从官酒，从官入其便室，见大有弓矢矛盾，出以奏闻。帝怒曰："此非沙门所用，当与盖吴通谋，规害人耳！"命有司案诛一寺，阅其财产，大得酿酒具及州郡牧守富人所寄藏物，盖以万计。又为屈室，与贵室女私行淫乱。帝既忿沙门非法，浩时从行，因进其说。诏诛长安沙门，焚破佛像，敕留台下四方令，一依长安行

352

事。又诏曰："彼沙门者，假西戎虚诞，妄生妖孽，非所以一齐政化，布淳德于天下也。自王公已下，有私养沙门者，皆送官曹，不得隐匿。限今年二月十五日，过期不出，沙门身死，容止者诛一门。"时恭宗为太子监国，素敬佛道。频上表，陈刑杀沙门之滥，又非图像之罪。今罢其道，杜诸寺门，世不修奉，土木丹青，自然毁灭。如是再三，不许。乃下诏曰："……自今以后，敢有事胡神及造形像泥人、铜人者，门诛。虽言胡神，问今胡人，共云无有。皆是前世汉人无赖子弟刘元真、吕伯强之徒，接乞胡之诞言，用老庄之虚假，附而益之，皆非真实。至使王法废而不行，盖大奸之魁也。有非常之人，然后能行非常之事。非朕孰能去此历代之伪物！有司宣告征镇诸军、刺史，诸有佛图形像及胡经，尽皆击破焚烧，沙门无少长悉坑之。"是岁，真君七年三月也。恭宗言虽不用，然犹缓宣诏书，远近皆豫闻知，得各为计。四方沙门，多亡匿获免，在京邑者，亦蒙全济。金银宝像及诸经论，大得秘藏。而土木宫塔，声教所及，莫不毕毁矣。始谦之与浩同从车驾，苦与浩净，浩不肯，谓浩曰："卿今促年受戮，灭门户矣。"后四年，浩诛，备五刑，时年七十。浩既诛死，帝颇悔之。业已行，难中修复。

［文献］《魏书》卷一百一十四《释老志》。

案：太武时期有两次灭佛，一次是在太平真君五年(444)，一次是在太平真君七年(446)，其中崔浩在其中起着重要任用。崔浩扶植儒学，曾用《易经》对太武帝分析当时天下大势，并试图将儒道结合起来，共同对抗强大的佛教力量。虽然崔浩最后被杀，但是灭佛运动客观上推动了儒学在北魏的发展。

3. 何胤生

据本传，何胤于中大通三年卒，年八十六。逆推知其生于是年。

［文献］《南齐书》卷五十四《高逸列传·何胤传》，《梁书》卷五十一《处士列传·何胤传》。

元嘉二十四年(北魏太平真君八年)
公元447年

何承天卒

何承天(370—447),东海郯(今山东郯城)人。承天五岁失父,母徐氏为徐广之姊,聪明博学,故承天幼渐训义,得览儒史百家之书。元嘉十六年,除著作佐郎,撰国史。元嘉十九年,立国子学,承天以本官领国子博士。元嘉二十四年,迁廷尉,因泄漏密旨而免官。卒于家,年七十八。何承天反对佛教,对灵魂不灭、因果报应、生死轮回等思想进行了批判,曾与宗炳、颜延之等人辩论。在其《达性论》中,指出精神不能脱离形体而存在。何承天在礼学研究上颇为用力,著有《礼论》三百卷,见《隋书·经籍志》,是书原八百卷,承天删减并合,成三百卷;又有《分明士制》三卷,见《隋书·经籍志》;《孝经注》一卷,见《隋书·经籍志》;《春秋前传》十卷,见《隋书·经籍志》;《春秋前传杂语》九卷,见《隋书·经籍志》及《唐志》。另有《报应论》、《答宗居士书》、《答颜永嘉书》、《纂文》等及《宋书》志十五篇。《二十五史补编·补宋书艺文志》、《经典释文序录疏证》及新旧《唐书》皆有其文著录。严可均《全宋文》辑其文。马国翰辑有《礼论》一卷,《纂文》一卷,《姓苑》一卷,《何承天说》一卷。

[文献]《宋书》卷六十四《何承天传》,又见《南史》卷三十三《何承天传》,《全宋文》卷二十二。

元嘉二十五年(北魏太平真君九年)
公元 448 年

1. 雷次宗卒

雷次宗(386—448),字仲伦,豫章南昌(今江西南昌市)人。少入庐山,事释慧远,次宗笃志好学,尤明三《礼》、《毛诗》,儒佛兼综。曾两次被皇帝请到京城讲授儒学,齐高帝萧道成是他的学生。宋元嘉十五年,宋文帝徵雷次宗至京师,雷次宗在鸡笼山开儒学馆授徒,以儒学总监诸生,后在钟山西筑"招隐馆",为皇太子及诸王教授《丧服经》。次宗不入公门,乃使自华林东门入延贤堂就业。元嘉二十五年,卒于钟山,时年六十三。雷次宗儒学著述颇丰,有《略注丧服经传》一卷,《毛诗序义》二卷,《毛诗义》一卷,并见《隋书·经籍志》及《二十五史补编·补宋书艺文志》。《经典释文·序录》:"宋徵士雁门周续之、豫章雷次宗、齐沛国瓛并为诗序义,雷次宗注《丧服》。"《古佚书辑本目录附考证》录有《五经要义》一卷。《全宋文》卷二十九有雷次宗《与子侄书》。马国翰辑有《略注丧服经传》一卷,《五经要义》一卷,《豫章记》一卷,

[文献]《宋书》卷九十三《隐逸列传》,《庐山记》卷三:"元嘉二十五年成子终。春秋六十三。"又见《南史》卷七十五《雷次宗传》。

2. 魏刊刻崔浩所注五经

著作令史太原闵湛、赵郡郗标素谄事浩,乃请立石铭,刊载国书,并勒所注五经。表《上疏乞班崔浩所注经》曰:"马、郑、王、贾虽注述《六经》,并

多疏谬，不如浩之精微。乞收境内诸书，藏之秘府，班浩所注，命天下习业。并求敕浩注《礼传》，令后生得观正义。"浩赞成之。恭宗善焉，遂营于天郊东三里，方百三十步，用功三百万乃讫。

    ［文献］《魏书》卷三十五《崔浩传》，《全后魏文》卷二九。

    案：崔浩注五经，今检《隋书·经籍志》有："《周易》十卷，后魏司徒崔浩注。"其余诸经皆不见著录。

元嘉二十六年(北魏太平真君十年)
公元 449 年

何佟之生

何佟之于梁天监二年卒,年五十五,逆推知其生于是年。

[文献]《梁书》卷四十八《儒林·何佟之传》,《南史》卷七十一《儒林·何佟之传》。

元嘉二十七年(北魏太平真君十一年) 公元 450 年

1. 北魏太武帝以太牢祀孔子

十有一月辛卯,魏太武帝车驾至于邹山。刘义隆鲁郡太守崔邪利率属城降。使使者以太牢祀孔子。

[文献]《魏书》卷四《世祖纪下》。

2. 宋罢国子学

二十七年春三月乙丑,淮南太守诸葛阐求减俸禄同内百官,于是州及郡县丞尉并悉同减。戊寅,罢国子学。

[文献]《宋书》卷五《文帝纪》。

3. 崔浩卒

崔浩(381—450),字伯渊,小名桃简,清河郡武城(今河北清河县)人。北魏司空崔宏长子。仕北魏道武、明元、太武帝三朝,官至司徒,对促进北魏统一北方起了积极作用。后人称颂为"南北朝第一流军事谋略家"。崔浩少好文学,博览经史。玄象阴阳,百家之言,无不关综,研精义理,时人莫及。长相如美貌妇人,自比张良。神麚二年(429),崔浩与弟崔览、邓颖、晁继、黄辅等共同著述《国书》。太延五年(439)崔浩因修"国史"得罪太武帝,太平真君十一年(450)被夷九族,牵连范阳卢氏、河东柳氏以及太原郭氏,自宰司之被戮辱,未有如浩者。崔浩博学多识,精通百家学说,以儒家思想为主,兼容道家学说。崔浩曾花费大量心血注释《急就章》《孝经》《论语》《诗》《尚书》《春秋》《礼记》《周易》等儒家经典,大力倡导汉代以来的经学。他还制定新字体、倡立太学、宣扬文教,提倡儒家治世,用儒家思想统一意识形态。其注《周易》十卷,见《隋书·经籍志》,新旧《唐志》;注《急就章》二卷,见《隋书·经籍志》及新旧《唐志》。《全后魏文》收录其部分撰著。

[文献]《魏书》卷三十五《崔浩传》,《北史》卷二十一《崔浩传》,《北史》卷三十一《高允传》,《魏书》卷一百一十四《释老志》。

案:崔浩因国史之狱被夷九族。陈寅恪认为崔浩:"治之于社会阶级意识,甚于其民族夷夏意识,故利用鲜卑鄙视刘宋,然卒因胡汉民族内部之仇怨致死,亦自料所不及,自食其恶果,悲夫。"(见陈寅恪《崔浩与寇谦之》,《金明馆丛稿初编》,生活·读书·新知三联书店 2001 年版。)吕思勉则认为:"浩仕魏经三世,喁喁身在北朝,而心存华夏,魏欲南侵时,恒诡辞饰说,以谋匡救;而又能处心积虑,密为光复之图;其智勇深沉,忍辱负重,盖千古一人而已。"(吕思勉:《崔浩论》,《吕思勉读史札记》,上海古籍出版社 1982 年版。)

4. 谢庄改《左传》为国别史,制立体地图

谢庄(421—466),字希逸,陈郡阳夏人,太常弘微子也。年七岁,能属文,通《论语》。及长,诏令美容仪,太祖见而异之,初为始兴王浚后军法曹行参军,转太子舍人,庐陵王文学,太子洗马,中舍人,庐陵王绍南中郎谘议参军。又转随王诞后军谘议,并领记室。分左氏《经传》,随国立篇,制木方丈,图山川土地,各有分理,离之则州别郡殊,合之则宇内为一。二十九年,除太子中庶子。元凶弑立,转司徒左长史。世祖践阼,除侍中。孝建元年,迁左卫将军。三年,坐辞疾多,免官。大明元年,起为都官尚书,奏改定刑狱。泰始二年,卒,时年四十六。

[文献]《宋书》卷八十五《谢庄传》,《南史》卷二十《谢庄传》。

案:谢庄将《春秋左传集解》的经和传,按照国别,分列篇目,改变了原来的编年体例。

5. 崔光生

崔光,字长仕,正光四年(523)卒,年七十三。逆推知其生于是年。

[文献]《北史》卷四十四《崔光传》,《魏书》卷六十七《崔光传》。

6. 范缜生

范缜,字子真。据本传,入梁后,历任中书郎,国子博士,后卒于官。一说生于南朝刘宋元嘉二十二年(公元445年,一说为公元450年),姑系于此年。

[文献]《梁书》卷四十八《儒林列传》,《南史》卷五十七《范缜传》所记略同。

元嘉二十八年(北魏正平元年)　公元451年

1. 傅隆卒

傅隆(369—451),字伯祚,北地灵州(今宁夏灵武市)人。隆少孤,贫而有学行,不好交游。年四十始为孟昶建威将军,员外散骑侍郎。太祖元嘉初,除司徒右长史,迁御史中丞。元嘉十四年,太祖以新撰《礼论》付隆使下意。归老在家,手不释卷,博学多通,特精三《礼》。谨于奉公,常手抄书籍。元嘉二十八年卒。时年八十三。著有《礼难》十二卷,《杂议》十二卷,又《礼议杂记故事》十三卷,《丧杂事》二十卷,《礼议》二卷,《祭法》五卷,见《隋书·经籍志》及本传。《礼议》一卷,见新旧《唐志》及《二十五史补编·补宋书艺文志》。

[文献]《宋书》卷五十五《傅隆传》,又见《南史》卷十五《傅隆传》,《全宋文》卷二十七。

2. 裴松之卒

裴松之(372—451),字世期,河东闻喜(今山西闻喜)人,后移居江南。南朝宋著名史学家,与儿子裴骃、曾孙裴子野被称为史学三裴。年二十,拜殿中将军。于时议立五庙乐,松之以妃臧氏庙乐亦宜与四庙同。除零陵内史,征为国子博士。元嘉三年,上使注陈寿《三国志》,松之鸠集传记,增广异闻,既成奏上。上善之,曰:"此为不朽矣!"十四年致仕,拜中散大夫,寻领国子博士。后进太中大夫。续何承天国史,未及撰述,二十八年卒,时年八十。其著有《集注丧服经传》一卷,《裴氏家传》四卷,《裴松之集》十三卷,《晋纪》,以上并见《隋书·经籍志》,《二十五史补编·补序录疏证》，《通志》卷一百三十四，《古佚书辑本目录附考证》等亦有辑录。此外，《文苑英华》卷七五四又讲他还写过《宋元嘉起居注》六十卷。马国翰据《通典》采得一节。严可均《全宋文》辑其文。

[文献]《宋书》卷六十四《裴松之传》，《南史》卷三十三《裴松之传》。

案：裴松之卒年，有认为是二十八年，如《宋书》卷六十四《裴松之传》："续何承天国史，未及撰述，二十八年，卒，时年八十。"由此可推知其生年为咸安二年（372）。钱大昕《疑年录》亦从之。《南史》本传无其生卒年记载。余嘉锡在《疑年录稽疑》中则据《建康实录》，提出卒于元嘉十六年（实当作"二十六年"）说。陈健梅据校订后《宋略总论》确定："裴松之当卒于宋元嘉二十六年（449）……据《宋史》本传之寿算（享年要八十）。推定松之应生于晋海西公太和五年（370）。"①《中国学术思想编年》将裴松之生年定于此年，卒年定于刘宋元嘉二十六年（449）。宋桂梅《魏晋儒学编年》亦将其生卒年定于370—449年。今仍从《宋书》说。

3. 裴骃撰成《史记集解》

裴骃字龙驹，河东闻喜（今属山西）人。生卒年不详。裴松之之子，南朝刘宋时任南中郎参军。裴骃以徐广《音义》为本，博采百家并先儒之说，删其冗辞，取其要实，撰成《史记集解》80卷。是现存最早的《史记》注本。《史记集解》对于不详悉之处，则予隐略，以示求实，不加臆断；对于可疑之处，则数家并列，不予决断。严可均《全宋文》卷一七自宋本《史记》辑有《史记集解序》。

[文献]《南史》卷三三《裴松之传》附传："（裴松子）子骃，南中郎参军。松之所著文论及《晋记》，骃注司马迁《史记》，并行于世。"

案：裴骃撰写《史记集解》的时间。因史料不足，难以详考，刘学智《中国学术思想编年》将其系于裴松之卒年后，今从之。

---

① 参见陈健梅：《裴松之生卒年考》，《中国史研究》2001年第2期。

元嘉二十九年(北魏兴安元年) 公元 452 年

1. 王俭生

王俭为宋齐著名的经学家、文学家和目录学家,被称为一代儒宗。南齐永明七年(489),王俭病逝,时年三十八岁,逆推知其生于是年。

[文献]《南齐书》卷二三《王俭传》,《南史》卷二二《王俭传》。

2. 孙惠蔚生

据本传,孙惠蔚于魏孝明帝神龟元年卒于官,时年六十七。逆推知其生于是年。

[文献]《魏书》卷八四《儒林·孙惠蔚传》,《北史》卷八一《儒林上·孙惠蔚传》。

3. 刘彧续卫瓘所注《论语》

宋明帝刘彧(439—472),字休炳,小字荣期,彭城绥舆里(今江苏徐州市)。文帝刘义隆第十一子,南朝宋第六位皇帝。景和元年(465)即位,改元泰始。执政前期众亲王及方镇相继叛变,朝廷频繁动武平乱,国力逐渐耗损。刘彧为防范宋孝武帝刘骏诸子夺取皇位,杀尽诸侄子,致使刘骏绝后;晚年尤多忌讳,王朝自此而衰。泰豫元年(472)驾崩,时年三十四,谥号明帝。刘彧集群臣讲《周易义疏》十九卷,见《隋书·经籍志》,《二十五史补编·补宋书艺文志》,两《唐志》作二十卷。又有《国子讲易议》六卷,见《隋书·经籍志》及《二十五史补编·补宋书艺文志》。《宋明帝集群臣讲易义疏》二十卷，见《隋书·经籍志》。续卫瓘所注《论语》十卷，见《隋书·经籍志》、《旧唐书·经籍志》，《经籍释文·序录》载八卷，少二卷。

[文献]《宋书》卷八《明帝本纪》，《南史》卷三《宋本纪下》，《全宋文》卷七。

案：刘彧续卫瓘所注《论语》时间不详。据《宋书·明帝纪》记载：刘彧"少而和令，风姿端雅"、"好读书，爱文义，在藩时，撰《江左以来文章志》，又续卫瓘所注《论语》二卷，行于世"。刘彧十岁时受封为淮阳王，元嘉二十九年(452)，改封湘东王，则集君臣讲《周易义疏》及续《论语》当在封湘东王之后，今暂系于此年。

4. 游肇生

游肇，字伯始，正光元年八月卒，年六十九。逆推知其生于此年。

[文献]《魏书》卷五五《游明根传》，《北史》卷三十四《游明根传》。

元嘉三十年(北魏兴安二年) 公元 453 年

1. 刘芳生

刘芳(453—513),字伯文,彭城(今江苏徐州)人,北魏礼仪学家。北魏兴安二年生,延昌二年卒,年六十一。

[文献]《魏书》卷五五《刘芳传》,又见《北史》卷四二。

2. 荀万秋撰《礼杂钞略》

荀万秋,字元宝,南朝宋颍川颍阴人。荀昶之子。以才学显。孝武初为晋陵太守,坐于郡立华林阁,置主衣、主书,下狱免。前废帝末,为御史中丞,卒官。《隋书·经籍志》云:"《礼论要钞》十卷,梁有齐御史中丞荀万秋《钞略》二卷。"新旧《唐志》云:《礼杂钞略》二卷。马国翰辑有《礼论钞略》一卷。

[文献]《南史》卷三三《荀伯子传》,《宋书》卷六十《荀伯子传》,《全宋文》卷二九。

案:荀万秋生卒年不详,据本传,孝武初为晋陵太守,现将其事系于是年。

宋孝建元年(北魏兴安三年) 公元454年

宋孝武帝诏兴学诏

宋孝武帝孝建元年十月诏曰:仲尼体天降德,维周兴汉,经纬三极,冠冕百王。爰自前代,咸加褒述,典司失人,用阙宗祀。先朝远存遗范,有诏缮立,世故妨道,事未克就,国难频深。忠勇奋厉,实凭圣义,大教所敦,永惟兼怀,无忘待旦。可开建庙,制同诸侯之礼,详择爽垲,厚给祭秩。

[文献]《册府元龟》卷一九四,《全宋文》卷六。

宋孝建二年（北魏太安元年） 公元 455 年

1. 江夏文献王刘义恭撰《要记》

刘义恭(413—465)，宋武帝刘裕第五子。幼而明颖，姿颜美丽，高祖特所钟爱，诸子莫及也。二十六年，领国子祭酒。孝建二年春，进督东南兖二州。二年冬，义恭撰《要记》五卷，起前汉讫晋太元，表上之，诏付秘阁。

［文献］《宋书》卷六十一《武三王列传》，又见《南史》卷十三《宋宗室及诸王列传》，《全宋文》卷十一。

2. 庾蔚之治《丧服》

庾蔚之，颍川(今河南许昌东)人，南朝宋著名经学家，宋员外常侍。元嘉中，文帝立儒、玄、文、史四学，与会稽朱膺之并以儒学监总诸生。孝武帝时，为太常丞。后官至员外常侍。据《隋书·经籍志》，其著有《丧服》三十一卷，《丧服世要》一卷，《丧服要记》，《礼论钞》二十卷，《礼答问》六卷。《二十五史补编·补宋书艺文志》著录《丧服》三十一卷。《丧服要记》十卷，《新唐志》作五卷。《丧服世要》一卷。《礼记略解》十卷，见《宋书》及两《唐志》。《礼论钞》二十卷。《礼答问》六卷。新旧《唐志》及《古佚书辑本目录附考证》皆著录其《礼记略解》。清马国翰辑有《略注丧服经传》。

［文献］《册府元龟》卷一百九十四《崇儒》，《隋书·经籍志》，《二十五史补编·补宋书艺文志》，《经典释文序录疏证》，《古佚书辑本目录附考证》。

案：庾蔚之于《宋书》中无传，据《册府元龟》，孝武帝时为太常丞。庄大钧等《魏晋南北朝经学学术编年》将其系于是年。今从之。

3. 宋议郊庙乐

孝建二年九月甲午,有司奏前殿中曹郎荀万秋议:"按礼,祭天地有乐者,为降神也。……今庙祠登哥虽奏,而象舞未陈,惧阙备礼。夫圣王经世,异代同风,虽损益或殊,降杀迭运,未尝不执古御今,同规合矩。方兹休明在辰,文物大备,礼仪遗逸,罔不具举,而况出祇降神,辍乐于郊祭,昭德舞功,有阙于庙享。谓郊庙宜设备乐。"于是使内外博议。骠骑大将军竟陵王诞等五十一人并同万秋议。尚书左仆射建平王宏以为:"圣王之德虽同,创制之礼或异。乐不相沿,礼无因袭。……今帝德再昌,大孝御宇,宜讨定礼本,以昭来叶。……"散骑常侍、丹阳尹建城县开国侯颜竣议以为:"德业殊称,则干羽异容,时无沿制,故物有损益。至于礼失道愆,称习忘反,中兴厘运,视听所革,先代缪章,宜见刊正。郊之有乐,盖生《周易》、《周官》,历代著议,莫不援准。……又王肃、韩祇以王者德广无外,六代四夷之舞,金石丝竹之乐,宜备奏宗庙。愚谓苍、肃、祇议,合于典礼,适于当今。"左仆射建平王宏又议:"竣据《周礼》、《孝经》,天与上帝,连文重出,故谓上帝非天,则《易》之作乐,非为祭天也。……晋氏以来,登哥诵美,诸室继作。至于祖宗乐舞,何犹不可选奏。苟所咏者殊,虽复共庭,亦非嫌也。魏三祖各有舞乐,岂复是异庙邪?"众议并同宏:"祠南郊迎神,奏《肆夏》。皇帝初登坛,奏登哥。初献,奏《凯容》、《宣烈》之舞。送神,奏《肆夏》。祠庙迎神,奏《肆夏》。皇帝入庙门,奏《永至》。皇帝诣东壁,奏登哥。初献,奏《凯容》、《宣烈之舞》。终献,奏《永安》。送神奏《肆夏》。"诏可。

[文献]《宋书》卷十九《乐志一》。

案:魏主还平成,诏祀郊庙,初设备乐,尊荀万秋之议。

宋孝建三年(北魏太安二年) 公元 456 年

颜延之卒

颜延之(384—456),字延年,琅邪临沂人。曾祖含,右光禄大夫。祖约,零陵太守。父显,护军司马。延之少孤贫,居负郭,室巷甚陋。好读书,无所不览,文章之美,冠绝当时。东晋末,官江州刺史刘柳后军功曹,转主簿,历豫章公刘裕世子参军。宋国建,奉常郑鲜之举为博士。高祖受命,补太子舍人。雁门人周续之隐居庐山,儒学著称,永初中,征诣京师,开馆以居之。高祖亲幸,朝彦毕至,延之官列犹卑,引升上席。上使问续之三义,续之雅仗辞辩,延之每折以简要。徙尚书仪曹郎,太子中舍人。后迁国子祭酒、司徒左长史。孝建三年卒,时年七十三。颜延之思想以儒学为主,兼融玄、佛思想。其著有《庭诰》,全文见《宋书》本传及《全宋文》。又《证俗音字略》六卷,梁有《诘幼》二卷,见《隋书·经籍志》,《新唐志》作《诘幼文》(姚振宗云,"诘"与"诂"皆为"诰"字之讹。)三卷。《逆降义》三卷,见《二十五史补编·补宋书艺文志》,旧唐书作《礼论降义》,新唐志作《礼逆降义》。《纂要》六卷,见《旧唐书·经籍志》。《全宋文》辑其多篇著述,马国翰辑有《论语颜氏说》一卷,《庭诰》一卷,《纂要》一卷,《逆降义》一卷,《诘幼》一卷。

[文献]《宋书》卷七十三《颜延之传》,《南史》卷三十四《颜延之传》。

宋大明一年（北魏太安三年） 公元 457 年

1. 沈麟士隐居吴差山讲经

太守孔山士辟，不应。宗人徐州刺史昙庆、侍中怀文、左率勃来候之，麟士未尝答也。隐居余干吴差山，讲经教授，从学者数十百人，各营屋宇，依止其侧。麟士重陆机《连珠》，每为诸生讲之。时为之语曰："吴差山中有贤士，开门教授居成市。"麟士重陆机《连珠》，每为诸生讲之。征北张永为吴兴，请麟士入郡。麟士闻郡后堂有好山水，即戴安道游吴兴，因古墓为山沌也。欲一观之，乃往停数月。永欲请为功曹，麟士曰："明府德履冲素，留心山谷，是以被褐负杖，忘其疲病。必欲饰浑沌以蛾眉，冠越客于文冕，走虽不敏，请附高卿，有蹈东海死耳，不忍受此黔劓。"永乃止。升明末太守王奂、永明中中书郎沈约并表荐之，徵皆不就。

［文献］《南史》卷七十六《沈麟士传》，《南齐书》卷五十四《沈麟士传》。

2. 严植之生

严植之卒于梁武监七年，时年五十二，逆推知其生于是年。

［文献］《梁书》卷四十八《儒林·严植之传》，《南史》卷七十一《儒林·严植之传》。

370

大明二年(魏太安四年) 公元 458 年

1. 索敞作《丧服要记》、《名字论》

索敞，字巨振，敦煌人。为刘昞助教，专心经籍，尽能传昞之业。凉州平，入国，以儒学见拔，为中书博士。笃勤训授，肃而有礼。京师大族贵游之子，皆敬惮威严，多所成益，前后显达，位至尚书牧守者数十人，皆受业于敞。敞遂讲授十余年。敞以丧服散在众篇，遂撰比为《丧服要记》。其《名字论》文多不载。后出补扶风太守，在位清贫，未几卒官。时旧同学生等为请，诏赠平南将军、凉州刺史，谥曰献。

［文献］《魏书》卷五十二《索敞传》，《魏书》卷四十八《高允传》曰：“时中书博士索敞与侍郎傅默、梁祚论名字贵贱，著议纷纭。允遂著《名字论》以释其惑，甚有典证。”

案：汪春泓《中国文学编年史·两晋南北朝卷》考证，太武帝平凉，在太延五年(439)，至本年凡十九年，故《索敞传》曰“十余年”。《高允传》序此事于论婚丧风俗之后，游雅论高允风节之前。此二事《资治通鉴》并系之本年，故苏、高论难亦当在本年前后，姑系于是。今从之。

2. 何偃卒

何偃(413—458)，字仲弘，庐江灊人，左光禄大夫何尚之次子。元嘉中，位太子中庶子。元凶弑立，以偃为侍中，掌诏诰。时尚之为司空、尚书令，偃居门下。父子并处权要，时为寒心；而尚之及偃善摄机宜，曲得时誉。会孝武即位，任遇无改。历位侍中，领太子中庶子。改领骁骑将军，亲遇隆密，有加旧臣。转吏部尚书。尚之去选未五载，偃复袭其迹，世以

371

为荣。侍中颜竣至是始贵，与偃俱在门下，以文义赏会，相得甚欢。竣既任遇隆密，谓宜居重大，而位次与偃等未殊，意稍不悦。及偃代竣领选，竣逾愤懑，与偃遂隙。竣时权倾朝野，偃不自安，遂发悸病，意虑乖僻。上表解职，告灵不仕。孝武遇偃既深，备加医疗乃得差。偃素好谈玄，注《庄子·逍遥游》篇传于时。卒官，孝武与颜竣诏，甚伤惜之。谥曰靖。《隋书·经籍志》云："《毛诗释》一卷，宋金紫光禄大夫何偃撰。"

　　［文献］《南史》卷三十《何偃传》,《宋书》卷五十九《何偃传》："大明二年，卒官，时年四十六。"

大明四年(北魏和平元年) 公元 460 年

1.陈奇遭游雅陷害致族诛

陈奇,字修奇,河北人,自云晋凉州刺史骧之八世孙。祖刃,仕慕容垂。奇少孤,家贫,而奉母至孝。韶龀聪识,有夙成之美。性气刚亮,与俗不群。爱玩经典,博通坟籍,常非马融、郑玄解经失旨,志在著述五经。始注《孝经》《论语》,颇传于世,为搢绅所称。与河间邢佑同召赴京。时秘书监游雅素闻其名,始颇好之,引入秘省,欲授以史职。后与奇论典诰及《诗》《书》,雅赞扶马郑,奇屡屈雅,雅恶之而不用。奇冗散数年,高允与奇雠温古籍,嘉其远致,称奇通识,非凡学所窥。允微劝雅曰:"君朝望具瞻,何为与野儒辨简牍章句?"雅谓允有私于奇,曰:"君宁党小人也!"乃取奇所注《论语》、《孝经》焚于坑内。奇曰:"公贵人,不乏樵薪,何乃燃奇《论语》?"雅愈怒,因告京师后生不听传授。而奇无降志,亦评雅之失。雅遂抵奇罪。时司徒、平原王陆丽知奇见枉,惜其才学,故得迁延经年,冀有宽宥。但执以狱成,竟致大戮,遂及其家。奇妹适常氏,有子曰矫之,仕历郡守。神龟中,上书陈时政所宜,言颇忠至,清河王怿称美之。奇所注论语,矫之传掌,未能行于世,其义多异郑玄,往往与司徒崔浩同。

[文献]《魏书》卷八四《儒林·陈奇传》,《北史》卷八一《儒林上·陈奇传》同。

案:陈奇被诛时间不详,据《魏书·游雅传》,游雅卒于和平二年(461),则陈奇被诛当在此之前,今暂系于此。

2. 任昉生

任昉，字彦升，梁天监七年卒，年四十九。逆推知其生于是年。

[文献]《南史》卷五十九《任昉传》，又见《梁书》卷十四《任昉传》。

大明五年(北魏和平二年) 公元 461 年

宋诏修葺庠序

五年八月己丑,宋下诏曰:"自灵命初基,圣图重远。参正乐职,感神明之应;崇殖礼囿,奋至德之光。声实同和,文以均节,化调其俗,物性其情。故临经式奠,焕乎炳发,道丧世屯,学落年永。狱讼微衰息之术,百姓忘退素之方。今息警夷嶂,恬波河渚,栈山航海,向风慕义,化民成俗,兹时笃矣。来岁可修葺庠序,旌延国胄。"

[文献]《宋书》卷六《孝武帝纪》,《册府元龟》卷一九四。

大明六年(北魏和平三年) 公元462年

1. 徐爰领宋著作郎

六年,又以爰领著作郎,使终其业。爰虽因前作,而专为一家之书。上表曰:"……宜依衔书改文,登舟变号,起元义熙,为王业之始,载序宣力,为功臣之断。其伪玄篡窃,同于新莽,虽灵武克殄,自详之晋录。及犯命干纪,受戮霸朝,虽揖禅之前,皆著之宋策。国典体大,方垂不朽,请外详议,伏须遵承。"于是内外博议,太宰江夏王义恭等三十五人同爰议,宜以义熙元年为断。散骑常侍巴陵王休若、尚书金部郎檀道鸾二人谓宜以元兴三年为始。太学博士虞和谓宜以开国为宋公元年。诏曰:"项籍、圣公,编录二汉,前史已有成例。桓玄传宜在宋典,余如爰议。"

[文献]《宋书》卷九十四《徐爰传》,又见《南史》卷七十七《徐爰传》。

2. 宋世祖使有司奏沙门敬拜王者

先是,晋世庾冰始创议,欲使沙门敬王者,后桓玄复述其义,并不果行。大明六年,世祖使有司奏曰:"臣闻邃宇崇居,非期宏峻,拳跪盘伏,非止敬恭,将以施张四维,缔制八宇。故虽儒法枝派,名墨条分,至于崇亲严上,厥由靡爽。唯浮图为教,逖自龙堆,反经提传,训遐事远,练生莹识,恒俗称难,宗旨缅谢,微言沦隔,拘文蔽道,在末弥扇。遂乃陵越典度,偃倨尊戚,失随方之眇迹,迷制化之渊义。夫佛法以谦俭自牧,忠虔为道,不轻比丘,遭人斯拜,目连桑门,过长则礼,宁有屈膝四辈,而简礼二亲,稽颡耆腊,而直体万乘者哉。故咸康创议,元兴载述,而事屈偏党,道挫余分。今鸿源遥洗,群流仰镜,九仙尽宝,百神耸职,而畿荤之内,舍弗臣之氓,陛席

376

之间,延抗体之客,惧非所以澄一风范,详示景则者也。臣等参议,以为沙门接见,比当尽虔礼敬之容,依其本俗,则朝徽有序,乘方兼遂矣。"诏可。前废帝即位后,复旧。

[文献]《宋书》卷九十七《夷蛮·天竺迦毗黎国传》。

3. 伏暅生

伏暅于普通元年,卒于郡,时年五十九。逆推知其生于是年。

[文献]《梁书》卷五十三《良吏列传·伏暅传》。

4. 刘峻生

刘峻,字孝标,普通二年卒,时年六十,逆推知其生于是年。

[文献]《梁书》卷五十《刘峻传》,《南史》卷四十九《刘峻传》。

大明七年(北魏和平四年) 公元 463 年

宋豫章王子尚立左学

豫章王子尚,字孝师,孝武帝第二子。五年,改封豫章王,领会稽太守。七年,加使持节,进号车骑将军。其年,又加散骑常侍,以本号开府仪同三司。时东土大旱,鄞县多增田,世祖使子尚上表至鄞县劝农。又立左学,召生徒,置儒林祭酒一人,学生师敬,位比州治中;文学祭酒一人,比西曹;劝学从事二人,比祭酒从事。

[文献]《宋书》卷八十《孝武十四王传》。

大明八年(北魏和平五年)　公元 464 年

许懋生

据本传,许懋卒于中大通四年,时年六十九,逆推知其生于是年。

［文献］《梁书》卷四十《许懋传》。

宋泰始元年（北魏和平六年） 公元 465 年

魏刁雍请制作礼乐

刁雍（390—484），字淑和，勃海饶安（今河北盐县）人。仕后秦为太子中庶子，后秦灭亡，归顺北魏，明元帝使持节、镇东将军，青州、徐州刺史，兴光年间，拜特进。太和八年（484）卒，年九十五。和平六年，刁雍曰："臣闻有国有家者，莫不礼乐为先。故《乐记》云：礼所以制外，乐所以修内。和气中释，恭敬温文。是以安上治民，莫善于礼；易俗移风，莫善于乐。且于一民一俗，尚须崇而用之，况统御八方，陶钧六合者哉？故帝尧修五礼以明典章，作《咸池》以谐万类，显皇轨于云岱，扬鸿化于介丘。令木石革心，鸟兽率舞。包天地之情，达神明之德。夫感天动神，莫近于礼乐。……臣今以为有其时而无其礼，有其德而无其乐。史阙封石之文，工绝清颂之縠，良由礼乐不兴，王政有阙所致也。臣闻乐由礼，所以象德；礼由乐，所以防淫。五帝殊时不相沿，三王异世不相袭。事与时并，名与功偕故也。臣识昧儒先，管窥不远，谓宜修礼正乐，以光大圣之治。"诏令公卿集议，会高宗崩，遂寝。

［文献］《魏书》卷三十八《刁雍传》。

泰始二年(北魏天安元年) 公元 466 年

魏立乡学

相州刺史李䜣上疏求立学校曰:"臣闻至治之隆,非文德无以经纶王道;太平之美,非良才无以光赞皇化。是以昔之明主,建庠序于京畿,立学官于郡邑,教国子弟,习其道艺。然后选其俊异,以为造士。今圣治钦明,道隆三五,九服之民,咸仰德化,而所在州土,学校未立。臣虽不敏,诚愿备之,使后生闻雅颂之音,童幼睹经教之本。臣昔蒙恩宠,长管中秘,时课修学有成立之人,髦俊之士,已蒙进用。臣今重荷荣遇,显任方岳,思阐帝猷,光宣于外。自到以来,访诸文学,旧德已老,后生未进。岁首所贡,虽依制遣,对问之日,惧不克堪。臣愚欲仰依先典,于州郡治所各立学官。使士望之流、冠冕之胄,就而受业,庶必有成。其经艺通明者贡之王府。则郁郁之文,于是不坠。"书奏,显祖从之。又诏允曰:"自顷以来,庠序不建,为日久矣。道肆陵迟,学业遂废,子衿之叹,复见于今。朕既纂统大业,八表晏宁,稽之旧典,欲置学官于郡国,使进修之业,有所津寄。卿儒宗元老,朝望旧德,宜与中、秘二省参议以闻。"允表曰:"臣闻经纶大业,必以教养为先;咸秩九畴,亦由文德成务。故辟雍光于周诗,泮宫显于《鲁颂》。自永嘉以来,旧章殄灭。乡闾芜没《雅》《颂》之声,京邑杜绝释奠之礼。道业陵夷,百五十载。仰惟先朝每欲宪章昔典,经阐素风,方事尚殷,弗遑克复。陛下钦明文思,纂成洪烈,万国咸宁,百揆时叙。申祖宗之遗志,兴周礼之绝业,爰发德音,惟新文教。搢绅黎献,莫不幸甚。臣承旨敕,并集二省,披览史籍,备究典纪,靡不敦儒以劝其业,贵学以笃其道。伏思明诏,玄同古义。宜如圣旨,崇建学校以厉风俗。使先王之道,光演于明时;郁郁之音,流闻于四海。请制大郡立博士二人、助教四人、学生一百人,次郡立博士二人、助教二人、学生八十人,中郡立博士一人、助教二人、学生六十人,下郡立博士一人、助教一人、学生四十人。其博士取博关经典、世履忠清、堪为人师者,年限四十以上。助教亦与博士同,年限三十以上。若道业凤成,才任教授,不拘年齿。学生取郡中清望,人行修谨,堪循名教者,先尽高门,次及中第。"显祖从之。郡国立学,自此始也。天安元年九月己酉,初立乡学。

[文献]《魏书》卷六《显祖纪》,《魏书》卷八十四《儒林列传》,《魏书》卷四十六《李诉传》,《魏书》卷四十八《高允传》皆有载。

泰始四年(北魏皇兴二年)　公元468年

1. 刘芳、刘峻入魏

刘芳随伯母房逃窜青州,会赦免。舅元庆,为刘子业青州刺史沈文秀建威府司马,为文秀所杀。芳母子入梁邹城。慕容白曜南讨青齐,梁邹降,芳北徙为平齐民,时年十六。南部尚书李敷妻,司徒崔浩之弟女。芳祖母,浩之姑也。芳至京师,诣敷门,崔耻芳流播,拒不见之。

[文献]《魏书》卷五十五《刘芳传》,《魏书》卷六《显祖纪》:"二月,宋崔道固降魏。刘芳、刘峻由此入魏。后芳滞北,为北魏名儒,峻南归,亦以文学名世。"

2. 贾思伯生

贾思伯,字仕休,魏孝明帝孝昌元年卒,时年五十八岁,逆推知其生于是年。

[文献]《北史》卷四七《贾思伯传》,又《魏书》卷七二《贾思伯传》:"(思伯)孝昌元年卒。"

泰始五年(北魏皇兴三年) 公元 469 年

1. 裴子野生

据本传,裴子野卒于梁中大通二年(530 年),年六十二岁,逆推知其生于是年。

[文献]《梁书》卷三十《裴子野传》,又见《南史》卷三十三《裴子野传》。

2. 孙惠蔚师董道季讲《易》

惠蔚年十三,粗通《诗》、《书》及《孝经》、《论语》;十八,师董道季讲《易》。

[文献]《魏书》卷八四《儒林·孙惠蔚传》,《北史》卷八一《儒林·孙惠蔚传》载:"年十五,粗通《诗》、《书》及《孝经》、《论语》。"

3. 周舍生

周舍,字升逸,南朝梁学者,博学多才,尤善礼制。普通五年卒,时年五十六,逆推知其生于是年。

[文献]《梁书》卷二十五《周舍传》。

泰始六年（北魏皇兴四年） 公元 470 年

1. 袁粲为宋明帝执经

六年，上于华林园茅堂讲《周易》，粲为执经。又知东宫事，徙为右仆射。

［文献］《宋书》卷八十九《袁粲传》。

2. 宋置总明观

宋时国学颓废，未暇修复。泰始六年九月戊寅，宋明帝下诏立总明观，徵学士以充之。置东观祭酒、访举各一人，举士二十人，分为儒、道、文、史、阴阳五部学。因阴阳学无人，故虽名为五部学实是四部学。宋明帝所立五部学与此前宋文帝所立儒、玄、文、史四学略有不同，将玄学换成了道学，又增加了阴阳学。

［文献］《宋书》卷八《明帝本纪》，又见《南史》卷三《宋本纪》，《南史》卷二十二《王昙首传》，《南齐书·百官志》，《资治通鉴》卷一三六："初，宋太宗置总明观以集学士，亦谓之东观。上以国学既立，五月，乙未，省总明观。时王俭领国子祭酒，诏于俭宅开学士馆，以总明四部书充之。"

3. 刘瓛与袁粲论柳

刘瓛少笃学，博通《五经》。聚徒教授，常有数十人。丹阳尹袁粲于后堂夜集，瓛在座，粲指庭中柳树谓下瓛曰："人谓此是刘尹时树，每想高风；今复见卿清德，可谓不衰矣。"

［文献］《南齐书》卷三十九《刘瓛传》。

案：据本传："（泰始）六年，上于华林园茅堂讲《周易》，瓛为执经"。汪春泓《中国文学编年·两晋南北朝卷》考证之，当时明帝有讲学的兴趣，袁粲和刘瓛都参预其事，因此袁粲和刘瓛此番对话可能正在此年。今从之。

4.北魏诏高允兼太常，至兖州祭孔子庙。

皇兴中，诏高允兼太常，至兖州祭孔子庙，谓允曰："此简德而行，勿有辞也。"后允从显祖北伐，大捷而还。

［文献］《魏书》卷四十八《高允传》，《魏书》卷六《显祖纪》。

案：载皇兴四年九月壬申，献文帝至自北伐，饮至策勋，告于宗庙。则祭孔子事当在本年。

5.孙惠蔚师程玄读《礼经》及《春秋》三《传》

十九，师程玄读《礼经》及《春秋》三《传》。周流儒肆，有名于冀方。

［文献］《魏书》卷八四《儒林·孙惠蔚传》，《北史》卷八一《儒林·孙惠蔚传》。

宋泰预元年(北魏延兴二年)　公元 472 年

魏立祀孔子制

　　二年春二月乙巳,孝文帝诏曰:"尼父禀达圣之姿,体生知之量,穷理尽性,道光四海。顷者淮徐未宾,庙隔非所,致令祠典寝顿,礼章殄灭,遂使女巫妖觋,淫进非礼,杀生鼓舞,倡优媟狎,岂所以尊明神敬圣道者也。自今已后,有祭孔子庙,制用酒脯而已,不听妇女合杂,以祈非望之福。犯者以违制论。其公家有事,自如常礼。牺牲粢盛,务尽丰洁。临事致敬,令肃如也,牧司之官,明纠不法,使禁令必行。"

　　[文献]《魏书》卷七《高祖纪上》。

宋元徽元年（北魏延兴三年） 公元 473 年

1. 魏诏封孔子二十八世孙孔乘

夏四月壬子，契丹国遣使朝贡，诏以孔子二十八世孙鲁郡孔乘为崇圣大夫，给十户以供洒扫。

［文献］《魏书》卷七《高祖纪上》。

2. 王俭作《七志》

宋元嘉八年，秘书监谢灵运造《四部目录》，大凡六万四千五百八十二卷。元徽元年，秘书丞王俭又造《目录》，大凡一万五千七百四卷。俭又别撰《七志》：一曰《经典志》，纪六艺、小学、史记、杂传；二曰《诸子志》，纪今古诸子；三曰《文翰志》，纪诗赋；四曰《军书志》，纪兵书；五曰《阴阳志》，纪阴阳图纬；六曰《术艺志》，纪方技；七曰《图谱志》，纪地域及图书。其道、佛附见，合九条。然亦不述作者之意，但于书名之下，每立一传，而又作九篇条例，编乎首卷之中。文义浅近，未为典则。王俭把史书附在《春秋》之中，并将《孝经》放在群经之首，表明魏晋南北朝时极为重视《孝经》学。

［文献］《隋书》卷三十二《经籍志》，《南齐书》卷二十三《王俭传》。

3. 魏献文帝与程骏论《易》《老》之义。

程骏，字驎驹，少孤贫，居丧以孝称。师事刘昞，性机敏好学，昼夜无倦。昞谓门人曰："举一隅而以三隅反者，此子亚之也。"骏谓昞曰："今世名教之儒，咸谓老庄其言虚诞，不切实要，弗可以经世，骏意以为不然。夫老子著抱一之言，庄生申性本之旨，若斯者，可谓至顺矣。人若乖一则烦伪生，若爽性则冲真丧。"晒曰："卿年尚稚，言若老成，美哉！"由是声誉益播，沮渠牧犍擢为东宫侍讲。皇兴中，除高密太守。尚书李敷奏骏史才，留平城。显祖屡引骏与论易老之义，顾谓群臣曰："朕与此人言，意甚开畅。"又问骏曰："卿年几何？"对曰："臣六十有一。"显祖曰："昔太公既老而遭文王。卿今遇朕，岂非早也？"骏曰："臣虽才谢吕望，而陛下尊过西伯。傥天假余年，竭六韬之效。"

　　[文献]《魏书》卷六十《程骏传》。

元徽三年(北魏延兴五年) 公元 475 年

1. 徐爰卒

徐爰(394—475),字长玉,南琅邪开阳(今江苏境内)人。南朝刘宋经学家、史学家。早年为东晋琅邪王大司马府中典军,宋武帝时入侍太子。宋文帝元嘉年间先后任殿中侍御史、南台侍御史、始兴王刘浚后军参军、员外散骑侍郎。宋孝武帝即位前,任命为太常丞。孝建初年(454),补为尚书水部郎,转殿中郎,兼尚书右丞。孝建三年(457),升迁尚书左丞。大明六年(462),为著作郎,奉命撰写《宋书》。乃以何承天、山谦之、苏宝生所撰为基础,起自东晋义熙元年(405),迄孝武帝大明年间(457—464),勒成 65 卷。其中臧质、鲁爽、王僧达等传为孝武帝所撰。徐爰所撰,后沈约据而撰成《宋书》100 卷。前废帝即位后,以徐爰为黄门侍郎,领射声校尉,封吴平县子。宋明帝刘彧即位,为太中大夫。泰始三年(467),刘彧命有司以"事君无礼"之罪,将徐爰发配交州。刘彧逝世后,才得以回京,担任南济阴太守、中散大夫。元徽三年(475),病卒,年八十二。据《隋书·经籍志》,徐爰撰《周易集注系辞》二卷,《礼记音》二卷,以上又见于《二十五史补编·补宋书艺文志》、《经典释文序录疏证》。《旧唐书·经籍志》:"《礼记音》二卷,徐爰撰。"《新唐书·艺文志》:"《礼》,徐爰《音》二卷。"《隋书·经籍志》又著录《宋书》六十五卷,《三国志评》三卷。徐爰所撰《周易系辞注》因韩康伯之注专行而废亡。陆德明《经典释文序录》列东晋以来为《周易系辞》作注者有十人,徐爰为其中之一。又有《宋合皇览》八十卷,《家仪》一卷,见《唐志》。

[文献]《南史》卷七十七《徐爰传》,《宋书》卷九十四《徐爰传》,《宋书》卷一百《自序》。

2. 徐遵明生

据《魏书》及《北史》，魏孝庄帝永安二年，元颢入洛，遵明被乱兵所杀，时年五十五，逆推知其生于是年。

［文献］《魏书》卷八十四《儒林·徐遵明传》："二年，元颢入洛，任城太守李湛将举义兵，遵明同其事。夜至民间，为乱兵所害，时年五十五。"又见《北史》卷八十一《徐遵明传》及同书卷八十一《儒林传序》。

3. 太史叔明生

太史叔明，吴兴乌程（今浙江吴兴县）人。据本传，大同十三年，卒，时年七十三。逆推知其生于是年。

［文献］《梁书》卷四十八《儒林列传》，《南史》卷七一《儒林列传》所著略同。

元徽四年(北魏延兴六年)　公元 476 年

房景先生

房景先,字光胄,卒于神龟元年,时年四十三。逆推知其生于此年。
[文献]《魏书》卷四十三《房法寿》附《房景先传》。

宋昇明元年(北魏太和元年)　公元 477 年

1. 关康之卒

关康之(415—477),字伯愉,河东杨(今山西洪洞县)人。世居京口,寓属南平昌。少而笃学,姿状丰伟。精通经史,著作甚丰。晋陵顾悦之难王弼《易》义四十余条,康之申王难顾,颇有情理。康之作《毛诗义》,经籍疑滞,多所论释。元嘉中,太祖闻康之有学义,除武昌国中军将军,蠲除租税。江夏王刘义恭、广陵王刘诞临南徐州,辟为从事、西曹,并不就。善《左氏春秋》。太祖为领军,素好此学,送《春秋五经》,康之手自点定,并得论《礼记》十余条。弃绝人事,守志闲居,传授儒学。太宗泰始初,与平原明僧绍俱徵为通直郎,又辞以疾。顺帝升明元年卒,时年六十三。

[文献]《宋书》卷九十三《隐逸列传》,又见《南齐书》卷五十四《高逸列传》,《南史》卷七十五《隐逸列传》。

2. 袁粲卒

袁粲(420—477),字景倩,陈郡阳夏(今河南太康)人。粲幼年丧父,祖母哀其幼孤,为其取名愍孙。宋顺帝时任中书监、司徒、侍中。尝著《妙德先生传》,以续嵇康《高士传》。宋明帝时,袁粲曾托道人通公驳顾欢《夷夏论》,以为“孔老教俗为本,释氏出世为宗,发轸既殊,其归亦异。”齐高帝萧道成谋划篡位时,粲密谋杀死萧道成。不果,被杀。袁粲儒学类著作有《左氏解》、《公羊释》、《毛诗拾遗》、《论杂解》等。

[文献]《南史》卷二十六《袁粲传》,又见《宋书》卷八十九《袁粲传》,《宋书》卷九十一《袁粲传》,《南齐书》卷二三、二六,许嵩《建康实录》卷十

四《袁粲传》,《佛祖历代通载》卷八等。

3. 许懋入太学

许懋十四入太学,受《毛诗》,旦领师说,晚而覆讲,座下听者常数十百人,因撰《风雅比兴义》十五卷,盛行于世。尤晓故事,称为"仪注之学"。

[文献]《梁书》卷《许懋传》。

案:据本传,许懋卒于在中大通四年,享年六十九岁,逆推知其十四岁时,当在此年。

4. 孙惠蔚举魏孝廉

太和初,郡举孝廉,对策于中书省。时中书监高闾宿闻惠蔚,称其英辩,因相谈,荐为中书博士。转皇宗博士。

[文献]《魏书》卷八十四《儒林·孙惠蔚传》,《北史》卷八十一《儒林·孙惠蔚传》。

5. 到洽生

到洽,字茂泂,彭城武原人。据本传,大通元年,卒于郡,时年五十一。逆推知其生于是年。

[文献]《梁书》卷二十七《到洽传》。

昇明二年(北魏太和二年)　公元 478 年

1. 刘之遴生

刘之遴,字思贞,太清二年卒,时年七十二岁。逆推知其生于是年。

［文献］《梁书》卷四十《刘之遴传》,《南史》卷五十《刘之遴传》。

2. 贺革生

贺革,字文明。大同六年卒官,时年六十二,逆推知其生于是年。

［文献］《梁书》卷四十八《儒林·贺革传》,又见《南史》卷六十二《贺革传》。

3. 刘芳著《穷通论》

芳虽处穷窘之中,而业尚贞固,聪敏过人,笃志坟典。昼则佣书,以自资给,夜则读诵,终夕不寝,至有易衣并日之弊,而澹然自守,不汲汲于荣利,不戚戚于贱贫,乃著《穷通论》以自慰焉。

［文献］《魏书》卷五十五《刘芳传》。

案:《穷通论》全文已佚,未知写作时间。汪春泓《中国文学编年史·两晋南北朝卷》系于太和二年刘芳被引荐之年,今从之。

昇明三年(南齐建元元年 北魏太和三年)
公元 479 年

1. 虞愿卒

　　虞愿(426—479),字士恭,会稽余姚人。元嘉末为国子生,再迁湘东王国常侍,转浔阳王府墨曹参军。明帝立,以愿儒吏学涉,兼蕃国旧恩,意遇甚厚。除太常丞,尚书祠部郎,通直散骑侍郎,领五郡中正,祠部郎如故。后出为晋平太守,迁中书郎,领东观祭酒。除骁骑将军,迁廷尉。建元元年卒,年五十四。著作有《五经论问》,撰《会稽记》,见本传。

　　[文献]《南齐书》卷五十三《良政列传》,《南史》卷七十《循吏列传》。

2. 齐于襄阳得科斗书《考工记》

　　文惠太子镇雍州,时襄阳有盗发古冢者,相传云是楚王冢,大获宝物玉屐、玉屏风、竹简书、青丝编。简广数分,长二尺,皮节如新。盗以把火自照,后人有得十余简,以示抚军王僧虔,僧虔善识字体,亦不能谙,直云似是科斗书《考工记》《周官》所阙文也。是时州遣按验,颇得遗物,故同异之论。江淹以科斗字推之,则周宣王之简也。简殆如新。"

　　[文献]《南齐书》卷二十一《文惠太子传》,《南史》卷二十二《王僧虔传》,《南史》卷五十九《江淹传》。

　　案:齐初襄阳发现科斗文《考工记》的年份,《南齐书》《南史》所记不同。俞绍初《江淹年谱》记此事于建元元年(479),云:"《文惠太子传》载此于建元二年之前,《南史》本传谓在永明三年。考《南齐书》卷三十三《王僧虔传》，僧虔建元元年为抚军将军，二年进号右将军，则《南史》所言当误。①"刘汝霖《东晋南北朝学术编年》亦将襄阳得古物的时间系于建元元年。今从之。

3. 裴昭明、孔逷、王俭议郊殷之礼

建元元年七月，有司奏："郊殷之礼，未详郊在何年？复以何祖配郊？殷复在何时？未郊得先殷与不？明堂亦应与郊同年而祭不？若应祭者，复有配与无配？不祀者，堂殿职僚毁置云何？"八座丞郎通关博士议。曹郎中裴昭明、仪曹郎中孔逷议："今年七月宜殷祠，来年正月宜南郊明堂，并祭而无配。"殿中郎司马宪议："南郊无配，禴祠如旧；明堂无配，宜应废祀。其殷祠同用今年十月。"右仆射王俭议："案《礼记·王制》，天子先祫后时祭，诸侯先时祭后祫。《春秋》鲁僖二年祫，明年春禘，自此以后，五年再殷。……今大齐受命，建寅创历，郊庙用牲，一依晋、宋。谓宜以今年十月殷祀宗庙。自此以后，五年再殷。来年正月上辛，有事南郊。宜以共日，还祭明堂。又用次辛，禴祀北郊。而并无配。牺牲之色，率由旧章。"诏："可。明堂可更详。"有司又奏："明堂寻礼无明文，唯以《孝经》为正。窃寻设祀之意，盖为文王有配则祭，无配则止。愚谓既配上帝，则以帝为主。今虽无配，不应阙祀。徐邈近代硕儒，每所折衷，其云'郊为天坛，则堂非文庙'，此实明据。内外百司立议已定，如更询访，终无异说。傍儒依史，竭其管见。既圣旨惟疑，群下所未敢详，废置之宜，仰由天鉴。"诏"依旧"。

[文献]《南齐书》卷九《志第一·礼上》。

4. 齐王逡之为国子博士

昇明末，右仆射王俭重儒术。时王逡之以著作郎兼尚书左丞，参定齐国仪礼。初，俭撰《古今丧服集记》，逡之难俭十一条。更撰《世行》五卷。转国子博士。

[文献]《南齐书》卷五十二《文学传·王逡之传》。

---

① 俞绍初：《六朝作家年谱 辑要·下册》，黑龙江教育出版社 1999 年版，第 123 页。

5. 刘瓛谈《孝经》,讲《月令》

　　齐高帝践阼,召瓛入华林园谈语,问以政道。答曰:"政在《孝经》。宋氏所以亡,陛下所以得之是也。"帝咨嗟曰:"儒者之言,可宝万世。"又谓瓛曰:"吾应天革命,物议以为何如?"瓛曰:"陛下戒前轨之失,加之以宽厚,虽危可安;若循其覆辙,虽安必危。"及出,帝谓司徒褚彦回曰:"方直乃尔,学士故自过人。"敕瓛使数入,而瓛自非诏见,未尝到宫门。

　　初,瓛讲《月令》毕,谓学生严植之曰:"江左以来,阴阳律数之学废矣,吾今讲此,曾不得其仿佛。"学者美其退让。时济阳蔡仲熊礼学博闻,谓人曰:"五音本在中土,故气韵调平。今既东南土气偏陂,故不能感动木石。"瓛亦以为然。

　　[文献]《南史》卷五十《刘瓛传》,又见《南齐书》卷三十九《刘瓛传》。

6. 崔祖思奏修文序

　　建元元年,转长兼给事黄门侍郎。上初即位,祖思启陈政事曰:"《礼诰》者,人伦之襟冕,帝王之枢柄。自古开物成务,必以教学为先。世不习学,民罔志义,悖竞因斯而兴,祸乱是焉而作。故笃俗昌治,莫先道教,不得以夷祸革虑,俭泰移业。今无员之官,空受禄力。三载无考绩之效,九年阙登黜之序。国储以之虚匮,民力为之凋散。能否无章,泾渭混流。宜太庙之南,引修文序;司农以北,广开武校。台州列国,限外之职,问其所乐,依方课习,各尽其能。月供僮干,如先充给。若有废堕,遣还故郡。殊经奇艺,待以不次。士修其业,必有异等,民识其利,能无勉励。"

　　[文献]《南齐书》卷二八。

南齐建元二年（北魏太和四年） 公元480年

1. 齐豫章王于荆州立学

南齐建元二年夏，王嶷于南蛮园东南开馆立学，上表言状。置生四十人，取旧族父祖位正佐台郎，年二十五以下十五以上补之；置儒林参军一人，文学祭酒一人，劝学从事二人，行释菜礼。以谷过贱，听民以米当口钱，优评斛一百。

［文献］《南齐书》卷二十二《豫章王嶷传》。又《南齐书》卷五十二《王逡之传》说："国学久废，建元二年，逡之先上表立学，又兼著作，撰《永明起居注》。"

2. 王逡之上表立学

国学久废，建元二年，逡之先上表立学，又兼著作，撰《永明起居注》。

［文献］《南齐书》卷五十二《王逡之传》。

建元三年（北魏太和五年） 公元 481 年

1.齐以刘瓛为会稽郡丞

上又以瓛兼总明观祭酒，除豫章王骠骑记室参军，丞如故，瓛终不就。武陵王晔为会稽太守，上欲令瓛为晔讲，除会稽郡丞，学徒从之者转众。

［文献］《南齐书》卷三十九《刘瓛传》，《南史》卷五十《刘瓛传》。

2.魏徵刘献之典内校书

献之善春秋、毛诗，每讲左氏，尽隐公八年便止，云义例已了，不复须解。由是弟子不能究竟其说。后本郡举孝廉，非其好也，逼遣之，乃应命，至京，称疾而还。高祖幸中山，诏徵典内校书，献之喟然叹曰："吾不如庄周散木远矣！一之谓甚，其可再乎。"固以疾辞。

［文献］《魏书》卷八十四《儒林·刘献之传》，《北史》卷八十一《儒林上·刘献之传》。

案：据《魏书》卷七《高祖纪上》载，孝文帝太和五年"春正月己卯，车驾南巡。丁亥，至中山。亲见高年，问民疾苦。二月辛卯朔，大赦天下。……丁酉，车驾幸信都，存问如中山。癸卯，还中山。"高祖幸中山时，诏徵刘献之典内校书。故系于此。

建元四年（北魏太和六年） 公元 482 年

1. 齐诏立国学

建元四年，春，正月，壬戌，诏曰："夫胶庠之典，彝伦攸先，所以招振才端，启发性绪，弘字黎氓，纳之轨义，是故五礼之迹可传，六乐之容不泯。朕自膺历受图，志阐经训，且有司群僚，奏议咸集，盖以戎车时警，文教未宣，思乐泮宫，永言多慨。今关燧无虞，时和岁稔，远迩同风，华夷慕义。便可式遵前准，修建教学，精选儒官，广延国胄。"

[文献]《南齐书》卷二《高帝本纪》，《南齐书》卷九《礼志上》。

2. 张绪领国子祭酒

张绪，字思曼，吴郡吴人也。祖茂度，会稽太守。父寅，太子中舍人。绪少知名，清简寡欲，州辟议曹从事，举秀才。建平王护军主簿，右军法曹行参军，司空主簿，抚军、南中郎二府功曹，尚书仓部郎。除巴陵王文学，太子洗马，北中郎参军，太子中舍人，本郡中正，车骑从事中郎，中书郎，州治中，黄门郎。宋明帝每见绪，辄叹其清淡。转太子中庶子，本州大中正，迁司徒左长史。复转中庶子，领翊军校尉，转散骑常侍，领长水校尉，寻兼侍中，迁吏部郎，参掌大选。元徽初，东宫罢，选曹拟舍人王俭格外记室，绪以俭人地兼美，宜转秘书丞，从之。绪又迁侍中，出为吴郡太守，迁为祠部尚书，复领中正，迁太常，加散骑常侍，寻领始安王师。升明二年，迁太祖太傅长史，加征虏将军。齐台建，转散骑常侍，世子詹事。建元元年，转中书令，常侍如故。绪善言，素望甚重，太祖深加敬异。四年，初立国学，以绪为太常卿，领国子祭酒，常侍、中正如故。绪既迁官，上以王延之代绪为中书令，时人以此

401

选为得人,比晋朝之用王子敬、王季琰也。绪长于《周易》,言精理奥,见宗一时。常云何平叔所不解《易》中七事,诸卦中所有时义,是其一也。世祖即位,转吏部尚书,祭酒如故。永明元年,迁金紫光禄大夫,领太常。明年,领南郡王师,加给事中,太常如故。三年,转太子詹事,师、给事如故。迁散骑常侍,金紫光禄大夫、师如故。复领中正。绪口不言利,有财辄散之。清言端坐,或竟日无食。门生见绪饥,为之辨餐,然未尝求也。卒时年六十八。

[文献]《南齐书》卷三十三《张绪传》,又见《南史》卷三十一《张绪传》,《南齐书》卷九《礼志一》:"建元四年正月,诏立国学,置学生百五十人,其有位乐入者五十人。生年十五以上,二十已还,取王公已下至三将、著作郎、廷尉正、太子舍人、领护诸府司马谘议经除敕者、诸州别驾治中等见居官及罢散者子孙。悉取家去都二千里为限。太祖崩,乃止。"

案:张绪生卒年不详,仅知其卒时年六十八岁,暂将其事迹系于此年。

3.沈约奉诏撰齐国史

沈约年轻时即有志史学。建元四年未终,被敕撰国史。永明二年,又揭奏兼著作郎,撰次起居注。自兹王役,无暇搜撰。五年春,又被敕撰《宋书》。六年二月毕功,表奏之,诏付秘阁。后成《齐纪》27卷。

[文献]《宋书》卷一百《自序》,又见《南史》卷五七。

案:《梁书》卷十三《沈约传》:"所著《晋书》百一十卷,《宋书》百卷,《齐纪》二十卷,《高祖纪》十四卷,《迩言》十卷,《谥例》十卷,《宋文章志》三十卷,《文集》一百卷。"《史通·古今正史》:"齐史,江淹始受诏著述,以为史之所难,无出于志,故先著其志,以见其才,沈约复著《齐纪》二十篇。梁天监中,太尉录事萧子显启撰齐史,书成,表奏之,诏付秘阁。"赵翼《廿二史札记》卷九:"又有豫章熊襄(襄)著《齐典》,沈约亦著《齐纪》二十卷,江淹撰《齐史》十志,吴均撰《齐春秋》,俱见各本传。"

南齐永明元年(北魏太和七年)　公元 483 年

1.明僧绍卒

明僧绍(?—483),字承烈,平原郡鬲县(今山东德州市)人。其生年不详。南朝著名经学家,宋文帝元嘉年间,举秀才,明经有儒术。永光中,镇北府辟功曹,并不就。隐居长广郡崂山,聚徒立学。魏克淮北,南渡长江。升明中,齐高帝为太傅,教辟明僧绍及顾欢、臧荣绪,以旌币之礼,徵为记室参军,不至。南齐建元元年冬,徵为正员郎,称疾不就。永明元年(483 年),徵国子博士,不就,卒。著有《孝经注》一卷,见《隋书·经籍志》。马国翰辑其《周易系辞明氏注》一卷,

〔文献〕《南齐书》卷五十四《明僧绍传》。

2.谢超宗注《仪礼》

谢超宗(430—483),陈郡阳夏人。好学有文辞,盛得名誉。泰始中,为尚书殿中郎。及齐受禅,为黄门郎。有司奏撰立郊庙歌,敕司徒褚渊、侍中谢朏、散骑侍郎孔稚圭、太学博士王咺之、总明学士刘融、何法冏、何昙秀十人并作,谢超宗辞独见用。齐武帝永明元年(483),使掌国史。除竟陵王征北谘议,领记室。武帝免其官,诏徙越嶲(今四川西昌),行至豫章(今江西南昌),上敕豫章内史虞悰赐死。其著有《仪礼注》二卷,见《新唐志》、《二十五史补编·补南齐书艺文志》。

〔文献〕《南齐书》卷三十六《谢超宗传》,又见《南史》卷十九《谢超宗传》。

3. 王亮、谢朏造《四部目录》

齐永明中,秘书丞王亮、监谢朏,又造《四部书目》,大凡一万八千一十卷。齐末兵火,延烧秘阁,经籍遗散。梁初,秘书监任昉,躬加部集,又于文德殿内列藏众书,华林园中总集释典,大凡二万三千一百六卷,而释氏不豫焉。梁有秘书监任昉、殷钧《四部目录》,又《文德殿目录》。

[文献]《隋书》卷三二《经籍志》。又见《旧唐书·经籍志》:"南齐王亮、谢朏《四部书目》,凡一万八千一十卷。"

4. 陆澄、王俭议国学置经

陆澄于永明元年,转度支尚书。寻领国子博士。时国学置郑、王《易》,杜、服《春秋》,何氏《公羊》,麋氏《穀梁》,郑玄《孝经》。澄谓尚书令王俭曰:"《孝经》,小学之类,不宜列在帝典。"乃与俭书论之曰:"《易》近取诸身,远取诸物,弥天地之道,通万物之情。自商瞿至田何,其间五传。年未为远,无讹杂之失;秦所不焚,无崩坏之弊。虽有异家之学,以象数为宗。数百年后,乃有王弼。王济云弼所悟者多,何必能顿改前儒?若谓《易》道尽于王弼,方须大论。意者无乃仁智殊见,四道异传,无体不可以一体求,屡迁不可以一迁执也。晋太兴四年,太常荀崧请置《周易》郑玄注博士,行乎前代。于时政由王、庾,皆俊神清识,能言玄言,舍辅嗣而用康成,岂其妄然?泰元立王肃《易》,当以在玄、弼之意。元嘉建学之始,玄、弼两立,逮颜延之为祭酒,黜郑置王,意在贵玄,事成败儒。今若不大弘儒风,则无所立学。众经皆儒,惟《易》独玄,玄不可弃,儒不可缺。谓宜并存,所以合无体之义。且弼于注经中已举《系辞》,故不复别注。今若专取弼《易》,则《系》说无注。《左氏》太元取服虔,而兼取贾逵《经》,由服传无《经》,虽在注中,而《传》又有无《经》者故也。今留服而去贾,则《经》有所阙。案杜预注《传》,王弼注《易》,俱是晚出,并贵后生。杜之异古,未如王之夺实,祖述前儒,特举其违。又《释例》之作,所弘惟深。《穀梁》太元旧有麋信注,颜益以范宁,麋犹如故。颜论闰分范注,当以同我者亲。常谓《穀梁》劣,《公羊》为注者又不尽善。竟无及《公羊》之有何休,恐不足两立。必谓范善，便当除麋。世有一《孝经》，题为郑玄注，观其用辞，不与注书相类。案玄自序所注众书，亦无《孝经》。"俭答曰："《易》体微远，实贯群籍，施、孟异闻，周、韩殊旨，岂可专据小王，便为该备？依旧存郑，高同来说。元凯注《传》，超迈前儒，若不列学官，其可废矣。贾氏注《经》，世所罕习，《穀梁》小书，无俟两注，存麋略范，率由旧式。凡此诸义，并同雅论。疑《孝经》非郑所注，仆以此书明百行之首，实人伦所先，《七略》、《艺文》并陈之六艺，不与《苍颉》、《凡将》之流也。郑注虚实，前代不嫌，意谓可安，仍旧立置。"

俭自以博闻多识，读书过澄。澄曰："仆年少来无事，唯以读书为业，且年已倍令君。令君少便鞅掌王务，虽复一览便谙，然见卷轴，未必多仆。"俭集学士何宪等盛自商略，澄待俭语毕，然后谈所遗漏，数千百条，皆俭所未睹。俭乃叹服。俭在尚书省，出巾箱机案杂服饰，令学士隶事，事多者与之。人人各得一两物。澄后来，更出诸人所不知事，复各数条，并夺物将去。

[文献]《南齐书》卷三十九《陆澄传》，《隋书·经籍志》著录《齐永明国学讲周易讲疏》二十六卷。未明时间，暂系于此。

永明二年(北魏太和八年) 公元484年

1. 王俭领齐国子祭酒

永明元年,王俭进号卫军将军,参掌选事。二年,领国子祭酒、丹阳尹。三年,领国子祭酒。叔父僧虔亡,俭表解职,不许。又领太子少傅,本州中正,解丹阳尹。

[文献]《南齐书》卷二十三《王俭传》。

2. 齐定礼乐

永明二年,太子步兵校尉伏曼容表定礼乐。于是诏尚书令王俭制定新礼,立治礼乐学士及职局,置旧学四人,新学六人,正书令史各一人,干一人,秘书省差能书弟子二人。因集前代,撰治五礼,吉、凶、宾、军、嘉也。文多不载。若郊庙庠序之仪,冠婚丧纪之节,事有变革,宜录时事者,备今志。其舆辂旗常,与往代同异者,更立别篇。

[文献]《南齐书》卷九《礼志上》。

案:伏曼容表定礼乐时间,《梁书》卷四十八《儒林·伏曼容传》:"永明初,为太子率更令,侍皇太子讲。卫将军王俭深相交好,令与河内司马宪、吴郡陆澄共撰《丧服义》,既成,又欲与之定礼乐。"《梁书》卷二十五《徐勉传》:"伏寻所定五礼,起齐永明三年,太子步兵校尉伏曼容表求制一代礼乐,于时参议置新旧学士十人,止修五礼,谘禀卫将军丹阳尹王俭,学士亦分住郡中,制作历年,犹未克就。"今依《南齐书》系于是年。

3. 关朗作《易传》

《文中子中说》附录《关子明事》:"关朗,字子明,河东解人。有经济大器,妙极占算,浮沉乡里,不求官达。太和末,余五代祖穆公封晋阳,尚书署朗为公府记室。穆公与谈《易》,各相叹服。帝问《老》《易》,朗既发明玄宗,实陈王道,讽帝慈俭为本,饰之以刑政礼乐。太和八年,徵为秘书郎,迁给事黄门侍郎。俄帝崩,穆公归洛,逾年而第,朗遂不仕。同州府君师之,受《春秋》及《易》,共隐临汾山。"关朗著有《关氏易传》,《宋史·艺文志》著录关朗《易传》一卷。

[文献]隋王通《文中子中说》附录《录关子明事》,《文中子中说》卷十《关朗篇》。

案:关朗的事迹正史无载,庄大钧等《魏晋南北朝经学学术编年》据隋代王通《文中子中说》所载,认为关朗的学术活动是在北魏孝文帝太和年间至宣武帝景明年间,即 477 年到 503 年之间,故将关朗之事系于其应徵为秘书郎的太和八年。今从之。

4. 元延明生

元延明,河南洛阳人。据《魏书·元延明传》,及元颢入洛,延明受颢委寄,率众守河桥。颢败,遂将妻子奔萧衍,死于江南。又据《元延明墓志》,元延明:"以梁中大通二年三月十日,薨于建康,春秋卅七。"其卒年为530 年,春秋四十七,则其当生于是年。

[文献]《魏书》卷二十《文成五王·元延明传》。

5. 李谧生

李谧,字永和,延昌四年卒,年三十二。逆推知其生于是年。

[文献]《魏书》卷九十《逸士列传·李谧传》,《北史》卷三十三《李谧传》。

永明三年(北魏太和九年) 公元 485 年

1. 北魏孝文帝令禁《孔子闭房记》

《孔子闭房记》乃预言类书,是将所传帝王易姓受命之说,均附之于孔子。九年春正月戊寅,孝文帝诏曰:"图谶之兴,起于三季,既非经国之典,徒为妖邪所凭。自今图谶、秘纬及名为《孔子闭房记》者,一皆焚之。留者以大辟论,又诸巫现假称神鬼,妄说吉凶。及委巷诸卜非坟典所载者,严加禁断。"孝文帝认为《孔子闭房记》既非经国之典,又多被妖邪者所利用,宣扬种种迷信,于是下令严加禁断。但该书在隋代仍有流行,有道士桓法嗣者,曾向王世充上此书以讨好。

[文献]《魏书》卷七《高祖纪上》,《北史》卷三《魏本纪》,《隋书》卷八十五《王世充传》、此前禁图谶之事。亦见《三国志》卷二十三《魏书·常林传》。

2. 齐立国学

三年春正月诏立学,创立堂宇,召公卿子弟下及员外郎之胤,凡置生二百人。诏曰:"《春秋国语》云:'生民之有学斅,犹树木之有枝叶。'果行育德,咸必由兹。在昔开运,光宅华夏,方弘典谟,克隆教思,命彼有司,崇建庠塾。甫就经始,仍离屯故,仰瞻徽猷,岁月弥远。今遐迩一体,车轨同文,宜高选学官,广延胄子。"又诏守宰亲民之要,刺史案部所先,宜严课农桑,相土揆时,必穷地利。若耕蚕殊众,足厉浮堕者,所在即便列奏。其违方骄矜,佚事妨农,亦以名闻。将明赏罚,以劝勤怠。校覈殿最,岁竟考课,以申黜陟。

[文献]《南齐书》卷三《武帝纪》,《南齐书》卷九《礼志上》,《南齐书》卷二十三《王俭传》。

永明四年（北魏太和十年） 公元 486 年

1. 魏改中书学为国子学

魏于太和中九月辛卯，诏起明堂、辟雍，改中书学为国子学。尊三老五更，又开皇子之学。

［文献］《魏书》卷七《高祖纪下》，《魏书》卷八十四《儒林列传》，《北史》卷八十一《儒林列传》，《通典》卷五十三《礼十三》。

2. 平恒卒

平恒（411—486），字继叔，燕国蓟人。祖视，父儒，并仕慕容为通宦。恒耽勤读诵，研综经籍，钩深致远，多所博闻。自周以降，暨于魏世，帝王传代之由，贵臣升降之绪，皆撰录品第，商略是非，号曰《略注》，合百余篇。好事者览之，咸以为善焉。安贫乐道，不以屡空改操。徵为中书博士。久之，出为幽州别驾。廉贞寡欲，不营资产，衣食至常不足，妻子不免饥寒。后拜著作佐郎，迁秘书丞。时高允为监，河间邢祐、北平阳斝、河东裴定、广平程骏、金城赵元顺等为著作佐郎，虽才学互有短长，然俱为称职，并号长者。允每称博通经籍无过恒也。太和十年，以恒为秘书令，而恒固请为郡，未授而卒，时年七十六。赠平东将军、幽州刺史、都昌侯，谥曰康。

［文献］《魏书》卷八十四《儒林·平恒传》，又见《北史》卷八十一《儒林上·平恒传》。

409

永明五年（北魏太和十一年） 公元 487 年

1. 齐萧子良集《四部要略》千卷

萧子良少有清尚，礼才好士，倾意宾客，天下才学之士集之。永明五年，萧子良为司徒。移居鸡笼山邸，集学士抄五经、百家之书，依曹魏《皇览》之例，撰《四部要略》千卷。

[文献]《南齐书》卷四十《武十七王列传》，《南史·齐武帝诸子列传》略同。

2. 齐太子长懋临国学策试诸生

太子重视儒学。五年冬，太子临国学，亲临策试诸生，于坐问少傅王俭曰：“《曲礼》云‘无不敬’。寻下之奉上，可以尽礼，上之接下，慈而非敬。今总同敬名，将不为昧？”俭曰：“郑玄云‘礼主于敬’，便当是尊卑所同。”太子曰：“若如来通，则忠惠可以一名，孝慈不须另称。”俭曰：“尊卑号称，不可悉同，爱敬之名，有时相次。忠惠之异，诚以圣旨，孝慈互举，窃有征据。《礼》云‘不胜丧比于不慈不孝’，此则其义。”如此往来反复数次。太子问金紫光禄大夫张绪，绪曰：“愚谓恭敬是立身之本，尊卑所以并同。”太子曰：“敬虽立身之本，要非接下之称。《尚书》云‘惠鲜鳏寡’，何不言恭敬鳏寡邪？”绪曰：“今别言之，居然有恭惠之殊，总开记首，所以共同斯称。”竟陵王子良曰：“礼者敬而已矣。自上及下，愚谓非嫌。”太子曰：“本不谓有嫌，正欲使言与事符，轻重有别耳。”临川王映曰：“先举必敬，以明大体，尊卑事数，备列后章，亦当不以总略而碍。”太子又以此义问诸学生，谢几卿等十一人，并以笔对。

[文献]《南齐书》卷二十一《文惠太子传》。

3. 高允卒

高允(390—487),字伯恭,渤海蓨县(今河北景县)人。允少孤夙成,有奇度,清河崔玄伯见而异之。年十余,奉祖父丧还本郡,推财与二弟而为沙门,名法净。未久而罢。性好文学,担笈负书,千里就业。博通经史天文术数,尤好《春秋公羊》。郡召功曹。神䴥四年(431),为中书博士,迁中书侍郎。后与司徒崔浩共同参修《国记》,以本官领著作郎。"国史之狱"中将受极刑,受到景穆太子营救。后拜中书令、封咸阳公,加号镇东将军。出为散骑常侍、徵西将军、怀州刺史。太和二年(478),高允因年老乞归,未准,于是因病告老还乡。第二年,皇上徵召,到都城后,拜为镇军大将军、领中书监。太和十年(486),加封高允为光禄大夫,金章紫缓。高允历仕五朝,备受尊礼,十一年正月卒,年九十八。朝廷赠以重礼,追赠侍中、司空公、冀州刺史、将军,谥号"文"。所著有《左氏解》、《公羊释》、《毛诗拾遗》、《论杂解》、《议何郑膏肓事》、《名字论》等,见本传。

[文献]《魏书》卷四十八《高允传》。

永明六年(北魏太和十二年) 公元 488 年

1. 沈约上《宋书》

齐建元四年,沈约被敕撰国史,永明二年又兼著作郎,撰次起居注。五年春又被敕撰《宋书》,六年二月毕功,表上之。其所撰国史为《齐纪》二十卷。

[文献]《南史》卷五十七《沈约传》,《宋书·自序》。

案:沈约在《宋书·自序》说修《宋书》是在永明五年春,六年二月毕功,所化时间仅一年。宋朝修撰国史的工作,在宋文帝元嘉十六年(439)就已经开始。当时由何承天草立纪传,编写了天文志和律历志,后由山谦之、裴松之、苏宝生等陆续参编。徐爰参考前人旧稿,编成《国史》,上自东晋义熙元年(405),下讫大明时止。《隋书·经籍志》著录徐爰《宋书》六十五卷,后佚。《太平御览》现保存了徐爰《宋书》的残篇。宋孝武帝做过部分撰写宋代历史的工作。沈约于南齐永明五年(487)被敕修宋史。沈约在何承天、徐爰等人的旧作基础上,补充修订,尤其补充了永光至齐开国这十多年的历史,历时一年,至永明六年(488)二月完成纪、传两部分七十卷。沈约在奏文中说"所撰诸志,须成续上",可见《宋书》的八志三十卷,是后来续成的。至《宋书》最后定稿,当在齐萧鸾称帝(494)以后,甚至在梁武帝即位(502)以后了。后来裴子野删是书为 20 卷,称《宋略》。史家认为此《略》较约著为上。南齐时著史者尚有孙严《宋书》六十五卷,王智深《宋纪》三十卷,王琰《宋春秋》二十卷,鲍衡卿《宋春秋》二十卷。可惜皆亡佚,流传下来比较完整的,就只有沈约的《宋书》了。对于刘宋时期的儒学研究来说,《宋书》有重要的史料价值。

2. 齐徵沈驎士为太学博士,不就

昇明末,太守王奂上表荐之,诏徵为奉朝请,不就。永明六年,吏部郎沈渊、中书郎沈约又表荐驎士义行,曰:"吴兴沈驎士,英风凤挺,峻节早树,贞粹禀于天然,综博生乎笃习。家世孤贫,藜藿不给,怀书而耕,白首无倦,挟琴采薪,行歌不辍。长兄早卒,孤侄数四,摄冱鞠稚,吞苦推甘。年逾七十,业行无改。元嘉以来,聘召仍叠。玉质逾洁,霜操日严。若使闻政王庭,服道槐掖,必能孚朝规于边鄙,播圣泽于荒垂。"诏又徵为太学博士;建武二年,徵著作郎;永元二年,徵太子舍人;并不就。

[文献]《南齐书》卷五十四《高逸·沈麟士传》,又见《南史》卷七十六《隐逸下·沈麟士传》。

3. 魏改中书学为国子学

太和中,改中书学为国子学,建明堂辟雍,尊三老五更,又开皇子之学。

[文献]《魏书》卷八十四,又《北史》卷八十一。

4. 梁祚卒

梁祚(402—488),北地泥阳人。父劲,皇始二年归国,拜吏部郎,出为济阳太守。至祚,居赵郡。祚笃志好学,历治诸经,尤善《公羊春秋》、郑氏《易》,常以教授。有儒者风,而无当世之才。与幽州别驾平恒有旧,又姊先适范阳李氏,遂携家人侨居于蓟。积十余年,虽羁贫窘而著述不倦。恒时相请屈,与论经史。辟秘书中散,稍迁秘书令。为李䜣所排,摈退为中书博士。后出为统万镇司马,徵为散令。撰并陈寿《三国志》,名曰《国统》。又作《代都赋》,颇行于世。清贫守素,不交势贵。年八十七。太和十二年卒。著有《魏国统》,又作《代都赋》,见本传。《隋书·经籍志》云:"《魏国统》二十卷,梁祚撰。"

[文献]《魏书》卷八十四《儒林·梁祚传》,又《北史》卷八十一《儒林

上·梁祚传》,《册府元龟》卷七百六十八。

5. 马子结入洛

马子结者,其先扶风人,世仕凉土,魏太和中入洛。父祖俱清官。子结及兄子廉、子尚三人,皆涉文学。阳休之牧西兖,子廉、子尚、子结与诸朝士各有赠诗。阳总为一篇酬答。诗云:"三马皆白眉"者也。子结为南阳王绰管记,随绰定州。绰每出游猎,必令子结走马从禽。子结既儒缓,衣垂帽落,或叫或啼,令骑驱之,非坠马不止。绰以为笑。由是渐见亲狎,启为谘议焉。

[文献]《北史》卷八十一《儒林上·马子结传》。

案:马子结生卒年无所考,据《北史·儒林上》,马子结于魏太中入洛,暂系其事于此年。

6. 锺嵘为国子生

锺嵘,字仲伟,颍川长社人,晋侍中雅七世孙也。父蹈,齐中军参军。嵘与兄岏、弟屿并好学,有思理。嵘,齐永明中为国子生,明《周易》,卫军王俭领祭酒,颇赏接之。

[文献]《梁书》卷四十九《锺嵘传》。

案:据本传,锺嵘于齐永明中为国子生,故系于此年。

7. 臧荣绪卒

臧荣绪(415—488),东莞莒(今山东莒县)人。祖奉先,建陵令,父庸民,国子助教。荣绪幼孤,躬自灌园,以供祭祀。母丧后,乃著《嫡寝论》,扫洒堂宇,置筵席,朔望辄拜荐,甘珍未尝先食。纯笃好学,括东西晋为一书,纪、录、志、传百一十卷。隐居京口教授。南徐州辟西曹,举秀才,不就。太祖为扬州,徵荣绪为主簿,不到。荣绪惇爱《五经》,谓人曰:"昔吕尚奉丹书,武王致斋降位,李、释教诫,并有礼敬之仪。"因甄明至道,乃著《拜五经序论》。常以宣尼生庚子日,陈《五经》拜之。自号"被褐先生"。

又以饮酒乱德，言常为诫。永明六年卒，年七十四。其著《拜五经序论》已佚，又著《晋书》一百一十卷，见《隋书·经籍志》、《新唐书·艺文志》、《旧唐书·经籍志》。原书已佚，今有清汤球辑本十七卷，又补遗一卷，收入《广雅书局丛书》。清黄奭辑本，共 204 条，收入《汉学堂丛书》。臧荣绪《晋书》参考已有成果，使各体具备，为唐代李世民主持、房玄龄等著《晋书》提供了蓝本，也为此后研究儒学提供了史料。

[文献]《南齐书》卷五十四《臧荣绪传》，《南史》卷七十六《臧荣绪传》。

8. 皇侃生

皇侃，吴郡人。据本传，皇侃因感心疾，大同十一年，卒于夏首，时年五十八。逆推知其生于是年。

[文献]《梁书》卷四十八《儒林列传》，《南史》卷七十一《儒林列传》所著略同。

9. 熊安生生

熊安生，北朝著名经学家。据本传，武帝宣政元年（公元 578 年），拜露门学博士，下大夫。其时年已八十余，寻致仕，卒于家。钱大昕《疑年录》卷一："植之卒于周宣政元年戊戌。计其生年当在后魏太和中。"姑系其生年于此。

[文献]《北史》卷八十二《熊安生传》，又见《周书》卷四五《熊安生传》。

永明七年(北魏太和十三年)　公元 489 年

1. 齐王俭卒

王俭(452—489),字仲宝,琅琊临沂人。祖父昙首,曾任宋右光禄。父亲王僧绰,官至金紫光禄大夫。王俭出生时,其父遇害,叔父僧虔收养了他。后袭封爵位为豫宁侯。王俭幼有神彩,专心笃学,手不释卷。解褐秘书郎,太子舍人,超迁秘书丞。上表求校坟籍,依《七略》撰《七志》四十卷,上表献之,表辞甚典。又撰定《元徽四部书目》。后历任司徒右长史、义兴太守、黄门郎,转任吏部郎。太祖为太尉,引为右长史,恩礼隆密,专见任用。转左长史。齐台建,迁右仆射,领吏部,时年二十八。建元元年,改封南昌县公,明年,转左仆射。后领太子詹事,永明元年,进号卫军将军,参掌选事。二年,领国子祭酒、丹阳尹。三年,领国子祭酒。又领太子少傅,本州中正。是岁,省总明观,于俭宅开学士馆,悉以四部书充俭家,又诏俭以家为府。四年,以本官领吏部。俭长礼学,谙究朝仪,每博议,证引先儒,罕有其例。八座丞郎,无能异者。七年,上表固辞,见许。改领中书监,参掌选事。其年疾,上亲临视。薨,年三十八。王俭推崇儒学,被誉为当时儒宗(《梁书·儒林传》语)。他参加了典章礼仪的制定,有许多礼学研究著作,如《古今丧服集记》,见本传。《隋书·经籍志》云:《古今丧服集记》三卷,《丧服图》一卷、《礼答问》三卷,《礼论要钞》十卷,《礼仪答问》八卷,《吊答仪》十卷,《吉书仪》二卷。又有《尚书音义》四卷,《春秋公羊音》二卷,见《唐志》。严可均《全宋文》辑其礼仪之文。马国翰辑《丧服古今集记》一卷,《礼义答问》一卷。

[文献]《南齐书》卷二十三《王俭传》,卷三《武帝纪》。

2. 刘瓛卒

刘瓛(434—489),字子珪,小名阿称,南齐沛国(今江苏沛县)人。晋丹阳尹惔六世孙。少笃学,博通《五经》。瓛姿状纤小,但儒学冠于当时,京师士子贵游莫不下席受业。当世推为大儒,以比古曹郑。其性谦率通美,不以高名自居。七年,表世祖为瓛立馆,瓛曰:"室美为人灾,此华宇岂吾宅邪? 幸可诏作讲堂,犹恐见害也。"未及徙居,遇病,子良遣从瓛学者彭城刘绘、顺阳范缜将厨于瓛宅营斋。永明七年卒,时年五十六。天监元年(502),诏立碑,谥"贞简先生"。其著有《周易乾坤义》一卷,《周易四德例》一卷,亡,见《隋书·经籍志》;《周易系辞义疏》二卷、《毛诗序义疏》三卷,《毛诗篇次义》一卷,《丧服经传义疏》一卷,以上并见《隋书·经籍志》;《毛诗杂义注》三卷,亡,《隋书·经籍志》未录作者,疑为刘瓛。有集三十卷,今佚。马国翰辑有《孝经刘氏说》一卷,《周易刘氏义疏》一卷,《毛诗序义疏》一卷,

[文献]《南齐书》卷三十九《刘瓛传》。《全齐文》卷十八。

3. 齐使何胤撰新礼

尚书令王俭受诏撰新礼,未就而卒。又使特进张绪续成之,绪又卒;属在司徒竟陵王子良,子良以让胤,乃置学士二十人,佐胤撰录。

[文献]《梁书》卷五十一《处士·何点传》。

案:据刘汝霖《东晋南北朝学术编年》考证,《梁书·徐勉传》中勉上《五礼表》有云:"以事付国子祭酒何胤,经涉九载,犹复未备。建武四年,胤还东山。"自建武四年至是,恰为九年,故志其事于此。今从之。

4. 齐立孔子庙于京师,诏崇祀孔子

永明七年二月己丑,齐立孔子庙于京师。诏曰:"宣尼诞敷文德,峻极自天,发辉七代,陶钧万品,英风独举,素王谁匹。功隐于当年,道深于日月。感麟厌世,缅邈千祀,川竭谷虚,丘夷渊塞,非但洙泗湮沦,至乃飨尝

417

乏主。前王敬仰，崇修寝庙，岁月亟流，鞠为茂草。今学敩兴立，实禀洪规，抚事怀人，弥增钦属。可改筑宗祊，务在爽垲。量给祭秩，礼同诸侯。奉圣之爵，以时绍继。"这是齐代崇儒的举措。

[文献]《南齐书》卷三《武帝本纪》。

5. 魏孝文帝临皇信堂引见群臣论禘、祫之义

尚书游明根、左丞郭祚、中书侍郎封琳、著作郎崔光等对曰："郑氏之义，禘者大祭之名。大祭圆丘谓之禘者，审谛五精星辰也；大祭宗庙谓之禘者，审禘其昭穆。圆丘常合不言祫，宗庙时合故言祫。斯则宗庙祫禘并行，圆丘一禘而已。宜于宗庙俱行禘祫之礼。二礼异，故名殊。依礼，春废犆礿，于尝于蒸则祫，不于三时皆行禘祫之礼。"

[文献]《魏书》卷一百零八之一《礼志四之一》。

永明八年(北魏太和十四年)　公元 490 年

1. 齐萧子懋上《春秋例苑》

晋安王子懋,字云昌,世祖第七子。初封江陵公。永明三年,为持节、都督南豫豫司三州、南中郎将、南豫州刺史。鱼复侯子响为豫州,子懋解督。四年,进号征虏将军。南豫新置,力役寡少,加子懋领宣城太守。明年,为监南兖兖徐青冀五州军事、后将军、南兖州刺史,持节如故。六年,徙监湘州、平南将军、湘州刺史。明年,加持节、都督。八年,进号镇南将军。撰《春秋例苑》三十卷奏之,世祖嘉之,敕付秘阁八年,进号镇南将军,以是年撰《春秋例苑》三十卷,奏之,齐主敕付秘阁。延兴元年,加侍中。闻鄱阳、随郡二王见杀,欲起兵赴难。后被琳之以袖鄣面,使人害之。时年二十三。先是启求所好书,上又曰:"知汝常以书读在心,足为深欣也。"赐子懋杜预手所定《左传》及《古今善言》。《二十五史补编·补南齐书艺文志》:"《春秋例苑》三十卷。晋安王萧子懋撰。据《南齐书》本传。今佚。"

[文献]《南齐书》卷四十《武十七王》,《南史》卷四十四《齐武帝诸子传》。

2. 魏高祐上奏参造国书

高祖拜祐秘书令。后祐与丞李彪等奏曰:"臣等闻典谟兴,话言所以光著;载籍作,成事所以昭扬。然则《尚书》者记言之体,《春秋》者录事之辞。寻览前志,斯皆言动之实录也。夏殷以前,其文弗具,自周以降,典章备举。史官之体,文质不同;立书之旨,随时有异。至若左氏,属词比事,两致并书,可谓存史意,而非全史体。逮司马迁、班固,皆博识大才,论叙今古,曲有条章,虽周达未兼,斯实前史之可言者也。至于后汉、魏、晋咸以放焉。惟圣朝创制上古,开基《长发》,自始均以后,至于成帝,其间世数久远,是以史弗能传。臣等疏陋,忝当史职,披览《国记》,窃有志焉。愚谓自王业始基,庶事草创,皇始以降,光宅中土,宜依迁固大体,令事类相从,纪传区别,表志殊贯,如此修缀,事可备尽。伏惟陛下先天开物,洪宣帝命,太皇太后淳曜二仪,惠和王度,声教之所渐洽,风译之所覃加,固已义振前王矣。加太和以降,年未一纪,然嘉符祯瑞,备臻于往时;洪功茂德,事萃于曩世。会稽仁玉牒之章,岱宗想石记之列。而秘府策勋,述美未尽。将令皇风大猷,或阙而不载;功臣懿绩,或遗而弗传。著作郎已下,请取有才用者,参造国书,如得其人,三年有成矣。然后大明之德功,光于帝篇;圣后之勋业,显于皇策。佐命忠贞之伦,纳言司直之士,咸以备著载籍矣。"高祖从之。

[文献]《魏书》卷五十七《高祐传》,《北史》卷三十一《高祐传》。

3. 魏孝文帝诏令高祐、李彪、崔光撰国纪

自成帝以来至于太和,崔浩、高允著述《国书》,编年序录,为《春秋》之体,遗落时事,三无一存。彪与秘书令高祐始奏从迁固之体,创为纪传表志之目焉。

[文献]《魏书》卷六十二《李彪传》,卷五十七《高祐传》、《北史》卷四十、卷四十四。

永明九年(北魏太和十五年)　公元491年

1. 徐遵明师屯留王聪

年十七,随乡人毛灵和等诣山东求学。至上党,乃师屯留王聪,受《毛诗》、《尚书》、《礼记》。

[文献]《魏书》卷八十四《儒林·徐遵明传》,《北史》卷八十一《徐遵明传》。

2. 魏高祐上疏论选举,又于西兖州立学

高祖从容问祐曰:"比水旱不调,五谷不熟,何以止灾而致丰稔?"祐对曰:"昔尧汤之运,不能去阳九之会。陛下道同前圣,其如小旱何?但当旌贤佐政,敬　授民时,则灾消穰至矣。"又问止盗之方,祐曰:"昔宋钧树德,害兽不过其乡;卓茂善教,蝗虫不入其境。彼盗贼者,人也,苟训之有方,宁不易息。当须宰守贞　良,则盗止矣。"祐又上疏云:"今之选举,不采职治之优劣,专简年劳之多少,斯非尽才之谓。宜停此薄艺,弃彼朽劳,唯才是举,则官方斯穆。又勋旧之臣,虽年勤可录,而才非抚人者,则可加之以爵赏,不宜委之以方任。所谓王者可私人以　财,不私人以官者也。"高祖皆善之。加给事中、冀州大中正,余如故。时李彪专统著作,祐为令,时相关豫而已。

出为持节、辅国将军、西兖州刺史,假东光侯,镇滑台。祐以郡国虽有太学,县党宜有黉序,乃县立讲学,党立教学,村立小学。又令一家之中,自立一碓,五家之外,共造一井,以供行客,不听妇人寄舂取水。又设禁贼之方,令五五相保,若盗发则连其坐。初虽似烦碎,后风化大行,寇盗止息。

[文献]《魏书》卷五十七《高祐传》,《北史》卷三十一《高祐传》。

永明十年（北魏太和十六年） 公元492年

1. 魏改孔子谥

孝文太和十六年春二月丁未，改谥宣尼曰文圣尼父，告谥孔庙。……甲寅，幸皇宗学，亲问博士经义。其诏书曰："法施于人，祀有明典，立功垂惠，祭有例程。其孟春应祀者，顷以事殷，遂及今日。可令以仲月而飨祀焉。凡在祀令者有五。帝尧树则天之功，兴巍巍之治，可祀于平阳。虞舜播太平之风，致无为之化，可祀于广宁。夏禹御洪水之灾，建天下之利，可祀于安邑。周文公制礼作乐，垂范万叶，可祀于洛阳。其宣尼庙已于中省，别敕有司行事。自文公以上，可令当界牧守，各随所近，摄行祀事，皆用清酌尹祭也。"首次把《祭法》原则明确纳入国家法典之中。

［文献］《魏书》卷七下《高祖纪下》，《通典》卷五十三《礼十三》。

2. 裴子野撰《宋略》二十卷

初，子野曾祖松之，宋元嘉中受诏续修何承天宋史，未成而卒，子野常欲继成先业。及齐永明末，沈约所撰《宋书》称"松之已后无闻焉"。子野更撰为《宋略》二十卷，其叙事评论多善，而云"戮淮南太守沈璞，以其不从义师故也"。约惧，徒跣谢之，请两释焉。叹其述作曰："吾弗逮也。"兰陵萧琛言其评论可与《过秦》、《王命》分路扬镳。于是吏部尚书徐勉言之于武帝，以为著作郎，掌修国史及起居注。"

［文献］《南史》卷三十三《裴子野传》，又见《梁书》卷三十《裴子野传》。

3. 魏孝文帝幸皇宗学

北魏太和十六年夏四月甲寅,孝文帝幸皇宗学,亲问博士经义。

[文献]《魏书》卷七下《高祖纪》,《五礼通考》卷一百七十二。

4. 魏孝文帝诏令高闾定乐

北魏太和十六年春,高祖诏曰:"礼乐之道,自古所先,故圣王作乐以和中,制礼以防外。然音声之用,其致远矣,所以通感人神,移风易俗。至乃箫韶九奏,凤皇来仪;击石拊石,百兽率舞。有周之季,斯道崩缺,故夫子忘味于闻韶,正乐于返鲁。逮汉魏之间,乐章复阙,然博采音韵,粗有篇条。自魏室之兴,太祖之世尊崇古式,旧典无坠。但干戈仍用,文教未淳,故令司乐失治定之雅音,习不典之繁曲。比太乐奏其职司,求与中书参议。览其所请,愧感兼怀。然心丧在躬,未忍闻此。但礼乐事大,乃为化之本,自非通博之才,莫能措意。中书监高闾器识详富,志量明允,每间陈奏乐典,颇体音律,可令与太乐详采古今,以备兹典。其内外有堪此用者,任其参议也。"闾历年考度,粗以成立,遇迁洛不及精尽,未得施行。寻属高祖崩,未几,闾卒。

[文献]《魏书》卷一百九《乐志五》,又见《资治通鉴》卷一百三十七《齐纪三》。

5. 何胤转齐国子祭酒

永明十年,迁侍中,领步兵校尉,转为国子祭酒。郁林嗣位,胤为后族,甚见亲待。

[文献]《南齐书》卷五十四《列传第三十五·何胤传》。

6. 徐遵明师事张吾贵

一年,便辞聪诣燕赵,师事张吾贵。吾贵门徒甚盛,遵明伏膺数月,乃私谓其友人曰:"张生名高而义无检格,凡所讲说,不惬吾心,请更从师。"
遂与平原田猛略就范阳孙买德受业。

[文献]《魏书》卷八十四《儒林·徐遵明传》,《北史》卷八十一《徐遵明传》。

永明十一年(北魏太和十七年)　公元 493 年

1. 齐武帝赐萧子懋杜预手定《左传》及《古今善言》

　　初,子懋镇雍,世祖敕以边略曰:"吾比连得诸处启,所说不异,虏必无敢送死理,然为其备,不可暂懈。今秋犬羊辈越逸者,其亡灭之徵。吾今亦行密纂集,须有分明指的,便当有大处分。今普敕镇守,并部偶民丁,有事即便应接运,已敕更遣,想行有至者,汝共诸人量觅,可使人数往南阳舞阴诸要处参觇。粮食最为根本,更不忧人仗,常行视驿亭马,不可有废阙。并约语诸州,当其堁皆尔,不如法,即问事。"又曰:"吾敕荆、郢二镇各作五千人阵,本拟应接彼耳。贼若送死者,更即呼取之。已敕子真,鱼继宗、殷公愍至镇,可以公愍为城主,三千人配之便足。汝可好以阶级在意,勿得人求,或超五三阶。及文章诗笔,乃是佳事,然世务弥为根本,可常忆之。汝所启仗,此悉是吾左右御仗也,云何得用之。品格不可乖,吾自当优量觅送。"先是启求所好书,上又曰:"知汝常以书读在心,足为深欣也。"赐子懋杜预手所定《左传》及《古今善言》。

　　[文献]《南齐书》卷四十《武十七王传·晋安王子懋传》

　　案:据《南齐书·晋安王子懋传》:"十一年,晋安王子懋为雍州,子隆复解督。"故系于此。

2. 魏孝文帝幸太学观《石经》

　　太和十七年九月壬申,魏孝文帝观洛桥,幸太学,观石经。

　　[文献]《魏书》卷七下《高祖纪下》。

3. 魏诏经始洛阳

十有七年冬十月戊寅朔,幸金墉城。诏征司空穆亮与尚书李冲、将作大匠董爵经始洛京。

[文献]《魏书》卷七下《高祖纪》。

4. 顾越生

顾越,字允南,据本传,太建元年卒于家,年七十七。逆推知其生于是年。

[文献]《南史》卷七十一《顾越传》,又见《陈书》卷三十三《顾越传》。

建武元年(隆昌元年　北魏太和十八年)
公元494年

1.陆澄卒

　　陆澄(425—494),字彦渊,吴郡吴(今江苏苏州)人。祖邵,临海太守,父瑗,州从事。澄少好学,博览无所不知,行坐眠食,手不释卷。起家太学博士,补太常丞,郡主簿,北中郎行参军。宋泰始初为尚书殿中郎,转通直郎,兼中书郎。明年,转给事中,秘书监,迁吏部。四年,复为秘书监,领国子博士。迁都官尚书,出为辅国将军、镇北镇军二府长史,廷尉,领骁骑将军。隆昌元年卒,年七十。当时国学置郑、王《易》,杜、服《春秋》,何氏《公羊》,麋氏《榖梁》,郑玄《孝经》。陆澄主张《孝经》、小学之类,不宜列在帝典。陆澄与俭书陈:"王弼注《易》,玄学之所宗。今若弘儒,郑注不可废。并言《左氏》杜学之长。《榖梁》旧有麋信,近益以范宁,不足两立。世有一《孝经》,题为郑玄注,观其用辞,不与注书相类。案玄自序所注众书,亦无《孝经》。且为小学之类,不宜列在帝典。"陆澄认为"若不大弘儒风,则无所立学,众经皆儒,惟《易》独玄,玄不可弃,儒不可缺,谓宜并存,所以合无体之义"。主张《易》之儒、玄两存为宜。陆澄乃南朝齐藏书大家,张率曰:"澄家坟籍,人所罕见也。"王俭戏之曰:"陆公,书厨也。"晚年欲撰《宋书》未成。《隋书·经籍志》录其《杂传》十九卷,

　　[文献]《南齐书》卷三十九《陆澄传》。

2. 吴苞不就太学博士

吴苞,字天盖,濮阳鄄城(今山东菏泽)人。南朝著名学者。儒学该通,对玄学亦有研究,善《三礼》及《老子》、《庄子》。宋泰始中过江,聚徒教学。冠黄葛巾,竹麈尾,蔬食二十余年。与刘瓛俱于褚彦回宅讲授。瓛讲《礼》,苞讲《论语》、《孝经》,诸生朝听瓛,晚听苞也。南朝齐隆昌元年,朝廷以其"栖志穷谷,秉操贞固,沉情味古,白首弥厉",下诏徵为太学博士,不就。始安王遥光及江祏、徐孝嗣共为立馆于钟山下教授,朝士多到门焉,当时称其儒者。自刘瓛以后,聚徒讲授,唯苞一人而已。以寿终。时有赵僧岩、蔡荟,皆有景行,慕苞为人。吴苞生卒年无可考。南朝齐隆昌元年苞不应朝廷之徵,今将其事迹系于是年。

[文献]《南齐书》卷五十四《高逸列传》,又见《南史》卷七十六《隐逸列传下》。

3. 江祏荐诸葛璩于齐明帝

齐建武初,南徐州行事江祏荐璩于明帝曰:"璩安贫守道,悦《礼》敦《诗》,未尝投刺邦宰,曳裾府寺,如其简退,可以扬清厉俗。请辟为议曹从事。"帝许之,璩辞不去。

[文献]《梁书》卷五十一《处士传·诸葛璩传》。

4. 北魏孝文帝迁都洛阳

戊申,亲告太庙,奉迁神主。辛亥,车驾发平城宫。壬戌,次于中山之唐湖。乙丑,分遣侍臣巡问民所疾苦。己巳,幸信都。庚午,诏曰:"比闻缘边之蛮,多有窃掠,致有父子乖离,室家分绝,既亏和气,有伤仁厚。方一区宇,子育万姓,若苟如此,南人岂知朝德哉?可诏荆、郢、东荆三州勒敕蛮民,勿有侵暴。"丁丑,车驾幸邺。甲申,经比干之墓,伤其忠而获戾,亲为吊文,树碑而刊之。己丑,车驾至洛阳。十有二月辛丑朔,遣行征南将军薛真度督四将出襄阳,大将军刘昶出义阳,徐州刺史元衍出钟离,平南将军刘藻出南郑。壬寅,革衣服之制。

［文献］《魏书》卷七《高祖纪下》。

案:洛阳是当时儒学文化的中心,北魏孝文帝迁都,促进了鲜卑族的汉化和儒化,增进了民族互信。

5.魏文帝诏立国学

魏迁都洛邑,诏立国子太学、四门小学。

［文献］《魏书》卷八十四《儒林列传》,《北史》卷八十一,又见《通典》卷五十三《礼十三》。

案:据《魏书》卷七下《高祖纪下》:"(十有八年)二月乙丑,行幸河阴,规建方泽之所。丙申,河南王幹徙封赵郡,颍川王雍徙封高阳。壬寅,车驾北巡。癸卯,济河。萧昭业遣使朝贡。甲辰,诏天下,喻以迁都之意。闰月癸亥,次句注陉南,皇太子朝于蒲池。壬申,至平城宫。癸酉,临朝堂,部分迁留。甲戌,谒永固陵。三月庚辰,罢西郊祭天。壬辰,帝临太极殿,谕在代群臣以迁移之略。"魏文帝迁都在太和十八年(494),则诏立国子太学当在是年。

建武二年(北魏太和十九年) 公元 495 年

1. 北魏孝文帝亲祀孔子庙

太和十九年夏四月庚申,北魏孝文帝行幸鲁城,亲祠孔子庙。辛酉,诏拜孔氏四人、颜氏二人为官。诏兖州刺史举部内士人才堪军国及守宰治行,具以名闻。又诏赐兖州民爵及粟帛如徐州。又诏选诸孔宗子一人,封崇圣候,邑一百户,以奉孔子之祀。又诏兖州为孔子起园柏,修饰坟垄,更建碑铭,褒扬圣德。

[文献]《魏书》卷七《高祖纪下》,又见《北史》卷三《魏本纪》,《通典》卷五十三《礼十三》:"后魏封孔子二十七叶孙乘为崇圣大夫。孝文帝太和十九年,改封二十八叶孙珍为崇圣侯。文成帝诏:其宣尼之庙,当别敕有司行荐飨之礼。"

2. 北魏高祐于西兖州立学

魏高祐出为持节、辅国将军、西兖州刺史,假东光侯,镇滑台。佑以郡国虽有太学,县党宜有黉序,乃县立讲学,党立教学,村立小学。

[文献]《魏书》卷五七《高祐传》,《北史》卷三十一《高祐传》。

案:北魏孝文帝元宏于太和十九年(495)八月诏令在洛阳设立国子学、太学、四门学及宫廷学校,今暂系高祐立学于此年。

3. 王逡之卒

王逡之(? —495)字宣约,琅邪临沂(今山东)人。其生年不详。好学博闻。起家江夏王国常侍,大司马行参军。后以著作郎兼尚书左丞,参定齐国仪礼。王俭初撰《古今丧服集记》,逡之难俭十一条;更撰《世行》五卷。建元闻上表立学,撰《永明起居注》。累官光禄大夫,加侍中,卒。其著作有《世行》、《永明起居注》,见《南齐书》。《隋书·经籍志》著录《丧服世行要记》十卷,《礼仪制度》十三卷,《续俭百家谱》四卷。严可均辑有《奏劾谢超宗袁彖》、《锡轺议》两篇,马国翰辑《丧服世行要记》一卷。

[文献]《南齐书》卷五十二《王逡之传》,《南史》卷二十四。

案:据《南齐书》,王逡之累官光禄大夫,故《隋书·经籍志》"王逡"应为"王逡之"。又撰《世行》、《永明起居注》,见《南齐书》。清严可均辑佚文存其两篇。

4. 魏诏求遗书

十有九年六月癸丑,诏求天下遗书,秘阁所无、有裨益时用者加以优赏。

[文献]《魏书》卷七下《高祖孝文帝纪》,《隋书·经籍志》。

建武三年（北魏太和二十年）　公元 496 年

1. 魏立四门博士

太和二十年，北魏孝文帝命御史中尉李彪与吏部尚书任城王澄等妙选英儒，以崇文教。澄等依旨，置四门博士四十人，助教二十人。刘芳表曰：“臣按：自周已上，学惟以二，或尚西，或尚东，或贵在国，或贵在郊。爰暨周室，学盖有六。师氏居内，太学在国，四小在郊。礼记云周人‘养庶老于虞庠，虞庠在国之四郊’，礼又云：‘天子设四学，当入学而太子齿。’注云：‘四学，周四郊之虞庠也。’”

[文献]《魏书》卷五十五《刘芳传》,《魏书》卷五十六《郑道昭传》也有载。

2. 周弘正生

周弘正于太建六年(574)卒于官，时年七十九，由此推其生于南齐建武三年(496)。

[文献]《陈书》卷二十四《周弘正传》，又见《南史》卷三十四《周弘正传》。

3. 孔子祛生

孔子祛，会稽山阴人。中大同元年，卒官，时年五十一。逆推知其生于是年。

[文献]《梁书》卷四十八《儒林·孔子祛传》，《南史》卷七十一《儒林·孔子祛传》所著略同。

4. 齐何佟之侍皇太子讲

起家杨州从事，齐建武中，为镇北记室参军，侍皇太子讲。

［文献］《梁书》卷四十八《儒林列传》，《南史》卷七十一《儒林列传》同。

建武四年（北魏太和二十一年） 公元 497 年

1. 齐修国学，崇建庠序

四年春，正月，庚午，大赦。诏曰："嘉肴停俎，定方旨于必甘；良玉在攻，表圭璋于既就。是以陶钧万品，务本为先；经纬九区，学敩为大。往因时康，崇建庠序，屯虞荐有，权从省废，讴诵寂寥，倏移年稔，永言古昔，无忘旰昃。今华夏乂安，要荒慕向，缔修东序，实允适时。便可式依旧章，广延国胄，弘敷景业，光被后昆。"

［文献］《南齐书》卷六《明帝纪》，《册府元龟》卷一百九十四《闰位部·崇儒》。

2. 齐姚方兴上《孔传舜典》

姚方兴，吴兴人，南朝学者。齐萧鸾建武四年（497），姚方兴称于大航头发现西汉孔安国注古文尚书《舜典》中有"曰若稽古，帝舜，曰重华，协于帝"十二个字，乃表上之。萧衍时为博士，议曰："《孔序》称伏生误合五篇，皆文相承接，所以对待误。《舜典》首有'曰若稽古'，伏生虽昏耄，何容合之。"事未施行，方兴以罪致戮。至隋开皇二年，购募遗典，乃得其篇。隋刘炫将此篇列入诸本。

［文献］《隋书·经籍志》，《尚书正义》，《经典释文·叙录》。

案：陆德明《经典释文·序录》："江左中兴，元帝时豫章内史梅赜奏上《孔传古文尚书》，亡《舜典》一篇，购不能得。乃取王肃注《尧典》，从'慎徽五典'以下，分为《舜典》篇以续之，学徒遂盛。……齐明帝建武中，吴兴姚方兴采马、王之《注》，造孔传《舜典》一篇，云于大角行头买得，上之。"《史通·古今正史》认为："齐建武中，吴兴人姚方兴采马、王之义以造孔传《舜典》，云于大航购得，请调以献。举朝集议，咸以为非。及江陵板荡，其文入北，中原学者得而异之；隋博士刘炫遂取此一篇列诸本第。故今人所习《尚书·舜典》，元出于姚氏者焉。"《尚书正义·舜典疏》记此事于齐建武四年。

3. 北魏孝文帝亲讲《丧服》、孝经

北魏孝文帝重视儒学。魏氏迁洛，未达华语，孝文帝命侯伏侯可悉陵，以夷言译《孝经》之旨，教于国人，谓之《国语孝经》。

太和二十一年秋七月甲寅，孝文帝亲为群臣讲《丧服》于清徽堂。

［文献］《北史》卷四《魏本纪》。

4. 徐伯珍卒

徐伯珍（414—497），字文楚，东阳太末（今龙游）人。祖、父并郡掾史。伯珍少孤贫，学书无纸，常以竹箭、箬叶、甘蔗及地上学书。山水暴出，漂溺宅舍，村邻皆奔走，伯珍累床而坐，诵书不辍。叔父璠之与颜延之友善，还祛蒙山立精舍讲授，伯珍往从学。积十年，究寻经史，游学者多依之。太守琅邪王昙生、吴郡张淹并加礼辟，伯珍应召便退，如此者凡十二焉。徵士沈俨造膝谈论，申以素交。吴郡顾欢摘出《尚书》滞义，伯珍酬答，甚有条理，儒者宗之。好释氏、《老》、《庄》，兼明道术。岁尝旱，伯珍筮之，如期而雨。举动有礼，过曲木之下，趋而避之。早丧妻，晚不复重娶，自比曾参。宅南九里有高山，班固谓之九岩山，后汉龙丘苌隐处也。山多龙须柽柏，望之五采，世呼为妇人岩。二年，伯珍移居之，阶户之间，木生皆连理。门前生梓树，一年便合抱。馆东石壁，夜忽有赤光洞照，俄尔而灭。白雀一双栖其户牖，论者以为隐德之感焉。刺史豫章王辟议曹从事，不就。家甚贫窭，兄弟四人皆白首相对，时人呼为"四皓"。建武四年卒，年八十四。受业生凡千余人。著有《周易问答》一卷，见《隋书·经籍志》。

［文献］《南史》卷七十六《列传·徐伯珍》。

建武五年(永泰元年　北魏太和二十二年)
公元 498 年

1. 齐议废太学

建武四年正月,诏立学。永泰元年,东昏侯即位,尚书符依永明旧事废学。领国子助教曹思文上表曰:"古之建国君民者,必教学为先,将以节其邪情而禁其流欲,故能化民裁俗,习与性成也。是以忠孝笃焉,信义成焉,礼让行焉,尊教宗学,其致一也。是以成均焕于古典,虎门炳于前经。……今之国学,即古之太学。晋初太学生三千人,既多猥杂,惠帝时欲辩其泾渭,故元康三年始立国子学,官品第五以上得入国学。天子去太学入国学,以行礼也。太子去太学入国学,以齿让也。太学之与国学,斯是晋世殊其士庶,异其贵贱耳。然贵贱士庶,皆须教成,故国学太学两存之也,非有太子故立也。然系废兴于太子者,此永明之钜失也。汉崇儒雅,几致刑厝,而犹道谢三、五者,以其致教之术未笃也。古之教者,家有塾,党有庠,术有序,国有学,以讽诵相摩。今学非唯不宜废而已,乃宜更崇尚其道,望古作规,使郡县有学,飨闾立教。请付尚书及二学详议。"有司奏从之。学竟不立。

[文献]《南齐书》卷九《礼志上》。

2. 萧琛议即位朝庙之典

萧琛,字彦瑜,兰陵人。琛少而朗悟,有纵横才辩。起家齐太学博士。东昏初嗣立,时议以无庙见之典,琛议据《周颂·烈文》、《闵予》皆为即位朝庙之典，于是从之。

[文献]《梁书》卷二十六《萧琛传》。

3. 游明根卒

游明根（418—498），字志远，北魏广平任县（今河北任县）人。自幼贫困，游雅赎之教书，荐之太武帝，为中书学生。性贞慎寡欲，综习经典。及恭宗监国，与公孙叡俱为主书。高宗践阼，迁都曹主书，假员外散骑常侍、冠军将军、安乐侯，使于刘骏，直使明僧暠相对。前后三返，骏称其长者，迎送之礼，有加常使。显祖初，以本将军出为东青州刺史，加员外常侍。迁散骑常侍、平东将军、都督兖州诸军事、瑕丘镇将，寻就拜东兖州刺史，改爵新泰侯。高祖初，入为给事中，迁仪曹长，加散骑常侍。清约恭谨，号为称职。还都，正尚书，仍加散骑常侍。文明太后崩，群臣固请公除，高祖与明根往复。事在礼志。迁大鸿胪卿、河南王幹师，尚书如故。随例降侯为伯。又参定律令，屡进谠言。明根以年踰七十，表求致仕。诏不许，频表固请，其年，以司徒尉元为三老，明根为五更，行礼辟雍。语在元传。后明根归广平，太和二十三年卒于家。明根历官内外五十余年，处身以仁和，接物以礼让，时论贵之。高祖初，明根与高闾以儒老学业，特被礼遇，公私出入，每相追随，而闾以才笔时侮明根，世号高、游焉。

[文献]《魏书》卷五十五《游明根传》。

437

南齐永元元年(北魏太和二十三年)
公元 499 年

1. 房景先为魏著作佐郎

太和中,时太常刘芳、侍中崔光当世儒宗,叹其精博,光遂奏兼著作佐郎,修国史。寻除司徒祭酒员外郎。侍中穆绍又启景先撰《世宗起居注》。

[文献]《魏书》卷四十三《房法寿传》。

2. 刘献之撰《三礼大义》

刘献之,北魏博陵饶阳(今河北饶阳县)人。少而孤贫,好经学,曾受业于渤海程玄,后博观众籍。他轻视名法思想,对孔子"我则异于是,无可无不可"之语,颇为推崇。献之善《春秋》、《毛诗》,每讲《左氏》,尽隐公八年便止,云义例已了,不复须解。由是弟子不能究竟其说。后本郡举孝廉,非其好也,逼遣之,乃应命,至京,称疾而还。时中山张吾贵与刘献之齐名,海内皆曰儒宗。魏承丧乱之后,五经大义虽有师说,而海内诸生多有疑滞,咸决于献之。六艺之文,虽不悉注,然所标宗旨,颇异旧义。献之撰《三礼大义》四卷,《三传略例》三卷,《注毛诗序义》一卷,《章句疏》三卷,注《涅槃经》未就而卒。以上见本传,已佚。

[文献]《魏书》卷八十四《儒林·刘献之传》,《北史》卷八十一《儒林·刘献之传》。

案:刘献之生卒年无可考,孝文帝太和五年,刘献之被徵为典内校书,以疾辞,今将其事迹系于太和之末。

438

3. 张吾贵与刘献之同称儒宗

张吾贵字吴子，中山（今江苏深水）人。年十八岁，本郡举为太学博士，从郦诠受《礼》，牛天祐受《易》，而后另辟蹊径，独成一说，与刘献之齐名，四海皆称儒宗。曾在夏学，聚徒千数，而不讲《传》。生徒窃云："张生之于《左氏》，似不能说。"吾贵闻之，谓曰："我今夏讲暂罢，后当说《传》。君等来日，皆当持本。"生徒怪之而已。于《左氏》尝能兼读杜、服，隐括两家，异同悉举。吾贵以聪辩过人，其所解说，不本先儒之旨，弟子上千，但有成就者不多，又由于好为诡说，学业未能远播，徐遵明曾师事张吾贵。最后不仕而终。

［文献］《北史》卷八十一《张吾贵传》，又见同书卷八十一《刘献之传》、《魏书》卷八十四，《北史》卷八十一《刘兰传》，《北史》卷二十四。

案：张吾贵事迹均未系年，因与献之同称儒宗，今暂系于此。

4. 董徵为四门小学博士

数年之中，大义精练，讲授生徒。太和末，（董徵）为四门小学博士。

［文献］《魏书》卷八十四《儒林·董徵传》，《南史》卷八十一《儒林上·董徵传》。

案：据本传，董徵于太和末为四门小学博士，故系于此年。

5. 高祐卒

高祐（？—499），字子集，小名次奴，渤海郡（今河北）人。本名高禧，因与咸阳王元禧同名，故孝文帝元宏赐名高祐。祐博涉书史，好文字杂说，材性通放，不拘小节。初拜中书学生，转博士、侍郎。以祐招下邵郡群贼之功，赐爵建康子。高宗末，兖州东郡吏获一异兽，献之京师，时人咸无识者。诏以问祐，祐曰："此是三吴所出，厥名鲛鲤，余域率无。今我获之，吴楚之地，其有归国者乎？"又有人于零丘得玉印一以献。诏以示祐，祐曰："印上有籀书二字，文曰'宋寿'。寿者，命也，我获其命，亦是归我之徵。"显祖初,刘义隆子义阳王昶来奔,薛安都等以五州降附,时谓祐言有验。高祖拜秘书令。出为持节、辅国将军、西兖州刺史,假东光侯,镇滑台。转宋王刘昶傅。昶以其官旧年耆,雅相祇重,妓妾之属,多以遗之。拜光禄大夫,傅如故。昶薨后,徵为宗正卿,而祐留连彭城,久而不赴。于是尚书仆射李冲奏祐散逸淮徐,无事稽命,处刑三岁,以赎论。诏免卿任,还复光禄。太和二十三年卒。太常议谥曰炀侯,诏曰:"不遵上命曰'灵',可谥为灵。"

　　[文献]《魏书》卷五十七《高祐传》,《北史》卷三十一《高祐传》。

永元二年(北魏景明元年) 公元 500 年

1. 魏刘芳上表请立学

芳表曰:"夫为国家者,罔不崇儒尊道,学校为先,诚复政有质文,兹范不易,谅由万端资始,众务禀法故也。……汉魏已降,无复四郊。谨寻先旨,宜在四门。案王肃注云:'天子四郊有学,去王都五十里。'考之郑氏,不云远近。今太学故坊,基趾宽旷,四郊别置,相去辽阔,检督难周。计太学坊并作四门,犹为太广。以臣愚量,同处无嫌。且今时制置,多循中代,未审四学应从古不? 求集名儒礼官,议其定所。"从之。

[文献]《魏书》卷五十五《刘芳传》。

2. 魏孙惠蔚上疏校勘典籍

世宗即位之后,仍在左右敷训经典,自冗从仆射迁秘书丞、武邑郡中正。惠蔚既入东观,见典籍未周,乃上疏曰:"臣闻圣皇之御世也,必幽赞人经,参天二地,宪章典故,述遵鸿猷。故易曰:观乎天文以察时变,观乎人文以化成天下。然则六经、百氏,图书秘籍,乃承天之正术,治人之贞范。是以温柔疏远,诗书之教;恭俭易良,礼乐之道。爻象以精微为神,春秋以属辞为化……臣学阙通儒,思不及远,徒循章句,片义无立。而慈造曲罩,厕班秘省,忝官承乏,唯书是司。而观、阁旧典,先无定目,新故杂糅,首尾不全。有者累帙数十,无者旷年不写。或篇第褫落,始末沦残;或文坏字误,谬烂相属。篇目虽多,全定者少。臣今依前丞臣卢昶所撰甲乙新录,欲缮残补阙,损并有无,校练句读,以为定本,次第均写,永为例程。其省先无本者,广加推寻,搜求令足。然经记浩博,诸子纷纶,部帙既多,

441

章篇纰缪，当非一二校书，岁月可了。今求令四门博士及在京儒生四十人，在秘书省专精校考，参定字义。如蒙听许，则典文允正，群书大集。"诏许之。"

[文献]《魏书》卷八十四《儒林列传·孙惠蔚传》，《北史》卷八十一《儒林·孙惠蔚传》。

3. 齐后宫发生火灾，图书散乱殆尽

齐永元末，后宫火，延烧秘书，图书散乱殆尽。很多典籍在这场火灾中毁灭，此为图书一厄。

[文献]《梁书》卷二十一《王泰传》记载此事。

4. 许懋号为"经史笥"

永元中，许懋转散骑侍郎，兼国子博士。与司马褧同志友善，仆射江祏甚推重之，号为"经史笥"。

[文献]《梁书》卷四十《许懋传》。

5. 乐逊生

乐逊字遵贤，河东猗氏人。隋开皇元年卒于家，年八十二。由此可知生于是年。

[文献]《周书》卷四十五《儒林列传》。

6. 沈重生

隋开皇三年，沈重卒，年八十四岁，逆推知其生于是年。

[文献]《周书》卷四五《沈重传》。

7. 李同轨生

据本传,李同轨于武定四年夏卒,年四十七。逆推知其生于是年。

[文献]《魏书》卷八四《儒林列传》,《北史》卷三十三《李义深传》附《李同轨传》。

永元三年(齐和帝中兴元年　北魏景明二年)
公元501年

1. 李彪卒

　　李彪(444—501),字道固,顿丘卫国(今河南清丰县)人。家世寒微,少孤贫,有大志,好学不倦。受业于长乐监元伯阳。孝文初,为中书教学博士。后假散骑常侍,迁秘书丞,参著作事。至于太和,崔浩、高允著述国书,编年序录为《春秋》体,遗落时事。彪与秘书令高祐始奏从迁、固体,创为纪、传、表、志之目。彪又表上封事七条,帝览而善之,寻皆施行。宣武亲政,诏彪兼通直散骑常侍,非彪好也,固请不行。卒于洛阳。彪述《春秋三传》,合成十卷。

　　[文献]《魏书》卷六十二《李彪传》,又见《北史》卷四十《李彪传》。

2. 魏元英奏校练州郡学生

　　魏元英奏:"谨案学令:诸州郡学生,三年一校所通经数,因正使列之,然后遣使就郡练考。臣伏惟圣明,崇道显成均之风,蕴义光胶序之美,是以太学之馆久置于下国,四门之教方构于京瀍。计习训淹年,听受累纪,然俊造之流应问于魏阙,不革之辈宜返于齐民,使就郡练考,黜其最殿。顷以皇都迁构,江扬未一,故乡校之训,弗遑正试。致使熏莸之质,均海学庭;兰萧之体,等教文肆。今外宰京官,铨考向讫,求遣四门博士明通五经者,道别校练,依令黜陟。"诏曰:"学业堕废,为日已久,非一使能劝,比当别敕。"

　　[文献]《魏书》卷十九《景穆十二王列传第七下》。

3. 刁柔生

刁柔北齐天保七年夏卒,时年五十六。逆推知其生于是年。

[文献]《北齐书》卷四十四《儒林·刁柔传》。

梁天监元年（北魏景明三年）　公元 502 年

1. 伏曼容卒

伏曼容（421—502），字公仪，平昌安丘（今山东安丘市）人。曾祖伏滔，晋著作郎。父伏胤之，宋司空主簿。曼容早孤，与母兄客居南海。少笃学，善《老》、《易》，倜傥好大言，常云："何晏疑《易》中九事。以吾观之，晏了不学也，故知平叔有所短。"聚徒教授以自业。初为骠骑行参军，宋明帝好《周易》，集朝臣于清暑殿讲，诏曼容执经。升明末，为辅国长史、南海太守。入齐后，为通直散骑侍郎；永明初，为太子率更令，侍皇太子讲。入梁后，召拜司马，出为临海太守。天监元年，卒官。时年八十二。据本传，曼容注《周易》、《毛诗》、《老子》、《庄子》，撰有《论语义》，与河内司马宪、吴郡陆澄共撰《丧服义》。《隋书·经籍志》、《全梁文》著录《周易》八卷。严可均马国翰辑《周易伏氏集解》一卷，

　　[文献]《梁书》卷四十八《儒林·伏曼容传》，《南史》卷七十一《儒林·伏曼容传》。

2. 伏暅兼《五经》博士

梁武帝践阼，兼《五经》博士，与吏部尚书徐勉、中书侍郎周舍总知五礼事。

　　[文献]《南史》卷七十一《儒林·伏暅传》。

　　案：伏暅，字玄曜，伏曼容子。幼传父业，能言玄理，与乐安任昉、彭城刘曼俱知名。仕齐位东阳郡丞、鄞令。时曼容已致仕，故频以外职处暅，令得养焉。梁武帝践阼，兼《五经》博士，与吏部尚书徐勉、中书侍郎周舍

总知五礼事。出为永阳内史。诏勘有十五事为吏人所怀，帝善之。徙新安太守。徵为国子博士，领长水校尉。诏以为豫章内史，乃出拜。徵为给事黄门侍郎，领国子博士，未赴卒。因生卒年不详，暂系其事于此。

3. 褚仲都撰《易义》

褚仲都，南朝梁吴郡钱塘（今浙江杭州市）人，褚脩之父，通晓《周易》，名冠当时。梁天监中，历官五经博士。脩少传父业，武陵王纪为扬州，引为宣惠参军，兼限内记室。脩性至孝，父丧，毁瘠过礼，因患冷气。及丁母忧，水浆不入口二十三日，每号恸辄呕血，遂以毁卒。《隋书·经籍志》列仲都《周易讲疏》十六卷，已佚；《论语义疏》十卷。《旧唐书·经籍志》：《周易讲疏》十六卷。《经典释文·序录》："近代梁褚仲都、陈周弘正并作《易义》，此其知名者。"马国翰《玉函山房辑佚书·经编易类》收灵《论语褚氏义疏》一卷，仅据皇侃《论语义疏》采得一节。梁武帝天监年间，褚仲都曾任五经博士，故将其事置于此。

［文献］《南史》卷七十四《孝义列传下》，又见《梁书》卷四十七《褚脩列传》。

4. 卞华任五经博士

卞华，字昭丘，济阴冤句（今山东菏泽）人。晋骠骑将军忠贞公壶六世孙。父伦之，给事中。华幼孤贫好学。年十四，召补国子生，通《周易》。既长，遍治《五经》，与平原明山宾、会稽贺场同业友善。起家齐豫章王国侍郎，累迁奉朝请、征西行参军。天监初，迁临川王参军事，兼国子助教，转安成王功曹参军，兼《五经》博士，聚徒教授。华博涉有机辩，说经析理，为当时之冠。江左以来，钟律绝学，至华乃通焉。迁尚书仪曹郎，出为吴令，卒。其生卒年不详，今将其事系于任五经博士之年。

［文献］《梁书》卷四十八《卞华传》。

5. 刘杳为太学博士

刘杳(487—536)，字士深，平原人。少好学，博综群书。天监初，刘杳为太学博士、宣惠豫章王行参军。沈约、任昉以下，每有遗忘，皆访问焉。

［文献］《梁书》卷五十《刘杳传》。

6. 崔觐撰《周易注》及《周易统例》

崔觐为南朝齐梁间人，事迹不详，或疑即《北史·儒林传》所记清河"崔瑾"。治《易》，著《周易注》13 卷、《周易统例》10 卷，已佚。清马国翰《玉函山房辑佚书》辑有《周易崔氏注》1 卷。

［文献］《玉函山房辑佚书》："觐不详何人。时代、爵字、里居并佚。《隋书·经籍志》有'《周易》十三卷。崔觐注'。又有'《周易统例》十卷，崔觐撰'，亦仅题'崔觐'而已。《旧唐书·经籍志》尚有崔觐《注》十三卷。《隋书·经籍志》崔觐《注》次姚规。于《统例》次周颙、范氏。当是齐梁间人。考《北史·儒林传》，有清河崔速，与范阳卢景裕同为徐遵明弟子。期、建音同。或一人而传写各异与？今其书并不传。"

案：《北史》卷八一："自魏末，大儒徐遵明门下讲郑玄所注《周易》，遵明以传卢景裕及清河崔觐。"暂录于此。

7. 孔休源与刘之遴同为太学博士

孔休源与范云、沈约交好，并常与沈约"商略文义"。梁台建，与南阳刘之遴同为太学博士，当时以为美选。

［文献］《梁书》卷三十六《孔休源传》，《梁书》卷四十《刘之遴传》说："起家宁朔主簿。吏部尚书王暕尝候任昉，值之遴在坐，昉谓暕曰：'此南阳刘之遴，学优未仕，水镜所宜甄擢。'暕即辟为太学博士。"

案：《梁书》中屡屡出现"梁台建"一语，"梁台"即南朝梁的禁城，即有梁朝以来，故应理解为梁天监元年之后，故暂系于此。

8. 何佟之参与制定礼仪制度

高祖践阼,尊重儒术,以佟之为尚书左丞。是时百度草创,佟之依《礼》定议,多所裨益。

［文献］《梁书》卷四十八《儒林列传》,《南史》卷七十一《儒林列传》。

9. 许懋上表请停封禅仪

天监初,吏部尚书范云举懋参详五礼,除征西鄱阳王谘议,兼著作郎,待诏文德省。高祖雅好礼,因集儒学之士,草封禅仪,将欲行焉。懋上表以为不可,高祖嘉纳之,因推演懋议,称制旨以答,请者由是遂停。

［文献］《梁书》卷四十《许懋传》,《南史》卷六十《许懋传》。

10. 魏元澄上《请修立宗室四门学表》

元澄,原名拓跋澄,字道镇,代郡平城(今山西大同)人。少而好学。及康王薨,澄居丧以孝闻。袭封,加征北大将军,官至司徒、侍中、尚书公。频表南伐,世宗不许。又辞母老,乞解州任,寝而不报。加散骑常侍。澄上表曰:"臣参训先朝,藉规有日,前言旧轨,颇亦闻之。又昔在恒代,亲习皇宗,熟秘序疑庭无阙日。臣每于侍坐,先帝未常不以书典在怀,礼经为事,周旋之则,不辍于时。自凤举中京,方隆礼教,宗室之范,每蒙委及,四门之选,负荷铨量。自先皇升遐,未遑修述,学宫虚荷四门之名,宗人有阙四时之业,青衿之绪,于兹将废。臣每惟其事,窃所伤怀。伏惟圣略宏远,四方罕务,宴安之辰,于是乎在。何为太平之世,而令子衿之叹兴焉;圣明之日,而使宗人之训阙焉。愚谓可敕有司,修复皇宗之学,开辟四门之教,使将落之族,日就月将。"诏曰:"胄子崇业,自古盛典,国均之训,无应久废,尚书更可量宜修立。"

［文献］《魏书》卷十九中《景穆十二王列传》

案:元澄上表时为扬州刺史,《魏书》卷八《世祖纪》载景明三年春"甲辰,扬州破萧衍将张嚣之,斩级二千",刘汝霖《东晋南北朝学术编年》据此将元澄上表系于此今,今从之。

天监二年(北魏景明四年) 公元503年

1. 何佟之卒

何佟之(449—503),字士威,庐江蒲(今安徽霍山县)人。豫州刺史悝六世孙。祖劭之,宋员外散骑常侍。父歆,齐奉朝请。佟之少好《三礼》,师心独学,强力专精,手不辍卷,读《礼》论二百篇,略皆上口。时太尉王俭为时儒宗,雅相推重。后任步兵校尉、国子博士、骠骑咨议参军、司马。是时京邑硕儒,唯佟之而已。国家吉凶礼仪,皆咨之,故名重于世。永元末,京师兵乱,佟之常集诸生讲论,孜孜不息。入梁后,梁武帝重儒术,遂以佟之为尚书左丞,佟之依《礼》定议。天监二年卒,年五十五。所著文章、《礼义》百余篇,见本传。《隋志》著录:《丧服经传义疏》一卷,亡;《礼答问》十卷,《礼杂问答钞》一卷。以上并见于新旧《唐志》。严可均辑其《上言改正三夏》、《亥日藉田议》、《社稷位向议》、《释治礼学士难社稷位向议》等文。

[文献]《梁书》卷四十八《儒林列传》,《南史》卷七十一《儒林列传》同。

2. 沈驎士卒

沈驎士(418—503),字云祯,吴兴武康(今浙江德清县)人。少贫好学,初隐居山林,讲经教授,从学者数十百人,各营屋宇,依止其侧。元嘉末、升明末、永明六年、建武二年、永元二年,朝廷几次征召,皆不就。负薪汲水,并日而食,守操终老,年过八十,耳目犹聪明。其书遭火毁数千卷,乃抄写复成二三千卷,满数十箧,时人以为养身静嘿之所致也。年八十六,卒。据本传,沈著《周易·两系》、《庄子·内篇》训注,《易经》、《礼记》、《春秋》、《尚书》、《论语》、《孝经》、《丧服》、《老子要略》数十卷。但大多亡佚。《隋书·经籍志》著录《丧服经传义疏》一卷。马国翰《玉函山房辑佚书》辑《周易沈氏要略》一卷,《论语沈氏训注》一卷。

[文献]《南齐书》卷五十四《高逸列传》,《南史》卷七十六《沈麟士传》:"梁天监元年,与何点同徵,又不就。二年,卒于家,年八十五。"

案:沈骥士,《南齐书》作"沈骥士"。《南史》作"沈麟士"。马国翰《玉函山房辑佚书》作"沈骥士"。卒于梁天监二年,《南齐书》载卒时八十六,《南史》载卒时八十五,今从《南齐书》。

3. 任昉编集秘阁表书目录

齐永明中,王亮、谢朏曾整理出《四部书目》。由于齐末战乱,经籍佚散损失严重。天监二年,任昉为秘书监,殷钧为秘书丞,任昉乃重新整理,并加编目,所使用的仍是四部分类法。又于文德殿内排列收藏。总计有图书23106卷。经此次整理。典籍数量较齐永明前大为增加。多出5000余卷。梁时号称有《五部目录》。其他为任昉、殷钧《四部目录》,又有《文德殿目录》。术数一类典籍,使奉朝请祖暅撰其名,另为书目。

[文献]《梁书》卷十四《任昉传》,《梁书》卷二十七《殷钧传》,《隋书·经籍志》及阮孝绪《七录序》。

4. 沈文阿生

沈文阿天嘉四年卒,时年六十一,逆推知其生于是年。

[文献]《陈书》卷三十三《儒林·沈文阿传》:"天嘉四年卒,时年六十一。"又见《南史》卷七十一《儒林·沈文阿传》

5. 严植之治凶礼

天监二年,板后军骑兵参军事。高祖诏求通儒治五礼,有司奏植之治凶礼。

[文献]《梁书》卷四十八《儒林·严植之传》,《南史》卷七十一。

天监三年(北魏正始元年)　公元 504 年

1. 魏营缮国学

正始元年十有一月戊午,诏曰:"古之哲王,创业垂统,安民立化,莫不崇建胶序,开训国胄,昭宣三礼,崇明四术,使道畅群邦,风流万宇。自皇基徙构,光宅中区,军国务殷,未遑经建,靖言思之,有惭古烈。可敕有司依汉魏旧章,营缮国学。"

［文献］《魏书》卷八《世宗纪》。

2. 北魏崔鸿始撰《十六国春秋》

崔鸿字彦鸾,崔光之子,东清河(今山东平原)人。鸿弱冠便有著述之志,见晋魏前史皆成一家,无所措意。以刘渊、石勒、慕容隽、苻健、慕容垂、姚苌、慕容德、赫连屈孑、张轨、李雄、吕光、乞伏国仁、秃发乌孤、李暠、沮渠蒙逊、冯跋等,并因世故,跨僭一方,各有国书,未有统一,鸿乃撰为《十六国春秋》,勒成百卷。至三年之末,草成九十五卷。唯常璩所撰李雄父子据蜀时书,寻访不获,所以未及缮成,辍笔私求,七载始成。撰成《十六国春秋》100 卷,附《序例》1 卷,《年表》1 卷。鸿又曾奉命撰写孝文、宣武二帝起居注,及撰修魏史,未成而卒。鸿卒后,其子崔子元于北魏孝庄帝永安年中(528—529)奏上,该书方得以正式列为典籍。

［文献］《魏书》卷六十七《崔光传》,又见《北史》卷四十四。

3. 沈约作《均圣论》

梁天监三年，沈约作《均圣论》，论曰："自天地权舆，民生攸始，遐哉眇邈，无得而言焉。无得而言，因有可言之象。至于太虚之空旷，无始之杳茫，岂唯言象莫窥，良以心虑事绝，及天地蔷尔，来宅其中。……周、孔二圣，宗条稍广，见其生不忍其死，闻其声不食其肉。……内圣外圣，义均理一。……周公、孔子，渐弘仁恻，前论已详，请息重辨。若必以释老乖方，域之理外，此自一家之学，所不敢言。"

［文献］《广弘明集》卷五，《梁书》卷十三《沈约传》。

案：《广弘明集》卷五《均圣论》题"齐沈约休文"作，又有《华阳先生难镇军〈均圣论〉》，可知沈约作《均圣论》时为镇军将军；又据《梁书》本传，"天监二年，遭母忧……起为镇军将军、丹阳尹、置佐史"。沈约为镇军将军、丹阳尹时参与修订五礼，作《均圣论》。据《梁书》卷二《武帝纪》载："（天监）三年春正月戊申，……前尚书左仆射沈约为镇军半军。"故系年于此。

4. 游肇授魏黄门侍郎

景明末，徵为廷尉少卿，固辞，乃授黄门侍郎。迁散骑常侍，黄门如故。兼侍中，为畿内大使，黜陟善恶，赏罚分明。

［文献］《魏书》卷五五《游明根传》，《北史》卷三十四《游明根传》。

天监四年(北魏正始二年) 公元505年

1. 梁置五经博士

高祖有天下,深愍之,诏求硕学,治五礼,定六律,改斗历,正权衡。天监四年,诏曰:"二汉登贤,莫非经术,服膺雅道,名立行成。魏、晋浮荡,儒教沦歇,风节罔树,抑此之由。朕日昃罢朝,思闻俊异,收士得人,实惟酬奖。可置五经博士各一人,广开馆宇,招内后进。"于是以平原明山宾、吴兴沈峻、建平严植之、会稽贺场补博士,各主一馆。馆有数百生,给其饩廪。其射策通明者,即除为吏。十数月间,怀经负笈者云会京师。又选遣学生如会稽云门山,受业于庐江何胤。分遣博士祭酒,到州郡立学。

[文献]《梁书》卷四十八《儒林列传》,又见《陈书》卷三十三《儒林列传》,《南史》卷七十一《儒林传》,《南史》卷六二《贺场传》:"四年,初开五馆,以场兼五经博士。别诏为皇太子定礼,撰《五经义》。时武帝方创定礼乐,场所建议多见施行。"

2. 严植之兼五经博士

四年,初置五经博士,各开馆教授,以植之兼五经博士。植之馆在潮沟,生徒常百数。讲说有区段次第,析理分明。每当登讲,五馆生毕至,听者千余人。

[文献]《梁书》卷四十八《儒林·严植之传》,《南史》卷七十一。

454

3. 梁武帝立孔子庙

四年春正月癸卯朔,诏曰:"今九流常选,年未三十,不通一经,不得解褐。若有才同甘、颜,勿限年次。"置五经博士各一人。六月庚戌,立孔子庙。

[文献]《梁书》卷二《武帝中》,《南史》卷六《梁本纪》。

天监五年(北魏正始三年) 公元 506 年

1. 魏帝讲《孝经》

正始三年十有一月甲子,帝为京兆王愉、清河王怿、广平王怀、汝南王悦讲《孝经》于式乾殿。

[文献]《魏书》卷八《世宗纪》,又见《北史》卷四《魏本纪》。

2. 卢光生

卢光字景仁,小字伯,范阳涿县人。天和二年卒,时年六十二。由此可知生于是年。

[文献]《周书》卷四十五《儒林·卢光传》。

天监六年（北魏正始四年） 公元 507 年

魏树小学于四门

正始四年六月己丑朔，宣武帝诏曰："高祖德格两仪，明并日月，播文教以怀远人，调礼学以旌俊造，徙县中区，光宅天邑，总霜露之所均，一姬卜于洛涘，戎缮兼兴，未遑儒教。朕纂承鸿绪，君临宝历，思模圣规，述遵先志。今天平地宁，方隅无事，可敕有司准访前式，置国子，立太学，树小学于四门。"于是大选儒生以为小学博士，员四十人。虽黉宇未立，而经术弥显。时天下承平，学业大盛，故燕、齐、赵、魏之间，横经著录，不可胜数。大者千余人，小者犹数百。州举茂异，郡贡孝廉，对扬王庭，每年逾众。延昌二年（513 年），小学四门修成。

［文献］《魏书》卷八《世宗纪》，《魏书》卷八十四《儒林列传》及《北史》卷八十一《儒林传》皆有载。

天监七年(魏永平元年) 公元 508 年

1. 梁大启庠序

春正月乙酉朔诏曰:"建国君民,立教为首。不学将落,嘉植靡由。朕肇基明命,光宅区宇。虽耕耘雅业,傍阐艺文,而成器未广,志本犹阙。非所以镕范贵游,纳诸轨度。思欲式敦让齿,自家刑国。今声训所渐,戎夏同风。宜大启庠敩,博延胄子。务彼十伦,弘此三德。使陶钧远被,微言载表。"

[文献]《梁书》卷二《武帝纪中》,又见。

2. 严植之卒

严植之(457—508),字孝源,建平秭归(今湖北秭归县)人。南朝时名儒。善《庄》、《老》,能玄言,精解《丧服》、《孝经》、《论语》,遍治郑氏《礼》、《周易》、《毛诗》、《左氏春秋》。严植之性淳孝谨厚,不以所长高人。梁天监二年,梁武帝诏求通儒治五礼,有司奏严植之治凶礼。天监四年,置五经博士,开馆教授,以植之兼五经博士。植之馆在潮沟,每植之讲授,五馆生必至,听者千余人。天监七年卒,年五十二。撰有《凶仪礼》四百七十九卷,录四十五卷,见本传及《隋书·经籍志》。《严植之仪》二卷,见《隋书·经籍志》。《新唐书》卷五十八录《南齐仪注》二十八卷,《旧唐书》卷四十六录《梁皇帝崩凶仪》十一卷,《梁凶礼天子丧礼》五卷,《梁王侯已下凶礼》九卷。《隋书·经籍志》录《孝经注》一卷。严可均《全梁文》辑其《答释法云书难范缜神灭论》。马国翰辑有《孝经严氏注》一卷。

[文献]《南史》卷七十一《儒林·严植之传》,又见《梁书》卷四十八《儒林·严植之传》。

3. 任昉卒

任昉（460—508），字彦升，乐安博昌（今山东博兴）人。南朝齐梁时儒家学者。幼而聪敏，善属文，与沈约、江淹齐名，以文采妙绝当时。梁武帝天监二年，任昉时任秘书监，对秘阁藏书进行了整理，并编定目录。任昉博学，虽家贫而喜藏书，是南朝著名的藏书家，聚书一万多卷。历宋、齐、梁三朝，天监七年卒，年四十九。昉卒后，梁武帝使沈约等人勘其书目，就昉家取官所无者。昉所著书有《杂传》247卷，文章33卷，见本传。《隋书·经籍志》录其《杂传》36卷，本147卷，亡；又记任昉、殷钧《四部目录》。严可均《全梁文》辑其文。马国翰辑其《述异记佚文》一卷。

［文献］《南史》卷五十九《任昉传》，又见《梁书》卷十四《任昉传》。

4. 范缜作《神灭论》

缜先在齐世，尝侍竟陵王子良。子良精信释老，而缜盛称无佛。子良问曰："如有不信因果，世间何得有富贵？何得有贫贱？"缜答曰："人之生譬如一树花，同发一枝，俱开一蒂，随风而堕。自有拂帘幌，坠于茵席之上；自有关篱墙，落于粪溷之侧。坠茵席者，殿下是也。落粪溷者，下官是也。贵贱虽复殊途，因果竟在何处？"子良不能屈，深怪之。缜退论其理，著《神灭论》。

［文献］《梁书》卷《儒林·范缜传》，《弘明集》卷九、卷十。

案：据刘汝霖《东晋南北朝学术编年》考证，《弘明集》卷十称缜为中书，又《梁书·裴子野传》缜由中书迁国子博士当在天监八年，则其为中书当在前，故志于此。今从之。

5. 诸葛璩卒

诸葛璩（？—508），诸葛璩，字幼玟，琅邪阳都人，世居京口。璩幼事徵士关康之，博涉经史。复师徵士臧荣绪。荣绪著《晋书》，称璩有发摘之功，方之壶遂。齐建武初，南徐州行事江祀荐璩于明帝，帝许之，璩辞不去。天监中,太守萧琛、刺史安成王秀、鄱阳王恢并礼异焉。璩丁母忧毁瘠,恢累加存问。服阕,举秀才,不就。璩性勤于诲诱,后生就学者日至,居宅狭陋,无以容之,太守张友为起讲舍。璩处身清正,妻子不见喜愠之色。旦夕孜孜,讲诵不辍,时人益以此宗之。七年,高祖敕问太守王份,份即具以实对,未及徵用,是年卒于家。璩所著文章二十卷,门人刘瞰集而录之。

［文献］《梁书》卷五十一《处士·诸葛璩传》。

6. 杜之伟生

杜之伟,字子大,吴郡钱塘(今杭州)人。卒于陈武帝永定三年,年五十二岁。逆推知其生于是年。

［文献］《陈书》卷三四《列传第二十八·杜之伟传》。

460

天监八年(北魏永平二年) 公元 509 年

昭明太子讲《孝经义》

梁天监八年九月,昭明太子萧统于寿安殿讲《孝经》,尽通大义。讲毕,亲临释奠于国学。《隋书·经籍志》录有《孝经义》一卷。

[文献]《梁书》卷八《昭明太子传》,又见《南史》卷五十三《昭明太子统传》。

天监九年(北魏永平三年)　公元 510 年

1. 梁命太子及王侯子入学

梁天监九年春三月己丑,车驾幸国子学,亲临讲肆,赐国子祭酒以下帛各有差。乙未,诏曰:"王子从学,著自礼经,贵游咸在,实惟前诰,所以式广义方,克隆教道。今成均大启,元良齿让,自斯以降,并宜肄业。皇太子及王侯之子,年在从师者,可令入学。"

［文献］《梁书》卷二《武帝本纪》,又见《南史》卷六《梁本纪》。

2. 贺玚卒

贺玚(452—510),字德整,会稽山阴(今浙江绍兴市)人。贺氏以礼学传家,贺玚少习家学,刘瓛曾谓"此生将来当为儒者宗",对贺玚颇为器重。历奉朝请、太学博士、太常丞。天监四年,玚兼五经博士,别诏为皇太子定礼,撰《五经义》。贺玚精于《礼》,时梁武帝方创定礼乐,玚之建议,多见施行。天监九年卒,时年五十九。《丧服义疏》二卷,《礼记新义疏》二十卷,《礼论要钞》一百卷,《谥法》五卷,以上见《隋书·经籍志》及本传。《宾礼仪注》145 卷,见本传,严可均《全梁文》作九卷。贺玚讲、议《孝经义疏》一卷,见《隋书·经籍志》。《五经异同评》一卷,见《隋书·经籍志》。马国翰辑《礼记新义疏》一卷。

［文献］《梁书》卷四十八《儒林列传》。

3. 到洽撰《太学碑》

梁天监九年,到洽迁国子博士,奉敕撰《太学碑》。

[文献]《梁书》卷二十七《到洽传》,又见《南史》卷二十五《到洽传》。

4. 周弘正起家梁太学博士

周弘正,字思行,汝南安城人,晋光禄大夫颙之九世孙也。年十岁,通《老子》《周易》,十五,召补国子生,仍于国学讲《周易》,诸生传习其义。以季春入学,孟冬应举,学司以其日浅,弗之许焉。博士到洽议曰:"周郎年未弱冠,便自讲一经,虽曰诸生,实堪师表,无俟策试。"起家梁太学博士。

[文献]《陈书》卷《周弘正传》。

案:周弘正卒于陈宣帝太建六年(574),年七十九岁,十五岁时当在此年。

天监十年(北魏永平四年) 公元511年

1. 魏李谧作《明堂制度论》

李谧览《考工记》、《大戴礼盛德篇》,以明堂之制不同,遂著《明堂制度论》曰:"余谓论事辨物,当取正于经典之真文;援证定疑,必有验于周孔之遗训。然后可以称准的矣。今礼文残缺,圣言靡存,明堂之制,谁使正之。是以后人纷纠,竞兴异论,五九之说,各信其习。是非无准,得失相半。故历代纷纭,靡所取正。……凡论明堂之制者虽众,然校其大略,则二途而已。言五室者,则据《周礼考工》之记以为本,是康成之徒所执;言九室者,则案《大戴盛德》之篇以为源,是伯喈之论所持。此之二书,虽非圣言,然是先贤之中博见洽通者也。但名记所闻,未能全正,可谓既尽美矣,未尽善也。……余今省被众家,委心从善,庶探其衷,不为苟异。但是古非今,俗间之常情;爱远恶近,世中之恒事。而千载之下,独论古制,惊俗之谈,固延多诮。脱有深赏君子者,览而揣之,傥或存焉"见《全后魏文》、《玉函山房辑佚书》及《魏书》、《北史》本传。

［文献］《魏书》卷九十《李谧传》。

2. 卞华为五经博士

卞华,字昭岳,济阴宛句(今东明)人,晋骠骑将军壶六世孙也。南朝梁经学家。父伦之,齐给事中。华幼孤贫好学,年十四,召补国子生,通《周易》。及长,遍习五经,与平原明山宾、会稽贺场同业友善。梁天监中,为安成王功曹参军,兼五经博士,聚徒教授。华博涉有机辩,说经析理,为当时之冠。江左以来,锺律绝学,至华乃通焉。位尚书仪曹郎,吴令,卒。

［文献］《南史》卷七十一《儒林·卞华传》。

案：卞华生卒年不详。据本传，梁天监中为安成王功曹参军，兼《五经》博士。暂将其事系于是年。

天监十一年（北魏延昌元年） 公元512年

1. 魏严敕立学速成

延昌元年四月丁卯，诏曰："迁京嵩县，年将二纪，虎闱阙唱演之音，四门绝讲诵之业，博士端然，虚禄岁祀，贵游之胄，叹同子衿，靖言念之，有兼愧慨。可严敕有司，国子学孟冬使成，太学、四门明年暮春令就。"

[文献]《魏书》卷八《世宗纪》。严可均《全后魏文》卷十有宣武帝诏书。

2. 魏议明堂辟雍之礼

司空、清河王怿表修明堂辟雍，诏百僚集议。封轨议曰："明堂者，布政之宫，在国之阳，所以严父配天，听朔设教，其经构之式，盖已尚矣。故《周官·匠人职》云：夏后氏世室，殷人重屋，周人明堂，五室、九阶、四户、八窗。郑玄曰：'或举宗庙，或举王寝，或举明堂，互之以见同制。'然则三代明堂，其制一也。案周与夏殷，损益不同，至于明堂，因而弗革，明五室之义，得天数矣。是以郑玄又曰：……今圣朝欲尊道训民，备礼化物，宜则五室，以为永制。至如庙学之嫌，台沼之杂，袁准之徒已论正矣，遗论具在，不复须载。"

[文献]《魏书》卷三十二《回族叔轨传》，《北史》卷二十四《回族叔轨传》。

案：封轨，字广度，渤海蓚县人。生卒年不详，封回族叔。封轨沉谨好学，博通经传。与光禄大夫武邑孙惠蔚同志友善。太和中，拜著作佐郎，稍迁尚书仪曹郎中，兼员外散骑常侍，衔命高丽。轨在台中，称为儒雅。

奏请遣四门博士明经学者,检试诸州学生。诏从之。寻除国子博士,加扬武将军。假通直散骑常侍,慰劳汾州山胡。寻以本官行东郡太守。迁前军将军、行夏州事。好立条教,所在有绩。转太子仆,迁廷尉少卿,加征虏将军。卒,赠右将军、济州刺史。其著《务德》、《慎言》、《远佞》、《防奸》四戒,文多不载。

据《魏书》卷八,延昌元年春正月丙辰,北魏任命清河王怿为司空。袁翻、封轨并参议。《魏书》卷九、《魏书》卷二十二、《北史》卷十九皆有载王怿事迹。

天监十二年(北魏延昌二年) 公元 513 年

1. 魏刘芳卒

刘芳(453—513),字伯文,彭城(今江苏徐州)人。魏孝文帝时任散骑常侍、国子祭酒。宣帝时,授皇太子经。刘芳精于经义,博闻强记,兼览《苍》、《雅》,尤长音训,辨析无疑。昔汉造三字石经于太学,学者文字不正,多往质焉。芳音义明辨,疑者常咨之,时人称其为"刘石经"。精洽儒家经学,曾建议魏迁都后应营建国学与太学。延昌二年卒,年六十一。刘芳所著多为音训类,为郑玄所注《周官》、《仪礼》,干宝所注《周官》,王肃所注《尚书》,何休所注《公羊》,范宁所注《穀梁》,韦昭所注《国语》,范晔《后汉书》各作音一卷。另著《辨类》三卷,《徐州人地录》四十卷,《急就篇续注音义证》三卷,《毛诗笺音证》十卷,《礼记义证》十卷,《周官》、《仪礼义证》各五卷。以上见于本传及《隋书·经籍志》。马国翰辑《玉函山房辑佚书》辑《毛诗笺音证》一卷,《礼记义证》一卷。严可均《全后魏文》辑其文多篇。

[文献]《魏书》卷五十五《刘芳传》,又见《北史》卷四十二。

2. 梁沈约卒

沈约(441—513),字休文,吴兴武康(今浙江湖州)人。南朝齐梁时期著名学者。官至尚书令,兼太子少傅,天监九年(510),改任左光禄大夫,兼侍中、太子少傅,加特进。天监十二年(513),卒于任,终年七十三岁。永明年间(483—493)曾校四部图书,南齐永明年始撰《宋书》,次年完成。其著还有《晋书》110 卷,《宋书》100 卷(《宋书》自序作 120 卷),《齐纪》20卷,《迩言》10 卷,《高祖纪》14 卷,《宋文章志》30 卷等,见本传。《谥法》十卷,见《隋书·经籍志》及本传。除《宋书》外,其他皆亡。严可均《全梁文》卷二五至卷三十二辑其文,马国翰辑有《俗说》一卷。

[文献]《南史》卷五十七《沈约传》,《佛祖历代通载》卷九,《梁书》卷十三《沈约传》、《梁书》卷二、《宋书》卷一百《自序》皆有载。

3. 魏刘兰卒

刘兰,武邑人。与徐遵明、张吾贵同为北魏大儒。年三十余,始入小学,书急就篇。家人觉其聪敏,遂令从师,受春秋、诗、礼于中山王保安。家贫无以自资,且耕且学。三年之后,便白其兄:"兰欲讲书。"其兄笑而听之,为立黉舍,聚徒二百。兰读左氏,五日一遍,兼通五经。先是张吾贵以聪辨过人,其所解说,不本先儒之旨。唯兰推经、传之由,本注者之意,参以纬候及先儒旧事,甚为精悉。自后经义审博,皆由于兰。兰又明阴阳,博物多识,为儒者所宗。瀛州刺史裴植徵兰讲书于州城南馆,植为学主,故生徒甚盛,海内称焉。又特为中山王英所重。英引在馆,令授其子熙、诱、略等。兰学徒前后数千,成业者众,而排毁公羊,又非董仲舒,由是见讥于世。永平中,为国子助教。延昌中,静坐读书,有人叩门,门人通焉,兰命引入。其人葛巾单衣,入与兰坐,谓兰曰:"君自是学士,何为每见毁辱,理义长短,竟知在谁,而过无礼见陵也。今欲相召,当与君正之。"言终而出。出后,兰告家人。少时而患卒。

[文献]《魏书》卷八十四《儒林列传》,《北史》卷八十一《儒林列传》略同。《魏书》卷八五《文苑列传》:"(温)子升初受学于崔灵恩、刘兰,精勤,以夜继昼,昼夜不倦。"

案:刘兰生卒年不详。《魏书》载其卒于延昌中,庄大钧等《魏晋南北朝经学学术编年》系其事于是年,今从之。

天监十三年（北魏延昌三年）　公元514年

1. 崔灵恩任梁国子博士

崔灵恩，清河武城（今河北清河县）人。少笃学，从师遍通五经，尤精《三礼》、《三传》。先在北仕为太常博士，天监十三年归梁。高祖以其儒术，擢拜员外散骑侍郎，累迁步兵校尉，兼国子博士。灵恩聚徒讲授，听者常数百人。性拙朴无风采，及解经析理，甚有精致，京师旧儒咸称重之，助教孔佥尤好其学。灵恩先习《左传》服解，不为江东所行；及改说杜义，每文句常申服以难杜，遂著《左氏条义》以明之。时有助教虞僧诞又精杜学，因作《申杜难服》以答灵恩，世并行焉。先是儒者论天，互执浑、盖二义，论盖不合于浑，论浑不合于盖。灵恩立义，以浑、盖为一焉。出为长沙内史，还除国子博士，讲众尤盛。出为明威将军、桂州刺史，卒官。据本传，灵恩集注《毛诗》二十二卷，《隋书·经籍志》、《旧唐书·经籍志》作二十四卷；集注《周礼》四十卷，《隋书·经籍志》作《集注周官礼》二十卷；制《三礼义宗》四十七卷，《隋书·经籍志》、《旧唐书·经籍志》作《三礼义宗》三十卷，又见于《旧唐书》；《左氏经传义》二十二卷，《左氏条例》十卷，《公羊穀梁文句义》十卷，《春秋经传解》六卷，见《隋书·经籍志》；《春秋申先儒传论》十卷，见《隋书·经籍志》及《旧唐书·经籍志》；《春秋左氏传立义》十卷，见《隋书·经籍志》及《旧唐书·经籍志》；《春秋序》一卷，见《隋书·经籍志》。

　　[文献]《梁书》卷四十八《儒林·崔灵恩传》，《南史》卷七十一《儒林·崔灵恩传》所著略同。

　　案：崔灵恩生卒年无考，暂系其事于此年。

2. 卢广、孙详、蒋显归梁

卢广，南朝梁范阳涿人，自云晋司空从事中郎谌之后也。谌没死冉闵之乱，晋中原旧族，谌有后焉。广少明经，有儒术。天监中归梁。初拜员外散骑侍郎，出为始安太守，坐事免。顷之，起为折冲将军，配千兵北伐，还拜步兵校尉，兼国子博士，遍讲五经。时北来人，儒学者有崔灵恩、孙详、蒋显，并聚徒讲说，而音辞鄙拙；惟广言论清雅，不类北人。仆射徐勉，兼通经术，深相赏好。寻迁员外散骑常侍，博士如故。出为信武桂阳嗣王长史、寻阳太守。又为武陵王长史，太守如故，卒官。

［文献］《梁书》卷四十八《儒林·卢广传》，又见《太平御览·学部》卷九。

案：卢广生卒年不详。据本传，梁武帝天监中归梁，又据《梁书·崔灵恩传》，崔灵恩于天监十三年归梁。故系卢广归梁于是年。

又案：孙详、蒋显史书无载，据《梁书·卢广传》，崔灵恩、孙详、蒋显、卢广俱归梁，故系于此。

3. 梁以沈峻兼五经博士

沈峻，字士嵩，吴兴武康（今浙江）人。家世农夫，至峻好学，与舅太史叔明师事宗人沈驎士门下积年。昼夜自课，时或睡寐，辄以杖自击，其笃志如此。驎士卒后，乃出都，遍游讲肆，遂博通五经，尤长三《礼》。初为王国中尉，稍迁侍郎，并兼国子助教。时吏部郎陆倕与仆射徐勉书荐峻曰："五经博士庾季达须换，计公家必欲详择其人。凡圣贤可讲之书，必以《周官》立义，则《周官》一书，实为群经源本。此学不传，多历年世，北人孙详、蒋显亦经听习，而音革楚、夏，故学徒不至；惟助教沈峻，特精此书。比日时开讲肆，群儒刘岩、沈宏、沈熊之徒，并执经下坐，北面受业，莫不叹服，人无间言。第谓宜即用此人，命其专此一学，周而复始。使圣人正典，废而更兴；累世绝业，传于学者。"勉从之，奏峻兼五经博士。于馆讲授，听者常数百人。出为华容令，还除员外散骑侍郎，复兼五经博士。时中书舍人贺琛奉敕撰《梁官》，乃启峻及孔子祛补西省学士，助撰录。书成，入兼中

471

书通事舍人。出为武康令,卒官。

[文献]《梁书》卷四十八《儒林列传》,《南史》卷七十一《儒林·沈峻》所著略同。

案:刘汝霖《东晋南北朝学术编年》将沈峻兼五经博士事系于梁天监十三年。指出,按《梁书·陆倕传》,倕由吏部郎出为云麾晋安王长史、寻阳太守、行江州府事。考《简文帝纪》,简文以天监五年为晋安王。天监十四年,为都督江州诸军事、云麾将军、江州刺史。倕之为晋安王部属,必在此时,其为吏部郎必在十四年之前,其荐沈峻亦当在十四年之前。观荐书之语意,必在北人南来之后。今从刘汝霖说。沈峻生卒年无考,故系其事于此。

4.刁冲抗表极言司徒高肇擅恣威权

刁冲,字文朗,勃海饶安人也,镇东将军雍之曾孙。十三而孤,孝慕过人。其祖母司空高允女,聪明妇人也,哀其早孤,抚养尤笃。冲免丧后便志学他方,高氏泣涕留之,冲终不止。虽家世贵达,乃从师于外,自同诸生。于时学制,诸生悉日直监厨,冲虽有仆隶,不令代己,身自炊爨。每师受之际,发情精专,不舍昼夜,殆忘寒暑。学通诸经,偏修郑说,阴阳、图纬、算数、天文、风气之书莫不关综,当世服其精博。刺史郭祚闻其盛名,访以疑义,冲应机解辩,无不祛其久惑。后太守范阳卢尚之、刺史河东裴植并徵冲为功曹、主簿,非所好也,受署而已,不关事务。惟以讲学为心,四方学徒就其受业者岁有数百。冲虽儒生,而执心壮烈,不畏强御。延昌中,世宗舅司徒高肇擅恣威权,冲乃抗表极言其事,辞旨恳直,文义忠愤。太傅、清河王怿览而叹息。先是冲曾祖雍作《行孝论》以诫子孙,称:"古之葬者衣之以薪,不封不树,后世圣人易之棺椁。其有生则不能致养,死则厚葬过度。及于末世,至蓬蔂裹尸,倮而葬者。确而为论,并非折衷。既知二者之失岂宜同之。当令所存者棺厚不过三寸,高不过三尺,弗用缯彩,敛以时服。辒车止用白布为幔,不加画饰,名为清素车。又去挽歌、方相,并盟器杂物。"及冲祖遵将卒,敕其子孙令奉雍遗旨。河南尹丞张普惠谓为太俭,贻书于冲叔整议其进退。整令与通学议之,冲乃致书国学诸儒以论其事,学官竟不能答。冲以嫡传祖爵东安侯。京兆王继为司空也,并以高选频辟记室参军。肃宗将亲释奠，于是国子助教韩神固与诸儒诣国子祭酒崔光、吏部尚书甄琛，举其才学，奏而徵焉。及卒，国子博士高凉及范阳卢道侃、卢景裕等复上状陈冲业行，议奏谥曰安宪先生，祭以太牢。

［文献］《魏书》卷八十四《儒林·刁冲传》，《北史》卷二十六《刁雍传》附《刁冲传》。

案：刁冲生卒年无所考，暂将其事系于延昌中。

5. 范岫卒

范岫（440—514），字懋宾，济阳考城人。岫早孤，事母以孝闻，与吴兴沈约俱为蔡兴宗所礼。泰始中，起家奉朝请。兴宗为安西将军，引为主簿。累迁临海、长城二县令，骠骑参军，尚书删定郎，护军司马，齐司徒竟陵王子良记室参军。累迁太子家令。文惠太子之在东宫，沈约之徒以文才见引，岫亦预焉。岫文虽不逮约，而名行为时辈所与，博涉多通，尤悉魏晋以来吉凶故事。以岫多识前代旧事也。迁国子博士。永明中，魏使至，有诏妙选朝士有词辩者，接使于界首，以岫兼淮阴长史迎焉。还迁尚书左丞，母忧去官，寻起摄职。出为宁朔将军、南蛮长史、南义阳太守，未赴职，迁右军谘议参军，郡如故。除抚军司马。出为建威将军、安成内史。入为给事黄门侍郎，迁御史中丞、领前军将军、南、北兖二州大中正。永元末，出为辅国将军、冠军晋安王长史，行南徐州事。义师平京邑，承制徵为尚书吏部郎，参大选。梁台建，为度支尚书。天监五年，迁散骑常侍、光禄大夫，侍皇太子，给扶。六年，领太子左卫率。七年，徙通直散骑常侍、右卫将军，中正如故。其年表致事，诏不许。八年，出为晋陵太守。九年，入为祠部尚书，领右骁骑将军，其年迁金紫光禄大夫，加亲信二十人。十三年，卒官，时年七十五。岫身长七尺八寸，恭敬俨恪，进止以礼。自亲丧之后，蔬食布衣以终身。每所居官，恒以廉洁著称。所著《礼论》、《杂仪》、《字训》行于世。

［文献］《梁书》卷二十六《范岫传》，《南史》卷六十《范岫列传》略同。

6. 江式请撰集古来文字

延昌三年三月,式上表曰:"……臣六世祖琼家世陈留,往晋之初,与从父兄应元俱受学于卫觊,古篆之法,《仓》《雅》《方言》《说文》之谊,当时并收善誉。而祖官至太子洗马,出为冯翊郡,值洛阳之乱,避地河西,数世传习,斯业所以不坠也。世祖太延中皇威西被,牧犍内附,臣亡祖文威杖策归国,奉献五世传掌之书,古篆八体之法,时蒙褒录,叙列于儒林,官班文省,家号世业。暨臣闇短,识学庸薄,渐渍家风,有忝无显。但逢时来,恩出愿外,每承泽云津,厕沾漏润,驱驰文阁,参预史官,题篆宫禁,猥同上哲。既竭愚短,欲罢不能,是以敢藉六世之资,奉遵祖考之训,窃慕古人之轨,企践儒门之辙,辄求撰集古来文字,以许慎说文为主,爰采孔氏尚书、五经音注、籀篇、尔雅、三仓、凡将、方言、通俗文、祖文宗、埤仓、广雅、古今字诂、三字石经、字林、韵集、诸赋文字有六书之谊者,皆以次类编联,文无复重,纠为一部。其古籀、奇惑、俗隶诸体,咸使班于篆下,各有区别。诂训假借之谊,佥随文而解;音读楚、夏之声,并逐字而注。其所不知者则阙如也。脱蒙遂许,冀省百氏之观,而同文字之域,典书秘书。所须之书,乞垂敕给;并学士五人尝习文字者,助臣披览;书生五人,专令抄写。侍中、黄门、国子祭酒一月一监,评议疑隐,庶无纰缪。所撰名目,伏听明旨。"诏曰:"可如所请,并就太常,冀兼教八书史也。其有所须,依请给之。名目待书成重闻。"式于是撰集字书,号曰《古今文字》,凡四十卷,大体依许氏说文为本,上篆下隶。又除宣威将军、符玺郎,寻加轻车将军。正光中,除骁骑将军、兼著作佐郎,正史中字。四年卒,赠右将军、巴州刺史。其书竟未能成。

[文献]《魏书》卷九十一《术艺·江式传》,《北史》卷三十四《江式传》。

7. 郑灼生

郑灼,字茂昭,东阳信安人。太建十三年卒,时年六十八。可知其生于是年。

[文献]《陈书》卷三十三《儒林列传·郑灼传》,又见《南史》卷七一《儒林列传》

8. 张讥生

张讥,字直言,祯明三年入隋,终于长安,时年七十六。逆推知其生于是年。

［文献］《陈书》卷三十三《儒林·张讥传》,又见《南史》卷七十一《儒林·张讥传》。

天监十四年（北魏延昌四年）　公元 515 年

1. 李谧卒

李谧（484—515），字永和，赵郡（今河北赵县）人。少好学，博通诸经，周览百氏。初师事小学博士孔璠，数年后，璠还就谧请业。李谧不应朝廷徵聘，有绝世之心。览《考工记》、《大戴礼盛德篇》，以明堂之制不同，遂著《明堂制度论》。又作《神士赋》："周孔重儒教，庄老贵无为。二途虽如异，一是买声儿。生乎意不惬，死名用何施。可心聊自乐，终不为人移。脱寻余志者，陶然正若斯。"延昌四年卒，年三十二。其著《明堂制度论》，又《春秋丛林》12 卷，见本传及《旧唐书·经籍志》、《新唐书·艺文志》。《魏书》、《北史》及《玉函山房辑佚书》均收《明堂制度论》全文。

[文献]《魏书》卷九十《逸士列传·李谧传》，《北史》卷三十三《李谧传》。

2. 范缜卒

范缜（约 450—约 515），字子真，南乡舞阴（今河南泌阳县）人。南朝齐梁时期哲学家。曾从学于名儒刘瓛，精于三《礼》。齐时为尚书殿中郎，奉命出使北魏，出为宜州太守。入梁后，历任中书郎，国子博士。卒于官。南朝佛教盛行，梁武帝更是在天监三年宣布"惟佛一道，是于正道"。范缜不信佛，坚持无佛的观点。齐永明七年，萧衍、沈约、王融、范云等"八友"，以及玄畅、僧柔、法安等名僧，皆著论与范缜辩论。范缜乃作《神灭论》。此论一出，朝野喧哗，竟陵王萧子良集僧难之而不能屈，客观上起到了维护儒家传统思想的作用。所著《神灭论》、《以国子博士让裴子野表》见于严可均《全梁文》卷二十四。

[文献]《梁书》卷四十八《儒林列传》,《南史》卷五十七《范缜传》所记略同。

3. 刘峻撰《类苑》成

初,刘峻(字孝标)撰《类苑》成,未及毕而已行于世。至是全成,凡一百二十卷。

[文献]《南史》卷四十九《刘峻传》、卷五十二《梁宗室下·安成王秀传》,《梁书》卷五十《刘峻传》。

案:据《南史·刘峻传》,及刘峻《类苑》成,帝即命诸学士撰《华林遍略》以高之。《华林遍略》作于天监十五年,则《类苑》当成于此前一年。

4. 贺革领儒林祭酒

稍迁湘东王府行参军,转尚书仪曹郎。寻除秣陵令,迁国子博士,于学讲授,生徒常数百人。出为西中郎湘东王谘议参军,带江陵令。王初于府置学,以革领儒林祭酒,讲《三礼》,荆楚衣冠听者甚众。

[文献]《梁书》卷四十八《儒林·贺革传》,《南史》卷六十二《贺革传》。

案:萧绎于公元514年封湘东王,直至547年任荆州刺史,初于府置学当为封湘东王之后,任荆州刺史之前,今暂系年于此。

天监十五年（北魏熙平元年） 公元 516 年

1. 梁撰《华林遍略》

刘峻率性而动，不能随众沈浮，梁武帝甚恶之。及刘峻《类苑》成，凡一百二十卷，帝即命诸学士撰《华林遍略》以高之，竟不见用。天监十五年，敕太子詹事徐勉，举学士入华林撰《遍略》，勉举思澄、顾协、刘杳、王子云、锺屿等五人以应选。八年乃书成，合七百卷。这是继《皇览》之后又一部大型类书。《隋书·经籍志》著录六百二十卷，《新唐书·艺文志》著录六百卷。

［文献］《南史》卷四十九《刘峻传》，《南史》卷七二《何思澄传》，《梁书》卷五十《何思澄传》。

2. 北魏郑道昭请树汉魏石经

懿弟道昭，字僖伯。少而好学，综览群言。初为中书学生，迁秘书郎，拜主文中散，徙员外散骑侍郎、秘书丞、兼中书侍郎。迁国子祭酒，道昭表曰：“臣窃以为：崇治之道，必也须才；养才之要，莫先于学。今国子学堂房粗置，弦诵阙尔。城南太学，汉魏石经，丘墟残毁，蒺藋芜秽，游儿牧竖，为之叹息，有情之辈，实亦悼心，况臣亲司，而不言露。伏愿天慈回神纡眄，赐垂鉴察。若臣微意，万一合允，求重敕尚书、门下，考论营制之模，则五雍可翘立而兴，毁铭可不日而就。树旧经于帝京，播茂范于不朽。斯有天下者之美业也。”不从。广平王怀为司州牧，以道昭与宗正卿元匡为州都。迁秘书监、荥阳邑中正。出为平东将军、光州刺史，转青州刺史，将军如故。复入为秘书监，加平南将军。熙平元年卒，赠镇北将军、相州刺史，谥

478

曰文恭。

［文献］《魏书》卷五十六《郑羲传》附《郑道昭传》。

3. 王元规生

王元规,字正范,太原晋阳人。祯明三年入隋,为秦王府东阁祭酒。年七十四,卒于广陵。逆推知其生于是年。

［文献］《陈书》卷三十三《王元规传》,《南史》卷七十一《儒林·王元规传》。

4. 刘昼生

刘昼,字孔昭。据《北齐书》,天统中,卒于家,年五十二。逆推知其生于是年。

［文献］《北齐书》卷四十四《儒林·刘昼传》,《北史》卷八十一《儒林·刘昼传》。

天监十六年（北魏熙平二年） 公元 517 年

魏李崇请修国学

骠骑大将军李崇累表解州，前后十余上，肃宗乃以元志代之。寻除都督冀定瀛三州诸军事、骠骑大将军、冀州刺史，仪同如故。不行。崇上表曰："臣闻世室明堂，显于周夏；二黉两学，盛自虞殷。所以宗配上帝，以着莫大之严；宣布下土，以彰则天之轨。……臣以为当今四海清平，九服宁晏，经国要重，理应先营……以臣愚量，宜罢尚方雕靡之作，颇省永宁土木之功，并减瑶光材瓦之力，兼分石窟镌琢之劳，及诸事役非急者，三时农隙，修此数条。使辟雍之礼，蔚尔而复兴；讽诵之音，焕然而更作。美榭高墉，严壮于外；槐宫棘宇，显丽于中。道发明令，重遵乡饮，敦进郡学，精课经业。如此，则元、凯可得之于上序，游、夏可致之于下国，岂不休欤！诚知佛理渊妙，含识所宗，然比之治要，容可小缓。苟使魏道熙缉，元首唯康，尔乃经营，未为晚也。"灵太后令曰："省表，具悉体国之诚。配飨大礼，为国之本，比以戎马在郊，未遑修缮。今四表晏宁，年和岁稔，当敕有司别议经始。"

[文献]《魏书》卷六十六《李崇传》。

案：据李汝霖《东晋南北朝学术编年》，李崇上表中言及以高祖配享上帝之事，考《魏书·礼志》，此事议于熙平二年三月，故知崇之上表亦在此年。今从之。

天监十七年(北魏神龟元年)　公元 518 年

1. 崔光上奏修补洛阳石经

神龟元年夏,光表曰:"……寻石经之作,起自炎刘,继以曹氏《典论》,初乃三百余载,计末向二十纪矣。昔来虽屡经戎乱,犹未大崩侵。如闻往者刺史临州,多构图寺,道俗诸用,稍有发掘,基跱泥灰,或出于此。皇都始迁,尚可补复,军国务殷,遂不存检。官私显隐,渐加剥撤。播麦纳菽,秋春相因,□生蒿杞,时致火燎,由是经石弥减,文字增缺。职忝胄教,参掌经训,不能缮修颓坠,兴复生业,倍深惭耻。今求遣国子博士一人,堪任干事者,专主周视,驱禁田牧,制其践秽,料阅碑牒所失次第,量厥补缀。"诏曰:"此乃学者之根源,不朽之永格,垂范将来,宪章之本,便可一依公表。"光乃令国子博士李郁与助教韩神固、刘燮等勘校石经,其残缺者,计料石功,并字多少,欲补治之。于后,灵太后废,遂寝。

[文献]《魏书》卷六十七《崔光传》,《资治通鉴》卷一四八"神龟元年"条下亦有载,又见《魏书》卷五六《郑道昭传》载郑道昭上表:"城南太学,汉魏石经,丘墟残毁,蔾藿芜秽,游儿牧竖,为之叹息"。

案:为统一天下儒典,东汉灵帝熹平四年(175),蔡邕用隶书写成《周易》、《尚书》、《鲁诗》、《仪礼》、《春秋》、《公羊传》、《论语》各经,于洛阳刻成石经。石经立于太学之后,便成为经文的标准本,成为策试评判的依据。熹平石经历经了董卓烧毁洛阳宫室之灾,受损严重,至魏正始中(240—245)于洛阳刻石,镌刻儒家经典,用古文、篆、隶三体文字,称为三体石经。到了北朝,洛阳石经已是经石弥减,文字增缺。针对这样的状况,崔光在神龟元年上书,奏今求遣国子博士一人主持修补石经。诏许之,崔光遂令国子博士李郁与助教韩神固、刘燮等勘校石经。后因灵太后废,事遂废寝。

2. 房景先卒

房景先(476—518),字光胄,清河东武城(今山东平原县)人。母清河崔氏,历览书传。幼孤贫,其母自授《毛诗》、《曲礼》,先甚精勤,昼则樵苏,夜诵经史。北魏太和中,例得还乡,郡辟功曹。时太常刘芳、侍中崔光为当世儒宗,叹其精博,光遂奏以景先兼著作佐郎,修国史。累迁步兵校尉,领尚书郎,齐州中正。所历皆有当官之称。神龟元年卒,时年四十三。谥曰文。据本传,房景先参与《世宗起居注》的撰写。作《五经疑问》百余篇,本传载其文。严可均辑有《五经疑问》,王谟亦有辑文。

[文献]《魏书》卷四十三《房法寿》附《房景先传》。

3. 孙惠蔚卒

孙惠蔚(452—518),字叔炳,武邑武遂(今河北武强县)人,小字陀罗。北魏儒家学者。自言六世祖道恭为晋长秋卿,自道恭至惠蔚世以儒学相传。太和初,郡举孝廉,对策于中书省。时中书监高闾宿闻惠蔚,称其英辩,因相谈,荐为中书博士。转皇宗博士。闾被敕理定雅乐,惠蔚参其事。及乐成,闾上疏请集朝贵于太乐,共研是非。秘书令李彪自以才辩,立难于其间,闾命惠蔚与彪抗论,彪不能屈。黄门侍郎张彝常与游处,每表疏论事,多参访焉。十七年,高祖南征,上议告类之礼。及太师冯熙薨,惠蔚监其丧礼,上书令熙未冠之子皆服成人之服。惠蔚与李彪以儒学相知,及彪位至尚书,惠蔚仍太庙令。虽久滞小官,深体通塞,无孜孜之望,儒者以是尚焉。二十二年,侍读东宫。世宗即位之后,仍在左右敷训经典,自冗从仆射迁秘书丞、武邑郡中正。惠蔚既入东观,上疏校考典籍,诏许之。又兼黄门侍郎,迁中散大夫,仍兼黄门。久之,正黄门侍郎,代崔光为著作郎,才非文史,无所撰着,唯自披其传注数行而已。迁国子祭酒、秘书监,仍知史事。延昌二年,追赏侍讲之劳,封枣强县开国男,食邑二百户。肃宗初,出为平东将军、济州刺史。还京,除光禄大夫。魏初已来,儒生寒宦,惠蔚最为显达。先单名蔚,正始中,侍讲禁内,夜论佛经,有惬帝旨,诏使加"惠",号惠蔚法师焉。神龟元年卒于官,时年六十七。

[文献]《魏书》卷八十四《儒林·孙惠蔚传》,《北史》卷八十一《儒林上·孙惠蔚传》。

4. 沈洙生

沈洙,字弘道,据本传,太建元年卒,时年五十二。逆推知其生于是年。

[文献]《陈书》卷三十三《儒林·沈洙传》,又见《南史》卷七十一《儒林·沈洙传》。

5. 沈不害生

沈不害,字孝和,据本传,太建十二年卒,时年六十三。逆推知其生于是年。

[文献]《陈书》卷三十三《沈不害传》。

6. 司马褧卒

司马褧(?—约518),字元素,河内温人也。曾祖纯之,晋大司农高密敬王。祖让之,员外常侍。父灥,善《三礼》,仕齐官至国子博士。褧少传家业,强力专精,手不释卷,其礼文所涉书,略皆遍睹。沛国刘瓛为儒者宗,嘉其学,深相赏好。少与乐安任昉善,昉亦推重焉。初为国子生,起家奉朝请,稍迁王府行参军。天监初,诏通儒治五礼,有司举褧治嘉礼,除尚书祠部郎中。是时创定礼乐,褧所议多见施行。除步兵校尉,兼中书通事舍人。褧学尤精于事数,国家吉凶礼,当世名儒明山宾、贺玚等疑不能断,皆取决焉。累迁正员郎、镇南谘议参军,兼舍人如故。迁尚书右丞。出为仁威长史、长沙内史。还除云骑将军,兼御史中丞,顷之即真。十六年,出为宣毅南康王长史、行府国并石头戍军事。褧虽居外官,有敕预文德、武德二殿长名问讯,不限日。十七年,迁明威将军、晋安王长史,未几卒。王命记室庾肩吾集其文为十卷,所撰《嘉礼仪注》一百一十二卷。

[文献]《梁书》卷四十《司马褧传》,《南史》卷六十二《司马褧传》略同。

案:司马褧生卒年史书无载,《梁书》云天监十七年迁明威将军、晋安王长史,未几卒,则当卒于此年或之后,暂系于此年。

7. 何胤讲论经学

至吴,居虎丘西寺讲经论,学徒复随之,东境守宰经途者,莫不毕至。

[文献]《梁书》卷五十一《处士列传·何胤传》,《南齐书》卷五十四《高逸列传·何胤传》。

天监十八年(北魏神龟二年)　公元 519 年

1. 顾野王生

顾野王于太建十三年卒,时年六十三。逆推知其卒于此年。

［文献］《陈书》卷三十《顾野王传》,又见《南史》卷六十九《顾野王传》。

2. 刘昭集注《后汉书》

刘昭,字宣卿,平原高唐(今属山东)人。生卒年不详,约 510 年前后在世。据本传,初,昭伯父肜集众家《晋书》为干宝《晋纪》作注,成 40 卷。昭聚集《后汉书》同异以注范晔《后汉书》,抽出司马彪《续汉书》八志加以注释,补入《后汉书》成 120 卷,即今本《后汉书》。新增《百官》、《舆服》二志,此为《后汉书》130 卷。《隋书·经籍志》著录一百二十五卷。又有《幼童传》十卷,见本传及《隋书·经籍志》。

［文献］《南史》卷七十二《刘昭传》,《梁书》卷四十九《刘昭传》。

案:据《南史》刘昭注《后汉书》在梁天监中,故系于梁天监末。刘学智《中国学术思想编年·魏晋南北朝卷》亦系于此。

3. 戚衮生

戚衮,字公文,据本传,太建十三年卒,时年六十三,逆推知其生于是年。

［文献］《陈书》卷三十三《儒林列传》,《南史》卷七十一《儒林列传》略同。

4. 张雕生

　　张雕,中山北平人。据本传,北齐后主武平四年十月,张雕因韩长鸾进谗被诛,时年五十五。逆推知其生于是年。

　　[文献]《北齐书》卷四十四《儒林列传》,《北史》卷八一《儒林列传》略同。

梁普通元年(北魏正光元年) 公元 520 年

1. 魏诏立国学

正光元年春正月乙酉,诏曰:"建国纬民,立教为本,尊师崇道,兹典自昔。来岁仲阳,节和气润,释奠孔颜,乃其时也。有司可豫缮国学,图饰圣贤,置官简牲,择吉备礼。"将立国学,诏以三品已上及五品清官之子以充生选。未及简置,仍复停寝。正光二年,乃释奠于国学,命祭酒崔光讲孝经,始置国子生三十六人。

[文献]《魏书》卷九《肃宗纪》。又见《魏书》卷八四《儒林列传》。

2. 魏源子恭请建明堂辟雍

子恭字灵顺,正光元年,为行台左丞,巡行北边。转为起部郎。当时明堂辟雍并未建就,子恭上书曰:"臣闻辟台望气,轨物之德既高;方堂布政,范世之道斯远。是以书契之重,理冠于造化;推尊之美,事绝于生民。……愚谓召民经始,必有子来之歌;兴造勿亟,将致不日之美。况本兵不多,兼之牵役,废此与彼,循环无极。便是辍创礼之重,资不急之费,废经国之功,供寺馆之役,求之远图,不亦阙矣?今诸寺大作,稍以粗举,并可彻减,专事经综,严勒工匠,务令克成。使祖宗有荐配之期,苍生睹礼乐之富。"书奏,从之。

[文献]《魏书》卷四一《源贺传》,又见《洛阳伽蓝记校注》卷第三《城南》:"灵台东辟雍,是魏武所立者。至我正光中,造明堂于辟雍之西南,上圆下方,八窗四闼。"

487

3. 游肇卒

游肇（452—520），字伯始，北魏孝文帝赐名，广平任（今河北任县）人。幼为中书学生，博通经史及《苍》、《雅》、《林》说。高祖初，为内秘书侍御中散。司州初建，为都官从事，转通直郎、秘阁令，迁散骑侍郎、典命中大夫。车驾南伐，肇上表谏止，高祖不纳。寻迁太子中庶子。肇谦素敦重，文雅见任。以父老，求解官扶侍。高祖欲令遂禄养，乃出为本州岛南安王桢镇北府长史，带魏郡太守。王薨，复为高阳王雍镇北府长史，太守如故。为政清简，加以匡赞，历佐二王，甚有声迹。肇，儒者，动存名教，直绳所举，莫非伤风败俗。持法仁平，断狱务于矜恕。尚书令高肇，世宗之舅，为百僚慑惮，以肇名与己同，欲令改易。肇以高祖所赐，秉志不许，高肇甚衔之。世宗嘉其刚梗。肃宗即位，迁中书令、光禄大夫，加金章紫绶，相州大中正。出为使持节，加散骑常侍、镇东将军、相州刺史，有惠政。征为太常卿，迁尚书右仆射，固辞，诏不许。肇于吏事，断决不速。主者咨呈，反复论叙，有时不晓，至于再三，必穷其理，然后下笔，虽宠势干请，终无回挠。方正之操，时人服之。及领军元叉之废灵太后，将害太傅、清河王怿，乃集公卿会议其事。于时群官莫不失色顺旨，肇独抗言以为不可，终不下署。正光元年八月卒，年六十九。肇外宽柔，内刚直，耽好经传，治《周易》、《毛诗》，尤精三《礼》，为《易集解》，撰《冠婚仪》、《白珪论》。诗赋表启凡七十五篇，皆传于世。谦廉不竞，曾撰《儒棋》，以表其志。

[文献]《魏书》卷五五《游明根传》，《北史》卷三十四《游明根传》。

4. 伏暅卒

伏暅（462—520），字玄耀，曼容之子也。幼传父业，能言玄理，与乐安任昉、彭城刘曼俱知名。起家齐奉朝请，仍兼太学博士，寻除东阳郡丞，秩满为鄞令。时曼容已致仕，故频以外职处暅，令其得养焉。齐末，始为尚书都官郎，仍为卫军记室参军。高祖践阼，迁国子博士，父忧去职。服阕，为车骑谘议参军，累迁司空长史、中书侍郎、前军将军、兼五经博士，与吏部尚书徐勉、中书侍郎周舍，总知五礼事。出为永阳内史，在郡清洁，治务安静。郡民何贞秀等一百五十四人诣州言状，湘州刺史以闻。诏勘有十五事为吏民所怀，高祖善之，徵为新安太守。在郡清恪，如永阳时。属县始新、遂安、海宁，并同时生为立祠。徵为国子博士，领长水校尉。时始兴内史何远累著清绩，高祖诏擢为黄门侍郎，俄迁信武将军、监吴郡。暅自以名辈素在远前，为吏俱称廉白，远累见擢，暅迁阶而已，意望不满，多托疾居家。寻求假到东阳迎妹丧，因留会稽筑宅，自表解，高祖诏以为豫章内史，暅乃出拜。有诏勿治，暅遂得就郡。视事三年，征为给事黄门侍郎，领国子博士，未及起。普通元年，卒于郡，时年五十九。尚书右仆射徐勉为之墓志。

　　[文献]《梁书》卷五十三《良吏列传·伏暅传》。

普通二年(北魏正光二年) 公元521年

1. 魏帝兴国子学、祀孔子

正光二年,乃释奠于国学,命祭酒崔光讲孝经,始置国子生三十六人。三月庚午,帝幸国子学祠孔子,以颜渊配。

[文献]《魏书》卷九《肃宗纪》,《北史》卷四《魏本纪》略同。又见《魏书》卷八四《儒林列传》,《北史》卷八一《儒林列传》、《魏书》卷六七《崔光传》皆载孝明帝幸国学。崔光讲《孝经》为正光二年。《洛阳伽蓝记校注》卷第一《城内》:"司徒府南有国子学堂,内有孔丘像,颜渊问仁,子路问政在侧。"

2. 刘峻卒

刘峻(462—521),字孝标,本名法武,南朝梁学者。原籍平原(今属山东),后随父流寓江南。任荆州户曹参军时,曾抄录事类空名《类苑》,因病未成。至梁天监十五年(516),历时九年编成。以注释刘义庆《世说新语》而闻名于世,其注引证丰富,为魏晋儒学研究重要资料来源。《四库全书总目》卷一百四十:"孝标所注,特为典赡,高似孙《纬略》亟推之。其纠正义庆之纰缪,尤为精核。所引诸书,今已佚其十之九,惟赖是注以传。故与裴松之《三国志注》、郦道元《水经注》、李善《文选注》同为考证家所引据焉。"《南史》、《梁书》本传皆未提及注《世说新语》之事。《新唐书》载其著《辩命论》、《类苑》一百二十卷、《续世说》十卷。另有《辩命论》,见《南史》本传。《与举法师书》,见《广弘明集》卷二十四。普通二年,卒,时年六十。门人谥曰玄靖先生。

[文献]《梁书》卷五十《刘峻传》,《南史》卷四十九《刘峻传》。

普通三年(北魏正光三年)　公元522年

乐逊就学于徐遵明

魏正光中,闻硕儒徐遵明领徒赵、魏,乃就学《孝经》、《丧服》、《论语》、《诗》、《书》、《礼》、《易》、《左氏春秋》大义。

[文献]《周书》卷四五《儒林·乐逊传》。

普通四年（北魏正光四年） 公元 523 年

1. 贾思伯授孝明帝以《杜氏春秋》

时太保崔光疾甚，表荐思伯为侍讲，中书舍人冯元兴为侍读。思伯遂入授肃宗《杜氏春秋》。思伯少虽明经，从官废业，至是更延儒生夜讲昼授。

［文献］《魏书》卷七二《贾思伯列传》。

案：据《北史》卷四十四《列传第三十二·崔光传》载："四年（523）十月，肃宗亲临省疾，诏断宾客，中使相望……十一月，疾甚，敕子侄等曰……至第而薨，年七十三。"则思伯为侍讲当在此年。

2. 阮孝绪撰成《七录》

阮孝绪（479—536），字士宗，陈留尉氏（河南尉氏）人。南朝齐、梁学者、目录学家。孝绪七岁，出后从伯胤之。幼至孝，性沉静，年十三，遍通五经。十二年，与吴郡范元琰俱征，并不到。后于钟山听讲，乃著《高隐传》，上自炎、黄，终于天监之末，斟酌分为三品，凡若干卷。又著论云："夫至道之本，贵在无为；圣人之迹，存乎拯弊。弊拯由迹，迹用有乖于本，本既无为，为非道之至。然不垂其迹，则世无以平；不究其本，则道实交丧。丘、旦将存其迹，故宜权晦其本；老、庄但明其本，亦宜深抑其迹。迹既可抑，数子所以有余；本方见晦，尼丘是故不足。非得一之士，阙彼明智；体二之徒，独怀鉴识。然圣已极照，反创其迹；贤未居宗，更言其本。良由迹须拯世，非圣不能；本实明理，在贤可照。若能体兹本迹，悟彼抑扬，则孔、庄之意，其过半矣。"大同二年，卒，时年五十八。阮孝绪于普通四年（523）

总集众家,编成《七录》。是书已佚,今仅存《七录序》,载《广弘明集》卷三。《七录》是一部有系统有体例的目录学著作。该《录》将前五录即儒学经说至天文诗赋等内容定为内篇,含有尊崇之意。第二录《纪传录》为史部目录,史学至此从以往儒学附庸的地位而趋于独立。《隋书·经籍志》即据此编写,此后遂成为各纪传史书经籍志之成例。

[文献]《梁书》卷五十一《阮孝绪传》,《隋书·经籍志》:"普通中,有处士阮孝绪,沉静寡欲,笃好坟史,博采宋、齐已来,王公之家凡有书记,参校官簿,更为《七录》。"又见《广弘明集》卷三阮孝绪《七录序》,《佛祖历代通载》卷九,《隋书》卷四九,《文史通义》卷一《诗教上》。

3. 崔光卒

崔光(450—523),字长仕,本名孝伯,孝文帝赐名光。清河(今山东夏津县)人。崔光幼年家贫,但嗜好读书。泰和六年(482)为中书博士著作郎,与秘书丞李彪共撰国史,后李彪解职,由崔光专任史职。后授太子少傅,迁右光禄大夫。熙平元年(516)任开国侯,熙平三年(518),奏请修补《石经》。正光四年(523)卒,年七十三。崔光一生著作宏富,凡为诗、赋、铭、赞、诔、颂、表、启数百篇,勒成五十余卷,大多散佚。严可均《全后魏文》录有其文两卷。

[文献]《北史》卷四十四《崔光传》,《魏书》卷六十七《崔光传》。

4. 江式卒

江式(? —515),字法安,陈留济阳(今河南兰考)人。北朝学者。六世祖琼,字孟琚,晋冯翊太守,善虫篆、诂训。永嘉大乱,琼弃官西投张轨,子孙因居凉土,世传家业。祖强,字文威,太延五年,凉州平,内徙代京。上书三十余法,各有体例,又献经史诸子千余卷,由是擢拜中书博士。卒,赠敦煌太守。父绍兴,高允奏为秘书郎,掌国史二十余年,以谨厚称。卒于赵郡太守。式少专家学,数年中,常梦两人时相教授;及寤,每有记识。初拜司徒长史兼行参军,检校御史,寻除符节令。以书文昭太后尊号谥册,除奉朝请,仍符节令。篆体尤工,洛京宫殿诸门板题,皆式书也。延昌三年三月，式表上请作古字，诏可，式于是撰集字书，号曰《古今文字》，凡四十卷，大体依许氏《说文》为本，上篆下隶。又除宣威将军、符玺郎，寻加轻车将军。正光中，除骁骑将军、兼著作佐郎，正史中字。四年卒，赠右将军、巴州刺史。其书竟未能成。该书《隋》、《唐志》均不载，马国翰据《北史》录《古今文字表》一篇。

[文献]《魏书》卷九十一《术艺·江式传》，《北史》卷三十四《江式传》略同。

普通五年（北魏正光五年）　公元 524 年

1. 明山宾为国子博士

时初置五经博士，山宾首膺其选。迁北中郎谘议参军，侍皇太子读。累迁中书侍郎、国子博士、太子率更令、中庶子、御史中丞、黄门侍郎，散骑常侍等职。东宫新置学士，以山宾居之。

［文献］《梁书》卷二七《明山宾传》，又见《南史》卷五十《明山宾传》。

2. 周舍卒

周舍（469—524），字升逸，汝南安城人，晋左光禄大夫抃之八世孙。父颙，齐中书侍郎。舍幼聪颖，长大后博学多通，尤精义理，善诵书，背文讽说，音韵清辩。出仕为齐太学博士，迁后军行参军。魏国儒者吴包归附南方，对周舍颇为赞赏。丹阳尹王亮辟周舍为主簿。梁台建，为奉常丞。高祖即位，吏部尚书范云把他推荐给高祖，召拜尚书祠部郎。时天下草创，礼仪损益，多自舍出。迁尚书吏部郎，太子右卫率，右卫将军。国史诏诰，仪体法律，军旅谋谟，皆兼掌之。为右卫，母忧去职，起为明威将军、右骁骑将军。服阕，除侍中，领步兵校尉，未拜，仍迁员外散骑常侍、太子左卫率。顷之，加散骑常侍、本州大中正，迁太子詹事。普通五年，南津获武陵太守白涡书，许遗舍面钱百万，津司以闻。虽书自外入，犹为有司所奏，舍坐免。迁右骁骑将军，知太子詹事。以其年卒，时年五十六。周舍著《礼疑义》五十二卷，见《隋书·经籍志》，《旧唐书·经籍志》作五十卷，《清史稿·艺文志》收一卷。马国翰从《南史·司马筠传》、《通典》等采得四节。

［文献］《梁书》卷二十五《周舍传》。

普通六年(北魏孝昌元年)　公元 525 年

1. 徐勉撰《五礼注》奏上

徐勉博通经史,多识前载。朝仪国典,婚冠吉凶,勉皆预图议。普通六年,上修五礼表曰:"臣闻'立天之道,曰阴与阳;立人之道,曰仁与义。'故称'导之以德,齐之以礼'。夫礼所以安上治民,弘风训俗,经国家,利后嗣者也。……伏寻所定五礼,起齐永明三年,太子步兵校尉伏曼容表求制一代礼乐,于时参议置新旧学士十人,止修五礼,谘禀卫将军丹阳尹王俭,学士亦分住郡中,制作历年,犹未克就。及文宪薨殂,遗文散逸,后又以事付国子祭酒何胤,经涉九载,犹复未毕。建武四年,胤还东山,齐明帝敕委尚书令徐孝嗣。旧事本末,随在南第。永元中,孝嗣于此遇祸,又多零落。当时鸠敛所余,权付尚书左丞蔡仲熊、骁骑将军何佟之,共掌其事。时修礼局住在国子学中门外,东昏之代,频有军火,其所散失,又逾太半。天监元年,佟之启审省置之宜,敕使外详。时尚书参详,以天地初革,庶务权舆,宜俟隆平,徐议删撰。欲且省礼局,并还尚书仪曹。诏旨云:'礼坏乐缺,故国异家殊,实宜以时修定,以为永准。但顷之修撰,以情取人,不以学进;其掌知者,以贵总一,不以稽古,所以历年不就,有名无实。此既经国所先,外可议其人,人定,便即撰次。'于是尚书仆射沈约等参议,请五礼各置旧学士一人,人各自举学士二人,相助抄撰。其中有疑者,依前汉石渠、后汉白虎,随源以闻,请旨断决。乃以旧学士右军记室参军明山宾掌吉礼,中军骑兵参军严植之掌凶礼,中军田曹行参军兼太常丞贺玚掌宾礼,征虏记室参军陆琏掌军礼,右军参军司马褧掌嘉礼,尚书左丞何佟之总参其事。佟之亡后,以镇北谘议参军伏暅代之。后又以暅代严植之掌凶礼。暅寻迁官,以五经博士缪昭掌凶礼。复以礼仪深广,记载残缺,宜须博论,共尽其致,更使镇军将军丹阳尹沈约、太常卿张充及臣三人同参厥务。臣又奉别敕,总知其事。末又使中书侍郎周舍、庾于陵二人复豫参知。若有疑义,所掌学士当职先立议,通谘五礼旧学士及参知,各言同异,条牒启闻,决之制旨。……五礼之职,事有繁简,及其列毕,不得同时。《嘉礼仪注》以天监六年五月七日上尚书,合十有二秩,一百一十六卷,五百三十六条;《宾礼仪注》以天监六年五月二十日上尚书,合十有七秩,一百三十三卷,五百四十五条;《军礼仪注》以天监九年十月二十九日上尚书,合十有八秩,一百八十九卷,二百四十条;《吉礼仪注》以天监十一年十一月十日上尚书,合二十有六秩,二百二十四卷,一千五条;《凶礼仪注》以天监十一年十一月十七日上尚书,合四十有七秩,五百一十四卷,五千六百九十三条:大凡一百二十秩,一千一百七十六卷,八千一十九条。又列副秘阁及《五经》典书各一通,缮写校定,以普通五年二月始获洗毕。……"诏曰:"经礼大备,政典载弘,今诏有司,案以行事也。"又诏曰:"勉表如此。因革允厘,宪章孔备,功成业定,于是乎在。可以光被八表,施诸百代,俾万世之下,知斯文在斯。主者其按以遵行,勿有失坠。"寻加中书令,给亲信二十人。勉以疾自陈,求解内任。诏不许,乃令停下省,三日一朝,有事遣主书论决。脚疾转剧,久阙朝觐,固陈求解,诏乃赉假,须疾差还省。

[文献]《梁书》卷二十五《徐勉传》,《南史》卷六十《徐勉列传》略同。

案:徐勉受诏参撰五礼。五礼之撰,自齐永明三年开始,起自伏曼容奏请制一代礼乐,以王俭领衔,由何胤、蔡仲熊、何佟之相继掌其事。明山宾、严植之、贺玚、陆琏、司马褧、伏暅、沈约、张充、徐勉等学者都参加了五礼的撰写。何佟之亡后,伏暅代之,后又由沈约、张充与徐勉同领其事,徐勉总知。梁普通五年二月完成,普通六年(525年)徐勉奏上。计《嘉礼仪注》116卷,536条;《宾礼仪注》133卷,545条;《军礼仪注》189卷,240条;《吉礼仪注》224卷,1005条;《凶礼仪注》514卷,5693条。共计1178卷,8019条。

2.贾思伯卒

贾思伯(468—525),字仕休,齐郡益都(今山东寿光)人。世父元寿,中书侍郎，有学行，见称于时。思伯自奉朝请累迁中书侍郎，颇为孝文所知。任城王澄之围锺离也，以思伯持节为其军司。及澄失利，思伯为后殿。澄以其儒者，谓之必死。及至，大喜曰："仁者必有勇，常谓虚谈，今于军司见之矣！"思伯托以失道，不伐其功，时论称其长者。累迁南青州刺史。昭帝时，拜凉州刺史，思伯以边远不愿，辞以男女未婚。灵太后不许，因舍人徐纥言乞得停。后除廷尉卿，自以儒素为业，不好法律，希言事。俄转卫尉卿。时议建明堂，多有同异。思伯上议之。学者善其义。后为都官尚书。时崔光疾甚，表荐思伯侍讲，中书舍人冯元兴为侍读。思伯遂入授明帝杜氏《春秋》。思伯少虽明经，从官废业，至是更延儒生，夜讲昼授。性谦和，倾身礼士，虽在街途，停车下马，接诱恂恂，曾无倦色。思伯与元兴同事，大相友昵，元兴时为元叉所宠，论者讥其趋势云。孝昌元年卒。其著有《春秋杜氏辨》，已佚。

[文献]《北史》卷四七《贾思伯传》，又《魏书》卷七二《贾思伯传》："（思伯）孝昌元年卒。"

498

普通七年（北魏孝昌二年）　公元 526 年

梁刘之遴校《汉书》班固真本

之遴好古爱奇，在荆州聚古器数十百种。时鄱阳嗣王范得班固所上《汉书》真本，献之东宫，皇太子令之遴与张缵、到溉、陆襄等参校异同。之遴具异状十事，其大略曰："案古本《汉书》称'永平十六年五月二十一日己酉，郎班固上'；而今本无上书年月日字。又案古本《叙传》号为中篇；今本称为《叙传》。又今本《叙传》载班彪事行；而古本云'稚生彪，自有传'。又今本纪及表、志、列传不相合为次，而古本相合为次，总成三十八卷。又今本《外戚》在《西域》后；古本《外戚》次《帝纪》下。又今本《高五子》、《文三王》、《景十三王》、《武五子》、《宣元六王》杂在诸传秩中；古本诸王悉次《外戚》下，在《陈项传》前。又今本《韩彭英卢吴》述云'信惟饿隶，布实黥徒，越亦狗盗，芮尹江湖，云起龙骧，化为侯王'；古本述云'淮阴毅毅，杖剑周章，邦之杰子，实惟彭、英，化为侯王，云起龙骧'。又古本第三十七卷，解音释义，以助雅诂，而今本无此卷。"

[文献]《梁书》卷四十《刘之遴传》，又见《南史》卷五十《刘之遴传》。《梁书·萧琛传》说："始琛在宣城，有北僧南度，惟赍一葫芦，中有《汉书序传》。僧曰：'三辅旧老相传，以为班固真本。'琛固求得之，其书多有异今者，而纸墨亦古，文字多如龙举之例，非隶非篆，琛甚秘之。及是行也，以书饷鄱阳王范，范乃献于东宫。"

案：据刘汝霖《东晋南北朝学术编年》考证，按本传既称鄱阳嗣王范，则当在范之初嗣位时。范之嗣位在此年，其进《汉书》真本亦当在此年。今从之。

梁大通元年（北魏孝昌三年） 公元527年

1. 明山宾卒

明山宾(443—527)，字孝若，平原鬲人。山宾七岁能言名理，年十三博通经传，居丧尽礼。起家奉朝请。时初置《五经》博士，山宾首膺其选。迁北中郎谘议参军，侍皇太子读。累迁中书侍郎、国子博士、中庶子、御史中丞、黄门侍郎等职。四年，迁散骑常侍。大通元年，卒，时年八十五。著作有《吉礼仪注》二百二十四卷，见本传，《隋书·经籍志》云："《梁吉礼仪注》十卷。……梁明山宾撰《吉仪注》二百六卷，录六卷。"又《礼仪》二十卷，《孝经丧礼服义》十五卷，见本传。

[文献]《梁书》卷二十七《明山宾传》。

案：萧梁时期，明山宾、到洽、张率俱在东宫任职，于是年先后卒。昭明太子与晋安王纲令曰："明北兖、到长史遂相系凋落，伤悒悲惋，不能已已。去岁陆太常（陆倕）殂殁，今兹二贤长谢。陆生资忠履贞，冰清玉洁，文该四始，学遍九流。高情胜气，贞然直上。明公儒学稽古，淳厚笃诚，立身行道，始终如一，傥值夫子，必升孔堂。到子风神开爽，文义可观。当官莅事，介然无私。皆海内之俊义，东序之秘宝。此之嗟惜，更复何论！但游处周旋，并淹岁序，造滕忠规，岂可胜说，幸免祗悔，实二三子之力也。谈对如昨，音言在耳，零落相仍，皆成异物，每一念至，何时可言。天下之宝，理当恻怆。近张新安又致故，其人文笔弘雅，亦足嗟惜，随弟府朝，东西日久，尤当伤怀也。比人物零落，特可伤惋，属有今信，乃复及之。"昭明太子书见《梁书》卷二十七《到洽传》。

2. 到洽卒

到洽（477—527），字茂泓，彭城武原（今江苏邳州）人。洽年十八，为南徐州迎西曹行事。洽少知名，清警有才学士行。二年，迁司徒主簿，直待诏省，敕使抄甲部书。五年，迁尚书殿中郎。洽兄弟群从，递居此职，时人荣之。七年，迁太子中舍人，与庶子陆倕对掌东宫管记。俄为侍读，侍读省仍置学士二人，洽复充其选。十二年，出为临川内史，在郡称职。十四年，入为太子家令，迁给事黄门侍郎，兼国子博士。十六年，行太子中庶子。普通元年，以本官领博士。顷之，入为尚书吏部郎，请托一无所行。俄迁员外散骑常侍，复领博士，母忧去职。五年，复为太子中庶子，领步兵校尉，未拜，仍迁给事黄门侍郎，领尚书左丞。准绳不避贵戚，尚书省贿赂莫敢通。时銮舆欲亲戎，军国容礼，多自洽出。六年，迁御史中丞，弹纠无所顾望，号为劲直，当时肃清。以公事左降，犹居职。旧制，中丞不得入尚书下舍，洽兄溉为左民尚书，洽引服亲不应有碍，刺省详决。左丞萧子云议许入溉省，亦以其兄弟素笃，不能相别也。七年，出为贞威将军、云麾长史、寻阳太守。大通元年，卒于郡，时年五十一。洽文集行于世。《全梁文》辑《集》十五卷，另辑其《奏劾刘孝绰》及《周弘正补太学博士议》两文。

[文献]《梁书》卷二十七《到洽传》。

3. 徐孝克生

徐孝克（527—599），东海郯人，陈左仆射徐陵（官居侍中、左光禄，爵位建昌开国侯）第三弟。少为《周易》生，有口辩，能谈玄理。既长，遍通《五经》，博览史籍，亦善属文，而文不逮义。梁太清初，为太学博士。侯景乱，去为僧，名法整。景平还俗。陈天嘉中，除郯令，去职。太建中，征秘书丞，不就。除国子博士，迁通直散骑常侍、国子祭酒。祯明初，进都官尚书、散骑常侍。入隋，授国子博士，侍讲东宫。开皇十九年卒，年七十三。著有《孝经讲疏》六卷，见《隋书·经籍志》，《论语讲疏文句义》五卷，见《隋书·经籍志》。

[文献]《陈书》卷二十六《列传第二十·徐孝克传》。

大通二年(北魏永安元年) 公元528年

刁柔为魏中散大夫

永安中,除中坚将军、奉车都尉,加冠军将军、中散大夫。

[文献]《北齐书》卷四十四《儒林·刁柔传》。

案:本传载"永安中",永安年间为528—529年,姑系于是年。

梁中大通元年（北魏永安二年） 公元 529 年

1. 徐遵明卒

徐遵明（475—529），字子判，华阴（今陕西华阴）人。北朝大儒。幼孤好学，年十七，随乡人毛灵和等诣山东求学。至上党，乃师屯留王聪，受《毛诗》《尚书》《礼记》。一年，便辞聪诣燕赵，师事张吾贵。吾贵门徒甚盛，遵明伏膺数月，乃私谓其友人曰："张生名高而义无检格，凡所讲说，不惬吾心，请更从师。"遂与平原田猛略就范阳孙买德受业。一年，复欲去之。猛略谓遵明曰："君年少从师，每不终业，千里负帙，何去就之甚。如此用意，终恐无成。"遵明曰："吾今始知真师所在。"猛略曰："何在？"遵明乃指心曰："正在于此。"乃诣平原唐迁，纳之，居于蚕舍。读《孝经》《论语》《毛诗》《尚书》《三礼》，不出门院，凡经六年，时弹筝吹笛以自娱慰。又知阳平馆陶赵世业家有服氏《春秋》，是晋世永嘉旧本，遵明乃往读之。复经数载，因手撰《春秋义章》，为三十卷。是后教授，门徒盖寡，久之乃盛。遵明每临讲坐，必持经执疏，然后敷陈，其学徒至今浸以成俗。遵明讲学于外二十余年，海内莫不宗仰。颇好聚敛，有损儒者之风。后广平王怀闻而徵焉。至而寻退，不好京辇。孝昌末，南渡河，客于任城。以兖州有旧，因徙居焉。永安初，东道大使元罗表荐之，竟无礼辟。二年，元颢入洛，任城太守李湛将举义兵，遵明同其事。夜至民间，为乱兵所害，时年五十五。其著有《春秋义章》三十卷，见本传，已佚。

[文献]《魏书》卷八十四《儒林·徐遵明传》，又见《北史》卷八十一《徐遵明传》及同书卷八十一《儒林传序》。

2. 袁宪生

袁宪(529—598),字德章,陈郡阳夏(今河南太康)人。尚书左仆射袁枢之弟。幼聪敏好学,梁武帝辟设五馆,袁宪同馆中诸生谈论,每有新意。大同八年(542),梁武帝撰写《孔子正言章句》,袁宪时年十四岁,被召为国子《正言》生,议论常出人意表。大同元年(535),袁宪初任秘书郎,后迁任太子舍人、尚书殿中郎。永定元年(557),任中书侍郎兼散骑常侍,后历任中书侍郎、给事黄门侍郎、尚书吏部侍郎、散骑常侍、御史中丞等职。太建九年(578)后,历任散骑常侍、吏部尚书、右仆射、侍中、太子詹事。陈后主命其为尚书仆射。祯明三年(589),隋朝大举南下攻打陈,只有袁宪卫侍左右,袁宪建议后主仿效梁武帝见侯景旧例,向隋朝军队投降。后主不同意,便下榻而去,投入井中,袁宪边拜边哭而出。建康陷落,袁宪入隋,隋文帝任命他为使持节、昌州诸军事、开府仪同三司、昌州刺史。开皇十四年(594),隋文帝诏令授官晋王府长史。十八年去世,时年七十岁。《隋书·经籍志》:"《丧礼五服》七卷,大将军袁宪撰。"

[文献]《陈书》卷二十四《列传第十八·袁宪传》

3. 乐逊任魏安西府长流参军

永安中,释褐安西府长流参军。

[文献]《周书》卷四五《儒林·乐逊传》。

4. 杜之伟撰《仪注》

南朝梁武帝中大通元年(529),杜之伟启补东宫学士,撰《仪注》。

[文献]《陈书》卷三四《列传第二十八·杜之伟传》。

中大通二年（北魏建明元年） 公元 530 年

1. 裴子野卒

　　裴子野（469—530），字几原，河东闻喜（山西闻喜）人。晋太子左率康八世孙。兄黎，弟楷、绰，并有盛名，所谓"四裴"也。曾祖松之，宋太中大夫。祖驷，南中郎外兵参军。父昭明，通直散骑常侍。天监初，尚书仆射范云嘉其行，将表奏之，会云卒，不果。久之，除右军安成王参军，俄迁兼廷尉正。二年，吴平侯萧景为南兖州刺史，引为冠军录事，府迁职解。初，子野曾祖松之，宋元嘉中受诏续修何承天《宋史》，未及成而卒，子野常欲继成先业。及齐永明末，沈约所撰《宋书》既行，子野更删撰为《宋略》二十卷。其叙事评论多善，约见而叹曰："吾弗逮也。"兰陵萧琛、北地傅昭、汝南周舍咸称重之。至是，吏部尚书徐勉言之于高祖，以为著作郎。顷之，兼中书通事舍人，寻除通直正员郎。又敕掌中书诏诰。子野与沛国刘显、南阳刘之遴、陈郡殷芸、陈留阮孝绪、吴郡顾协、京兆韦棱，皆博极群书，深相赏好，显尤推重之。时吴平侯萧劢、范阳张缵，每讨论坟籍，咸折中于子野焉。普通七年，王师北伐，敕子野为喻魏文，受诏立成，高祖以其事体大，召尚书仆射徐勉、太子詹事周舍、鸿胪卿刘之遴、中书侍郎朱异，集寿光殿以观之，时并叹服。俄迁中书侍郎，余如故。大通元年，转鸿胪卿，寻领步兵校尉。子野在禁省十余年，静默自守，未尝有所请谒，外家及中表贫乏，所得俸悉分给之。无宅，借官地二亩，起茅屋数间。妻子恒苦饥寒，唯以教诲为本，子侄祗畏，若奉严君。末年深信释氏，持其教戒，终身饭麦食蔬。中大通二年，卒官，年六十二。子野少时，《集注丧服》、《续裴氏家传》各二卷，抄合后汉事四十余卷。以上并见于本传。《隋书·经籍志》录《丧服传》一卷，《梁书》本传作三卷，《南史》本传作二卷。《续裴氏家传》三卷,《梁书》本传作三卷,《南史》本传作二卷。《百官九品》二卷,见本传。《附益谥法》一卷,见本传。又欲撰《齐梁春秋》,始草创,未就而卒。《宋略》二十卷,见《隋书·经籍志》及本传,是书于宋时亡。清人严可均《全梁文》卷五十三辑其文。

[文献]《梁书》卷三十《裴子野传》,又见《南史》卷三十三《裴子野传》。

2. 元延明卒

元延明(484—530),河南洛阳人。北魏文成帝拓跋浚之孙、安丰王拓跋猛之子。世宗时,授太中大夫。延昌初,岁大饥,延明乃减家财,以拯宾客数十人,并赡其家。至肃宗初,为豫州刺史,甚有政绩,累迁给事黄门侍郎。延明既博极群书,兼有文藻,鸠集图籍万有余卷。性清俭,不营产业。与中山王熙及弟临淮王彧等,并以才学令望有名于世。虽风流造次不及熙、彧,而稽古淳笃过之。寻迁侍中。诏与侍中崔光撰定服制。后兼尚书右仆射。以延明博识多闻,敕监金石事。庄帝时,兼尚书令、大司马。及元颢入洛,延明受颢委寄,率众守河桥。颢败,遂将妻子奔萧衍,死于江南。庄帝末,丧还。出帝初,赠太保,王如故,谥曰文宣。儒学著作有《三礼宗略》二十卷,《五经宗略》二十三卷,见《隋书·经籍志》及本传。又有《诗礼别义》,见本传。

[文献]《魏书》卷二十《文成五王列传》。

案:刘学智等著《中国学术思想编年·魏晋南北朝卷》认为,元颢入洛在北魏永安二年(529)五月,延明依附之,颢败,延明遂南逃至梁,死于江南。"庄帝末,丧还",是此年末,故将其系于529年。据《元延明墓志》,元延明:"以梁中大通二年三月十日,薨于建康,春秋卅七。"今据墓志系于是年。

中大通三年(北魏普泰元年) 公元531年

1. 颜之推生

颜之推(约531—约590),字介,琅琊临沂(今山东临沂)人。世善《周官》、《左氏》学,俱《南史》有传。之推年十二,遇梁湘东王萧绎自讲《庄》、《老》,之推便预门徒。虚谈非其所好,还习《礼》、《传》。曾任国左常侍,侯景之乱中险遭杀害,得王则相救而幸免于难,后奉命校书。后被俘遣送西魏,至弘农掌管李远的书翰。后留居北齐,官至黄门侍郎。齐亡入周。大象末,为御史上士。隋开皇中,太子召为文学,深见礼重,寻以疾终。据颜之推自叙,曾"三为亡国之人","予一生而三化,备荼苦而蓼辛"。约卒于隋开皇中(一说为开皇十年)。逆推知约生于是年。颜之推博学多洽,一生著述颇丰,但大多亡佚。今存有《颜氏家训》二十卷,是颜之推为了用儒家思想教训子孙而写出的一部系统完整的家庭教育教科书。

[文献]《北史》卷八三《颜之推传》,又见《北齐书》卷四五《颜之推传》。《颜氏家训集解》卷一《序致第一》:"年时九岁,便丁荼蓼,家涂离散,百口索然。"《颜氏家训集解》卷七《终制第二十》:"吾年十九,值梁家丧乱,其间与白刃为伍者,亦常数辈;幸承馀福,得至于今。"

2. 何胤卒

何胤(446—531),字子季,庐江灊(今安徽潜山西北)人。好儒术,师事沛国刘瓛,受《易》及《礼记》、《毛诗》;又入钟山定林寺听佛教,其业皆通。起家齐秘书郎,迁太子舍人,出为建安太守。注《易》,又解《礼记》,于卷背书之,谓为《隐义》。累迁中书郎,员外散骑常侍,太尉从事中郎,司徒右长史,给事黄门侍郎，太子中庶子，领国子博士，丹阳邑中正。后与兄长求、点并隐居，时称"何氏三高"。至吴，于武丘山西寺讲佛家经论。儒佛学者跟随者甚众。是年卒，年86岁。儒学著述有《周易》十卷，《毛诗总集》六卷，《毛诗隐义》十卷，《礼记隐义》二十卷，《礼答问》五十卷，以上并见《隋书·经籍志》及本传。《玉函山房辑佚书》辑有《毛诗隐义》一卷，《礼记隐义》一卷。

[文献]《南齐书》卷五十四《高逸列传·何胤传》，《梁书》卷五十一《处士列传·何胤传》。

3. 魏羊深请修国学

羊深（476—535），字文渊，太山平阳人，梁州刺史羊祉第二子。早有风尚，学涉经史，好文章，兼长几案。弱冠即入仕，以后一直任武职，历任散骑常侍、右光禄大夫、侍中，出帝时历官中书令、左光禄大夫兼御史中尉、东道军司。萧宗行释奠之礼，讲《孝经》，侪辈之中独蒙引听，时论美之。兼侍中时，废帝甚亲待之。是时胶序废替，名教陵迟，深乃上疏曰："臣闻崇礼建学，列代之所修；尊经重道，百王所不易。是以均塾洞启，昭明之颂载扬；胶序大辟，都穆之咏斯显。伏维大魏乘乾统物，钦若奉时；模唐轨虞，率由前训。……臣愚以为宜重修国学，广延胄子，使函丈之教日闻，释奠之礼不阙。并诏天下郡国，兴立儒教。考课之程，咸依旧典。苟经明行修，宜擢以不次。抑斗筲喋喋之才，进大雅汪汪之德。博收鸿生，以光顾问；縶维奇异，共精得失。使区寰之内，竞务仁义之风；荒散之余，渐知礼乐之用。岂不美哉！臣诚闇短，敢慕前训，用稽古义，上尘听览。伏愿陛下垂就日之监，齐非烟之化，傥以臣言可采，乞特施行。"废帝善之。后与高欢对抗，在博县大战时，羊深阵亡。

[文献]《魏书》卷七七《羊深传》。

4. 卢景裕除魏国子博士

北魏节闵帝时，除国子博士。

[文献]《魏书》卷八四《儒林列传》，又见《北史》卷三十《卢同传》附《卢景裕传》。

5. 梁太子纲召诸儒录《长春义记》

梁简文(萧纲)在东宫,引为学士,深相礼遇,及撰《长春义记》,多使文阿撮异闻以广之。据《梁书》卷四《简文帝纪》,《长春义记》一百卷。

[文献]《陈书》卷三三《沈文阿传》,又《梁书》卷四十《许懋传》载:"中大通三年,皇太子召诸儒参录《长春义记》。"又见《南史》卷六十《许懋传》。

案:《长春义记》实为太子萧纲召许懋及诸儒在长春殿著的儒学义记。

中大通四年(北魏永熙元年) 公元532年

1. 梁置《孝经》助教

萧子显于中大通三年领国子博士。高祖所制《孝经义》,未列学官。梁中大通四年三月庚午,侍中、领国子博士萧子显上表置制旨《孝经》助教一人,生十人,专通高祖所释《孝经义》。又启撰梁帝集,并《普通北伐记》,迁国子祭酒,加侍中,于学递述梁武帝《五经义》。明年,迁吏部尚书,侍中如故。

[文献]《梁书》卷三《武帝本纪》,《梁书》卷三十五《萧子显传》,《南史》卷四十二《豫章文献王嶷传》附《萧子显传》。

案:萧子显(489—537),字景阳,南兰陵(今江苏武进)人。南朝齐梁时史学家。齐高帝萧道成之孙。仕梁,任临川内史、国子祭酒、侍中、吏部尚书、吴兴太守等职。幼聪慧,好学能文。大同三年卒,年四十九。据本传,萧子显撰有《后汉书》一百卷(又见《隋书·经籍志》)、《南齐书》六十卷、《普通北伐记》五卷、《贵俭传》三卷等,又有《孝经敬爱义》一卷,见《隋书·经籍志》)。严可均《全梁文》卷二十三辑其文。《南齐书》影响为最,为南北朝时期儒学研究提供丰富史料。

2. 许懋卒

许懋(464—532),字昭哲,高阳新城(今河北保定市)人。懋少孤,性至孝,笃志好学,为州党所称。祖珪,宋给事中,著作郎,桂阳太守。父勇惠,齐太子家令,冗从仆射。懋少孤,性至孝,居父忧,执丧过礼。笃志好学,为州党所称。起家后军豫章王行参军,转法曹,举茂才,迁骠骑大将军仪同中记室。文惠太子闻而召之,侍讲于崇明殿,除太子步兵校尉。十年,转太子家令。宋、齐旧仪,郊天祀帝,皆用衮冕,至天监七年,懋始请造大裘。改服大裘,自此始也。凡诸礼仪,多所刊正。以足疾出为始平太守,政有能名。加散骑常侍,转天门太守。中大通三年,皇太子召诸儒参录《长春义记》。四年,拜中庶子。是岁卒,时年六十九。撰《述行记》四卷,有集十五卷,见本传。严可均《全梁文》辑《封禅议》、《驳明堂仪注》等文。

[文献]《梁书》卷四十《许懋传》,《南史》卷六十《许懋传》。

中大通五年(北魏永熙二年)　公元 533 年

1. 北魏公卿显阳殿讲经

永熙中,孝武复释奠于国学,又于显阳殿诏祭酒刘钦讲《孝经》,黄门李郁说《礼记》,中书舍人卢景宣讲《大戴礼夏小正》篇,复置生七十二人。及永熙西迁,天平北徙,虽庠序之制,有所未遑,而儒雅之道,遽形心虑。时初迁都于邺,国子置生三十六人。至兴和、武定之间,儒业复盛矣。

[文献]《北史》卷八一《儒林》,《魏书》卷八四《儒林》。

2. 姚察生

姚察(533—606),字伯审,吴兴武康(今浙江德清)人,南朝梁、隋间学者。姚察 6 岁诵书万余言,12 岁能文。曾任左常侍,秘书监,著作郎,吏部尚书等职。隋大业二年(606)卒,年 74 岁,逆推知其生于是年。其所著有《说林》、《建康三钟》、《汉书训纂》等,隋文帝开皇九年奉诏撰《梁史》、《陈史》,未竟而卒,其子姚思廉继续完成撰史工作。是书为梁、陈年间儒学研究的重要史料。

[文献]《陈书》卷二十七《姚察传》,又见《南史》卷六十九《姚察传》。

3. 董徵卒

董徵(? —533),字文发,顿丘卫国人也。祖英,高平太守。父虬,郡功曹。徵身长七尺二寸,好古,学尚雅素。年十七,师清河监伯阳,受《论语》、《毛诗》、《春秋》、《周易》,就河内高望崇受周官,后于博陵刘献之遍受诸经。数年之中,大义精练,讲授生徒。后世宗诏徵入琼华宫,令孙惠蔚问以六经,仍诏徵教授京兆、清河、广平、汝南四王,后特除员外散骑侍郎。清河王怿之为司空、司徒,引徵为长流参军。怿迁太尉,徵为仓曹参军。出为沛郡太守,加扬烈将军。入为太尉司马,俄加辅国将军。未几,以本将军除安州刺史。徵因述职,路次过家,置酒高会,大享邑老,乃言曰:"腰龟返国,昔人称荣;仗节还家,云胡不乐。"因诫二三子弟曰:"此之富贵,匪自天降,乃勤学所致耳。"时人荣之。入为司农少卿、光禄大夫。徵出州入卿,匪唯学业所致,亦由汝南王悦以其师资之义,为之启请焉。永安初,加平东将军,寻以老解职。永熙二年卒。

[文献]《魏书》卷八十四《儒林·董徵传》,《北史》卷八十一《儒林上·董徵传》。

4. 李业兴上表为其师徐遵明求加策命

永熙二年,遵明弟子通直散骑常侍李业兴表曰:"臣闻行道树德,非求利于当年;服义履仁,岂邀恩于没世。但天爵所存,果致式闾之礼;民望攸属,终有祠墓之荣。伏见故处士兖州徐遵明生在衡泌,弗因世族之基;长于原野,匪乘雕镂之地。而托心渊旷,置情恬雅,处静无闷,居约不忧。故能垂帷自精,下帷独得,钻经纬之微言,研圣贤之妙旨。莫不入其门户,践其堂奥,信以称大儒于海内,擅明师于日下矣。是故眇眇四方,知音之类,延首慕德,跂踵依风。每精庐暂辟,杖策不远千里;束修受业,编录将踰万人。固已企盛烈于西河,拟高踪于北海。若慕奇好士,爱客尊贤,罢吏游梁,纷而成列。遵明以硕德重名,首蒙礼命,曳裾雅步,眷同置醴。黄门李郁具所知明,方申荐奏之恩,处心守壑之志,潜居乐道,遂往不归。故北海王入洛之初,率土风靡,遵明确然守志,忠洁不渝,遂与太守李湛将诛叛逆。时有邂近,受毙凶险。至诚高节,埋没无闻,朝野人士,相与嗟悼。伏惟陛下远应龙序,俯执天衷,每端听而忘昃,常坐思而候晓。虽微功小善,片言一行,莫不衣裳加室,玉帛在门。况遵明冠盖一时,师表当世,溘焉冥没,旌纪寂寥。逝者长辞,无论荣价,文明叙物,敦厉斯在。臣托迹诸生,亲承顾眄,惟伏膺之义,感在三之重,是以越分陈愚,上喧幄座。特乞加以显谥,追以好爵,仰申朝廷尚德之风,下示学徒稽古之利。若宸鉴昭回，曲垂矜采，则荒坟千载，式贵生平。"卒无赠谥。

　　［文献］《魏书》卷八十四《儒林·徐遵明传》，《北史》卷八十一《儒林上·徐遵明传》。

中大通六年(北魏天平元年)　公元 534 年

1. 魏诏延公卿学官讲学，李同轨不得执经

三年春，释菜，诏延公卿学官于显阳殿，敕祭酒刘廞讲《孝经》，黄门李郁讲《礼记》，中书舍人卢景宣解《大戴礼·夏小正》篇。时广招儒学，引令预听。同轨经义素优，辨析兼美，而不得执经，深为慨恨。

［文献］《魏书》卷八四《儒林·李同轨传》，《北史》卷八一。

2. 北魏置国子生

永熙三年二月丙子，帝亲释奠礼先师。

［文献］《魏书》卷十一《出帝本纪》，又《北史》卷八一《儒林传序》："永熙西迁，天平北徙，虽庠序之制，有所未遑，而儒雅之道，遽形心虑。时初迁都于邺，国子置士三十六人。至兴和、武定之间，儒业复盛矣。"

梁大同元年(西魏大统元年 东魏天平二年) 公元 535 年

徐勉卒

徐勉(466—535),字修仁,东海郯(今山东郯城)人。勉幼孤贫,早励清节。既长,笃志好学。起家国子生。寻迁太学博士。天监二年(502),除给事黄门侍郎、尚书吏部郎。六年(507),迁吏部尚书,除散骑常侍,迁左卫将军,领太子中庶子,侍东宫。昭明太子尚幼,敕知宫事。尝于殿内讲《孝经》,临川靖惠王、尚书令沈约备二傅,勉与国子祭酒张充为执经,王莹、张稷、柳憕、王暕为侍讲。转太子詹事,寻加散骑常侍,迁尚书右仆射。又除尚书仆射、中卫将军。勉以旧恩,越升重位,尽心奉上,知无不为。爰自小选,迄于此职,常参掌衡石,甚得士心。禁省中事,未尝漏泄。每有表奏,辄焚稿草。博通经史,多识前载。朝仪国典,婚冠吉凶,勉皆预图议。普通六年,上修五礼表。寻加中书令,中大通三年,又以疾自陈,移授特进、右光禄大夫、侍中、中卫将军,置佐史。大同元年,卒,时年七十。勉善属文,勤著述,虽当机务,下笔不休。尝以起居注烦杂,乃加删撰为《别起居注》六百卷(《南史》作六百六十卷);《左丞弹事》五卷;撰《选品》五卷(《南史》作三卷);《太庙祝文》二卷;以孔释二教殊途同归,《会林》五十卷。《前后二集》四十五卷(《南史》作五十卷,《隋书·经籍志》作五十一卷,两《唐志》作四十一卷),皆行于世。

[文献]《梁书》卷二十五《徐勉传》,《南史》卷六十《徐勉传》。

大同二年(西魏大统二年　东魏天平三年) 公元 536 年

1. 陶弘景卒

陶弘景(456—536),字通明,自号华阳居士,丹阳秣陵(今江苏南京)人,齐梁间道士、道教思想家、文学家。入齐,为诸王侍读,除奉朝请,徵左卫殿中将军。齐武帝永明十年(492)辞官赴句曲山(茅山)隐居,从孙岳游学,并受符图经法,遍历名山,寻访仙药。梁武帝礼聘不至,却每每就谘朝廷大事,时人称为"山中宰相"。其思想源于老庄,并受葛洪道教影响,亦杂有儒佛观点。主张儒、佛、道三家合流,认为"百法纷凑,无越三教之境"。大同十年卒,时年 81 岁。儒学类著作有《毛诗序注》一卷,见《隋书·经籍志》。《尚书序注》、《毛诗序注》共一卷,见《本起录》。《集注孝经》一卷,见《隋书·经籍志》、《本起录》。《论语集注》十卷,见《隋书·经籍志》、《本起录》。《本起录》又云:"《孝经》、《论语》集注并自意共一秩,十二卷。"《三礼注》一卷,见《隋书·经籍志》。《帝王年历》五卷,见《唐志》。《本起录》云:"起三皇至汲冢竹书为正,检五十家书历异同共撰之也。"《三国志赞述》一卷,见《本起录》。《学苑》十秩百卷。

[文献]《南史》卷七十六《隐逸下·陶弘景传》,《梁书》卷五十一《处士·陶弘景传》,《云笈七签》卷一百七《梁茅山贞白先生传》。

案:陈国符《道藏源流考》:"(弘景)宋武帝孝建三年生,梁武帝大同二年卒,年八十一。"①而《南史》卷七十六《陶弘景传》、《梁书》卷五十一及

---

① 陈国符:《道藏源流考》,中华书局 1963 年版,第 46 页。

《云笈七签》卷一百零七皆云卒年为大同二年,时年八十五。按其生卒年算,应为八十一岁。

2. 沈重为《五经》博士

大同二年,除《五经》博士。

［文献］《周书》卷四十五《儒林·沈重传》。

大同三年(西魏大统三年　东魏天平四年)
公元 537 年

东魏侍读李业兴使梁

天平四年,李业兴与兼散骑常侍李谐、兼史部郎卢元明等出使南梁,与梁散骑常侍朱异及梁武帝萧衍等共议礼。衍散骑常侍朱异问业兴曰:"魏洛中委粟山是南郊邪?"业兴曰:"委粟是圆丘,非南郊。"异曰:"北间郊、丘异所,是用郑义。我此中用王义。"业兴曰:"然,洛京郊、丘之处专用郑解。"异曰:"若然,女子逆降傍亲亦从郑以不?"业兴曰:"此之一事,亦不专从。若卿此间用王义,除禫应用二十五月,何以王俭丧礼禫用二十七月也?"异遂不答。业兴曰:"我昨见明堂四柱方屋,都无五九之室,当是裴頠所制。明堂上圆下方,裴唯除室耳。今此上不圆何也?"异曰:"圆方之说,经典无文,何怪于方?"业兴曰:"圆方之言,出处甚明,卿自不见。见卿录梁主《孝经义》亦云上圆下方,卿言岂非自相矛盾!"异曰:"若然,圆方竟出何经?"业兴曰:"出《孝经援神契》。"异曰:"纬候之书,何用信也!"业兴曰:"卿若不信,灵威仰、叶光纪之类经典亦无出者,卿复信不?"异不答。

萧衍亲问业兴曰:"闻卿善于经义,儒、玄之中何所通达?"业兴曰:"少为书生,止读五典,至于深义,不辨通释。"衍问:"《诗·周南》,王者之风,系之周公;《邵南》,仁贤之风,系之邵公。何名为系?"业兴对曰:"郑注《仪礼》云:昔大王、王季居于岐阳,躬行《邵南》之教,以兴王业。及文王行今《周南》之教以受命。作邑于酆,分其故地,属之二公。名为系。"衍又问:"若是故地,应自统摄,何由分封二公?"业兴曰:"文王为诸侯之时所化之本国,今既登九五之尊,不可复守诸侯之地,故分封二公。"衍又问:"乾卦初称'潜龙'，二称'见龙'，至五'飞龙'。初可名为虎。"问意小乖。业兴对："学识肤浅，不足仰酬。"衍又问："《尚书》'正月上日受终文祖'，此是何正？"业兴对："此是夏正月。"衍言何以得知。业兴曰："案《尚书中候·运行》篇云'日月营始'，故知夏正。"衍又问："尧时以何月为正？"业兴对："自尧以上，书典不载，实所不知。"衍又云："'寅宾出日'，即是正月。'日中星鸟，以殷仲春'，即是二月。此出尧典，何得云尧时不知用何正也？"业兴对："虽三正不同，言时节者皆据夏时正月。《周礼》，仲春二月会男女之无夫家者。虽自周书，月亦夏时。尧之日月，亦当如此。但所见不深，无以辨析明问。"衍又曰："《礼》，原壤之母死，孔子助其沐椁。原壤叩木而歌曰：'久矣夫，予之不托于音也。狸首之班然，执女手之卷然。'孔子圣人，而与原壤为友？"业兴对："孔子即自解，言亲者不失其为亲，故者不失其为故。"又问："原壤何处人？"业兴对曰："郑注云：原壤，孔子幼少之旧。故是鲁人。"衍又问："孔子圣人，所存必可法。原壤不孝，有逆人伦，何以存故旧之小节，废不孝之大罪？"业兴对曰："原壤所行，事自彰著。幼少之交，非是今始，既无大故，何容弃之？孔子深敦故旧之义，于理无失。"衍又问："孔子圣人，何以书原壤之事，垂法万代？"业兴对曰："此是后人所录，非孔子自制。犹合葬于防，如此之类，礼记之中动有百数。"衍又问："《易》曰太极，是有无？"业兴对："所传太极是有，素不玄学，何敢辄酬。"还兼散骑常侍，加中军大将军。

[文献]《魏书》卷八十四《儒林·李业兴传》，《北史》卷八十一《儒林上·李业兴传》。

大同四年(西魏大统四年　东魏元象元年)
公元538年

皇侃上《礼记义疏》五十卷

是年冬十二月丁亥,兼国子助教皇侃表上所撰《礼记义疏》五十卷,诏付秘阁。顷之,如入寿光殿,讲《礼记义》,梁武帝善之,拜员外散骑侍郎,兼助教如故。

[文献]《梁书》卷三《武帝本纪》,《梁书》卷四十八《儒林列传》,又见《南史》卷七十一《皇侃传》。许嵩《建康实录》卷十七:"(大同四年)十二月。国子助教皇侃表上《礼记疏义》五十卷。"

大同五年（西魏大统五年　东魏兴和元年）公元 539 年

1. 西魏寇儁钞集经籍

寇儁（约 480—562），字祖儁，南北朝时期万年（今陕西临潼）人。大统五年（539），儁携家人及亲属 400 余口入关归西魏，文帝拜为秘书监。时军国草创，坟典散逸。儁始选置令史，钞集经籍，四部群书，稍得周备。

［文献］《周书》卷三十七《寇儁传》。

2. 李崇祖生

崇祖（539—？），字子述，李业兴长子。文襄集朝士，命卢景裕讲《易》。崇祖时年十一，论难往复，景裕惮之。业兴助成其子，至于忿阋。文襄色甚不平。姚文安难服虔《左传解》七十七条，名曰《驳安》。崇祖申明服氏，名曰《释谬》。齐文宣营构三台，材瓦工程，皆崇祖所算也。封屯留县侯。遵祖，齐天保初难宗景历甚精。崇祖为元子武卜葬地，醉而告之曰："改葬后，当不异孝文。"武成，或告之，兄弟伏法。

［文献］《北史》卷八十一《儒林上·崇祖传》。

案：据本传载，崇祖年十一岁时，卢景裕讲《易》。又据《魏书·卢景裕传》："齐文襄王入相，于第开讲，招延时儁，令景裕解所注《易》。景裕理义精微，吐发闲雅。"即齐文襄王入相时，景裕开讲。又据《魏书》卷十二《孝静帝纪》载："（七年夏四月）甲辰，诏以齐文襄王为相国。"由此可知，武定七年卢景裕讲《易》时，崇祖年十一岁，逆推知其生于是年。崇祖卒年不详,故系其事于此。

3. 沈洙于士林馆任都讲

大同中,学者多涉猎文史,不为章句,而洙独积思经术,吴郡朱异、会稽贺琛甚嘉之。及异、琛于士林馆讲制旨义,常使洙为都讲。

[文献]《陈书》卷三十三《儒林·沈洙传》,又见《南史》卷七十一《儒林·沈洙传》。

案:据本传为大同中,暂系年于此。

大同六年(西魏大统六年　东魏兴和二年)公元 540 年

1. 贾思同与卫冀隆辩《春秋》学之异

贾思同(？—540)，字士明，齐郡益都(今山东青州市)人。贾思伯弟。少厉志行，雅好经史。与国子祭酒韩子熙并为侍讲，授东魏孝静帝《杜氏春秋》。贾思同为孝静帝侍讲时，国子博士卫冀隆推崇服虔《春秋》学，上书难《杜氏春秋》六十三事。思同复驳冀隆乖错者十一条，互相是非，积成十卷。诏下国学集诸儒考之，事未竟而思同卒。思同卒后，魏郡姚文安、乐陵秦道静复述思同意。冀隆亦寻物故。浮阳刘休和又持冀隆说。竟未能裁正。所著《春秋传驳》十卷，《隋书·经籍志》、《旧唐书·经籍志》、《新唐书·艺文志》皆不著录。马国翰《玉函山房辑佚书》有《春秋传驳》一卷，题"(后魏)贾思同撰，(后魏)姚文安、(后魏)秦道静述"。

[文献]《魏书》卷七十二《贾思伯传》，又见《北史》卷四十七。

2. 贺革卒

贺革(478—540)，字文明。少通《三礼》，及长，遍治《孝经》、《论语》、《毛诗》、《左传》。起家晋安王国侍郎、兼太学博士，侍湘东王读。敕于永福省为邵陵、湘东、武陵三王讲礼。稍迁湘东王府行参军，转尚书仪曹郎。寻除秫陵令，迁国子博士，于学讲授，生徒常数百人。出为西中郎湘东王谘议参军，带江陵令。王初于府置学，以革领儒林祭酒，讲《三礼》，荆楚衣冠听者甚众。前后再监南平郡，为民吏所德。寻加贞威将军、兼平西长史、南郡太守。革性至孝,常恨贪禄代耕,不及养。在荆州历为郡县,所得俸秩,不及妻孥,专拟还乡造寺,以申感思。大同六年,卒官,时年六十二。

[文献]《梁书》卷四十八《儒林·贺革传》,又见《南史》卷六十二《贺革传》。

案:据《梁书·贺革传》,贺革北贺季,亦明《三礼》,历官尚书祠部郎,兼中书通事舍人。累迁步兵校尉、中书黄门郎,兼著作。

3. 沈重为露门博士

六年,授骠骑大将军、开府仪同三司、露门博士。仍于露门馆为皇太子讲论。

[文献]《周书》卷四十五《儒林·沈重传》。

大同七年（西魏大统七年　东魏兴和三年）公元 541 年

1. 梁立士林馆，周弘正启梁武帝《周易疑义》

七年春十二月丙辰，梁于宫城西立士林馆，延集学者。会稽虞荔乃制碑，奏上，帝命勒之于馆，仍用荔为士林学士。是时周弘正为国子博士，于士林馆讲授，听者倾朝野。启梁武帝《周易疑义》五十条，又请释《乾》、《坤》、二《系》曰："臣闻《易》称立象以尽意，系辞以尽言，然后知圣人之情，几可见矣。自非含微体极，尽化穷神，岂能通志成务，探赜致远？而宣尼比之桎梏，绝韦编于漆字；轩辕之所听莹，遗玄珠于赤水。伏惟陛下一日万机，匪劳神于瞬息，凝心妙本，常自得于天真，圣智无以隐其几深，明神无以沦其不测。……臣不涯庸浅，轻率短陋，谨与受业诸生清河张讥等三百一十二人，于《乾》、《坤》二《系》、《象》、《爻》未启，伏愿听览之闲，曲垂提训，得使微臣钻仰，成其笃习，后昆好事，专门有奉。自惟多幸，欢沐道于尧年，肄业终身，不知老之将至。天尊不闻，而冒陈请，冰谷置怀，罔识攸厝。"诏答曰："设《卦》观象，事远文高，作《系》表言，辞深理奥，东鲁绝编之思，西伯幽忧之作，事逾三古，人更七圣，自商瞿禀承，子庸传授，篇简湮没，岁月辽远。田生表菑川之誉，梁丘擅琅邪之学，代郡范生，山阳王氏，人藏荆山之宝，各尽玄言之趣，说或去取，意有详略。近搢绅之学，咸有稽疑，随答所问，已具别解。知与张讥等三百一十二人须释《乾》、《坤》《文言》及二《系》，万机小暇，试当讨论。"

[文献]《梁书》卷三《武帝本纪》，《陈书》卷十九《虞荔列传》，《陈书》卷二四《周弘正传》。

2. 梁皇太子释奠于国学

大同七年，梁皇太子释奠于国学，时乐府无孔子、颜子登歌词，尚书参议令之伟制其文，伶人传习，以为故事。

[文献]《陈书》卷三四《文学传·杜之伟传》。

3. 司马筠等议慈母之服

司马筠，字贞素，河内温（今河南）人，晋骠骑将军谯烈王承七世孙。祖亮，宋司空从事中郎。父端，齐奉朝请。筠孤贫好学，师事沛国刘瓛，强力专精，深为瓛所器异。既长，博通经术，尤明《三礼》。齐建武中，起家奉朝请，迁王府行参军。天监初，为本州治中，除暨阳令，有清绩。入拜尚书祠部郎。七年，安成太妃陈氏薨，江州刺史安成王秀、荆州刺史始兴王憺，并以《慈母表》解职，诏不许，还摄本任；而太妃薨京邑，丧祭无主。舍人周舍议曰："……今二王诸子，宜以成服日，单衣一日，为位受吊。"制曰："二王在远，诸子宜摄祭事。"舍又曰："……陈太妃命数之重，虽则不异，慈孙既不从服，庙食理无传祀，子祭孙止，是会经文。"高祖因是敕礼官议皇子慈母之服。筠议："宋朝五服制，皇子服训养母，依《礼》庶母慈己，宜从小功之制。按《曾子问》曰：子游曰：'丧慈母如母，礼欤？'孔子曰：'非礼也。古者男子外有傅，内有慈母，君命所使教子也，何服之有？'……谓宜依《礼》刊除，以反前代之惑。"高祖以为不然，曰："《礼》言慈母，凡有三条……经言'君子子'者，此虽起于大夫，明大夫犹尔，自斯以上，弥应不异，故传云'君子子者，贵人之子也'。总言曰贵，则无所不包。经传互文，交相显发，则知慈加之义，通乎大夫以上矣。宋代此科，不乖《礼》意，便加除削，良是所疑。"于是筠等请依制改定：嫡妻之子，母没为父妾所养，服之五月，贵贱并同，以为永制。累迁王府谘议、权知左丞事，寻除尚书左丞。出为始兴内史，卒官。

[文献]《梁书》卷四十八《儒林·司马筠传》。

案：司马筠生卒年无考，姑系其事于是年。又《梁书·司马筠传》载，子寿，传父业，明《三礼》。大同中，历官尚书祠部郎，出为曲阿令。

4. 百济求《毛诗》博士

　　大同七年十二月，于宫城西立士林馆，延集学者。宕昌、蠕蠕各遣使贡物。百济王求《涅槃经疏》及医工、画师、《毛诗》博士，并许之。

　　[文献]许嵩《建康实录》卷十七，又《南史》卷七《梁武帝本纪》。

大同八年(西魏大统八年　东魏兴和四年)
公元 542 年

1. 梁武帝撰《孔子正言章句》

梁武帝重视儒学。大同八年,撰《孔子正言章句》,诏国学宣制旨义。国子祭酒到溉上表请立《孔子正言章句》于国学,并置助教二人,学生二十人。尚书左丞贺琛又请加置博士一人。时袁宪年十四,被召为《正言》生,祭酒到溉目送之,爱其神采。

[文献]《梁书》卷三《武帝本纪》:"(高祖)加以文思钦明,能事毕究,少而笃学,洞达儒玄。虽万机多务,犹卷不辍手,燃烛侧光,常至戊夜。造《制旨孝经义》、《周易讲疏》,及六十四卦、二《系》、《文言》、《序卦》等义,《乐社义》、《毛诗答问》、《春秋答问》、《尚书大义》、《中庸讲疏》、《孔子正言》、《老子讲疏》,凡二百余卷,并正先儒之迷,开古圣之旨。王侯朝臣皆奉表质疑,高祖皆为解释。"《全梁文》卷一略同。又见《南史》卷二六《袁宪传》,《陈书》卷二十四《袁宪传》。《南史》卷二五《到概传》:"表求列武帝所撰《正言》于学,请置《正言》助教二人,学生二十人。"《隋书·经籍志》"《孔子正言》二十卷,梁武帝撰。"

2. 卢景裕卒

卢景裕,字仲孺,小字白头,生卒年不详,范阳涿(今属河北)人。北朝儒者。少聪敏,专经为学。避地大宁山,不营世事,居无所业,惟在注解。魏前废帝初,除国子博士,参议正声,甚见亲遇,待以不臣之礼。永熙初,以例解。天平中，还乡里，与邢子才、魏季景、魏收、邢昕等同徵赴邺。河间邢摩纳与景裕从兄仲礼据乡作逆，逼其同反，以应元宝炬。齐献武王命都督贺拔仁讨平之。闻景裕经明行著，驿马特征，既而舍之，使教诸子。在馆十日一归家，随以鼎食。景裕风仪言行，雅见嗟赏。先是景裕注《周易》、《尚书》、《孝经》、《礼记》、《老子》，其《毛诗》、《春秋左氏》未讫，齐文襄王入相，于第开讲，招延时隽，令景裕解所注《易》。景裕理义精微，吐发闲雅。时有问难，或相诋诃，大声厉色，言至不逊，而景裕神采俨然，风调如一，从容往复，无际可寻。由是士君子嗟美之。元颢入洛，以为中书郎。普泰初，复除国子博士。进退其间，未曾有得失之色。性清静，淡于荣利，弊衣粗食，恬然自安，终日端严，如对宾客。兴和中，补齐王开府属，卒于晋阳，齐献武王悼惜之。景裕虽不聚徒教授，所注《易》大行于世。景裕所注《周易》、《尚书》、《孝经》、《论语》、《礼记》、《老子》等典籍，注《毛诗》、《春秋左传》未完成。以上见于《魏书》。

[文献]《魏书》卷八四《儒林列传》，又见《北史》卷三十《卢同传》附《卢景裕传》。

案:《魏书》载"兴和中"，"卒于晋阳"，刘学智《中国学术思想编年·魏晋南北朝卷》纪于此，从之。

大同九年(西魏大统九年　东魏武定元年)
公元 543 年

1. 顾野王上《玉篇》

野王长而遍观经史,并及百科,无所不通。大同四年,除太学博士,迁中领军临贺王府记室参军。至是上呈《玉篇》。《玉篇》是我国第一部按部首分门别类的汉字字典,其价值可与《尔雅》、《说文》相提并论,可为儒学研究参考资料。

[文献]《陈书》卷三十《顾野王传》,《宋本玉编序》。

2. 乐逊教授诸子

九年,太尉李弼请逊教授诸子。

[文献]《周书》卷四五《儒林·乐逊传》。

大同十年(西魏大统十年 东魏武定二年) 公元 544 年

1. 刘焯生

刘焯(544—610)字士元,信都昌亭(今河北冀县)人。隋朝经学家,少与河间刘炫结盟为友,同受《诗》于同郡刘轨思,受《左传》于广平郭懋,尝问《礼》于阜城熊安生,皆不卒业而去。武强交津桥刘智海家,素多坟籍,焯就之读书,向经十载,虽衣食不继,晏如也。遂以儒学知名,为州博士。隋开皇中,刺史赵煚引为从事。举秀才,射策甲科。与著作郎王劭同修国史,兼参议律历。仍直门下省,以待顾问。俄除员外将军。后与诸儒于秘书省考定群言。因假还乡里,县令韦之业引为功曹。寻复入京,与左仆射杨素、吏部尚书牛弘、国子祭酒苏威、元善、博士萧该、何妥、太学博士房晖远、崔崇德、晋王文学崔赜等,于国子共论古今滞义,前贤所不通者。每升坐,论难锋起,皆不能屈。杨素等莫不服其精博。六年,运洛阳《石经》至京师,文字磨灭,莫能知者。奉敕与刘炫二人论义,深挫诸儒,咸怀妒恨。遂为飞章所谤,除名。于是优游乡里,专以教授著述为务,孜孜不倦。贾、马、王、郑所传章句,多所是非。《九章算术》、《周髀》、《七曜历书》十余部,推步日月之经,量度山海之术,莫不核其根本,穷其秘奥。著《稽极》十卷,《历书》十卷,《五经述议》,并行于世。刘炫聪明博学,名亚于焯,故时人称二刘焉。天下名儒后进,质疑受业,不远千里而至者,不可胜数。论者以为数百年已来,博学通儒无能出其右者。然怀抱不旷,又啬于财。不行束脩者,未尝有所教诲,时人以此少之。废太子勇闻而召之,未及进谒,诏令事蜀王。非其好也,久之不至。王闻而大怒,遣人枷送于蜀,配之军防。

其后典校书籍。王以罪废，焯又与诸儒修定礼、律，除云骑尉。炀帝即位，迁太学博士，俄以品卑去职。数年，复被徵以待顾问。因上所著《历书》，与太史令张胄玄多不同，被驳不用。卒。儒学著作有《古文孝经述义》①五卷，见《隋书·经籍志》。《五经正名》十二卷，见《隋书·经籍志》。清马国翰《玉函山房辑佚书》辑有《尚书刘氏义疏》一卷。

[文献]《北史》卷八十二《儒林上·刘焯传》，《隋书》卷七十五《儒林·刘焯传》。

案：据《隋书·刘焯传》："大业六年卒，时年六十七。"可知刘焯生于是年。

2.苏绰撰《六条诏书》

苏绰于十一年为六条诏书，包括治心身、敦教化、尽地利、擢贤良、恤狱讼、均赋役，奏施行之。

[文献]《北史》卷六十三《苏绰传》，《周书》卷二十三《苏绰传》。

---

① 据《二十四史》中华书局 2013 简体字本版："'古'各本误作'千'，宋小字本误作'十'，文义不通。今据上列'古文孝经'书名改正。"

大同十一年(西魏大统十一年 东魏武定三年)公元 545 年

1. 皇侃卒

皇侃(488—545),一作皇偘,其字不详,吴郡(今江苏吴县)人。南朝梁儒家学者,经学家。青州刺史皇象九世孙。侃少好学,师事贺场,精力专门,尽通其业,尤明三《礼》、《孝经》、《论语》。起家兼国子助教,于学讲说,听者数百人。撰《礼记讲疏》五十卷,书成奏上,诏付秘阁。顷之,召入寿光殿讲《礼记义》,高祖善之,拜员外散骑侍郎,兼助教如故。性至孝,常日限诵《孝经》二十遍,以拟《观世音经》。丁母忧,解职还乡里。平西邵陵王钦其学,厚礼迎之。侃既至,因感心疾,大同十一年,卒于夏首,时年五十八。所撰《论语义》十卷,与《礼记义》并见重于世,学者传焉。皇侃著作丰赡,著有《丧服文句义疏》十卷,《丧服问答目》十三卷,《礼记讲疏》九十九卷,《礼记义疏》四十八卷,《孝经义疏》三卷,《论语义疏》十卷,并见《隋志》、《全梁文》及本传。马国翰《玉函山房辑佚书》辑有《孝经义疏》一卷、《礼记义疏》四卷。《全梁文》卷六五辑其《论语义疏序》一文。皇侃的《论语义疏》是《论语》注释之作中影响颇大的一部。成书之后,为世所重,昔南宋时亡佚,后于清乾隆中,由日本传回。

[文献]《梁书》卷四十八《儒林列传》,《南史》卷七十一《儒林列传》所著略同。

2. 牛弘生

　　牛弘(545—610),本姓寮,字里仁,安定鹑觚(今甘肃省灵台)人。其先尝避难,赐姓牛。祖炽,本郡中正。父元(允),魏侍中、工部尚书、临泾公。牛弘少好学,性宽裕,好学博闻。仕周,历位中外府记室、内史上士、纳言上士,专掌文翰,修起居注。后袭封临泾公,转内史下大夫、仪同三司。开皇初,授散骑常侍、秘书监。开皇三年(583),授礼部尚书,奉命修撰《五礼》,写成百卷,通行于当代。开皇六年,任太常卿。大业六年(610),从幸江都,卒,时年六十六岁。著有文集十三卷,留于世。

　　[文献]《北史》卷七二《牛弘传》,又见《周书》卷三七,据《隋书》卷四十九《牛弘传》,牛弘卒于隋大业六年,年六十六岁。推其生年当在是年。

梁中大同元年(西魏大统十二年东魏武定四年)公元 546 年

1. 孔子祛卒

孔子祛(496—546),会稽山阴(今浙江绍兴市)人。少孤贫好学,耕耘樵采,常怀书自随,投闲则诵读。勤苦自励。遂通经术,尤明《古文尚书》。初为长沙嗣王侍郎,兼国子助教,讲《尚书》四十遍,听者常数百人。中书舍人贺琛受敕撰《梁官》,启子祛为西省学士,助撰录。书成,兼司文侍郎,不就。久之兼主客郎、舍人,学士如故。累迁湘东王国侍郎、常侍、员外散骑侍郎,又云麾庐江公记室参军,转兼中书通事舍人。寻迁步兵校尉,舍人如故。高祖撰《五经讲疏》及《孔子正言》,专使子祛检阅群书,以为义证。事竟,敕子祛与右卫朱异、左丞贺琛于士林馆递日执经。累迁通直正员郎,舍人如故。中大同元年,卒官,时年五十一。著有《尚书义》二十卷,《集注尚书》三十卷,续朱异《集注周易》一百卷,续何承天《集礼论》一百五十卷等。皆佚。

[文献]《梁书》卷四十八《儒林·孔子祛传》,《南史》卷七十一《儒林·孔子祛传》所著略同。

2. 李同轨卒

李同轨(500—546),赵郡高邑(今河北高邑县)人。学通儒释,更明医方。年二十二,举秀才,射策,除奉朝请,领国子助教。转著作郎,典仪注,修国史,迁国子博士,加征虏将军。永熙二年,出帝幸平等寺,僧徒讲法,敕同轨论难，音韵闲朗，往复可观，出帝善之。永熙三年春，释菜，诏延公卿学官于显阳殿，敕祭酒刘廞讲《孝经》，黄门李郁讲《礼记》，中书舍人卢景宣解《大戴礼·夏小正》篇。时广招儒学，引令预听。同轨经义素优，辩析兼美，而不得执经，深为慨恨。天平中，转中书侍郎。兴和中，兼通直散骑常侍，使萧衍。衍深耽释学，遂集名僧于其爱敬、同泰二寺，讲《涅盘大品经》，引同轨预席。衍兼遣其朝臣并共观听。同轨论难久之，道俗咸以为善。卢景裕卒，齐献武王引同轨在馆教诸公子，甚加礼之。每旦入授，日暮始归。缁素请业者，同轨夜为说解，四时恒尔，不以为倦。武定四年夏卒，年四十七。

[文献]《魏书》卷八四《儒林列传》，《北史》卷三十三《李义深传》附《李同轨传》。

4. 东魏移洛阳石经于邺

武定四年八月，东魏高欢命移洛阳汉魏石经于邺。行至河阳，值岸崩，遂没于水。其得至邺者，仅五十二枚。

[文献]《魏书》卷十二《静帝纪》，又见《隋书·经籍志》："后魏之末，齐神武执政，自洛阳徙于邺都。"《洛阳伽蓝记校注》卷第三《城南》："报德寺，高祖孝文皇帝所立也，为冯太后追福。在开阳门外三里，开阳门御道东有汉国子学堂，堂前有三种字石经二十五碑，表里刻之。写《春秋》、《尚书》二部。作篆、科斗、隶三种字。汉右中郎将蔡邕笔之遗迹也。犹有十八碑，余皆残毁。复有石碑四十八枚，亦表里隶书，写《周易》、《尚书》、《公羊》、《礼记》四部。又《读书赞学》碑一所，并在堂前。魏文帝作《典论》云碑。至太和十七年，犹有四存。高祖题为劝学里，里有文觉、三宝、宁远三寺。武定四年，大将军迁《石经》于邺。"

案：《北齐书·文宣帝纪》："往者文襄皇帝所建蔡邕石经五十二枚。"《孝昭帝纪》："文襄帝所运石经。"则下命令者应为高欢，而运送石经者当为高澄。

537

5. 李业兴为国子祭酒

武定元年，除国子祭酒，仍侍读。神武以业兴明术数，军行常问焉。

［文献］《北史》卷八十一《儒林上·李业兴传》。

6. 刘炫生

刘炫，字光伯，隋末冻死于河间城外，时年六十八，逆推知其生于是年。

［文献］《隋书》卷七十五《刘炫传》。

7. 苏绰卒

苏绰(498—546)，字令绰，京兆郡武功县（今陕西武功）人。绰少好学，博览群书，尤善算术。周文召为行台郎中。寻除著作佐郎。十一年，授大行台度支尚书，领著作，兼司农卿。周文方欲革易时政，务弘强国富人之道，故绰得尽其智能，赞成其事。减官员，置二长，并置屯田以资军国。又为六条诏书，后又草成《大诰》，痛斥六朝以来的浮华文风，并奉命据《周礼》改定官制。十二年，卒于位，时年四十九。

［文献］《北史》卷六十三《苏绰传》，《周书》卷二十三《苏绰传》。

梁太清元年（西魏大统十三年东魏武定五年）公元547年

1. 太史叔明卒

太史叔明（475—547），吴兴乌程（今浙江吴兴县）人。太史叔明是名儒沈峻的舅亲。受学于沈驎士，少善《庄》、《老》，兼治《孝经》、《礼记》，精于三玄，每讲说，听者常五百余人。历官国子助教。邵陵王纶好其学，及出为江州，携叔明之镇。王迁郢州，又随府，所至辄讲授，江外人士皆传其学焉。大同十三年，卒，时年七十三。著《孝经义》一卷、《孝经发题》四卷、《论语集解》十卷，见《隋书·经籍志》。马国翰《玉函山房辑佚书》从皇侃的《论语义疏》中辑其《论语太史氏集解》一卷。

　　［文献］《梁书》卷四十八《儒林列传》，《南史》卷七一《儒林列传》所著略同。

2. 李铉著《字辨》

武定中，李同轨卒后，高祖令世宗在京妙简硕学，以教诸子。世宗以铉应旨，征诣晋阳。时中山石曜、北平阳绚、北海王晞、清河崔瞻、广平宋钦道及工书人韩毅同在东馆，师友诸王。铉以去圣久远，文字多有乖谬，感孔子"必也正名"之言，乃喟然有刊正之意。于讲授之暇，遂览《说文》，爰及《仓》、《雅》，删正六艺经注中谬字，名曰《字辨》。

　　［文献］《北齐书》卷四十四《儒林·李铉传》，《北史》卷八十一《儒林上·李铉传》。

案:据本传,武定中,李铉应诣晋阳,在教授诸子之余,删正六艺经注中谬字,成《字辨》。东魏孝静帝武定年间为543—550年,武定中当在546、547年间,故系年于此。

3. 徐孝克起家为太学博士

孝克,陵之第三弟也。少为《周易》生,有口辩,能谈玄理。既长,遍通《五经》,博览史籍,亦善属文,而文不逮义。梁太清初,起家为太学博士。

[文献]《陈书》卷《徐陵传》附《徐孝克传》。

4. 梁元帝萧绎崇儒

萧绎(508—554)一生好儒学,任荆州刺史时,曾兴办州学,建孔子庙。尝置儒林参军一人,劝学从事二人,生三十人,加廪饩。与裴子野、刘显、萧子云、张缵及当时儒学之士为布衣之交,常自比诸葛亮、桓温,惟缵许焉。性好矫饰,多猜忌,于名无所假,人微有胜己者,必加毁害。554年与宇文泰发生战事,为襄阳都督萧詧所害。时魏兵破城,他恐图书、古物落入敌手,将古画、法帖、古今图书十四万卷尽焚于一炬。此为图书一厄。萧绎有多种著述行世,儒学类相关著述有《孝德传》三十卷(又作二十卷),《忠臣传》三十卷,《汉书注》一百一十五卷,《全德志》一卷,以上俱见于《隋书·经籍志》及《南史》、《梁书》本传;《周易讲疏》三十卷(《梁书》作十卷),《内典博要》一百卷,《连山》三十卷,《筮经》十二卷等,以上见于《南史》、《梁书》。所著大多散佚。马国翰《玉函山房辑佚书》辑有《孝德传序》一卷,《忠臣传序》一卷,《丹阳尹传序》一卷,《怀旧志序》一卷,《职贡图序》一卷,《全德志论》一卷,《金楼子著书考》一卷,《金楼子藏书考》一卷。

[文献]《南史》卷八《元帝本纪》,又见《梁书》卷五。

案:太清元年,萧绎累迁为镇西将军、都督、荆州刺史。暂将其事系于任荆州刺史之第一年。

太清二年(西魏大统十四年　东魏武定六年)公元 548 年

1. 刘之遴卒

　　刘之遴(478—549),字思贞,南阳涅阳人。八岁能属文,年十五,举茂才,明经对策,沈约、任昉见而异之。起家宁朔主簿,后辟为太学博士。累迁中书侍郎、都官尚书、太常卿。太清二年,侯景之乱,之遴避难还乡,未至,湘东王绎嫉其才学,闻其西上至夏口,乃密送药杀之,时年七十二岁。据《梁书》本传,之遴著有前后文集五十卷。《隋书志》作前集十一卷,后集二十一卷;《两唐书志》作前集十卷,后集三十卷。《神录》五卷,见《隋书·经籍志》及两《唐书·经籍志》。

　　[文献]《梁书》卷四十《刘之遴传》,《南史》卷五十《刘之遴传》。

　　案:《列代名人年谱》载其卒于太清三年。《中国文学者生卒年考》记其生于升明元年,卒于太清二年,现据本传录于此。

2. 孔金卒

　　孔金,会稽山阴人。少师事何胤,通《五经》,尤明《三礼》、《孝经》、《论语》,讲说并数十遍,生徒亦数百人。历官国子助教,三为五经博士,迁尚书祠部郎。出为海盐、山阴二县令。金儒者,不长政术,在县无绩。太清乱,卒于家。

　　[文献]《梁书》卷四十八《儒林·王金传》。

　　案:据本传,太清之乱,王金卒。太清二年(548),东魏降将侯景勾结京城守将萧正德，举兵谋反，史称侯景之乱。故系王金卒年于此。

又案：据《梁书·王金传》，金兄子元素，又善《三礼》，有盛名，早卒。姑系于此。

3. 伏挺卒

伏挺，字士标，幼敏悟，七岁通《孝经》、《论语》。及长，博学有才思，为五言诗，善效谢康乐体。父友乐安任昉深相叹异，常曰："此子日下无双。"齐末，州举秀才，策为当时第一。梁武帝师至，挺迎谒于新林，帝见之甚悦，谓之颜子，引为征东行参军，时年十八。天监初，除中军参军事。居宅在潮沟，于宅讲《论语》，听者倾朝。挺三世同时聚徒教授，罕有其比。累为晋陵、武康令。罢县还，仍于东郊筑室，不复仕。挺少有盛名，又善处当世，朝中势素多与交游，故不能久事隐静。后遂出仕，除南台书侍御史。因事纳贿被劾，惧罪，乃变服出家，名僧挺，久之藏匿，后遇赦，乃出大心寺。会邵陵王为江州，携挺之镇。王好文义，深被恩礼。挺不堪蔬素，因此还俗。侯景乱中卒。著《迩说》十卷，文集二十卷。

[文献]《南史》卷七十一《儒林·伏挺传》，《梁书》卷五十《伏挺传》载："伏挺字士标。"

案：据本传，伏挺于侯景乱中卒，故系于是年。

4. 沈文阿为《五经》博士

沈峻子文阿，传父业，尤明《左氏传》。太清中，自国子助教为《五经》博士。

[文献]《梁书》卷四十八《沈峻传》附。

太清三年（西魏大统十五年 东魏武定七年）公元 549 年

1. 梁武帝萧衍卒

　　萧衍（464—549），字叔达，南兰陵武进县（今江苏武进）人。南齐中兴二年（502）三月受禅称帝，改国号梁。太清三年卒，年八十六。衍少时学周孔，弱冠穷六经。他提倡儒学，下诏修国学，立五馆，置博士。又笃信佛教，数次舍身事佛。他对道教亦加推崇。他认为"穷源无二圣，测善非三英"。"唯佛一道，是于正道"。把佛教作为儒、道之源，主张三教同源。其儒学著作有《周易大义》二十一卷，《周易讲疏》三十五卷，《周易系辞义疏》一卷，《尚书大义》二十卷，《毛诗发题序义》一卷，《毛诗大义》十一卷，《礼记大义》十卷，《中庸讲疏》一卷，《制旨革牲大义》三卷，《乐社大义》十卷，《乐论》三卷，《孝经义疏》十八卷，《孔子正言》二十卷，《通史》四百八十卷，以上并见《隋书·经籍志》及本传。《隋书·经籍志》又载："梁有《乐义》十一卷，武帝集朝臣撰，亡。"《制旨孝经义》、《毛诗答问》、《春秋答问》等，见本传。马国翰《玉函山房辑佚书》辑有《论语梁武帝注》一卷，严可均《全梁文》辑其文。

　　[文献]《梁书》卷三《武帝本纪》："五月丙辰，高祖崩于净居殿，时年八十六。辛巳，迁大行皇帝梓宫于太极前殿。冬十一月，追尊为武皇帝，庙曰高祖。乙卯，葬于修陵。"又可见于《梁书》卷一《武帝本纪》，《南史》卷六，《魏书》卷九十八、《广弘明集》卷二十，《全梁文》卷一至卷七，许《建康实录》卷十七等。

2. 朱异卒

朱异（483—549），字彦和，吴郡钱唐（今浙江杭州）人。南朝梁经学家，大臣。少好群聚蒲博，后折节从师，遍治《五经》，尤精《礼》、《易》。同时，广涉文史百家，兼通杂艺，博弈书算，皆其所长。对名儒明山宾衷心信服。二十一岁，起家扬州议曹从事史，后入直西省，兼太学博士，迁尚书仪曹郎中，兼中书通事舍人，累迁鸿胪卿，太子右卫率，寻加散骑常侍。太清初年，迁左卫将军、中领军。朱异阿谀奉承，深受梁武帝几十年恩宠，以致害国害己。南朝梁太清二年（548）"侯景之乱"时，病卒。集注《礼》、《易》讲疏及仪注、文集百余卷，乱中多亡逸。见《隋书·经籍志》及本传。

[文献]《南史》卷六十二《朱异传》，又见《梁书》卷三十八《朱异传》。

3. 李业兴卒

李业兴（484—549），上党长子（今山西长子）人。北魏、东魏时著名儒家学者。李业兴祖父李虬、父李玄纪，皆以儒学硕闻举孝廉。李业兴受家学影响，自幼好学，曾从学于硕儒徐遵明。学识渊博，通览古今群书。诸子百家、图纬、风角，天文、占候无不精通，尤其擅长天文历算。后投靠王遵业为门客，被举为孝廉，任校书郎。在北魏时历任著作郎、通直散侍郎、散骑侍郎、通直散骑常侍、侍读、宁朔将军、征虏将军、平东将军、安西将军、中军将军、中散大夫、光禄大夫等职。东魏建立后，李业兴被任命为镇南将军、侍读、散骑常侍、中军大将军，与高隆之等制定五礼。武定元年（543），任国子祭酒，后任太原太守。后因坐事监禁，于武定七年（549）死于狱中，年六十六岁。严可均《全后魏文》卷五十辑有《乞赠谥徐遵明表》、《对信都芳驳新历》二篇。

[文献]《魏书》卷八四《李业兴传》："七年，死于禁所，年六十六。"其传又可见《魏书》卷一百零七上《律历志》，《北史》卷八一《李业兴传》。严可均《全后魏文》："（业兴）齐文襄引为中外府咨议参军。后坐事禁止。武定七年死于禁所。"

梁大宝元年(北齐天保元年　东魏武定八年) 公元550年

1. 北齐文宣帝诏奉恭圣侯,以奉孔子祀

六月辛巳,诏改封崇圣侯孔长为恭圣侯,邑一百户,以奉孔子祀。并下鲁郡,以时修葺庙宇。

[文献]《北史》卷七《齐本纪》,又见《通典》卷五三《礼十三》:"北齐改封三十一世孙为恭圣侯。"

2. 北齐修立黉序

八月,齐主诏:"郡国修立黉序,广延髦俊,敦述儒风。其国子学生亦仰依旧铨补,服膺师说,研习《礼经》。往者文襄皇帝所运蔡邕石经五十二枚,即宜移置学馆,依次修立。"

[文献]《北齐书》卷四《文宣纪》,又见《通典》卷五三《礼十三》:"北齐将讲于天子,讲毕,以一太牢释奠孔宣父,配以颜回,列轩悬乐,六佾舞。皇太子每通一经,及新立学,必释奠礼先圣先师,每岁春秋二仲,常行其礼。每月朔制,祭酒领博士以下及国子诸学生以上,大学、四门博士升堂,助教以下、大学诸生阶下,拜孔圣,揖颜回。日出行事。其郡学则于坊内立孔、颜庙,博士以下,亦每月朝。"

3. 杜弼与邢邵共论名理

杜弼尝与邢卲嚻从东山,共论名理,邢以为"人死还生,恐为蛇画足"。弼答曰:"盖谓人死归无,非有能生之力。然物之未生,本亦无也,无而能有,不以为疑。因前生后,何独致怪?"邢云:"圣人设教,本由劝奖,故惧以将来,理望各遂其性。"弼曰:"圣人合德天地,齐信四时,言则为经,行则为法,而云以虚示物,以诡劝民,将同鱼腹之书,有异凿楹之诰,安能使北辰降光,龙宫韫椟。就如所论,福果可以镕铸性灵,弘奖风教,为益之大,莫极于斯。此既真教,何谓非实?"邢云:"死之言澌,精神尽也。"弼曰:"此所言澌,如射箭尽,手中尽也。《小雅》曰'无草不死',《月令》又云'靡草死',动植虽殊,亦此之类。无情之卉,尚得还生,含灵之物,何妨再造。若云草死犹有种在,则复人死亦有识。识种不见,谓以为无者。神之在形,亦非自瞩,离朱之明不能睹。虽孟轲观眸,贤愚可察;锺生听曲,山水呈状。乃神之工,岂神之质。犹玉帛之非礼,钟鼓之非乐,以此而推,义斯见矣。"邢云:"季札言无不之,亦言散尽,若复聚而为物,不得言无不之也。"弼曰:"骨肉下归于土,魂气则无不之,此乃形坠魂游,往而非尽。如鸟出巢,如蛇出穴。由其尚有,故无所不之,若令无也,之将焉适?延陵有察微之识,知其不随于形;仲尼发习礼之叹,美其斯与形别。若许以廓然,然则人皆季子。不谓高论,执此为无。"邢云:"神之在人,犹光之在烛,烛尽则光穷,人死则神灭。"弼曰:"旧学前儒,每有斯语,群疑众惑,咸由此起。盖辨之者未精,思之者不笃。窃有末见,可以覈诸。烛则因质生光,质大光亦大;人则神不系于形,形小神不小。故仲尼之智,必不短于长狄;孟德之雄,乃远奇于崔琰。神之于形,亦犹君之有国。国实君之所统,君非国之所生。不与同生,孰云俱灭?"邢云:"舍此适彼,生生恒在。周、孔自应同庄周之鼓缶,和桑扈之循歌?"弼曰:"共阴而息,尚有将别之悲;穷辙以游,亦与中途之叹。况曰联体同气,化为异物,称情之服,何害于圣。"邢云:"鹰化为鸠,鼠变为鴑,黄母为鳖,皆是生之类也。类化而相生,犹光去此烛,复然彼烛。"弼曰:"鹰未化为鸠,鸠则非有。鼠既二有,何可两立。光去此烛,得燃彼烛,神去此形,亦托彼形,又何惑哉?"邢云:"欲使土化为人,木生眼鼻,造化神明,不应如此。"弼曰:"腐草为萤,老木为蝎,造化不能,谁其然也?"其后别与邢书云:"夫建言明理,宜出典证,而违孔背释,独为君子。若不师圣,物各有心,马首欲东,谁其能御?奚取于适衷,何贵于得一。逸韵虽高,管见未喻。"前后往复再三,邢邵理屈而止,文多不载。

[文献]《北齐书》卷二四《杜弼传》。

案:考《北齐书》本传,东山论辩时间未书,据刘汝霖《东晋南北朝学术编年》系于此,今从。

4. 常景卒

常景(?—550),字永昌,河内(今河南沁阳)人。常爽之孙。景少聪敏,初读《论语》、《毛诗》,一受便览。及长,有才思,雅好文章。仕东魏,官至仪同三司。曾参议《正光壬子历》。武定六年,以老疾去官。诏特给右光禄事力终其身。武定八年卒。删正晋张华《博物志》,撰《儒林传》、《列女传》各数十篇。见《魏书》及《全后魏文》,书多不载。常景文辑存于严可均辑佚书,马国翰《玉函山房辑佚书》辑《鉴戒旬赞》一卷。

[文献]《魏书》卷八二《常景传》,《全后魏文》卷三二。

5. 贺琛卒

贺琛(约482—550),字国宝,会稽山阴(今浙江绍兴市)人。闲则习业,尤精三《礼》。补王国侍郎,兼太学博士。琛应诏撰《新谥法》,至唐时仍延用。琛任职期间,对于郊庙诸仪,多所创定。贺琛容止都雅,时人称之。太清二年,叛军侯景突袭京师,皇帝留贺琛和司马杨曒镇守,但未守住。之后暗中寻找忠义之士起兵反抗叛军,但以失败告终。最后死于风寒,享年六十九岁。琛所撰《三礼讲疏》、《五经滞义》及诸仪法,凡百余篇,见本传。

[文献]《梁书》卷三十八《贺琛传》,《南史》卷六十二《贺玚传》。

案:据本传,在清二年,侯景兵反,明年,台城不守,琛逃归乡里。冬,贼进寇会稽,复执琛送出都,以为金紫光禄大夫。后遇疾卒,年六十九。故将其事系于是年。

6. 刘炫生

刘炫（约546—约613），字光伯，河间景城（今河北献县）人。一代名儒，少以聪敏见称。与信都刘焯闭户读书，十年不出。周武帝平齐，瀛州刺史宇文亢召为户曹从事。后刺史李绘署礼曹从事，以吏干知名。隋开皇中，奉敕与著作郎王劭同修国史，俄直门下省，以待顾问。又诏诸术者修天文律历，兼于内史省考定群言。内史令博陵李德林甚礼之。炫虽遍直三省，竟不得官，为县司责其赋役。炫自陈于内史，内史送诣吏部。尚书韦世康问其所能，炫自为状曰："《周礼》、《礼记》、《毛诗》、《尚书》、《公羊》、《左传》、《孝经》、《论语》，孔、郑、王、何、服、杜等注，凡十三家，虽义有精粗，并堪讲授；《周易》、《仪礼》、《穀梁》用功差少；史子文集，嘉言故事，咸诵于心；天文、律历，穷核微妙。至于公私文翰，未尝假手。"吏部竟不详试。时牛弘奏购求天下遗逸之书，炫遂伪造书百余卷，题为《连山易》、《鲁史记》等，录上送官，取赏而去。后有人讼之，经赦免死，坐除名。归于家，以教授为务。炫因拟屈原《卜居》为《筮涂》以自寄。及蜀王秀废，与诸儒修定五礼，授旅骑尉。开皇二十年，废国子、四门及州县学，唯置太学，博士二人，学生七十二人。炫上表言学校不宜废，情理甚切，帝不纳。隋末天下大乱，刘炫冻馁而卒于河间城外。据本传，刘炫著《论语述议》十卷、《春秋攻昧》十卷、《五经正名》十二卷、《孝经述议》五卷、《春秋述议》四十卷、《尚书述议》二十卷、《毛诗述议》四十卷，注《诗序》一卷、《算术》一卷，并所著文集，并行于世。《隋书·经籍志》著录《尚书述义》二十卷，《毛诗谱》二卷，《毛诗集小序》一卷，《毛诗述义》四十卷，《春秋左传杜预序集解》一卷，《春秋左氏传述义》四十卷，《古文孝经述义》五卷，《论语述义》十卷，《五经正名》十二卷。马国翰辑有《尚书述义》一卷，《毛诗述义》一卷，《春秋左氏传述义》二卷，《春秋规过》二卷，《春秋攻昧》一卷，《古文孝经述义》一卷。

[文献]《北史》卷八十二《刘炫传》，《隋书》卷七十五《刘炫传》。

案：刘炫生年，史书未见明载。刘学智等《中国学术思想编年·魏晋南北朝卷》载其生卒年为约550—约617年，据《隋书》卷七五、《北史》卷八二《刘炫传》言其卒时"时年六十八"，台北广文书局印行的《历代名人生卒录》，及考《隋书·刘焯传》载大业六年（610）刘焯卒后，炫曾"为之请谥"，其卒当在此年后，据此推定。曹景年《河间刘炫生平考述》（《唐山师范学院学报》，2016年第11期）据"冻馁而死，时年六十八"（《刘炫传》），又《隋书·炀帝纪》载大业九年，起义次数骤增，推断刘炫很可能死于该年冬季，故其生卒年约546—约613年。今从之。

7. 李铉与邢邵、魏收等参议典制律历

李铉，字宝鼎，渤海南皮（今河北东南）人。九岁入学，书《急就篇》，月余便通。家素贫苦，常春夏务农，冬乃入学。年十六，从浮阳李周仁受《毛诗》、《尚书》，章武刘子猛受《礼记》，常山房虬受《周官》《仪礼》，渔阳鲜于灵馥受《左氏春秋》。铉以乡里无可师者，遂与州里杨元懿、河间宗惠振等结侣诣大儒徐遵明受业。居徐门下五年，常称高第。二十三，便自潜居，讨论是非，撰定《孝经》、《论语》、《毛诗》、《三礼义疏》及《三传异同》、《周易义例》，合三十余卷。用心精苦，曾三冬不畜枕，每至睡时，假寐而已。年二十七，归养二亲，因教授乡里，生徒恒至数百。燕、赵间能言经者，多出其门。年三十六，丁父丧。服阕，以乡里寡文籍，来游京师，读所未见书。州举秀才，除太学博士。显祖受禅，从驾还都。天保初，诏铉与殿中尚书邢邵、中书令魏收等参议礼律，仍兼国子博士。时诏北平太守宋景业、西河太守綦毋怀文等草定新历，录尚书平原王高隆之令铉与通直常侍房延祐、国子博士刁柔参考得失。寻正国子博士。废帝之在东宫，显祖诏铉以经入授，甚见优礼。数年，病卒。特赠廷尉少卿。及还葬故郡，太子致祭奠之礼，并使王人将送，儒者荣之。李铉著作丰富，《北齐书》云其著《孝经》、《论语》、《毛诗》、《三礼义疏》、《春秋三传异同》、《周易义例》，合三十余卷，又有《字辨》。《春秋二传异同》十一卷，又见《旧唐书·经籍志》。

〔文献〕《北齐书》卷四十四《儒林·李铉传》。

案：李铉生卒年不详。据本传，北齐文宣帝天保元年，铉与殿中邢邵、中书令魏收等参议朝廷的典制律历，仍兼国子博士。故将其事迹系于是年。

8. 刁柔除国子博士

天保初，刁柔除国子博士、中书舍人。

［文献］《北齐书》卷四十四《儒林·刁柔传》。

9. 邢峙为四门博士

邢峙，字士峻，河间鄚人也，少好学，耽玩坟典，游学燕、赵之间，通《二礼》《左氏春秋》。天保初，郡举孝廉，授四门博士，迁国子助教，以经入授皇太子。峙方正纯厚，有儒者之风。厨宰进太子食，有菜曰"邪蒿"，峙命去之，曰："此菜有不正之名，非殿下所宜食。"显祖闻而嘉之，赐以被褥缣纩，拜国子博士。皇建初，除清河太守，有惠政，民吏爱之。以年老谢病归，卒于家。

［文献］《北齐书》卷四十四《邢峙传》，《北史》卷八十一《儒林·邢峙传》。

案：邢峙生卒年不详。姑系其事于授四门博士之年。

10. 陆德明生

陆德明（约550—630），名元朗，表字德明，以字行。苏州吴县人。经学家，训诂学家。秦王府十八学士之一。善名理言，受学于周弘正。陈太建中，后主为太子，集名儒入讲承光殿，德明始冠，与下坐。国子祭酒徐孝克敷经，倚贵纵辩，众多下之，独德明申答，屡夺其说，举坐咨赏。高祖已释奠，召博士徐文远、浮屠慧乘、道士刘进喜各讲经，德明随方立义，遍析其要。帝大喜曰："三人者诚辩，然德明一举辄蔽，可谓贤矣！"赐帛五十四，迁国子博士，封吴县男。卒。代表作有《经典释文》三十卷，内容有《序录》、《周易》一卷、《古文尚书》二卷、《毛诗》三卷、《周礼》二卷、《仪礼》一卷、《礼记》四卷、《春秋左氏传》六卷、《公羊传》一卷、《榖梁传》一卷、《孝经》一卷、《论语》一卷、《老子》一卷、《庄子》三卷、《尔雅》二卷。唐贞观中陆德明去世后，此书方大为流行。

［文献］《新唐书》卷一二三《儒学上·陆德明传》，另见《旧唐书》卷一八九《儒学上·陆德明传》，《经典释文·叙录》。

大宝二年（北齐天保二年　西魏大统十七年）公元551年

1. 魏收奉诏撰魏史

魏收（506—572），字伯起，小字佛助，钜鹿下曲阳（今河北晋州）人。初，齐主令群臣各言志，收曰："臣愿得直笔东观，早成《魏书》。"故除中书令，兼著作郎，使专撰《魏史》之任。又诏平原王高隆之总监之，署名而已。帝敕收曰："好直笔，我终不作魏太武诛史官。"始魏初邓彦海撰《代记》十余卷，其后崔浩典史，游雅、高允、程骏、李彪、崔光、李琰之徒世修其业。浩为编年体，彪始分作纪、表、志、传，书犹未出。宣武时，命邢峦追撰《孝文起居注》，书至太和十四年，又命崔鸿、王遵业补续焉。下讫孝明，事甚委悉。济阴王晖业撰《辨宗室录》三十卷。收于是与通直常侍房延佑、司空司马辛元植、国子博士刁柔、裴昂之、尚书郎高孝幹专总斟酌，以成《魏书》。辨定名称，随条甄举，又搜采亡遗，缀续后事，备一代史籍，表而上闻之。

　　[文献]《北齐书》卷三七《魏收传》："二年，诏撰魏史……收于是部通直常侍房延佑、司空司马辛元植、国子博士刁柔、裴昂之、尚书郎高孝千专总斟酌，以成《魏书》。"

2. 梁简文帝萧纲卒

萧纲（503—551），字世缵，南兰陵（今江苏武进）人，梁武帝萧衍第三子，梁文学家。萧纲在中大通三年（531）被立为太子。太清三年（549），爆发侯景之乱,梁武帝被囚饿死,萧纲即位,大宝二年(551)为侯景所害,葬于庄陵。萧纲博综儒书,善言玄理。尝于玄圃述武帝所制《五经》讲疏,听者倾朝野。著述有《春秋序义疏》一卷,《春秋发题》一卷,《孝经义疏》五卷,《长春义记》一百卷,见《隋书·经籍志》。《易林》十七卷,见本传。

[文献]《梁书》卷四《简文帝纪》,《南史》卷八《简文帝纪》,《广弘明集》卷第四十(《大正藏》本见于《广弘明集》卷第三十)。

3. 北齐赵郡王以礼迎接冯伟

冯伟,字伟节,中山安喜人也。身长八尺,衣冠甚伟,见者肃然敬惮。少从李宝鼎游学,李重其聪敏,恒别意试问之,多所通解,尤明《礼传》。后还乡里,闭门不出将三十年,不问生产,不交宾客,专精覃思,无所不通。赵郡王出镇定州,以礼迎接,命书三至,县令亲至其门,犹辞疾不起。王将命驾致请,佐史前后星驰报之,县令又自为其整冠履,不得已而出。王下厅事迎之,止其拜伏,分阶而上,留之宾馆,甚见礼重。王将举充秀才,固辞不就。岁余请还。王知其不愿拘束,以礼发遣,赠遗甚厚,一无所纳,唯受时服而已。及还,终不交人事,郡守县令每亲至其门。岁时或置羊酒,亦辞不纳。门徒束脩,一毫不受。耕而饭,蚕而衣,箪食瓢饮,不改其乐,竟以寿终。

[文献]《北齐书》卷四十四《儒林·冯伟传》,《北史》卷八十一《儒林·冯伟传》。

案:冯伟生卒年不详。据《赵郡王高琛传》,赵郡王高琛于天保二年(551)出任定州刺史,姑将其事迹系于是年。

梁承圣元年(北齐天保三年 西魏元钦元年) 公元552年

梁命周弘正等校秘书

侯景既平,司徒王僧辩表送建康秘阁旧事八万卷于江陵。乃诏比校,部分为正御、副御、重杂三本。左民尚书周弘正、黄门郎彭僧朗、直省学士王珪、戴陵校经部,左仆射王褒,吏部尚书宗怀正、员外郎颜之推、直学士刘仁英校史部,廷尉卿殷不害、御史中丞王孝纯、中书郎邓荩、金部郎中徐报校子部,右卫将军庾信、中书郎王固、晋安王文学宗菩业、直省学士周确校集部。

[文献]《北齐书》卷四十五《文苑·颜之推传》注,《陈书》卷二十四《周弘正传》,《北周书》卷四十一《王褒庾信传》。

承圣二年(北齐天保四年　西魏元钦二年)
公元 553 年

乐逊教授魏废帝诸子

魏废帝二年,太祖召逊教授诸子。在馆六年,与诸儒分授经业。逊讲《孝经》、《论语》、《毛诗》及服虔所注《春秋左氏传》。

[文献]《周书》卷四五《儒林·乐逊传》。

承圣三年(北齐天保五年　西魏元钦三年)
公元 554 年

魏收《魏书》撰成奏上

魏收北齐时任中书令兼著作郎。天保二年(551),文宣帝诏命撰写魏国史。当时已有北魏道武帝时邓渊所撰《国记》十卷,太武帝时崔浩所撰《国书》三十卷,孝文帝时李彪、崔光等撰《国史》,宣武帝时邢峦撰《孝文起居注》等多部北魏历史的相关著作。魏收与房延祐、辛元植、刁柔、裴昂之、高孝幹专总斟酌,以成《魏书》,是年三月奏上。十一月,复撰十志,该书记载从拓跋珪建魏到东魏灭亡计 183 年历史,共 130 卷,其中帝纪 14卷,列传 96 卷,志 20 卷,为儒学研究提供了很多有价值的史料。孝昭帝令魏收重加研讨,予以修改,方任人抄写。于是魏收于孝昭帝皇建元年(560)和后主天统二年(566),曾两度修改。魏收去世(572)后,又由史馆高纬加以修改。该书成后,颇受议论。如房延祐、辛元植、睦仲让虽凤涉朝位,并非史才。刁柔、裴昂之以儒业见知,全不堪编辑。高孝幹以左道求进。修史诸人,宗祖姻戚多被书录,饰以美言。收性颇急,不甚能平。夙有怨者,多没其善。每言:"何物小子敢共魏收作色! 举之则使上天,按之当使入地。"如评价阳休之父、尔朱荣等。齐主诏收于尚书省与诸家子孙共加论讨,前后投诉百有余人。于是众口喧然,号为秽史。尚书陆操尝谓愔曰:"魏收《魏书》,可谓博物宏才,有大功于魏世。"愔谓收曰:"此谓不刊之书,传之万古。但恨论及诸家枝叶亲姻,过于繁碎,与旧史体例不同耳。"刘知几评价此书"收谄齐氏,于魏室多不平。既党北朝,又厚诬江左,性憎胜己,喜念旧恶,甲门盛德与之有怨者,莫不被以丑言,没其善事。

……又令治改,其所变易甚多,由是世薄其书,号为'移史'。"(《史通·古今正史》)程林东认为是书最重要的成就,在于"它是我国封建社会历代正史中第一部少数民族上层集团为统治者的封建皇朝的皇朝史"①。

[文献]《北史》卷五十六《魏收传》,又见《魏书》卷一〇四、《北齐书》卷三七。《四库提要辨证》(一)卷三有对《魏书》卷数的考证。

---

① 程林东:《中国史学史纲》。北京出版社 1999 年版,264 页。

梁绍泰元年(北齐天保六年　西魏恭帝二年)
公元 555 年

1. 张买奴卒

张买奴,平原人也。经义该博,门徒千余人。诸儒咸推重之,名声甚盛。历太学博士、国子助教,天保中卒。

[文献]《北齐书》卷四十四《儒林·张买奴传》,《北史》卷八十一《儒林上·张买奴传》。

案:张买奴生平事迹不详。据本传,天保中卒,姑系于是年。

2. 鲍季详卒

鲍季详,渤海人也。甚明《礼》,听其离文析句,自然大略可解。兼通《左氏春秋》,少时恒为李宝鼎都讲,后亦自有徒众,诸儒称之。天统中,卒于太学博士。

[文献]《北齐书》卷四十四《鲍季详传》,《北史》卷八十一《儒林·鲍季详传》。

案:鲍季详生卒事迹不详。据本传,天保中卒,姑系于是年。

3. 全缓除梁尚书水部郎

全缓,字弘立,吴郡钱唐人也。幼受《易》于博士褚仲都,笃志研玩,得其精微。梁太清初,历王国侍郎、奉朝请,俄转国子助教,兼司义郎,专讲

《诗》《易》。绍泰元年,除尚书水部郎。太建中,累迁镇南始兴王府谘议参军,随府诣湘州,以疾卒,时年七十四。缓治《周易》《老庄》,时人言玄者咸推之。

[文献]《陈书》卷三十三《儒林·全缓传》,《南史》卷七十一《儒林·全缓传》。

案:全缓生卒年不详,据本传,绍泰元年,除尚书水部郎。暂系其事于此年。

4. 卢诞卒

卢诞,范阳涿人也,本名恭祖。曾祖晏,博学善隶书,有名于世。仕燕为给事黄门侍郎、营丘成周二郡守。祖寿,太子洗马。燕灭入魏,为鲁郡守。父叔仁,年十八,州辟主簿。举秀才,除员外郎。以亲老,乃辞归就养。父母既殁,哀毁六年,躬营坟垄,遂有终焉之志。魏景明中,被徵入洛,授威远将军、武贲中郎将,非其好也。寻除镇远将军、通直散骑常侍,并称疾不朝。乃出为幽州司马,又辞归乡里。当时咸称其高尚焉。诞幼而通亮,博学有词彩。郡辟功曹,州举秀才,不行。起家侍御史,累迁辅国将军、太中大夫、幽州别驾、北豫州都督府长史。时刺史高仲密以州归朝,朝廷遣大将军李远率军赴援,诞与文武二千余人奉候大军。以功授镇东将军、金紫光禄大夫,封固安县伯,邑五百户。寻加散骑侍郎,拜给事黄门侍郎。魏帝诏曰:"经师易求,人师难得。朕诸儿稍长,欲令卿为师。"于是亲幸晋王第,敕晋王以下,皆拜之于帝前。因赐名曰诞。加征东将军、散骑常侍。太祖又以诞儒宗学府,为当世所推,乃拜国子祭酒。进车骑大将军,仪同三司。魏恭帝二年,除秘书监。后以疾卒。

[文献]《周书》卷四十五《儒林·卢诞传》。

案:据本传,卢诞卒于魏恭帝二年或之后,暂系于此。

5. 沈洙除梁国子博士

及陈武帝入辅,除国子博士,与沈文阿同掌仪礼。

[文献]《陈书》卷三十三《儒林·沈洙传》,又见《南史》卷七十一《儒

林·沈洙传》。

6.顾越迁梁国子博士

顾越绍泰元年,迁国子博士。

[文献]《南史》卷七一《儒林·顾越传》,《陈书》卷三三《儒林·顾越传》。

梁太平元年(北齐天保七年 西魏恭帝三年)公元 556 年

1.陆诩出使百济传礼学

陆诩,吴郡(今江苏苏州)人。少习崔灵恩《三礼义宗》。梁时,百济国表求讲礼博士,诏令诩行。还除给事中、定阳令。陈天嘉初,侍始兴王伯茂读,迁尚书祠部郎中。

[文献]《陈书》卷三十三《陆诩传》,《南史》卷七十一《儒林列传》:"时有普陵张崖、吴郡陆诩、吴兴沈德威、会稽贺德基,俱以礼学自命……陆诩少习崔灵恩《三礼义宗》,梁时百济国表求讲礼博士,诏令诩行。"

案:陆诩生卒年无所考,本传只载梁时出使百济,陈天嘉初为侍读,今将此事系于梁末。

2.北齐诏樊逊等校定群书

樊逊,字孝谦,河东北猗氏(今山西临猗县)人。生年不详,卒于北齐后主高纬天统元年(565)。樊逊崇尚儒教,排斥佛老。天保七年(556),北齐主诏令校定群书,樊逊与冀州秀才高乾和、瀛州秀才马敬德、许散愁、韩同宝、洛州秀才傅怀德、怀州秀才古道子、广平郡孝廉李汉子、渤海郡孝廉鲍长暄、阳平郡孝廉景孙、前梁州府主薄王九元、前开府水曹参军周子深等十一人,同被尚书召共刊定。时秘府书籍,纰缪甚多。逊乃议曰:"案汉中垒校尉刘向,受诏校书,每一书竟,表上辄言:臣向书,长水校尉臣参书,大夫公、太常博士书,中外书,合若干卷。以相比校,然后杀青。今所雠校,供拟极重,出自兰台,御诸甲馆。向之故事,见存府阁。即欲刊定,必藉众本。太常卿邢子才、太子少傅魏收、吏部尚书辛术、司农少卿穆子容、前黄门郎司马子瑞、故国子祭酒李业兴,并是多书之家。请牒借本,参校得失。"秘书监尉瑾移尚书都坐,凡得别本三千余卷。《五经》诸史,殆无遗阙。

[文献]《北齐书》卷四十五《樊逊传》。

3. 刁柔卒

刁柔(501—556),字子温,北朝渤海(今河北)人。父整,魏车骑将军、赠司空。柔少好学,综习经史,尤留心礼仪。性强记,至于氏族内外,多所谙悉。初为世宗挽郎,出身司空行参军。丧母,成丧以孝闻。永安中,除中坚将军、奉车都尉,加冠军将军、中散大夫。元象中,随例到晋阳,高祖以为永安公府长流参军,又令教授诸子。魏收撰魏史,启柔等与同其事。柔性颇专固,自是所闻,收常所嫌惮。又参议律令。时议者以为立五等爵邑,承袭者无嫡子立嫡孙,无嫡孙立嫡子弟,无嫡子弟立嫡孙弟。柔以为无嫡孙应立嫡曾孙,不应立嫡子弟。七年夏卒,时年五十六。柔在史馆未久,逢勒成之际,志存偏党。《魏书》中与其内外通亲者并虚美过实,深为时论所讥焉。他所主张的嫡子继承问题颇具影响。

[文献]《北齐书》卷四十四《儒林·刁柔传》。

4. 沈旋作《尔雅集注》

沈约子旋,字士规,袭爵,位司徒右长史。太子仆。以母忧去官。因蔬食辟谷,服除,犹绝粳粱,终于南康内史,谥曰恭。集注《迩言》,行于世。《清史稿·艺文志》、《古佚书辑本目录附考证》、《经典释文序录考证》皆录沈旋著。马国翰据《释文》等辑为一卷,中有数节互为有无。《尔雅注疏·序》:"又《五经正义》援引有某氏、谢氏、顾氏。今郭氏言十余者,典籍散亡,未知谁氏。或云沈旋、施乾、谢峤、顾野王者。非也。此四家存郭氏之后,故知非也。"

[文献]《南史》卷五七《沈约传》。

案:沈旋生卒年无考,暂将其事置于梁末。

5. 贺述作《礼统》

贺述生平事迹无所考。《旧唐书·经籍志》:"《礼统》十三卷,贺述撰。"《新唐书·艺文志》:"贺述《礼统》十二卷。"《清史稿·艺文志》:"梁贺述《礼统》一卷。"马国翰采得佚书十余节,并因《新唐志》载其序于梁贺玚与崔灵恩之间,故认定其为梁人。

6. 沈洙议改葬之礼

有司奏:"建康令沈孝轨门生陈三儿牒称,主人翁灵柩在周,主人奉使关右,因欲迎丧,久而未反。此月晦即是再周,主人弟息见在此者,为至月末除灵,内外即吉?为待主人还,情礼申竟?"以事谘左丞江德藻。德藻议谓:"王卫军云:'久丧不葬,唯主人不变,其余亲各终月数而除。'此盖引《礼文》论在家内有事故未得葬者耳。孝轨既在异域,虽已迎丧,还期无指,诸弟若遂不除,永绝昏嫁,此于人情,或未为允。中原沦陷已后,理有事例,宜谘沈常侍详议。"洙议曰:"礼有变正,又有从宜。《礼小记》云:'久而不葬者,唯主丧者不除,其余以麻终月数者,除丧则已。'注云:'其余谓旁亲。'如郑所解,众子皆应不除,王卫军所引,此盖礼之正也。但魏氏东关之役,既失亡尸柩,葬礼无期,时议以为礼无终身之丧,故制使除服。晋氏丧乱,或死于虏庭,无由迎殡,江左故复申明其制。李胤之祖,王华之父,并存亡不测,其子制服,依时释衰,此并变礼之宜也。孝轨虽因奉使便欲迎丧,而还期未克,宜依东关故事,在此者应释除衰麻毁灵祔祭;若丧柩得还,别行改葬之礼。自天下寇乱,西朝倾覆,若此之徒,谅非一二,宁可丧期无数,而弗除衰服?朝廷自应为之限制,以义断恩。"德藻依洙议。奏可。

[文献]《陈书》卷三十三《儒林·沈洙传》,又见《南史》卷七十一《儒林·沈洙传》。

案:据本传,沈洙于陈武帝入辅之年与沈文阿同掌仪礼,则其议改葬之礼当在掌仪礼之年或其后,今暂系于其后一年。

陈永定元年(北齐天保八年　后梁大定三年)公元 557 年

1. 陈武帝欲诛沈文阿,后赦之

沈文阿于绍泰元年,入为国子博士,寻领步兵校尉,兼掌仪礼。自太清之乱,台阁故事,无有存者,文阿父峻,梁武世尝掌朝仪,颇有遗稿,于是斟酌裁撰,礼度皆自之出。及高祖受禅,文阿辄弃官还武康,高祖大怒,发使往诛之。时文阿宗人沈恪为郡,请使者宽其死,即面缚锁颈致于高祖,高祖视而笑曰:"腐儒复何为者?"遂赦之。

[文献]《陈书》卷三十三《沈文阿传》

2. 欧阳询生

欧阳询(557—641),字信本,一字少信,唐代谭州临湘(今湖南长沙)人。唐代名儒。关于其生卒年,新、旧《唐书》皆不详。据张汝霖《东晋南北朝学术编年》考证,唐张怀瓘《书断》卷三载其贞观十五年(641)卒,时年八十五,逆推知其生于是年。今从之。

[文献]《新唐书》卷一九八《欧阳询传》:"贞观初,(询)历太子率更令、弘文馆学士,封渤海男。卒,年八十五。"又可见《旧唐书》卷一八九。唐张怀瓘《书断》卷三:"唐欧阳询,字信本。……贞观十五年卒,年八十五。"

3. 贺德基任尚书祠部郎

贺德基，字承业，世传《礼》学。祖文发、父淹，仕梁俱为祠部郎，并有名当世。德基少游学都下，积年不归，衣资罄乏，又耻服故弊，盛冬止衣夹襦裤。德基于《礼记》称为精明，位尚书祠部郎。虽不至大官，而三世儒学，俱为祠部郎，时论美其不坠。

［文献］《南史》卷七十一《儒林·贺德基传》，《陈书》卷三十三《贺德基传》略同。

案：贺德基生卒年不详，据本传，贺德基与其父贺淹仕梁俱为祠部郎，暂将其事系于梁末。

4. 乐逊治太学博士

孝闵帝践阼，以逊有理务材，除秋官府上士。其年，治太学博士，转治小师氏下大夫。自谯王俭以下，并束修行弟子之礼。逊以经术教授，甚有训导之方。

［文献］《周书》卷四五《儒林·乐逊传》。

永定二年(北齐天保九年　后梁大定四年) 公元 558 年

1. 虞世南生

虞世南(558—638),字伯施,越州余姚人。虞世南以儒学为规,修身力行,唐太宗称他有五绝:一曰德行,二曰忠直,三曰博学,四曰文词,五曰书翰。唐太宗时常引进谈论,共观经史。贞观十二年(638)卒,年 81 岁。作为一代儒臣,虞世南对儒学的发展起到了推动作用。虞世南主编《北堂书钞》160 卷,其中汇集了大量的儒学资料,为唐代四大类书之一。又奉敕参撰《群书治要》50 卷,辑录经史谱子有关治国兴衰政迹之文,采经书 12 种,10 卷;史书 8 种,20 卷;子书 7 种,20 卷。

[文献]《旧唐书》卷七二《虞世南传》,《新唐书》卷一〇二《虞世南传》。

2. 杜之伟等撰梁史

高祖受禅,除鸿胪卿,余并如故。之伟启求解著作,曰:"臣以绍泰元年,忝中书侍郎,掌国史,于今四载。臣本庸贱,谬蒙盼识,思报恩奖,不敢废官。皇历惟新,驱驭轩、昊,记言记事,未易其人,著作之材,更宜选众。御史中丞沈炯、尚书左丞徐陵、梁前兼大著作虞荔、梁前黄门侍郎孔奂,或清文赡笔,或强识稽古,迁、董之任,允属群才,臣无容邃变市朝,再妨贤路。尧朝皆让,诚不可追,陈力就列,庶几知免。"优敕不许。

[文献]《陈书》卷三十四《杜之伟传》,《史通·正史》。

3. 萧德言生

　　萧德言(558—654)，字文行，生于雍州长安(今陕西西安)，博涉经史，精通《左传》，爱好属文。凭借门荫，入仕陈朝。陈朝灭亡后，进入隋朝，授校书郎。唐朝建立后，授太子(李建成)洗马。贞观年间，授著作郎、弘文馆学士，支持魏王李泰修撰《括地志》。迁东宫(李治)侍读，册封武阳县侯，累迁秘书少监。贞观二十三年，致仕还家，笃志于学。唐高宗嗣位，加位银青光禄大夫。永徽五年，卒于家中，享年九十七岁。

　　[文献]《新唐书·儒学上·萧德言传》。

　　案：萧德言奉诏与魏徵、虞世南、褚遂良辑录经史诸子有关治国兴衰之文。贞观五年(631)书成，名《群书治要》，凡五十卷。始于上古，终于晋代。采经书十二种，十卷；史书八种，二十卷；子书四书七种，二十卷。多本唐初善本。先儒桓谭、仲长统等人的政论，赖此得存梗概，保存了大量的珍贵资料。有利于儒学的传播和发展。

永定三年(北齐天保十年　北周武成元年)
公元 559 年

1. 北周刊校经史

北周明帝宇文毓宽明仁厚,敦睦九族,有君人之量。幼而好学,博览群书,善属文,词彩温丽。及即位,集公卿已下有文学者八十余人于麟趾殿,刊校经史。又据采众书,自羲、农以来,讫于魏末,叙为《世谱》,凡五百卷云,所著文章十卷。

[文献]令狐德棻《周书》卷四《明帝纪》,又见《周书》卷四二《萧捴传》:"武成中,世宗令诸文儒于麟趾殿校定经史,仍撰《世谱》,捴亦预焉。"《周书》卷四十二《宗懔传》:"世宗即位。又与王褒等在麟趾殿刊定群书。"

2. 乐逊陈时宜一十四条

武成元年六月,以霖雨经时,诏百官上封事。逊陈时宜一十四条,其五条切于政要,分别为其一,崇治方;其二,省造作;其三,明选举;其四,重战伐;其五,禁奢侈。

[文献]《周书》卷四五《儒林·乐逊传》。

3. 沈文阿议陈世祖谒庙之礼

陈高祖崩,文阿与尚书左丞徐陵、中书舍人刘师知等议大行皇帝灵座侠御衣服之制,语在师知传。及世祖即皇帝位,克日谒庙,尚书右丞庾持

567

奉诏遣博士议其礼。文阿议曰："民物推移，质文殊轨，圣贤因机而立教，王公随时以适宜。夫千人无君，不散则乱，万乘无，不危则亡。当隆周之日，公旦叔父，吕、召爪牙，成王在丧，祸几覆国。是以既葬便有公冠之仪，始殡受麻冕之策。斯盖示天下以有主，虑社稷之艰难。逮乎末叶纵横，汉承其弊，虽文、景刑厝，而七国连兵。或逾月即尊，或崩日称诏，此皆有为而为之，非无心于礼制也。今国讳之日，虽抑哀于玺绂之重，犹未序于君臣之仪。古礼，朝庙退坐正寝，听群臣之政，今皇帝拜庙还，宜御太极殿，以正南面之尊，此即周康在朝一二臣卫者也。其壤奠之节，周礼以玉作赘，公侯以圭，子男执璧，此瑞玉也。奠赘既竟，又复致享，天子以璧，王后用琮。秦烧经典，威仪散灭，叔孙通定礼，尤失前宪，奠赘不圭，致享无帛，公王同璧，鸿胪奏贺。若此数事，未闻于古，后相沿袭，至梁行之。夫称觞奉寿，家国大庆，四厢雅乐，歌奏欢欣。今君臣吞哀，万民抑割，岂同于惟新之礼乎？且周康宾称奉圭，无万寿之献，此则前准明矣。三宿三咤，上宗曰飨，斯盖祭傧受福，宁谓贺酒邪！愚以今坐正殿，止行荐璧之仪，无贺酒之礼。谨撰谒庙还升正寝、群臣陪荐仪注如别。"诏可施行。

[文献]《陈书》卷三三《儒林·沈文阿传》。

4. 杜之伟卒

杜之伟（508—559），字子大，吴郡钱塘（今杭州）人。家世儒学，以《三礼》专门。父规，梁奉朝请，与光禄大夫济阳江革、都官尚书会稽孔休源友善。之伟幼精敏，有逸才。七岁，受《尚书》，稍习《诗》、《礼》，略通其学。十五，遍观文史及仪礼故事，时辈称其早成。仆射徐勉尝见其文，重其有笔力。中大通元年，梁武帝幸同泰寺舍身，敕勉撰定仪注，勉以台阁先无此礼，召之伟草具其仪。乃启补东宫学士，与学士刘陟等钞撰群书，各为题目。所撰《富教》、《政道》二篇，皆之伟为序。及湘阴侯萧昂为江州刺史，以之伟掌记室。昂卒，庐陵王续代之，又手教招引，之伟固辞不应命，乃送昂丧枢还京。仍侍临城公读。寻除扬州议曹从事、南康嗣王墨曹参军，兼太学限内博士。大同七年，梁皇太子释奠于国学，时乐府无孔子、颜子登歌词，尚书参议令之伟制其文，伶人传习，以为故事。转补安前邵陵王田曹参军，又转刑狱参军。之伟年位甚卑，特以强识俊才，颇有名当世，吏部尚书张缵深知之，以为廊庙器也。侯景反，之伟逃窜山泽。及（陈）高祖为丞相，素闻其名，召补记室参军。迁中书侍郎，领大著作。高祖受禅，除鸿胪卿，馀并如故。之伟启求解著作，优敕不许。寻转大匠卿，迁太中大夫，仍敕撰梁史。永定三年卒，时年五十二。之伟为文，不尚浮华，而温雅博赡。所制多遗失，存者十七卷。《隋志》作十二卷。

[文献]《陈书》卷三四《杜之伟传》。

陈天嘉元年(北齐皇建元年)　公元 560 年

1. 张崖为尚书仪曹郎,撰五礼

张崖,晋陵(今江苏常州市)人,南朝梁、陈时人,与吴郡陆诩、吴兴沈德威、会稽贺德基,俱以礼学自命。张崖传《三礼》于同郡刘文绍,仕梁历王府中记室。天嘉元年,为尚书仪曹郎,广沈文阿《仪注》,撰五礼。出为丹阳令、王府谘议参军。御史中丞宗元饶表荐为国子博士。

［文献］《陈书》卷三十三《儒林列传》,《南史》卷七十一《儒林列传》所著略同。

案:张崖生卒年史书无载,故系其事于此年。

2. 沈德威讲《礼》、《传》

沈德威,字怀远,少有操行。梁太清末,遁于天目山,筑室以居,虽处乱离,而笃学无倦,遂治经业。天嘉元年,征出都,侍太子讲《礼》、《传》。寻授太学博士,转国子助教。每自学还私室以讲授,道俗受业者数十百人,率常如此。迁太常丞,兼五礼学士,寻为尚书仪曹郎,后为祠部郎。俄丁母忧去职。祯明三年入隋,官至秦王府主簿。年五十五卒。

［文献］《陈书》卷三十三《儒林列传》,《南史》卷七十一《儒林列传》所著略同。

案:沈德威生卒年不详,据本传,仅知其入隋后卒,时年五十五,暂系其事于此。

3.北齐诏国子寺置生员

八月甲午,北齐下诏曰:"国子寺可备立官属,依旧置生员讲习经典,岁时考试。其文襄帝所运石经,宜即施列于学馆。外州大学,亦仰典司勤加督课。"

[文献]《北齐书·孝昭纪》,《全北齐文》卷二。

4.陈徵陆庆为通直散骑侍郎

时有吴郡陆庆,少好学,遍知《五经》,尤明《春秋左氏传》,节操甚高。释褐梁武陵王国右常侍,历征西府墨曹行参军,除娄令。值梁季丧乱,乃覃心释典,经论靡不该究。天嘉初,徵为通直散骑侍郎,不就。永阳王为吴郡太守,闻其名,欲与相见,庆固辞以疾。时宗人陆荣为郡五官掾,庆尝诣焉,王乃微服往荣第,穿壁以观之。王谓荣曰:"观陆庆风神凝峻,殆不可测,严君平、郑子真何以尚兹。"鄱阳、晋安王俱以记室徵,并不就。乃筑室屏居,以禅诵为事,由是传经受业者盖鲜焉。

[文献]《陈书》卷三十三《陆庆传》,《南史》卷七十一《儒林·陆庆传》略同。

案:陆庆生卒年不详,暂系于被徵通直散骑侍郎之年。

5.陆诩侍读,迁尚书祠部郎中

陆诩少习崔灵恩《三礼义宗》,梁世百济国表求讲礼博士,诏令诩行。还除给事中、定阳令。天嘉初,侍始兴王伯茂读,迁尚书祠部郎中。

[文献]《陈书》卷三十三《儒林·陆诩传》。

案:陆诩生卒事迹不详,暂系其事于迁尚书祠部郎中之年。

天嘉二年(北齐太宁元年　北周保定元年)
公元 561 年

张景仁除通直散骑常侍

齐后主登祚,除通直散骑常侍。及奏,御笔点除"通"字,遂正常侍。左右与语,犹称博士。

[文献]《北齐书》卷四十四《儒林·张景仁传》。

天嘉三年(北齐河清元年　北周保定二年)
公元 562 年

1. 陈沈不害请立国学

沈不害于天嘉初为衡阳王府中记室参军,兼嘉德殿学士。自梁季丧乱,至是国学未立,不害上书请立国学曰:"臣闻立人建国,莫尚于尊儒,成俗化民,必崇于教学。故东胶西序,事隆乎三代,环林璧水,业盛于两京。自淳源既远,浇波已扇,物之感人无穷,人之逐欲无节。是以设训垂范,启导心灵,譬彼染蓝,类诸琢玉。然后人伦以睦,卑高有序,忠孝之理既明,群臣之道攸固。执礼自基,鲁公所以难侮;歌乐已细,郑伯于是前亡。……昔阙里之堂,草莱自辟,旧宅之内,丝竹流音,前圣遗烈,深以炯戒。况复江表无虞,海外有截,岂得不开阐大猷,恢弘至道?宁可使玄教儒风,弗兴圣世,盛德大业,遂蕴尧年?臣末学小生,词无足算,轻献瞽言,伏增悚惕。"诏答曰:"省表闻之。……卿才思优洽,文理可求,弘惜大体,殷勤名教。付外详议,依事施行。"

[文献]《陈书》卷三十三《儒林列传》,又见《南史》卷七十一《儒林·沈不害传》。

案:《陈书》及《南史》俱未明载沈不害上书时间,仅言"天嘉初为衡阳王府中记室参军",可知上书时间当在天嘉元年至天嘉三年,刘汝霖《东晋南北朝学术编年》将此事系于是年,今从之。

2.陆翊位陈尚书祠部郎

陆翊生平事迹不详。据《南史》,少习崔灵恩《三礼义》,梁时百济国表求讲礼博士,诏令翊行。天嘉中,位尚书祠部郎。

［文献］《南史》卷七十一《儒林·陆翊传》。

天嘉四年(北齐河清二年　北周保定三年)
公元 563 年

1. 沈文阿卒

沈文阿(503—563),字国卫,吴兴武康(今浙江德清)人。父沈峻,以儒学闻于梁世。祖舅太史叔明,舅王慧兴并通经术,而文阿颇传之。又博采先儒异同,自为义疏。治《三礼》、《三传》。察孝廉,为梁临川王国侍郎,累迁兼国子助教、《五经》博士。梁简文在东宫,引为学士,深相礼遇,及撰《长春义记》,多使文阿撮异闻以广之。及侯景寇逆,简文别遣文阿招募士卒,入援京师。城陷,与张嵊共保吴兴,嵊败,文阿窜于山野。景素闻其名。求之甚急,文阿穷迫不知所出,登树自缢,遇有所亲救之,便自投而下,折其左臂。及景平,高祖以文阿州里,表为原乡令,监江阴郡。绍泰元年,入为国子博士,寻领步兵校尉,兼掌仪礼。自太清之乱,台阁故事,无有存者,文阿父峻,梁武世尝掌朝仪,颇有遗稿,于是斟酌裁撰,礼度皆自之出。高祖崩,文阿与尚书左丞徐陵、中书舍人刘师知等议大行皇帝灵座侠御衣服之制,语在师知传。及世祖即皇帝位,克日谒庙,尚书右丞庾持奉诏遣博士议其礼。文阿议之,诏可施行。寻迁通直散骑常侍,兼国子博士,领羽林监,仍令于东宫讲《孝经》、《论语》。天嘉四年卒,时年六十一。撰有《春秋左氏经传义略》二十五卷,见《隋书·经籍志》;《经典大义》十二卷,见《隋书·经籍志》,本传载十八卷;《经典玄儒大义序录》二卷,见《隋书·经籍志》;《丧服经传义疏》四卷,见《唐志》;《丧服发题》二卷,见《唐志》;《仪礼》八十余条,见《南史》本传;《礼记义记》,见《南史》本传;《孝经义记》,见《南史》本传;《论语义记》计七十余卷,见《南史》本传;《经典大义》十八卷,见《南史》本传。严可均《全陈文》卷一二辑《嗣君谒庙升殿仪注议》等文。马国翰《玉函山房辑佚书》辑有《春秋左氏经传义略》一卷。

[文献]《陈书》卷三十三《儒林列传》,《南史》卷七十一《儒林列传》略同。

2.北周武帝临太学

到高祖保定三年,乃下诏尊太傅燕公为三老。帝于是服衮冕,乘碧辂,陈文物,备礼容,清跸而临太学。祖割以食之,奉觞以酳之。斯固一世之盛事也。

[文献]《周书》卷四五《儒林列传》,又可见《周书》卷五《武帝纪》:"戊午,幸太学,以太傅、燕国公于谨为三老而问道焉。"《北史》卷八一《儒林列传》亦有载。

3.北周牛弘奉敕修撰《五礼》

开皇三年,牛弘拜礼部尚书,请修明堂,定礼乐制度。又奉敕修撰《五礼》,勒成百卷,行于当代。从此儒家文化复兴。

[文献]《北史》卷七二《牛弘传》,又可见《隋书》卷四十九。

4.熊安生为齐国子博士

齐河清中,阳休之特奏为国子博士。

[文献]《周书》卷四五《熊安生传》。

天嘉五年(北齐河清三年 北周保定四年)
公元 564 年

1. 蔡大宝卒

蔡大宝(?—564),字敬位,济阳考城(今河北民权)人。祖履,齐尚书祠部郎。父点,梁尚书仪曹郎、南兖州别驾。大宝少孤,而笃学不倦,善属文。初以明经对策第一,解褐武陵王国左常侍。尝以书干仆射徐勉,大为勉所赏异。乃令与其子游处,所有坟籍,尽以给之。遂博览群书,学无不综。晳初出第,勉仍荐大宝为侍读,兼掌记室。寻除尚书仪曹郎。出镇会稽,大宝为记室,领长流。晳莅襄阳,迁谘议参军。及梁元帝与河东王誉结隙,晳令大宝使江陵以观之。梁元帝素知大宝,见之甚悦。乃示所制《玄览赋》,令注解焉。三日而毕。元帝大嗟赏之,赠遗甚厚。及为梁王,除中书侍郎,兼吏部,掌大选事,领襄阳太守,迁员外散骑常侍、吏部郎,俄转吏部尚书。加授大将军,迁尚书仆射,进号辅国将军。又除使持节、宣惠将军、雍州刺史。晳于江陵称帝,征为侍中、尚书令,参掌选事,又加云麾将军,荆州刺史。进位柱国、军师将军,领太子少傅,转安前将军,封安丰县侯。从晳入朝,领太子太傅。晳嗣位,册授司空、中书监、中权大将军,领吏部尚书。固让司空,许之。加特进。晳之三年,卒。大宝性严整,有智谋,雅达政事,文词赡速。著作《尚书义疏》。《隋书·经籍志》:"《尚书义疏》三十卷。萧晳司徒蔡大宝撰。"又见《旧唐书·经籍志》。《经义考》卷七十八:"蔡氏大宝《尚书义疏》。《隋书·经籍志》云:'三十卷。'佚。《隋书·经籍志》:'大宝,萧晳司徒。'孔颖达曰:'古文近至隋初,始流河朔,其为正义者:蔡大宝、巢猗、费甝、顾彪、刘焯、刘炫。'"

［文献］《周书》卷四十八《萧詧传》。

2. 沈不害迁国子博士

五年,除赣令。入为尚书仪曹郎,迁国子博士,领羽林监,敕治五礼,掌策文谥议。太建中,除仁武南康嗣王府长史,行丹阳郡事。

［文献］《陈书》卷三十三《儒林·沈不害传》,又见《南史》卷七十一《儒林·沈不害传》。

天嘉六年(北齐天统元年　北周保定五年) 公元 565 年

1. 沈重被周武帝礼聘至京师

周武帝以沈重经明行修,乃遣宣纳上士柳裘至梁徵之。仍致书曰:"皇帝问梁都官尚书沈重。观夫八圣六君,七情十义,殊方所以会轨,异代于是率由。莫不趣大顺之遥涂,履中和之盛致。及青缃起焰,素篆从风,文逐世疏,义随运舛,大礼存于玉帛之间,至乐形于钟鼓之外。虽分蛇、聚纬,郁郁之辞盖阙;当涂、典午,抑抑之旨无闻。有周开基,爰踪圣哲,拯苍生之已沦,补文物之将坠。天爵具修,人纪咸理。朕寅奉神器,恭惟宝阙。常思复礼殷周之年,迁化唐虞之世。惧三千尚乖于治俗,九变未协于移风。欲定画一之文,思杜二家之说。知卿学冠儒宗,行标士则。卞宝复润于荆阴,随照更明于汉浦。是用寤寐增劳,瞻望轸念。爰致束帛之聘,命翘车之招。所望凤举鸿翻,俄而萃止。明斯隐滞,合彼异同。上庠弗坠于微言,中经罔阙于逸义。近取无独善之讥,远应有兼济之美。可不盛欤。昔申涪鲐背,方辞东国;公孙黄发,始造西京。遂使道为艺基,功参治本。今者一徵,谅兼其二。若居形声而去影响,尚迷邦而忘观国,非所谓也。"又敕襄州总管、卫公直敦喻遣之,在途供给,务从优厚。保定末,重至于京师。诏令讨论《五经》,并校定钟律。

[文献]《周书》卷四十五《沈重传》。

2. 刘轨思任国子博士

刘轨思,渤海人也。说《诗》甚精。少事同郡刘敬和,敬和事同郡程归则,故其乡曲多为《诗》者。轨思,天统中任国子博士。

[文献]《北齐书》卷四十四《儒林·刘轨思传》。

案:刘轨思生卒事迹不详。据本传,天统中任国子博士,暂将其事系于此。

3. 马敬德除国子博士

马敬德,河间人。天统初,除国子博士。

[文献]《北齐书》卷四十四《儒林·马敬德传》。

陈天康元年(北齐天统二年　北周天和元年)
公元 566 年

北周武帝亲讲《礼记》

天和元年五月庚辰,周武帝御正武殿,集群臣亲讲《礼记》。周武帝曾多次给公私道俗讲儒家经典《礼记》。

[文献]《北史》卷十《周本纪·高祖传》。

陈光大元年(北齐天统三年　北周天和二年) 公元 567 年

1. 孔英哲为奉圣亭侯,奉孔子祀

十二月庚寅,以兼从事中郎孔英哲为奉圣亭侯,奉孔子祀。

[文献]《陈书》卷四《废帝本纪》,《南史》卷九《陈本纪上第九》所载略同。

2. 北周立露门学

北周武帝天和二年秋七月甲辰,立露门学,置生七十二人。露门学文学博士为学官名,以萧㧑、唐瑾、元伟、王褒任之,教授学子,四人皆为公卿中的文学之士,皇太子亦曾在此受教。《资治通鉴》胡三省注:"周露门学在露门左右塾。"其学在露门左侧,因露门又称虎门,故亦称虎门学。

[文献]《周书》卷五《武帝纪上》。

3. 孙灵晖被徵为齐国子博士

孙灵晖,长乐武强(今河北)人也。魏大儒秘书监惠蔚,灵晖之族曾王父也。灵晖少明敏,有器度。惠蔚一子早卒,其家书籍多在焉。灵晖年七岁,便好学,日诵数千言,唯寻讨惠蔚手录章疏,不求师友。《三礼》及《三传》皆通宗旨,始就鲍季详、熊安生质问疑滞,其所发明,熊、鲍无以异也。举冀州刺史秀才,射策高第,授员外将军。后以儒术甄明,擢授太学博士。

582

迁北徐州治中，转潼郡太守。天统中，敕令朝臣推举可为南阳王绰师者，吏部尚书尉瑾表荐之，徵为国子博士，授南阳王经。王虽不好文学，亦甚相敬重，启除其府谘议参军。绰除定州刺史，仍随之镇。绰所为猖蹶，灵晖唯默默忧悴，不能谏止。绰欲以管记马子结为谘议参军，乃表请转灵晖为王师，以子结为谘议。朝廷以王师三品，启奏不合。后主于启下手答，云"但用之"，仍手报南阳书，并依所奏。儒者甚以为荣。绰除大将军，灵晖以王师领大将军司马。绰诛，停废。从绰死后，每至七日及百日终，灵晖恒为绰请僧设斋，转经行道。齐亡后数年卒。

[文献]《北齐书》卷四十四《儒林·孙灵晖传》，《北史》卷八十一《儒林上·孙灵晖传》。

案：孙灵晖生卒年不详。本传只记载国"齐亡后数年卒"。姑将其事迹系于被徵为国子博士之年。

又案：孙灵晖子万寿，聪识机警，博涉群书，《礼传》俱通大议，有辞藻，尤甚诗咏。齐末，阳休之辟为开府行参军。隋奉朝请、滕王文学、豫章长史。卒于大理司直。

4. 卢光卒

卢光（506—567），字景仁，小字伯，范阳涿县（今河北涿州）人。范阳公辩之弟也。性温谨，博览群书，精于《三礼》，善阴阳，解钟律，又好玄言。孝昌初，释褐司空府参军事，稍迁明威将军、员外侍郎。及魏孝武西迁，光于山东立义，遥授大都督、晋州刺史、安西将军、银青光禄大夫。大统六年，携家西入。太祖深礼之，除丞相府记室参军，赐爵范阳县伯。俄拜行台郎中，专掌书记。十年，改封安息县伯，邑五百户。迁行台右丞，出为华州长史，寻徵拜将作大匠。魏废帝元年，加车骑大将军、仪同三司，除京兆郡守，迁侍中。六官建，授小匠师下大夫，进授开府仪同三司、匠师中大夫，进爵为侯，增邑五百户，转工部中大夫。大司马贺兰祥讨吐谷浑，以光为长史，进爵燕郡公。武成二年，诏光监营宗庙，既成，增邑四百户。出为虞州刺史，寻治陕州总管府长史。重论讨浑之功，增邑并前一千九百户。天和二年卒，时年六十二。光性崇佛道，至诚信敬。撰《道德经章句》，行于世。

[文献]《周书》卷四十五《儒林·卢光传》。

5. 刘轨思为国子博士

刘轨思，渤海人也。说《诗》甚精。少事同郡刘敬和，敬和事同郡程归则，故其乡曲多为《诗》者。轨思，天统中任国子博士。

［文献］《北齐书》卷四十四《刘轨思传》。

6. 黎景熙卒

黎景熙，字季明，河间郑人，少以孝行闻于世。季明少好读书，性强记默识，而无应对之能。其从祖广，太武时尚书郎，善古学。常从吏部尚书清河崔宏受字义，又从司徒崔浩学楷篆，自是家传其法。季明亦传习之，颇与许氏有异。又好玄象，颇知术数，而落魄不事生业。有书千余卷。虽穷居独处，不以饥寒易操。与范阳卢道源为莫逆交。永安中，为威烈将军。孝武西迁，季明乃寓居伊洛。侯景徇地河外，召季明从军，稍迁黎阳郡守。季明从至悬瓠，察景终不足恃，遂去之。客于颍川。时王思政镇颍川，累使召季明，留于内馆。月余，周文又徵之，遂入关。乃令季明正定古今文字于东阁。大统末，拜著作佐郎。于时伦辈，皆位兼常伯，车服华盛，唯季明独以贫素居之，而无愧色。又勤于所职，著述不怠。然性尤专固，不合于时，是以一为史官，遂十年不调。武成末，迁外史下大夫。天和二年，进车骑大将军、仪同三司。后以疾卒。

［文献］《北史》卷八十二《儒林下·黎景熙传》。

案：黎景熙生卒年确切时间不详，据本传，天和二年或之后卒，姑系于本年。

7. 刘昼卒

刘昼（516—567），字孔昭，渤海阜城（今河北阜城）人也。少孤贫，爱学，负笈从师，伏膺无倦。与儒者李宝鼎同乡里，甚相亲爱，受其《三礼》。又就马敬德习《服氏春秋》，俱通大义。恨下里少坟籍，便杖策入都。知太府少卿宋世良家多书，乃造焉。世良纳之。恣意披览，昼夜不息。河清初,还冀州,举季才入京,考策不第。乃恨不学属文,方复缉缀辞藻,言甚古拙。制一首赋以"六合"为名,自谓绝伦,吟讽不辍。乃叹曰:"儒者劳而少工,见于斯矣。我读儒书二十余年而答策不第,始学作文,便得如是。"曾以此赋呈魏收,收谓人曰:"赋名六合,其愚已甚,及见其赋,又愚于名。"昼又撰《高才不遇传》三篇。在皇建、大宁之朝,又频上书,言亦切直,多非世要,终不见收采。自谓博物奇才,言好矜大,每云:"使我数十卷书行于后世,不易齐景之千驷也。"而容止舒缓,举动不伦,由是竟无仕进。天统中,卒于家,年五十二。其著《高才不遇传》四卷,见《隋书·经籍志》及本传。又《刘子》(一名《刘子新论》)十卷,《唐志》作刘勰撰,陈振孙、王应麟并云刘昼所作。马国翰辑有《周易刘昼义》一卷,《新论佚文》一卷,

[文献]《北齐书》卷四十四《儒林·刘昼传》,《北史》卷八十一《儒林·刘昼传》。

案:据《北齐书》,刘昼于天统中卒于家,姑系于此年。

8. 鲍季详卒

鲍季详,渤海人也。甚明《礼》,听其离文析句,自然大略可解。兼通《左氏春秋》,少时恒为李宝鼎都讲,后亦自有徒众,诸儒称之。天统中,卒于太学博士。

[文献]《北齐书》卷四十四《儒林·鲍季详传》。

案:据《北齐书》本传,鲍季详天统中卒,姑系于此年。

陈太建元年(北齐天统五年　北周天和四年)
公元 569 年

1. 北周武帝令道俗议三教优劣废立

三月十五日,周武帝如有德众僧、名儒、道士、文武百官二千余人,讨论儒、释、道三教之先后次第。周武帝以为三教之中,当"以儒教为先,佛教为后,道教最上,以出于无名之前,超于天地之表故也"。时议者纷纭,情见乖忤,不定而散。三月二十日,又集道俗讨论三教优劣。周武帝谓"儒教、道教,此国常遵。佛教后来,朕意不立。"各家对此自持一说,未能决断。四月初。又召集道俗讨论,必须极言陈理,无得面从。

[文献]《广弘明集》卷八《周灭佛法集道俗议事》,又可见释道宣《续高僧传》卷二三《释智炫传》:"周武帝废佛法,欲存道教,乃下诏集诸僧道士,试取优长者留,庸浅者废。于是诏华野高僧、方岳道士、千里外有妖术者,大集京师,于太极殿陈设高座,帝自躬临,敕道士先登。时有道士张宾,最为首长,登高唱言。"宋释志磐《佛祖统纪》卷三十八《法运通塞志》在建德二年下又载"二年二月,集百僚僧道论三教先后,以儒为先,道次之,释居后。诏群臣沙门道士于内殿博议三教。"

2. 顾越卒

顾越(493—569),字允南,吴郡盐官(今浙江海宁)人。南朝梁、陈儒家学者、大臣。少孤,以勤苦自立,聪慧善辩。家传儒学,并专门教授。曾与名儒周弘正、弘直同游。遍习群经,学兼经史。深明《毛诗》,特善《老》、

586

《庄》，尤其长于论难。解褐扬州议曹史，兼太子左率丞，补五经博士。绍泰元年(555)，迁国子博士。陈天嘉中，诏侍东宫读。华皎反叛时被免职。太建元年，卒于家，年七十七。顾越撰有《丧服》、《毛诗》、《老子》、《孝经》、《论语》等义疏四十余卷。又有诗、颂、碑、志、集、表二百余篇，多佚。以上可见于本传。严可均《全陈文》卷一五辑其《春宫辅弼未极时选疏》。

[文献]《南史》卷七十一《儒林·顾越传》，又见《陈书》卷三十三《儒林·顾越传》。

3. 沈洙卒

沈洙(518—569)，字弘道，吴兴郡武康人。祖休季，梁余杭令。父山卿，梁国子博士、中散大夫。洙少方雅好学，不妄交游。通《三礼》、《春秋左氏传》。精识强记，《五经》章句，诸子史书，问无不答。仕梁为尚书祠部郎，时年盖二十余。大同中，学者多涉猎文史，不为章句，而洙独积思经术，吴郡朱异、会稽贺琛甚嘉之。及异、琛于士林馆讲制旨义，常使洙为都讲。侯景之乱，洙窜于临安。时陈文帝在焉，亲就习业。及陈武帝入辅，除国子博士，与沈文阿同掌仪礼。武帝受禅，加员外散骑常侍，位扬州别驾从事史，大匠卿。文帝即位，累迁光禄卿，侍东宫读。废帝嗣位，历尚书左丞，衡阳王长史，行府国事。兼带琅邪、彭城二郡丞。太建元年卒，时年五十二。沈洙积思于经术，曾到朱异、贺琛士林馆讲制旨义，沈洙常为主讲者。治《三礼》、《春秋左氏传》。

[文献]《陈书》卷三十三《儒林·沈洙传》，又见《南史》卷七十一《儒林·沈洙传》。

太建二年（北周天和五年　北齐武平元年）公元 570 年

1. 魏收等修订《五礼》

武平初年，朝廷命修订《五礼》，预事者当有魏收、薛道衡、赵彦深、和士开、徐之才、阳休之、熊安生、马敬德、权会等。

[文献]《隋书》卷五七《薛道衡转》："武平初，诏与诸儒修定《五礼》，（薛道衡）除尚书左外兵郎。"《隋书》卷五八《魏澹传》："寻与尚书左仆射魏收、吏部尚书阳休之、国子博士熊安生同修《五礼》。"《北齐书》卷三七《魏收传》："掌诏诰，除尚书右仆射，总议监五礼事，位特进。收奏请赵彦深、和士开、徐之才共监。先以告士开，士开惊辞以不学。收曰：'天下事皆由王，五礼非王不决。'士开谢而许之。多引文士令执笔，儒者马敬德、熊安生、权会实主之"。

2. 马敬德卒

马敬德，河间人。少好儒术，负笈随大儒徐遵明学《诗》、《礼》，略通大义而不能精。遂留意于《春秋左氏》，沉思研求，昼夜不倦，解义为诸儒所称。教授于燕、赵间，生徒随之者众。河间郡王每于教学追之，将举为孝廉，固辞不就。乃诣州求举秀才。举秀才例取文士，州将以其纯儒，无意推荐。敬德请试方略，乃策问之，所答五条，皆有文理。乃欣然举送至京。依秀才策问，唯得中第，乃请试经业，问十条并通。擢授国子助教，迁太学博士。天统初，除国子博士。世祖为后主择师傅，赵彦深进之，入为侍讲。

588

其妻梦猛兽将来向之，敬德走超丛棘，妻伏地不敢动。敬德占之曰："吾当得大官。超棘，过九卿也。尔伏地，夫人也。"后主既不好学，敬德侍讲甚疏，时时以《春秋》入授。武平初，犹以师傅之恩，超拜国子祭酒，加仪同三司、金紫光禄大夫，领瀛州大中正，卒。

[文献]《北齐书》卷四十四《儒林·马敬德传》,《北史》卷八十一《儒林·马敬德传》。

案：马敬德生卒年不详。据本传，武平初拜国子祭酒，领瀛州大中正，旋卒。姑系其卒年于武平初年。

3. 张思伯为国子博士

张思伯，河间乐城人也。善说《左氏传》，为马敬德之次。撰《刊例》十卷，行于时，亦治《毛诗》章句，以二经教齐安王廓。武平初，国子博士。

[文献]《北齐书》卷四十四《儒林·张思伯传》,《北史》卷八十一《儒林·张思伯传》。

案：张思伯生卒事迹不详。据本传，武平初为子博士，姑将其系于是年。

4. 张奉礼善《三传》

又有长乐张奉礼，善《三传》，与思伯齐名。位国子助教。

[文献]《北史》卷八十一《儒林·张思伯传》。

案：张奉礼史书无传，据《北史》，与思伯齐名，故系年于此。

太建三年(北齐武平二年)　公元 571 年

1. 卫元嵩撰《元包》

卫元嵩,生卒年不详,北周蜀郡(今四川成都)人。年少时为沙弥,后还俗。明阴阳历算,预言世事。不信佛教,曾与道士张宾进言废毁寺院及僧尼,北周武帝时代的排佛论者。后不知所终。仿照西汉扬雄《太玄经》,著《元包》一书十卷,以闻明对《易》理之研究心得。此书现存 5 卷,列入《四库全书》子部术数类。另著有《三易同论》、《易论》、《齐三教论》七卷以及《千言诗》等,惜皆亡佚。

［文献］《北史》卷八九《艺术上》:"又有蜀郡卫元嵩者,亦好言将来事,盖江左宝志之流。天和中,送著诗,预论周隋废兴及皇家受命,并有征验。尤不信释教,尝上疏极论之。"《周书》卷四七略同。温大雅《创业起居注》卷三载有卫元嵩诗。事又见《佛祖统纪》卷四二、《广弘明集》卷七。

案:《北史》记天和中,卫元嵩曾著诗预论周隋废兴事,故当为周隋之际人。姑置于此年。

2. 周以沈重为露门博士

天和中,复于紫极殿讲三教义。朝士、儒生、桑门、道士至者二千余人。重辞义优洽,枢机明辩。凡所解释,咸为诸儒所推。六年,授骠骑大将军、开府仪同三司、露门博士。仍于露门馆为皇太子讲论。

［文献］《周书》卷四五《儒林·沈重传》。

太建四年(北周建德元年　北齐武平三年)
公元 572 年

1. 北周樊深表乞骸骨

樊深,字文深,生年不详,河东猗氏(今山西临猗县)人。北朝儒学家。樊深少年丧母,弱冠好学,负书从师于河西,讲习五经,昼夜不倦。魏永安中,随军征讨,以功累迁伏波、征虏将军,授中散大夫。宇文泰雅好儒术,开馆置学,以经学教授诸将子弟,聘樊深为博士,后又升为国子博士。周武帝建德元年,樊深表乞骸骨,诏许之。深以老告官,随后病死(约 573—578)。深经学通赡,解书时多引汉魏以来诸家学说,听者不能晓悟,以其"樊生讲书,多门户,不可解"。而儒者推其博物,深既专经。讷于辞辩,故不为当时所称。深撰有《孝经问疑》一卷,见《周书·樊深传》。《丧服问疑》一卷,《隋书·经籍志》云"《丧服疑问》一卷,樊氏撰。"又见于《周书》。《五经大义》十卷,《隋书·经籍志》云:"后周县伯中大夫樊文深撰。"《七经义纲》二十九卷,见《隋书·经籍志》,《周书》著录《义纲略论》并《目录》三十一卷。《七经论》三卷,见《隋书·经籍志》。《周书》著录《七经异同说》三卷。《质疑》五卷,见《隋书·经籍志》。《玉函山房辑佚书》辑其《七经义纲》一卷。

[文献]《北史》卷八二《儒林列传·樊深传》,《周书》卷四五《樊深传》。

案:樊深生卒年无确切记载,依其表乞骸骨以老告官后卒,故暂系于此。

2. 北齐修《修文殿御览》

武平三年二月庚寅，敕撰《玄洲苑御览》，后改名《圣寿堂御览》。八月，《圣寿堂御览》三百六十卷成，敕付史阁，后改为《修文殿御览》。这是一部类书，分门别类地编排有关资料，以便检寻采用。建修人祖珽，监修人阳休之、魏收、张雕等。该书与梁天监十五年(516)徐勉、徐僧权等人编写的《华林遍略》，均属继《皇览》之后魏晋南北朝时期的重要类书。《旧唐书·经籍志》、《新唐书·艺文志》、《宋史·艺文志》均著录三百六十卷，惜亡佚。

[文献]《北齐书》卷八《后主纪》、《文苑传》序，《北史》卷八十三《文苑传》序，《太平御览》卷六百一引《三国典略》。

3. 元熙以《孝经》入授皇太子

元熙字长明，少传父业，兼事文藻。以父故，自青州集曹参军超迁通直侍郎，待诏文林馆，转正员。武平中，皇太子将讲《孝经》，有司请择师友，帝曰："马元熙朕师之子，文学不恶，可令教儿。"于是以《孝经》入授皇太子，儒者荣其世载。性和厚，在内甚得名誉，皇太子亦亲敬之。隋开皇中，卒于秦王文学。

[文献]《北齐书》卷四十四《儒林·元熙传》，《北史》卷八十一《儒林·元熙传》。

案：元熙生卒事迹不详，据本传，武平中，入授皇太子，姑系于是年。

4. 石曜为黎阳郡守

石曜，字白曜，中山安喜(今河北安国)人，亦以儒学进。居官至清俭。武平中黎阳郡守，值斛律武都出为兖州刺史，武都即丞相咸阳王世子，皇后之兄，性甚贪暴。先过卫县，令丞以下聚敛绢数千匹以遗之。及至黎阳，令左右讽动曜及郡治下县官。曜手持一缣而谓武都曰："此是老石机杼，聊以奉赠。自此来并须出于吏民，吏民之物，一毫不敢辄犯。"武都亦知曜清素纯儒,笑而不责。著《石子》十卷,言甚浅俗。后终于谯州刺史。此外行事史阙焉。

[文献]《北齐书》卷四十四《儒林·石曜传》,又《北史》卷八十一《儒林上·石曜传》。

案:石曜生卒年不详,姑将其事迹系于武平中任黎阳郡守之年。

太建五年(北周建德二年　北齐武平四年)
公元573年

1.周武帝召集道俗辨释三教次序

建德二年十二月癸已,周集群臣及沙门、道士等,周主升高座,辨释三教先后。以儒教为先,道教为次,佛教为后。

［文献］《周书》卷五《武帝纪》,又见《北史》卷一〇《周本纪下》、《续高僧传》之《僧勔传》、《静蔼传》等。

2.北齐张雕卒

张雕(519—573),中山北平(今河北满城县)人,北齐儒生。家世贫贱,而慷慨有志节。雅好古学,不远千里,负箧从师,遍通五经,尤明《三传》。弟子远方就业者以百数。诸儒服其强辨。起家珍寇将军,稍迁太尉长流参军、定州主簿。天保中,为永安王府参军事。乾明初,除国子博士。世祖即位,以旧恩除通直散骑侍郎。琅邪王俨求博士精儒学,有司以雕应选,时号得人。寻为泾州刺史。后与张景仁并被尊礼,同入华光殿,共读《春秋》,号"二张博士"。加国子祭酒,假仪同三司,待诏文林馆。张雕对时政勇于直言,无所回避。北齐后主武平四年十月,张雕因韩长鸾进谗被诛,时年五十五。

［文献］《北齐书》卷四十四《儒林列传》:"长鸾等虑其干政不已,阴图之。……歔欷流涕,俯而就戮,侍卫左右莫不怜而壮之。时年五十五。"《北史》卷八一《儒林列传》略同。《隋书》卷二一《天文志》:"其四年十月,

陈将吴明彻寇彭城,右仆射崔季舒,国子祭酒张雕,黄门裴泽、郭遵,尚书左丞封孝琰等,谏车驾不宜北幸并州。帝怒,并诛之,内外兵丧之应也。"

案:《北齐书·校勘记》:"张雕《北史》卷八一作'张雕武',《序》作'张雕';本书卷八《后主纪》(补)武平四年十月作'张雕虎',《通志》卷一六《齐本纪》作'張雕虎'。钱氏《考异》卷三一、卷四〇都有说。其人本名雕虎,本书和《北史》避唐讳或去'虎'字,或改'虎'作'武'。其作'雕虎'者后人所改。"

3. 郭遵卒

郭遵者,钜鹿人也。齐文宣为太原公时,为国常侍。帝家人有盖丰洛者,典知家务,号曰盖将。遵因其处分,曾抗拒,为高德正所贵。齐受禅,由是擢为主书,专令访察。中书舍人朱谓为钜鹿太守,遵为弟子求官,谓启文宣,鞭之二百,付京畿。久之,除并省尚书都令史、建州别驾。会韩长鸾父永兴为刺史,因此遂相参附。后擢为黄门侍郎,被诛。遵出自贱微,易为盈满。宫门逢诸贵,辄呼姓字,语言布置,极为轻率。尝于宫门牵韩长鸾,辞曰:"王在得言。主上纵放如此,曾不规谏,何名大臣?"长鸾嫌其率尔,便掣手而去,由是不加援,故及于祸。

[文献]《北史》卷八十一《儒林·郭遵传》。

案:郭遵与张雕同年被诛,故系于此。

4. 北齐诏史官撰《魏书》

五月丙子,齐主以魏收已卒,诏中书监阳休之裁正其所撰《魏书》。休之以叙其家事稍美,且寡才学浅,淹延岁时,竟不措手,惟削去嫡庶一百余人。

[文献]《北齐书》卷八《帝纪第八》,《册府元龟》卷五六二。

5. 张景仁封建安王

张景仁,济北人。幼孤家贫,以学书为业,遂工草隶,选补内书生。与魏郡姚元标、颍川韩毅、同郡袁买奴、荥阳李超等齐名,世宗并引为宾客。天保八年,敕授太原王绍德书,除开府参军。后主在东宫,世祖选善书人性行淳谨者令侍书,景仁遂被引擢。小心恭慎,后主爱之,呼为博士。历太子门大夫、员外散骑常侍、谏议大夫。迁假仪同三司,银青光禄大夫,食恒山县干。车驾或有行幸,在道宿处,每送步障为遮风寒。进位仪同三司、寻加开府,侍书、余官并如故。每旦须参,即在东宫停止。及立文林馆,中人邓长颙希旨,奏令总制馆事,除侍中。四年,封建安王。洪珍死后,长颙犹存旧款,更相弥缝,得无坠退。除中书监,以疾卒。赠侍中、齐济等五州刺史、司空公。

[文献]《北齐书》卷四十四《儒林·张景仁传》,《北史》卷八十一《儒林·张景仁传》。

案:张景仁生卒年不详。姑将其事迹系于封建安王之年。

太建六年(北周建德三年　北齐武平五年)
公元 574 年

1. 周弘正卒

周弘正(496—574),字思行。汝南安城(今河南汝南县)人。南朝经学家,大臣。幼孤,为叔父周舍所养。年十岁,通《老子》、《周易》、《庄子》,善清谈。年十五,召补国子生,于国学讲《周易》,诸生传习其义。累迁国子博士。时于城西立士林馆,弘正居以讲授,听者倾朝野。陈太建五年,授尚书右仆射,祭酒。寻敕侍东宫讲《论语》、《孝经》。弘正特善玄言,兼明佛典,虽硕学名僧,莫不请质疑滞。太建六年(574)卒,时年七十九。周弘正儒学著述主要有《周易讲疏》十六卷,见本传,《隋书·经籍志》作《周易义疏》十六卷,约唐代散佚。《论语疏》十一卷,见本传。《孝经疏》两卷,《隋书·经籍志》作《孝经私记》。陆德明《经典释文·序录》著录其《易义》。马国翰《玉函山房辑佚书》辑有《周易周氏义疏》一卷,黄奭《汉学堂丛书》亦有辑本一卷。

[文献]《陈书》卷二四《周弘正传》:"六年,卒于官,时年七十九。诏曰:'追远褒德,抑有恒规。故尚书右仆射、领国子祭酒、豫州大中正弘正,识宇凝深,艺业通备,辞林义府,国老民宗,道映庠门,望高礼阁,卒然殂殒,朕用恻然。可赠侍中、中书监,丧事所须,量加资给。'便出临哭。谥曰简子。"又见《南史》卷三四《周弘正传》,同书卷八〇《侯景传》:"景祖名乙羽周。及篡以周为庙讳,故改周弘正、石珍姓姬焉。"

案:关于周弘正的年龄,《南史》、《陈书》本传皆谓太建六年卒,年七十九。唐许嵩《建康实录》卷二〇则谓卒时年六十,则应生于梁天监十四年

(515)。今从《南史》、《陈书》所载,卒年七十九。由此推其生于南齐建武三年(496)。

2.孔颖达生

孔颖达(574—648),字仲远(新、旧《唐书》本传作仲达,此据《新唐书·宰相世系表》),冀州衡水(今河北)人。唐初经学家。卒于唐贞观二十二年(648),年七十五,由此推知其生于是年。

[文献]《旧唐书》卷七十三《孔颖达传》:"孔颖达字仲达,冀州衡水人也。祖硕,后魏南台丞。父安,齐青州法曹参军。颖达八岁就学,日诵千余言。及长,尤明《左氏传》、《郑氏尚书》、《王氏易》、《毛诗》、《礼记》,兼善算历,解属文……(唐贞观)二十二年卒,陪葬昭陵,赠太常卿,谥曰宪。"《全唐文》卷一百四十五有于志宁《大唐故太子右庶子银青光禄大夫国子祭酒上护军曲阜宪公孔公碑铭》:"(孔颖达)薨于万年县平康里第,春秋七十有五。"明赵山《石墨镌华》卷二:"碑半没土中,年寿字半泐,隐隐可读,云:'贞观二十二年六月十八日,薨,春秋七十五。'"

太建七年(北周建德四年　北齐武平六年)
公元 575 年

1.北齐章仇子陀上疏请废佛法

章仇子陀,魏郡人。齐武平中为儒林学士。于时崇重佛法,造制穷极。凡厥良沃,悉为僧有。倾竭府藏,充佛福田,俗士不及。子陀微宦,固非所幸,乃上疏陈曰:"帝王上事昊天,下字黎庶,君臣夫妇,纲纪有本。自魏晋已来,胡妖乱华,背君叛父,不妻不夫。而奸荡奢侈,控御威福,坐受加敬,轻欺士俗。妃主昼入僧房,子弟夜宿尼室。"又云:"臣不惶不恐,不避鼎镬,辄沐浴舆榇,奉表以闻。"有十余纸。书奏,帝震怒,欲杀之。高那肱曰:"此汉觅名欲得死,陛下若斫伊头,落汉术内。可长禁,令自死。"从之。经二年,周武平齐,出之。隋初犹存,不测其终。

[文献]《大正藏》第五十二卷《史传部四·广弘明集》卷第七。

2.龚孟舒卒

时有东阳龚孟舒者,亦治《毛氏诗》,善谈名理。梁武世,仕至寻阳郡丞,元帝在江州,遇之甚重,躬师事焉。承圣中,兼中书舍人。天嘉初,除员外散骑常侍,兼国子助教、太中大夫。太建中卒。

[文献]《陈书》卷三十三《龚孟舒传》。

案:龚孟舒生卒具体时间不详,据本传:"太建中卒。"姑系于是年。

3. 鲍长暄为丞相掾

鲍季详从弟长暄,兼通《礼传》。武平末,为任城王湝丞相掾,恒在京教授贵游子弟。齐亡后,归乡里讲经,卒于家。

[文献]《北齐书》卷四十四《儒林·鲍季详传》。

案:鲍长暄生卒事迹不详,姑系其事于任丞相掾之年。

太建八年(北周建德五年 北齐隆化元年)
公元 576 年

权会注《易》

权会(约 497—约 572),字正理,河间鄚(今河北任丘市)人。北朝齐学者。志尚沉雅,动遵礼则。少受郑《易》,探赜索隐,妙尽幽微,《诗》《书》《三礼》,文义该洽,兼明风角,妙识玄象。魏武定初,本郡贡孝廉,策居上第,解褐四门博士。性甚儒懦,似不能言,及临机答难,酬报如响。动必稽古,辞不虚发,由是为儒宗所推。而贵游子弟慕其德义者,或就其宅,或寄宿邻家,昼夜承间,受其学业。会欣然演说,未尝懈怠。虽明风角,解玄象,至于私室,辄不及言,学徒有请问者,终无所说。每云:"此学可知不可言。诸君并贵游子弟,不由此进,何烦问也。"会唯有一子,亦不以此术教之,其谨密也如此。每为人占筮,小大必中。但用爻辞、象象以辩吉凶,《易》占之属,都不经口。武平年,自府还第,在路无故马倒,乃不得语,因尔暴亡,时年七十六。权会注《易》一部,行于世。会生平畏马,位望所至,不得不乘,果以此终。注《易》一部,行于世,见《北齐书》。又《经义考》卷十三:"权氏会《周易注》。佚。"

[文献]《北齐书》卷四十四《儒林列传》,《北史》卷八十一《儒林·权会传》。

案:关于其卒年,本传只载北齐后主武平年卒,年七十六,故将其事系于武平末年。

太建九年(北周建德六年　北齐承光元年)
公元 577 年

1. 杜台卿以《礼记》、《春秋》讲授子弟

　　杜台卿,字少山,博陵曲阳人,生年不详,约卒于隋文帝开皇十七年。少好学,解属文。仕齐为奉朝请,历官中书黄门侍郎。性儒素,每以雅道自居。及周武帝平齐,隐于乡里,以《礼记》、《春秋》讲授子弟。隋开皇初,被征入朝。请修国史,拜著作郎。十四年(574)上表请致仕,敕以本官还第。数载,终于家。著有文集十五卷、《齐记》二十卷,并行于世。

　　[文献]《隋书》卷五八《杜台卿传》。

2. 熊安生参议五礼

　　(周)高祖重视学术,尊重儒家。及高祖入邺城,驾临熊安生家,又诏令随驾入朝。到了京城,高祖命熊安生在大乘佛寺参与讨论五礼。

　　[文献]《周书》卷四五《熊安生传》。

3. 沈重至后梁

　　建德末,重自以入朝既久,且年过时制,表请还梁。高祖优诏答之曰:"开府汉南杞梓,每轸虚衿;江东竹箭,亟疲延首。故束帛聘申,蒲轮徵伏。加以梁朝旧齿,结绶三世,沐浴荣光,祇承宠渥,不忘恋本,深足嘉尚。而楚材晋用,岂无先哲。方事求贤,义乖来肃。"重固请,乃许焉。遣小司门

上士杨汪送之。梁主萧岿拜重散骑常侍、太常卿。

　　[文献]《周书》卷四五《儒林・沈重传》。

太建十年（北周宣政元年） 公元 578 年

熊安生卒

熊安生（约 488—578），北朝著名经学家，北学代表人物之一。少好学。初从陈达习《三礼》，后师事徐遵明。东魏天平中，受《礼》于李宝鼎。遂博通五经。然专以《三礼》教授。弟子自远方至者千余人。北齐时，任国子博士。后入北周，武帝宣政元年（公元 578 年），拜露门学博士，下大夫。其时年已八十余，寻致仕，卒于家。熊安生撰有《周礼义疏》二十卷、《礼记义疏》四十卷、《孝经义疏》一卷，并行于世。《旧唐书·经籍志》、《经义考》皆有著录。昔皆亡佚。马国翰《玉函山房辑佚书》辑其《礼记熊氏义疏》四卷。

[文献]《北史》卷八十二《熊安生传》，又见《周书》卷四五《儒林列传》，《北史》卷八一《儒林传序》："及定山东，降至尊而劳万乘，待熊安生以殊礼。是以天下慕向，文教远覃。衣儒者之服，挟先王之道，开黉舍延学徒者比肩；励从师之志，守专门炎业，辞亲戚甘勤苦者成市。虽通儒盛业，不逮魏、晋之臣，而风移俗变，抑亦近代之美也。"周武帝待熊安生礼遇如此，儒学兴盛。

案：熊安生生年不详，钱大昕《疑年录》卷一："植之卒于周宣政元年戊戌。计其生年当在后魏太和中。"

太建十一年（北周大成元年）　公元 579 年

1.陈皇太子幸太学,命徐伯阳为《辟雍颂》

十一年春,皇太子幸太学,诏新安王于辟雍发《论语》题,仍命伯阳为《辟雍颂》,甚见嘉赏。除镇右新安王府谘议参军事。

[文献]《陈书》卷《徐伯阳传》。

2.周徙邺城石经于洛阳

(大象元年)辛卯,诏徙邺城石经于洛阳。

[文献]《周书》卷七《宣帝纪》。

3.乐逊为露门博士

大象初,(乐逊)进爵崇业郡公,增邑通前二千户,又为露门博士。

[文献]《周书》卷四十五《乐逊传》。

太建十二年（北周大象二年）　公元 580 年

1. 魏徵生

魏徵（580—643）字玄成，唐魏州曲城（今河北馆陶）人。唐初政治家、思想家、文学家和史学家，辅佐唐太宗创建"贞观之治"大业，被誉为"一代名相"。贞观十七年（643）卒，年 64 岁，逆推知其生于是年。著有《隋书》序论，《梁书》、《陈书》、《齐书》的总论等。主编《群书治要》。其言论多见《贞观政要》，其中最著名的当属《谏太宗十思疏》。

[文献]《新唐书》卷九九《魏徵传》，《旧唐书》卷三《太宗纪》。

案：钱保塘《历代名人生卒录》谓徵"贞观十六年薨，六十四。吴谱作十七年正月。"今从新旧《唐书》。

2. 沈不害卒

沈不害（518—580），字孝和，南朝陈武康（今浙江德清）人。祖总，齐尚书祠部郎。父懿，梁邵陵王参军。不害幼孤，而修立好学。十四召补国子生，举明经。累迁梁太学博士。转庐陵王府刑狱参军，长沙王府谘议，带汝南令。天嘉初，除衡阳王府中记室参军，兼嘉德殿学士。自梁季丧乱，至是国学未立，不害上书请立国学。又表改定乐章，诏使制三朝乐歌八首，合二十八曲，行之乐府。五年，除赣令。入为尚书仪曹郎，迁国子博士，领羽林监，敕治五礼，掌策文谥议。太建中，除仁武南康嗣王府长史，行丹阳郡事。转员外散骑常侍、光禄卿。寻为戎昭将军、明威武陵王长史，行吴兴郡事。俄入为通直散骑常侍，兼尚书左丞。十二年卒，时年六十三。不害治经术，善属文，虽博综坟典，而家无卷轴。每制文，操笔立成,曾无寻检。仆射汝南周弘正常称之曰:"沈生可谓意圣人乎!"著治《五礼仪》一百卷,《文集》十四卷。

[文献]《陈书》卷三十三《沈不害传》。

太建十三年(北周大定元年 隋开皇元年) 公元 581 年

1. 戚衮卒

　　戚衮(519—581),字公文,吴郡盐官(今浙江海宁)人。梁陈时名儒。少年时聪敏有智慧,曾游学京都,受《三礼》于国子助教刘文绍。年十九,梁武帝救策《孔子正言》并《周礼》、《礼记》义,表对高第,除扬州祭酒从事史,后兼太学博士。简文帝在东宫时,曾召他去讲论儒学,并集玄儒之士与之质难,再令中庶子徐摛发挥大义,戚衮神采自若,对答如流。不久,封员外散骑侍郎,又迁员外散骑常侍。于梁代曾撰有《三礼义记》、《礼记义》四十卷行于世。时值世乱而亡佚。马国翰辑佚有《周礼音》一卷。太建十三年卒,时年六十三。

　　[文献]《陈书》卷三十三《儒林列传》,《南史》卷七十一《儒林列传》略同。

2. 顾野王卒

　　顾野王(519—581),字希冯,吴郡吴(今江苏苏州市)人。七岁读五经,略知大旨,九岁能属文,尝制《日赋》。年十二,随父至建安,撰《建安地记》二篇。长而遍观经史,天文地理、书龟占候、虫篆奇字,无所不通。尤以儒学知名。陈太建二年,迁国子博士。太建六年,除太子率更令,寻领大著作,掌国史,知梁史事,兼东宫通事舍人,太建十三年卒。时年六十三。据本传载,其撰著有《玉篇》三十卷,《舆地志》三十卷,《符瑞图》十卷,

《顾氏谱传》十卷,《分野枢要》一卷,《续洞冥纪》一卷,《玄象表》一卷。又撰《通史要略》一百卷,《国史纪传》二百卷,未就而卒。有文集二十卷。其著大多散佚。《隋书·经籍志》有《陈书》三卷。

[文献]《陈书》卷三十《顾野王传》,《南史》卷六十九《顾野王传》。

案:关于顾野王卒年说法不一。《陈书》卷三十《顾野王传》载太建十三年(581)卒,《南史》卷六九《顾野王传》载太建中,许嵩《建康实录》卷二十载太建十二年庚子六月卒,时年六十二岁。近人郑师许《顾野王年谱》记天监十八年(519)生,太建十三年(581)卒,年六十三岁。[①] 刘学智等《中国学术思想编年·魏晋南北朝卷》录其卒年为太建十三年,今从之。

3. 郑灼卒

郑灼(514—581),字茂昭,东阳信安(今浙江衢州市)人。祖惠,梁衡阳太守。父季徽,通直散骑侍郎、建安令。灼幼而聪敏,励志儒学,少受业于皇侃。梁中大通五年,释褐奉朝请。累迁员外散骑侍郎、给事中、安东临川王府记室参军,转平西邵陵王府记室。简文在东宫,雅爱经术,引灼为西省义学士。承圣中,除通直散骑侍郎,兼国子博士。寻为威戎将军,兼中书通事舍人。高祖、世祖之世,历安东临川、镇北鄱阳二王府谘议参军,累迁中散大夫,以本职兼国子博士。未拜,太建十三年卒,时年六十八。灼性精勤,尤明《三礼》。少时尝梦与皇侃遇于途,侃谓灼曰"郑郎开口",侃因唾灼口中,自后义理逾进。灼家贫,抄义疏以日继夜,笔毫尽,每削用之。灼常蔬食,讲授多苦心热,若瓜时,辄偃卧以瓜镇心,起便诵读,其笃志如此。

[文献]《陈书》卷三三《儒林列传·郑灼传》,又见《南史》卷七一《儒林列传》。

4. 乐逊卒

乐逊(500—581),字遵贤,北周时河东猗氏(今山西临猗县)人。北朝

---

① 郑师许:《顾野王年谱》,载《玉篇研究》,《学术世界》1935 年第 1 卷第 4 期。

著名儒家学者。年在幼童，便有成人之操。弱冠，为郡主簿。魏正光中，闻硕儒徐遵明领徒赵、魏，乃就学《孝经》、《丧服》、《论语》、《诗》、《书》、《礼》、《易》、《左氏春秋》大义。北魏永安年间(529)，初任安西(今甘肃敦煌)府长流参军。西魏大统七年(541)，为子都督。大统十六年(550)以后相继任建忠将军，左中郎将，辅国将军，中散大夫，都督。西魏废帝二年(553)，乐逊为宇文泰子弟讲授《孝经》、《论语》、《毛诗》以及服虔所注的《春秋左氏传》。后历任太学助教、秋官府上士、大学博士、小师氏下大夫。北周皇子对乐逊"并束修行弟子之礼"。后任主簿，加封车骑将军，左光禄大夫。北周保定二年(562)，任伯中大夫，授骠骑大将军、大都督。保定四年(564)，为车骑大将军。天和五年(570)，任湖州刺史(今浙江吴兴)。数年后拜任皇太子谏议。宣政元年(578)，进位上仪同大将军。大象初年(579)，进爵崇业郡公。大象二年(580)进位开府仪同三司大将军，出任汾阴郡守。同年，改任扬州刺史，时年已八旬，告老还乡。隋开皇元年卒于家，年八十二。乐逊"立身以忠信为奉，不自矜尚。"仕官忠于职守，"儒者以为荣"。他精通六艺，对《春秋左氏传》有较深的研究。著有《孝经》、《论语》、《毛诗》、《左氏春秋序论》十余篇，均散佚。《经义考》卷二百二十三："乐氏逊《孝经序论》。佚。"

[文献]《周书》卷四十五《儒林列传》。

5. 萧大圜卒

萧大圜(？—约581)，字仁显，南兰陵(今常州西北)人。北朝周、隋间学者、文学家，南朝梁简文帝之子。年四岁，能诵《三都赋》及《孝经》、《论语》。梁大宝元年，封乐梁部王。侯景之乱后，寓于江陵，以读书为业。隋开皇初，拜内史侍郎。出为西河郡守，寻卒。撰《梁旧事》三十卷、《寓记》三卷、《士丧仪注》五卷、《要决》二卷、文集二十卷，今并佚。清严可均《全上古三代秦汉三国六朝文》有辑文。

[文献]《周书》卷四二《萧大圜传》："萧大圜，字仁显，梁简文帝之子也。幼而聪敏，神情俊悟。年四岁，能诵《三都赋》及《孝经》、《论语》。七岁居母丧，便有成人之性。……隋开皇初，拜内史侍郎，出为西河郡守。寻卒。"

6. 刘炫奉敕修史

刘炫(约546—约613),字光伯。河间景城(今河北献县东北)人。隋经学家。刘献之的三传弟子。开皇(581—600)中,奉敕修史。后与诸儒修定五礼,授旅骑尉。旋任太学博士。卒于隋末,门人谥为宣德先生。刘炫著有《论语述议》十卷,《春秋攻昧》十卷、《五经正名》十二卷、《孝经述议》五卷、《春秋述议》四十卷、《尚书述议》二十卷、《毛诗述议》四十卷、注《诗序》一卷等,见本传及《隋书·经籍志》,可惜大部失传。他相信伪《尚书孔氏传》,并伪造《连山易》、《鲁史记》等;他提出《春秋》规过之论,对后世影响大。所撰《尚书述义》,清马国翰《玉函山房辑佚书》有辑本。

[文献]《隋书》卷七十五《刘炫传》。

7. 何妥除国子博士

何妥,字栖风,西城人也。父细脚胡,通商入蜀,遂家郫县。妥少机警,十七,以伎巧事湘东王。江陵平,入周,仕为太学博士。文帝受禅,除国子博士,加通直散骑常侍,进爵为公。妥姓劲急,有口才,好是非人物。纳言苏威尝言于上曰:"臣先人每诫臣云:唯读《孝经》一卷,足可立身经国,何用多为?"上亦然之。妥进曰:"苏威所学,非止《孝经》。厥父若信有此言,威不从训,是其孝;若无此言,面欺陛下,是其不诚。不诚不孝,何以事君?且夫子又云:'不读《诗》无以言,不读《礼》无以立。'岂容苏绰教子,独反圣人之训乎?"威时兼领五职,上甚亲重之。妥因奏威不可信任。又以掌天文律度,皆不称职,妥上八事以谏。其后,上令妥考定钟律。妥又上表,书奏,别敕太常,取妥节度。于是作清、平、瑟三调声,又作八佾《鞞》、《铎》、《巾》、《拂》四舞。先是太常所传宗庙雅乐,历数十年,唯作大吕,废黄钟。妥又深乖古意,乃奏请用黄钟。诏下公卿议,从之。俄而子蔚为秘书郎。有罪当刑,上哀之,减死论。是后恩礼渐薄。六年,出为龙州刺史。时有负笈游学者,妥皆为讲说教授之。又为《刺史箴》,勒于州门外。在职三年,以疾请还,诏许之。复知学事。除伊州刺史,不行。寻为国子祭酒,卒官。谥曰肃。何妥儒学著述有:《周易讲疏》十三卷、《孝经义疏》二卷、《庄子义疏》四卷,《五经大义》五卷,与沈重等撰《三十六科鬼神感应等大义》九卷、《封禅书》一卷、《乐要》一卷,以上并见《隋书·经籍志》。《周易讲疏》隋唐志皆有著录。《隋书·经籍志》载有:"《周易讲疏》十三卷,国子祭酒何晏撰。""晏"疑为"妥"字之误。清儒马国翰考辨云:"考魏何晏官至吏部尚书,《隋书·经籍志》集部题魏尚书何晏集十一卷。兹题国子祭酒,乃隋何妥之官号,且书名、卷数,并与妥传不殊,而次序又在陈周弘正之下,不著代者,以妥为隋人也。《志》偶误'妥'为'晏'。《册府元龟》遂云何晏撰《周易私记》二十卷。《周易讲疏》十三卷,朱太史彝尊信之,载入《经义考》,展转承讹,失而愈远矣。"(《玉函山房辑佚书·易类》)此书久佚。马国翰据孔颖达《周易正义》中的"何氏"注及李鼎祚《周易集解》中的"何妥注"辑为一卷《何妥周易讲疏》。

[文献]《北史》卷八十二《儒林传下·何妥传》。

案:何妥生卒年无所考,故将其事迹置于除国子博士之年。

8. 辛彦之与牛弘撰《新礼》

辛彦之,陇西狄道人也。祖世叙,魏凉州刺史。父灵补,周渭州刺史。彦之九岁而孤,不交非类。博涉经史,与天水牛弘同志好学。后入关,遂家京兆。周文引为中外府礼曹。时国家草创,朝贵多出武人,修定仪注,唯彦之而已。寻拜中书侍郎。及周闵帝受禅,彦之与小宗伯卢辩,专掌仪制。历典祀、太祝、乐部、御正四曹大夫,开府仪同三司,封五原郡公。宣帝即位,拜小宗伯。时帝立五皇后,彦之切谏,由是忤旨,免官。隋文帝受禅,除太常少卿,改封任城郡公,进位开府。历国子祭酒、礼部尚书。与秘书监牛弘撰《新礼》。帝尝令彦之与沈重论议,重不能抗。后除随州刺史。迁潞州刺史,前后俱有惠政。开皇十一年,州人张元暴死,数日乃苏。云游天上,见新构一堂,制极崇丽。元问其故,云潞州刺史辛彦之有功德,造此堂以待之。彦之闻而不悦。其年卒,谥曰宣。彦之撰《坟典》一部、《六官》一部、《祝文》一部、《礼要》一部、《新礼》一部、《五经异义》一部,并行于世。

[文献]《北史》卷八十二《儒林下·辛彦之传》。

案:辛彦之生年不详,卒于隋开皇十一年(591),姑将其事迹系于此。

9. 萧该拜国子博士

萧该,兰陵人。梁鄱阳王恢之孙,少封攸侯。荆州平,与何妥同至长安。性笃学,《诗》、《书》、《春秋》、《礼记》并通大义,尤精《汉书》,甚为贵游所礼。开皇初,赐爵山阴县公,拜国子博士。奉诏与妥正定经史。然各执所见,递相是非,久而不能就。上谴而罢之。该后撰《汉书》及《文选音义》,咸为当时所贵。

〔文献〕《北史》卷八十二《儒林下·辛彦之传》。

案:萧该生卒史书无载,据本传,隋开皇元年拜国子博士,姑系于是年。

10. 房晖远迁太常博士

房晖远,字崇儒,恒山真定人也。世传儒学。晖远幼有志行,明《三礼》、《春秋三传》、《诗》、《书》、《周易》,兼善图纬。恒以教授为务,远方负笈而从者,动以千计。齐南阳王绰为定州刺史,闻其名,召为博士。周武帝平齐,搜访儒俊,晖远首应辟命,授小学下士。隋文帝受禅,迁太常博士。太常卿牛弘每称为《五经》库。吏部尚书韦世康荐之,迁太学博士。寻与沛公郑译修正乐章。后复为太常博士,未几擢为国子博士。仁寿中,卒官,

〔文献〕《北史》卷八十二《儒林下·房晖远传》。

案:房晖远生卒年史书无载,姑系其事于迁太学博士之年。

11. 马光授太学博士

马光,字荣伯,武安人也。少好学,从师数十年,昼夜不息,图书谶纬,莫不毕览。尤明《三礼》,为儒者所宗。隋开皇初,征山东义学之士,光与张仲让、孔笼、窦仕荣、张买奴、刘祖仁等俱至,并授太学博士,时人号为六儒。尝因释奠,帝亲幸国子学,王公已下毕集,光升坐讲《礼》,启发章门。已而诸儒生以次论难者十余,皆当时硕学。光剖析疑滞,虽辞非俊辩,而

《礼》义弘赡。论者莫测其浅深,咸共推服。上嘉而劳焉。山东《三礼》学者,自熊安生后,唯宗光一人。初教授瀛、博间,门徒千数,至是多负笈从入长安。后数年,丁母忧归乡里,以疾卒于家。

[文献]《北史》卷八十二《儒林下·马光传》

案:马光生卒年史书无载,姑系其事于授太学博士之年。

太建十四年(隋开皇二年)　公元582年

1. 何之元创《梁典》

何之元(523—593),字不详,庐江灊人。何法胜之子。幼好学,有才思。历任议曹从事史、五官掾、信义令。太建中,历湘州刺史,始兴王叔陵谘议参军。及叔陵诛,之元屏绝人事,著《梁典》三十卷。卒于隋文帝开皇十三年,寿七十有一。

[文献]《陈书》卷三四《文学传·何之元传》,《南史》卷七二《列传》。

2. 隋开皇求遗书,得《舜典》

隋开皇初购求遗书,有人言萧齐建武四年姚方兴于大航头得孔氏《传》,言古文舜典有:"曰若稽古帝舜,曰重华协于帝。濬哲文明,温恭允塞,德升闻乃命以位。"

[文献]《钦定四库全书·经部二·书纂言》。宋林之奇撰《拙斋文集》卷十六《尚书集解序》:"及开皇二年,求遗书,得《舜典》,然后其书大备。呜呼,圣人之经可谓多厄矣。遭秦火失其半,其半存者又隐而不出。自汉武帝巫蛊事起,至隋开皇二年,凡六百七十余年。然后五十八篇得传于学者而大备,是可叹也。"

案:《通志堂经解》:"及开皇一年,求遗书,得《舜典》,然后其言大备。"今从《四库全书总目》类序。

3. 颜之推上言考寻古典

隋开皇二年,齐黄门侍郎颜之推上言:"礼坏乐崩,其来日久,太常雅乐,并用胡声,请凭梁国旧章,考寻古典。"高祖不从,曰:"梁乐,亡国之音,奈何遣我用耶?"俄而沛公郑译奏上,请更修正,于是诏牛弘、章彦之、何妥等议正乐,然沦谬既久,音律多乖,积年所议不定。

[文献]《册堂肆考》,又《广博物志》卷三十三:"开皇二年,诏求知音之士,参定音乐。沛国公郑译曰:'考寻乐府,钟石律吕,皆有宫、商、角、徵、羽、变宫、变徵之名。七声之内,三声乖应,每常求访,终莫能通。"《资治通鉴》卷一百七十五:"六月,癸未,隋诏郊庙冕服必依《礼经》。其朝会之服、旗帜、牺牲皆尚存,戎服以黄,常服通用杂色。"

陈至德元年(隋开皇三年) 公元 583 年

沈重卒

沉重字德厚,吴兴武康人也。性聪悟,有异常童。弱岁而孤,居丧合礼。及长,专心儒学,从师不远千里,遂博览群书,尤明《诗》、《礼》及《左氏春秋》。梁大通三年,起家王国常侍。梁武帝欲高置学官,以崇儒教。中大通四年,乃革选,以重补国子助教。大同二年,除五经博士。梁元帝之在藩也,甚叹异之。及即位,乃遣主书何武迎重西上。及江陵平,重乃留事梁主萧詧,除中书侍郎,兼中书舍人。累迁员外散骑侍郎、廷尉卿,领江陵令。还拜通直散骑常侍、都官尚书,领羽林监。察又令重于合欢殿讲周礼。大象二年,来朝京师。开皇三年,卒,年八十四。隋文帝遣舍人萧子宝祭以少牢,赠使持节、上开府仪同三司、许州刺史。重学业该博,为当世儒宗。至于阴阳图纬,道经释典,靡不毕综。又多所撰述,咸得其指要。其行于世者,《周礼义》三十一卷、《仪礼义》三十五卷、《礼记义》三十卷、《毛诗义》二十八卷、《丧服经义》五卷、《周礼音》一卷、《仪礼音》一卷、《礼记音》二卷、《毛诗音》二卷。

[文献]《周书》卷四十五《儒林·沈重传》,又见《北史》卷八二《沈重传》、《隋书》卷七十五。

至德三年(隋开皇五年 西梁天保二十四年) 公元 585 年

1.陈后主下诏修复孔子庙

陈后主叔宝于至德三年十一月己未,下诏曰:"宣尼诞膺上哲,体资至圣,祖述宪章之典,并天地而合德,乐正雅颂之奥,与日月而偕明,垂后昆之训范,开生民之耳目。梁季湮微,灵寝忘处,鞠为茂草,三十余年,敬仰如在,永惟忾息。今《雅》道雍熙,《由庚》得所,断琴故履,零落不追,阅箪开书,无因循复。外可详之礼典,改筑旧庙,蕙房桂栋,咸使惟新,芳蘩洁潦,以时飨奠。"诏令修复孔子庙。

[文献]《南史》卷十《陈本纪》:"十一月己未,诏修复仲尼庙。"诏书见于《陈书》卷六《后主本纪》。

2.陈皇太子出太学讲《孝经》

(三年)十二月丙戌,太白昼见。辛卯,皇太子出太学,讲《孝经》,戊戌,讲毕。辛丑,释奠于先师,礼毕,设金石之乐,会宴王公卿士。

[文献]《陈书》卷六《后主本纪》,又《陈书》卷二十八《吴兴王胤列传》:"胤性聪敏,好学,执经肄业,终日不倦,博通大义,兼善属文。至德三年,躬出太学讲《孝经》,讲毕,又释奠于先圣先师。其日设金石之乐于太学,王公卿士及太学生并预宴。"《南史》卷六十五《陈宗室诸王列传》略同。

3. 萧岿卒

萧岿(542—585)，字仁远，西梁宣帝萧詧第三子，西梁第二位皇帝。机辩有文学。西魏恭帝元年(554)，其父萧詧称帝，立萧岿为皇太子。西梁大定八年(562)萧詧去世，萧岿继位，次年改元天保。开皇二年，隋文帝备礼纳岿女为晋王妃。又欲以其子琮尚兰陵公主。由是罢江陵总管，岿专制其国。四年，岿来朝长安，隋文帝甚敬待之。诏岿位在王公之上，赐缣万匹，珍玩称是。及还，亲执其手谓之曰："梁主久滞荆、楚，未复旧都，故乡之念，良轸怀抱。朕当振旅长江，相送旋反耳。"岿在位二十三载，年四十四，五年五月薨。其群臣葬之于显陵，谥曰孝明皇帝，庙号世宗。岿孝悌慈仁，有君人之量。四时祭享，未尝不悲慕流涕。性尤俭约，御下有方，境内称治。所著《孝经》、《周易义记》及《大小乘幽微》，并行于世。

［文献］《周书》卷四八《萧詧传》。

4. 隋诏行新礼

隋文帝命令礼部尚书牛弘撰修吉、凶、军、宾、嘉五礼，编为百卷；戊辰(十一日)，诏令颁行新礼。

［文献］《资治通鉴》卷一百七十六："隋主命礼部尚书牛弘修五礼，勒成百卷；戊辰，诏行新礼。"

5. 隋徵山东马荣伯等六儒

隋开皇初，高祖徵山东义学之士，马光与张仲让、孔笼、窦仕荣、张黑奴、刘祖仁为山东六儒，被征为太学博士。

［文献］《北史》卷八二《熊安生传》："隋开皇初，征山东义学之士，(马)光与张仲让、孔笼、窦仕荣、张黑奴、刘祖仁等俱至，并授太学博士，时人号为六儒。"《北史》卷八二《熊安生传》："安生既学为儒宗，尝受其业，擅名于后者，有马荣伯、张黑奴、窦士荣、孔笼、刘焯、刘炫等，皆其门人焉。所撰周礼义疏二十卷、礼记义疏三十卷、孝经义一卷，并行于世。……安生在

山东时,岁岁游讲,从之者倾郡县。"又《隋书》卷一《高祖纪上》:"乙巳,诏征山东马荣伯等六儒。"《北史》则曰:"皆鄙野无仪范,朝廷不之贵也。仕荣寻病死。仲让未几告归乡里,著书十卷,自云:'此书若奏,必为宰相。'又数言玄象事,州县列上,竟坐诛。孔笼、张黑奴、刘祖仁未几亦被谴亡。唯光独存。"

6. 王頍授著作左郎,与元善于国子监论《孝经》

王頍,字景文,齐州刺史王颁之弟。年二十始读《孝经》、《论语》、《左传》、《礼》、《易》、《诗》、《书》。勤学累载,遍通五经,大为儒者所称。年二十二,周武帝引为露门学士。开皇五年,授著作佐郎。寻令于国子讲授。会高祖亲临释奠,国子祭酒元善讲《孝经》,頍与相论难,词义锋起,善往往见屈。高祖大奇之,超授国子博士。后坐事解职,配防岭南。及高祖崩,随谅举兵反,兵败自杀,时年五十四。撰《五经大义》三十卷,有集十卷,并因兵乱,无复存者。

[文献]唐魏徵等撰《隋书》卷七六《王頍传》:"会高祖亲临释奠,国子祭酒元善讲《孝经》,頍与相论难,词义锋起,善往往见屈。高祖大奇之,超授国子博士。"《孝经衍义》卷八十三略同。

至德四年（隋开皇六年）　公元586年

隋自洛阳移石经至长安

初，周移石经还洛阳，至是，复自洛阳运至长安。置于秘书内省。

[文献]《隋书》卷七五《刘焯传》："六年，运洛阳《石经》至京师，文字磨灭，莫能知者，奉敕与刘炫等考定。后因国子释奠，与炫二人论义，深挫诸儒，咸怀妒恨，遂为飞章所谤，除名为民"。又见《北史》卷八二《儒林下·刘焯传》、《封氏闻见记》。

案:《隋书·经籍志》载："后汉镌刻七经，著于石碑，皆蔡邕所书。魏正始中，又立一字石经，相承以为七经正字。后魏之末，齐神武执政，自洛阳徙于邺都，行至河阳，值岸崩，遂没于水。其得至邺者，不盈太半。至隋开皇六年，又自邺京载入长安，置于秘书内省，议欲补缉，立于国学。"《四库全书考证》曰："石经尚书残碑跋北齐徙于邺都，隋复载入长安，案（《魏书·孝静帝纪》、《北齐书·文宣帝纪》、《周书·宣帝纪》、《洛阳伽蓝记》、《隋书·刘焯传》），东魏武定四年移洛阳，汉魏石经于邺，周大象元年复徙洛阳，至隋开皇六年乃自洛阳运至长安。此云自邺载入长安者，承《隋书·经籍志》之误也，又案（石经自洛阳徙邺乃澄执政时事，《隋书·经籍志》云神武亦误。）"

附:《石经》入长安后，因《石经》年久磨损，字迹模糊。刘焯奉敕与刘炫等考定《石经》，后因考定《石经》被"飞章"除名。

陈祯明元年(隋开皇七年)　公元 587 年

张讥为陈国子博士

天嘉中,张讥迁国子助教,是时周弘正在国学,发《周易》题,弘正第四弟周弘直亦在讲席。讥与弘正论议,弘正乃屈,弘直危坐厉声,助弘正申理。讥乃正色谓弘直曰:"今日义集,辩正名理,虽知兄弟急难,四公不得且助。"弘直曰:"我助君师,何为不可?"举座以为笑乐。弘正尝谓人曰:"吾每登座,见张讥在席,使人懔然。"后主嗣位,领南平王府谘议参军、东宫学士。寻迁国子博士,学士如故。

[文献]《陈书》卷三十三《儒林·张讥传》,又见《南史》卷七十一《儒林·张讥传》。

祯明二年(隋开皇八年)　公元 588 年

王元规于江州讲学

王元规由散骑侍郎迁南平王府限内参军。王为江州,元规随府之镇,四方学徒,不远千里来请道者,常数十百人。

[文献]《陈书》卷三十三《儒林·王元规传》,又见《南史》卷七十一《儒林列传·王元规传》。

案:《陈书》及《南史》并未明确王元规江州讲学之时间,庄大钧《魏晋南北朝经学学术编年》认为王元规于祯明三年入隋,讲学当在此之前,故系此事于是年。今从之。

祯明三年(隋开皇九年) 公元 589 年

1. 张讥卒

张讥(514—589),字直言,清河武城(今河北清河)人。南朝经学学者。祖僧宝,梁散骑侍郎、太子洗马。父仲悦,梁庐陵王府录事参军、尚书祠部郎中。讥幼聪俊,有思理,年十四,通《孝经》《论语》。笃好玄言,受学于汝南周弘正,每有新意,为先辈推伏。梁大同中,召补国子《正言》生。梁武帝尝于文德殿释《乾》《坤》文言,讥与陈郡袁宪等预焉,敕令论议,诸儒莫敢先出,讥乃整容而进,谘审循环,辞令温雅。梁武帝甚异之。及丁父忧,居丧过礼。服阕,召补湘东王国左常侍,转田曹参军,迁士林馆学士。简文在东宫,出士林馆发《孝经》题,讥论议往复,甚见嗟赏,自是每有讲集,必遣使召讥。及侯景寇逆,于围城之中,犹侍哀太子于武德后殿讲《老》《庄》。梁台陷,讥崎岖避难,卒不事景,景平,历临安令。(陈)高祖受禅,除太常丞,转始兴王府刑狱参军。天嘉中,迁国子助教。高宗世,历建安王府记室参军,兼东宫学士,转武陵王限内记室,学士如故。后主令于温文殿讲《庄》《老》,高宗幸宫临听,赐御所服衣一袭。后主嗣位,领南平王府谘议参军、东宫学士。寻迁国子博士,学士如故。后主尝幸钟山开善寺,召从臣坐于寺西南松林下,敕召讥竖义。时索麈尾未至,后主敕取松枝,手以属讥,曰"可代麈尾"。顾谓群臣曰"此即是张讥后事"。祯明三年入隋,终于长安,时年七十六。讥性恬静,不求荣利,常慕闲逸,所居宅营山池,植花果,讲《周易》《老》《庄》而教授焉。吴郡陆元朗、朱孟博、一乘寺沙门法才、法云寺沙门慧休、至真观道士姚绥,皆传其业。讥所撰《周易义》三十卷,《尚书义》十五卷,《毛诗义》二十卷,《孝经义》八卷,《论语义》二十卷,《老子义》十一卷,《庄子内篇义》十二卷,《外篇义》二十卷,《杂篇义》十卷,《玄部通义》十二卷,又撰《游玄桂林》二十四卷,后主尝敕人就其家写入秘阁。《周易讲疏》三十卷又见于《隋书·经籍志》、《旧唐书·经籍志》、《新唐书·艺文志》。马国翰辑有《周易张氏讲疏》一卷。

[文献]《陈书》卷三十三《儒林·张讥传》,又见《南史》卷七十一《儒林·张讥传》。

2. 王元规卒

王元规(516—589),字正范,太原晋阳人也。祖道实,齐晋安郡守。父玮,梁武陵王府中记室参军。元规八岁而孤。兄弟三人,随母依舅氏往临海郡,时年十二。元规性孝,事母甚谨,晨昏未尝离左右。元规少好学,从吴兴沈文阿受业,十八,通《春秋左氏》、《孝经》、《论语》、《丧服》。梁中大通元年,诏策《春秋》,举高第,时名儒咸称赏之。起家湘东王国左常侍,转员外散骑侍郎。简文之在东宫,引为宾客,每令讲论,甚见优礼。除中军宣城王府记室参军。及侯景寇乱,携家属还会稽。天嘉中,除始兴王府功曹参军,领国子助教,转镇东鄱阳王府记室参军,领助教如故。后主在东宫,引为学士,亲受《礼记》、《左传》、《丧服》等义,赏赐优厚。迁国子祭酒。新安王伯固尝因入宫,适会元规将讲,乃启请执经,时论以为荣。俄除尚书祠部郎。自梁代诸儒相传为《左氏》学者,皆以贾逵、服虔之义难驳杜预,凡一百八十条,元规引证通析,无复疑滞。每国家议吉凶大礼,常参预焉。丁母忧去职,服阕,除鄱阳王府中录事参军,俄转散骑侍郎,迁南平王府限内参军。王为江州,元规随府之镇,四方学徒,不远千里来请道者,常数十百人。祯明三年入隋,为秦王府东阁祭酒。年七十四,卒于广陵。元规著《春秋发题辞》及《义记》十一卷,《续经典大义》十四卷,《孝经义记》两卷,《左传音》三卷,《礼记音》两卷。以上俱见于本传。

[文献]《陈书》卷三十三《王元规传》,《南史》卷七十一《儒林·王元规传》。

案:据本传,王元规于"祯明三年入隋,为秦王府东阁祭酒。年七十四,卒于广陵"。则王元规卒当在此年或之后,暂系于此。

附:魏晋南北朝时期其他无法系年的
儒者及著述

1. 周生烈

周生烈,复姓周生,名烈,字文逸(一作文逢)。本姓唐,凉州敦煌郡人。三国魏博士、侍中。生卒年不详,约魏文帝黄初元年前后在世。其著有《周生子要论》(又名《周生烈子》)一卷,见《隋书·经籍志》。《春秋左氏传注》,《论语注》,见《经典释文·叙录》。马国翰《玉函山房辑佚书》辑其一卷。

[文献]《三国志》卷十三《王肃传》:"自魏初徵士敦煌周生烈,明帝时大司农弘农董遇等,亦历注经传,颇传于世。"裴注:"臣松之按:此人姓周生,名烈。何晏《论语集解》有烈《义例》,余所著述,见晋武帝《中经簿》。"

2. 杜宽

杜宽,字务叔,杜恕之弟。清虚玄静,敏而好古。以名臣门户,少长京师,而笃志博学,绝于世务,其意欲探赜索隐,由此显名,当涂之士多交焉。举孝廉,除郎中。年四十二而卒。经传之义,多所论驳,皆草创未就,惟删集《礼记》及《春秋左氏传解》,今存于世。杜宽对《左传》的研究应该极大影响了他的侄子杜预。

[文献]《三国志》卷十六《魏书·杜恕传》注引《杜氏新书》。

3. 阮谌

阮谌，史书无传。《三国志》卷十六《魏书·杜恕传》裴松之注曰："阮武者，亦拓落大才也。案阮氏谱：武父谌，字士信，徵辟无所就，造《三礼图》传于世。杜氏新书曰：武，字文业，阔达博通，渊雅之士。位止清河太守。"《宋史·聂崇义传》载其师从颍川綦毋君，取其说，为图三卷，是为《三礼图》。

4. 邯郸绰

邯郸绰，生平事迹无考。著有《五经析疑》二十八卷，《隋书·经籍志》云：邯郸绰撰。新旧《唐志》云：邯郸绰《五经析疑》三十卷。《古佚书辑本目录附考证》："《五经析疑》一卷，（魏）邯郸绰撰，（清）刘学宠、朱彝尊、王谟各有辑本。注：《隋书·经籍志》经部载《五经析疑》二十八卷，邯郸绰撰。两《唐志》并三十卷，入子部法家。按邯郸绰无考，据《元和姓纂》，则汉有陈留人邯郸绰，《说郛》所辑题为魏人，未详于《姓纂》所云系一人与否。《说郛》凡载十节，皆不注出处。王谟从《初学记》采得四节，又从《北堂书钞》、《太平御览》各采得一节。朱彝尊仅从《初学记》采得四节，未出王外。刘学宠全录《说郛》。"

5. 糜信

糜信，三国魏经学家，官魏乐平太守。生平事迹不详。著有《春秋穀梁注》十二卷，《清史稿·艺文志》载：《春秋穀梁传》一卷。《春秋说要》十卷，见《隋书·经籍志》，《旧唐书·经籍志》载：《春秋左氏传说要》十卷。马国翰辑有《春秋穀梁传糜氏注》一卷。《古佚书辑本目录附考证》："《春秋穀梁传注》一卷，（魏）糜信撰，（清）黄奭、马国翰各有辑本。注：糜信，《三国志》无传。《释文序录》载糜信《穀梁传注》十二卷，注云：'字南山，东海人，魏乐平太守。'按信为《穀梁传注》，亦见《南齐书·陆澄传》。此书《隋》、《唐志》并载十二卷。王谟、马国翰皆据《释文》、《穀梁疏》等采摭。

马辑多于王九节，其中八节采自《太平御览》，为王所未及。王辑唯采僖公三年一节为马所无，然此节非引糜信注原文。黄奭全袭王辑。"另《二十四史》中华书局 2013 年简体字版注："乐平太守，'乐平'原作'平乐'。按：魏书地形志无平乐郡，有乐平郡。今据改。"

6. 刘潘

刘潘，生卒事迹不详，据《隋书·经籍志》仅知其为魏秘书郎，著有《毛诗义》四卷，《毛诗笺传是非》二卷，见《隋书·经籍志》。

7. 孟康

孟康，生平事迹不详。著有《汉疏》四卷，见《隋书·经籍志》。又《汉书音义》九卷，见新旧《唐志》。《古佚书辑本目录附考证》："孟康《易义》，魏孟康撰，清黄奭辑。注：孟康，字公休，安平广宗人，官至中书令，封广陵亭侯（颜师古《汉书叙例》）。黄奭从《汉书》颜师古注采得康《易》说二节。"

8. 殷基

殷基（又名殷兴），云阳（今江苏丹阳）人，西晋学者，三国吴零陵太守殷礼之子。其生卒年不详，主要活动于三国吴与西晋时期，仕吴国为无难督，入晋迁尚书左丞。殷基以才学知名，其事迹见《三国志》卷五二《吴书七·张顾诸葛步传第七》裴松之注引《文士传》，又见《资治通鉴》卷七四。殷基著有《春秋左氏释滞》十卷，《通语》十卷。马国翰辑《通语》一卷。

9. 王婴

王婴，史书无载，《隋书·卷三四·经籍三》录有其著《古今通论》二卷，马国翰辑《古今通论》一卷。

10. 崔逸

《北史》卷三二《崔辩传》附《崔逸传》："（崔辩）长子景儁，鲠正有高风，好古博涉，以经明行修，徵拜中书博士。历侍御史、主文中散。孝文赐名为逸。后为员外散骑侍郎，与著作郎韩兴宗参定朝仪。雅为孝文所知重，迁国子博士。每有公事，逸常被诏独进，博士特命自逸始。转通直散骑常侍、廷尉少卿，卒。"《隋书·经籍志》："《丧服图》一卷，崔逸撰。"疑即此崔逸。

11. 刘璠

刘璠，魏秘书郎，生平事迹无所考。著有《毛诗义》四卷，《毛诗笺传是非》二卷。《隋书·经籍志》云："魏秘书郎刘璠撰。"

12. 韩益

韩益生平事迹无所考。魏大长秋韩益撰《春秋三传论》十卷，见《隋书·经籍志》、《通志》卷十八。又韩益与田琼同撰《尚书释问》四卷，见《隋书经籍志考证》，答王粲之问以申郑义。

13. 徐钦

徐钦，生平事迹不详，据清儒侯康谟《补三国艺文志》载：梁有《公羊传问》九卷，荀爽问，魏安平太守徐钦答。

14. 杨充

《华阳国志》卷十下："杨充字盛国，梓潼人也。少好学，求师遂业，受古学于扶风马季长、吕叔公、南阳朱明叔、颍川白仲职，精究《七经》。其朋友则颍川荀慈明、李元礼、京兆罗叔景、汉阳孙子夏、山阳王叔茂，皆海内名士,还以教授州里。"又见《北堂书钞》卷九六、《蜀中广记》卷四四。

15. 徐整

《经典释文·叙录》云:"字文操,豫章人,吴太常卿。"著有《毛诗谱》三卷,《孝经默注》一卷,《豫章烈士传》三卷,见《隋书·经籍志》。《全三国文》卷七三《吴十一·徐整》亦有载。马国翰辑有《毛诗谱畅》一卷。

16. 陈统

陈统,生平事迹无所考。据《隋书·经籍志》:"《难孙氏毛诗评》四卷。晋徐州从事陈统撰。梁有《毛诗表隐》二卷,陈统撰,亡。"新旧《唐志》录有陈统《难孙氏诗评》四卷。马国翰辑有《难孙氏毛诗评》一卷。

17. 荀煇

荀煇,魏散骑常侍、太子中庶子,荀谌玄孙。《三国志》卷十《荀彧传》裴松之注引《荀氏家传》曰:"闳从孙(恽)〔煇〕字景文,太子中庶子,亦知名。与贾充共定音律,又作《易集解》。"《隋书·经籍志》载:"魏散骑常侍荀煇注《周易》十卷,亡。"

18. 栾肇

《经典释文·叙录》载:"字永初,太山人,晋太保掾,尚书郎。"皇侃《论语义疏序》称肇为广陵太守,高平人。儒学著作有:《论语释疑》十卷,见《隋书·经籍志》,《清史稿·艺文志》,新旧《唐志》作《论语释》十卷。马国翰辑有《论语栾氏释疑》一卷。《论语驳序》二卷,见《隋书·经籍志》。《春秋穀梁传注》十二卷,见《隋书·经籍志》。《周易象论》三卷,见《隋书·经籍志》及《经典释文·叙录》,《新唐书·艺文志》录《通易象论》一卷。

19. 董勋

董勋，晋议郎，生平事迹无考。其著有《问礼俗》十卷，见《隋书·经籍志》、《新唐志》。王谟《汉魏遗书钞》、马国翰《玉函山房辑佚书》辑有《问礼谷》一卷，云(魏)董勋撰。

20. 应琛

应琛，生平事迹无考，《隋书·经籍志》云："《论语藏集解》一卷，应琛撰。"姚振宗《〈隋书·经籍志〉考证》："梁有《论语藏集解》一卷，应琛撰，亡。应琛始末不详。按：'论语藏'之名不可解，似有敓文，疑是'行藏集解'，落'行'字。"

21. 黄颖

黄颖，生卒年无所考。据《经典释文·叙录》："南海人，晋广州儒林从事。"著有《周易注》十卷，见《经典释文·叙录》，新旧《唐志》，《古佚书辑本目录附考证》。《隋书·经籍志》云："《周易》四卷，晋儒林从事黄颖注。梁有十卷，今残缺。"马国翰据《经典释文》辑有《周易黄氏注》一卷，黄奭《黄氏逸书考》辑有《周易黄氏注》一卷，内容同。

22. 李轨

李轨，史书无传，生卒事迹不详。《经典释文·叙录》："李轨，字弘范，江夏人，东晋祠部郎中，都亭侯。"《世说新语》注引《中兴书》曰："字弘范，江夏人，仕至尚书郎，刘氏之甥。"姚振宗《隋书·经籍志考证》曰："案李轨在晋代著述颇多，可谓一大作手。其学长于音训，明习故事。"作为东晋经学大师，李轨儒学著作很多，如《隋书·经籍志》载："《周易音》一卷，东晋尚书郎李轨弘范撰。"又有《尚书音》、《毛诗音》、《周礼音》一卷、《仪礼音》一卷、《春秋左氏传音》三卷，以上见《经典释文·叙录》、《隋书·经籍志》；

《春秋公羊音》一卷，《隋书·经籍志》："李轨、晋徵士江淳撰，各一卷。"《小尔雅略解》一卷，见《隋书·经籍志》。《扬子法言注》十五卷，解一卷，《隋书·经籍志》云："扬雄撰，李轨注。"可惜这些大都亡佚。马国翰辑有《周易李氏音》一卷，《周礼李氏音》一卷。

23. 蔡系

蔡系，生卒事迹不可考，魏晋时人，《隋书·经籍志》云："《论语释》一卷。"

24. 江熙

江熙，生卒年无所考。据《经典释文·叙录》："字太和，济阳人，东晋兖州别驾。"儒学著作有：《毛诗注》二十卷，见《经典释文·叙录》、《隋书·经籍志》。《集解论语》十二卷，见《经典释文·叙录》，《隋书·经籍志》云十卷。《春秋公羊榖梁二传评》二卷，见《隋书·经籍志》、新旧《唐志》、《清史稿·艺文志》录有一卷。马国翰辑《春秋公羊榖梁二传评》一卷，《论语江氏集解》二卷。

25. 尹毅

尹毅，生平事迹无可考，《经典释文·叙录》云："天水人，东晋国子助教。"《隋书·经籍志》云："国子助教。"著有《礼记音》一卷，《隋书·经籍志》、《新唐志》云两卷。《论语注》十卷，见《经典释文·叙录》、《隋书·经籍志》。

26. 杨泓

杨泓，史书无传，《经典释文·叙录》云："天水人，东晋给事中。"注《孝经》一卷，见《经典释文·叙录》及《隋书·经籍志》。

27. 高龙

高龙,史书无传,《经典释文·叙录》云:"范阳人,东晋河南太守。"著有《春秋公羊传注》十二卷,见《经典释文·叙录》,《隋书·经籍志》。

28. 徐乾

徐乾,据《经典释文·叙录》:"字文祚,东莞人,东晋给事中。"著有《春秋穀梁传》十三卷,见《隋书·经籍志》,《旧唐书·经籍志》,《新唐书·艺文志》,《经典释文·叙录》。马国翰辑有《春秋穀梁传徐氏注》一卷。

29. 梁觊

梁觊,生卒年无考。《经典释文·叙录》云:"天水人,东晋国子博士。"著《论语注》十卷,见《隋书·经籍志》,《新唐书·艺文志》。皇侃《论语义疏》引为"梁冀"。马国翰《玉函山房辑佚书·经编论语类》云:"案冀与觊音相同,义亦相近,故通用之,非汉之'跋扈将军'也。"马国翰辑有《论语梁氏注释》一卷。

30. 孔伦

孔伦,据《经典释文·叙录》:"字敬序,会稽人,东晋庐陵太守。"著有《集注丧服经传》一卷,见《隋书·经籍志》,《新唐书·艺文志》,《清史稿·艺文志》。马国翰辑有《集注丧服经传》一卷。

31. 杨乂

杨乂,史书无传。《经典释文·叙录》:"(杨乂)字玄舒,汝南人,晋司徒左长史。"儒学著作有《周易卦序论》一卷,见《隋书·经籍志》,为张璠《周易集解》中一家。又著有《毛诗辨异》三卷、《毛诗异义》二卷、《毛诗杂义》五卷,见《隋书·经籍志》。马国翰辑有《周易卦序论》一卷。

32. 环济

环济,史书无传,《隋书·经籍志》云:"晋太学博士。"撰有《丧服要略》一卷,《吴纪》九卷,见《隋书·经籍志》。

33. 蜀才

蜀才,东晋时成汉范贤的自称,贤字长生。《颜氏家训·书证篇》:"《易》有蜀才注,江南学士,遂不知是何人。王俭《四部目录》不言姓名,题云:'王弼后人。'谢炅、夏侯该,并读数千卷书,皆疑是谯周;而《李蜀书》一名《汉之书》,云姓范,名长生,自称蜀才。"又《补晋书艺文志》:"范长生一名,自号蜀才。"其著有《周易注》十卷,见《经典释文·叙录》、《隋书·经籍志》。马国翰辑有《周易蜀才注》一卷,题[蜀]范长生撰。

34. 孔晁

孔晁,晋五经博士,生平事迹无考。《隋书·经籍志》云:"梁有《尚书义问》三卷,郑玄、王肃及晋五经博士孔晁撰。"又有《春秋外传国语注》二十卷,见《隋书·经籍志》。又《晋明堂效社议》三卷,见《隋书经籍志考证》。

35. 薛贞

薛贞,晋太尉参军,生平事迹不详。《隋书·经籍志》:"《归藏》十三卷,晋太尉参军薛贞注。"马国翰《玉函山房辑佚书·易类》载吴莱曰:"《归藏》三卷,晋薛贞注,今或杂见他书,颇类焦赣《易林》,非古《易》也。"又载薛贞曰:"《连山》乾始于子,坤始于午,与先天小图合,又以艮、震、巽、离、坤、兑、乾、坎为序。"

36. 吴商

吴商,生平事迹无所考。《晋书》卷二十《礼志中》:"丧事先远,则应用博士吴商之言,以闰月祥。"《隋书·经籍志》云:"晋益阳令。"著有《礼难》十二卷,《杂议》十二卷,《礼议杂记故事》十三卷,以上见《隋书·经籍志》;新旧《唐志》、《清史稿·艺文志》作《杂礼义》十一卷;《丧杂事》二十卷,见《隋书·经籍志》。马国翰据《通典》辑有《杂礼议》一卷。

37. 顾夷

顾夷,字君齐,东晋学者,史书无载。《隋书·经籍志》云:"《周易难王辅嗣义》一卷,晋扬州刺史顾夷等撰。"又见《补晋书艺文志》。又有《顾子》十卷,《顾子义训》十卷,见《隋书·经籍志》。马国翰辑《顾子义训》一卷。

38. 綦毋邃

綦毋邃,晋人,生卒年无所考。《补晋书艺文志》据《元和姓纂》云:"江左时人,官邵阳太守。"著有《孟子注》九卷,其中内篇七卷,外篇两卷,见《隋书·经籍志》,《新唐书·艺文志》,《古佚书辑本目录附考证》。马国翰辑有《孟子綦毋氏注》一卷。

39. 刘逵

《隋书·经籍志》云:"又有《丧服要记》二卷,晋侍中刘逵撰,亡。"《二十五史艺文经籍志考补萃编(第十五卷)》十二卷亦有载。

40. 方范

《隋书·经籍志》云:"《春秋经例》十二卷,晋方范撰。"

41. 王义

王义,生卒年无所考。据龙璋辑《小学搜佚》上编,注:"《隋书·经籍志》载《小学篇》一卷,晋下邳内史王义撰。王义其人无考。两《唐志》亦载之。而误题王羲之撰。"马国翰辑录其《小学篇》一卷。

42. 程阐

《隋书·经籍志》云:"《春秋穀梁传》十六卷,程阐撰。"又见两《唐志》。

43. 刘昌宗

刘昌宗,东晋时期南方经师,生卒事迹不详。段玉裁《古文尚书撰异·禹贡第三》云:"刘昌宗东晋人。"北齐颜之推《颜氏家训·音辞篇》曰:"其谬失轻微者,则南人以钱为涎,以石为射,以贱为羡,以是为舐。……刘昌宗《周官音》读乘若承。"著有《周礼音》一卷、《仪礼音》一卷、《礼记音》五卷,见《经典释文·叙录》。《隋书·经籍志》云著《礼记音》三卷。马国翰谓刘昌宗为齐梁间儒,并据《释文》、《集韵》等辑成《周礼刘氏音》二卷、《礼记刘氏音》一卷。

44. 翟玄

翟玄始末未详。《清史稿·艺文志一》载:"晋翟玄《周易义》一卷。"马国翰辑有《周易翟氏义》一卷。

45. 陈铨

陈铨,生卒事迹不详。著《丧服经传注》一卷,见《隋书·经籍志》、《唐书·艺文志》。马国翰据杜佑《通典》辑录《丧服经传陈氏注》一卷。

46. 孔澄之

孔澄之,生卒事迹不详。据《册府元龟》卷六百六:"孔澄之,字仲渊,为新安太守,注《论语》一卷。"又见《隋书·经籍志》。

47. 孙畅之

孙畅之,《宋书》中、《南齐书》、《梁书》皆无载,《隋书·经籍志》云:"南朝宋奉朝请。"有《毛诗引辨》一卷,《毛诗序义》七卷,亡。《五经杂义》六卷,以上并见《隋书·经籍志》。又有《述书记》和述画记》,全书久佚,只言片语散见于《水经注》、《唐类函》、《历代名画记》、《太平御览》等书。

48. 贺道养

贺道养,生卒事迹不见传。《宋书》卷五十五《列传第十五》人物评中有载:"颍川庾蔚之、雁门周野王、汝南周王子、河内向琰、会稽贺道养,皆托志经书,见称于后学。"知贺道养应与庾蔚之、周野王、周王子、向琰约同时代。《隋书·经籍志》:"《春秋序》一卷,贺道养注。"

49. 费沈

费沈,生平事迹不详。据《隋书·经籍志》:宋抚军司马。著作有《丧服集议》十卷,《孝经注》一卷,见《隋书·经籍志》。

50. 何始真

《隋书·经籍志》:"《春秋左氏区别》三十卷,宋尚书功论郎何始真撰。"另据《二十四史》中华书局 2013 年简体字版注:"何始真,'始'原作'贺',据《宋书·蔡兴宗传》及《旧唐志》上、《新唐志》一改。"

51. 舒援

舒援，南朝宋人。著有《毛诗义疏》二十卷，见《隋书·经籍志》。《清史稿·艺文志》："不著时代舒瑗《毛诗义疏》一卷。"清马国翰《玉函山房辑佚书》据《隋书·经籍志》以舒援次于吴陆机与后魏元延明之间，认为舒援当为晋、宋间人。马国翰据《毛诗正义》及《礼记正义》采得三节。

52. 蔡超

蔡超，南朝宋丞相谘议参军。《隋书·经籍志》："《集注丧服经传》二卷，宋丞相谘议参军蔡超注。"

53. 刘道拔

刘道拔，南朝宋徵士。《隋书·经籍志》："梁又有《丧服经传》一卷，宋徵士刘道拔注，亡。"

54. 业遵

业遵，南朝宋奉朝请。《隋书·经籍志》："《业诗》二十卷，宋奉请业遵注。……又有《业诗》，奉朝请业遵所注，立义多异，世所不行。……梁有《礼记》十二卷，业遵注，亡。"

55. 阮珍之

史书无传。《隋书·经籍志》："《毛诗序注》一卷，宋交州刺史阮珍之撰。"

56. 雷肃之

史书无传。《隋书·经籍志》："梁有《义疏》三卷,宋豫章郡丞雷肃之撰,亡。"

57. 荀柔之

据陆德明《经典释文序录》云:荀柔之,颍川颍阴人,南朝宋任奉朝请。其著有《周易系辞》二卷,见《隋书·经籍志》,《经典释文·序录》曰:"自元嘉以来,王《易》盛行,独阙《系辞》以下不注。谢万、韩伯、袁悦之、桓玄、卞伯玉、荀柔之、徐爰、顾欢、明僧绍、刘巘等十人并注《系辞》,自韩氏专行,而各家皆废。"《新唐书·艺文志》云:"荀柔之注《系辞》二卷。"马国翰辑有《周易系辞荀氏注》一卷,乃是从《释文》采得三节。

58. 崔凯

崔凯,生平事迹无所考。《隋书·经籍志》:"《丧服难问》六卷,崔凯撰。"马国翰《玉函山房辑佚书》认为他是刘宋时人,并据《通典》辑有十七节,其中有称《丧服驳》,有称《丧仪》等,马国翰疑皆为此书。

59. 任预

任预,南朝宋太尉参军。其著有《礼论条牒》十卷,见《隋书·经籍志》、《旧唐书·经籍志》、《新唐书·艺文志》。《答问杂仪》二卷,见《隋书·经籍志》。姚振宗《隋书经籍志考证》认为他是蜀人。待考。马国翰据《礼记正义》、《周礼注疏》辑有佚文一节。

60. 张略

张略,张长年之子,东魏武定年间,任左光禄大夫。《魏书》卷八十八

《良吏·张恂传》附:"子略,武定中,左光禄大夫。"《隋书·经籍志》云:"梁有《论语疏》八卷,宋司空法曹张略等撰。"

61.田僧绍

史书无传。《隋书·经籍志》:"《集解丧服经传》二卷 齐东平太守田僧绍解。……《逆降义》一卷,田僧绍撰。"《通典》卷四十一《礼序》:"按秦荡灭遗文,自汉兴以来,收而存之,朝有典制可酌而求者……齐有王俭、何戢、田僧绍、刘献、王逡。"

62.楼幼瑜

楼幼瑜,齐给事中。《南史》卷七十六《徐伯珍传》附:"(徐)伯珍同郡娄幼瑜,字季,亦聚徒教授,不应征辟,弥为临川王映所赏异。著《礼捃拾》三十卷。"《隋书·经籍志》:"《丧服经传义疏》二卷,齐给事中楼幼瑜撰……《撼遗别记》一卷,楼幼瑜撰,亡。"

63.丘季彬

丘季彬,南朝齐官吏。官至尚书仪曹郎。《隋书·经籍志》:"尚书仪曹郎丘季彬《论》五十八卷,《议》一百三十卷,《统》六卷。亡。"

64.杜乾光

杜乾光,南朝齐官员,杜叔毗祖父,任司徒右长史。《周书》卷四十六《杜叔毗传》附:"杜叔毗……祖(杜)乾光,齐司徒右长史。"《隋书·经籍志》载:"梁有《春秋释例引序》一卷,齐正员郎杜乾光撰,亡。"

65.虞遐

虞遐,齐员外郎。据《隋书·经籍志》,有《论语注》。

66. 许容

《隋书·经籍志》:"梁有晋国子博士梁觊、益州刺史袁乔、尹毅、司徒左长史张凭及阳惠明、宋新安太守孔澄之、齐员外郎虞遹及许容、曹思文注。"有《论语注》。

67. 费元珪

《隋书·经籍志》:"梁有齐安参军费元珪注《周易》九卷。"亡。

68. 谢氏

谢氏,不明何许人,《隋书·经籍志》中将其置于梁代齐安参军费元珪之后,后魏司徒崔浩之前,故应为南北朝时期人。《隋书·经籍志》:"谢氏注《周易》八卷。"亡。

69. 尹涛

尹涛,不明何许人。《隋书·经籍志》中尹涛在谢氏之后,故置于此。《隋书·经籍志》:"尹涛注《周易》六卷,亡。"

70. 姚规

姚规,史书无载。《隋书·经籍志》:"《周易》七卷,姚规注。"朱彝尊《经义考》录姚规、朱仰之、蔡景君三家《周易》注。

71. 谢昙济

《南齐书》卷十《志第二·礼下》:"给事中领国子助教谢昙济议:'夫丧礼一制,限节两分。虞袝追亡之情,小祥抑存之礼,斯尽至爱可申,极痛宜屈耳。文皇帝虽君德早凝,民化未洽,追崇尊极,实缘于性。今言臣则无实,论己则事虚。圣上驭宇,更奉天眷,祇礼七庙,非从三后,周忌祥禫,无所依设。'太学博士崔偃同陶韶议,太常沈俍同李捻议,国子博士刘警等同谢昙济议。"《隋书·经籍志》:"《毛诗检漏义》二卷,梁给事郎谢昙济撰。"

72. 刘被

《隋书·经籍志》:"梁有《孔志》十卷,梁太尉参军刘被撰,亡。"

73. 江系之

《隋书·经籍志》:"羽林监江系之,江逊等注《孝经》各一卷。"

74. 江逊

江逊,羽林监。著《孝经注》一卷,见《隋书·经籍志》。

75. 沈琁

《隋书·经籍志》:"《集注尔雅》十卷,梁黄门郎沈琁注。"

76. 阳惠明

阳惠明[①],据《隋书·经籍志》:梁司徒左长史,著《孝经注》十卷,见《隋书·经籍志》。

77. 沈宏

《隋书·经籍志》:"《春秋五辩》二卷,梁五经博士沈宏撰。"

---

① 据《二十四史》中华书局 2013 年简体字本《隋书·经籍志一》注,《旧唐志》上、《新唐志》一及《通志》一九《氏族略》,"阳"作"畅"。

78. 鲍泉

《隋书·经籍志》云：梁舍人。著有《六经通数》十卷，《新仪》三十卷，见《隋书·经籍志》。

79. 司马宪

《隋书·经籍志》："梁又有《丧服经传义疏》五卷，齐散骑郎司马宪撰。"

80. 宋褰

《隋书·经籍志》："《周易系辞》二卷，梁太中大夫宋褰注。"《新唐书》："宋褰注《系辞》二卷。"

81. 范歆

《隋书·经籍志》："《周易义》一卷，宋陈令范歆撰。"

82. 周颙

周颙，《隋书·经籍志》云：齐中书郎。著有《周易论》十卷，梁有三十卷，亡。见《隋书·经籍志》。

83. 李玉之

李玉之，《隋书·经籍志》："齐临沂令。"《隋书·经籍志》："梁又有齐临沂令李玉之、梁释法通等《乾坤义》各一卷，亡。""齐临沂令李玉之为始兴王讲《孝经义疏》二卷，亡。"

84. 萧伟

《隋书·经籍志》:"《周易幾义》一卷,梁南平王撰。"

85. 樊恭

樊恭生平事迹不详。目前所见记录仅能知其为梁时人。《隋书·经籍志》云:"梁有《广苍》一卷,樊恭撰,亡。"又见于《旧唐书·经籍志》、《新唐书·艺文志》。《清史稿·艺文志》:"梁樊恭《广苍》一卷。"马国翰从《文选》等十九节辑录《广苍》一卷。顾震福、黄奭、龙璋等各有辑本。

86. 何諲之

《隋书·经籍志》:"梁有《周易疑通》五卷,宋中散大夫何諲之撰。亡。"

87. 梁蕃

《隋书·经籍志》:"《周易开题义》十卷,梁蕃撰。"

88. 萧子政

《隋书·经籍志》:"《周易义疏》十四卷,梁都官尚书萧子政撰。《周易系辞义疏》三卷,萧子政撰。"

89. 谢峤

谢峤,会稽山阴人,陈国子祭酒。其生卒年无考。著有《丧服义》十卷,见《隋书·经籍志》。又《尔雅音》一卷,见《清史稿·艺文志》。《尔雅序》疏:"又《五经正义》援引有某氏、谢氏、顾氏。今郭氏言十余者,典籍散亡,未知谁氏,或云沈旋、施乾、谢峤、顾野王者,非也。此四家存郭氏之后,故知非也。"《古佚书辑本目录附考证》:"《尔雅谢峤音》一卷。(陈)谢峤撰。(清)黄奭辑。注:谢峤,会稽山阴人,笃学,为世通儒(《陈书·谢岐传》)。《释文序录》云:'陈国子祭酒谢峤撰《尔雅音》。《隋》、《唐志》不载。黄奭、马国翰皆据《释文》等采摭。大体相当。"

90. 张冲

张冲,据《隋书·经籍志》,陈右军将军。著有《春秋义略》三十卷,《论语义疏》二卷。梁有《论语义注图》十二卷,亡。以上并见《隋书·经籍志》。

91. 施乾

施乾,陈代博士。其生平事迹无考。著《尔雅音》一卷,见《清史稿·艺文志》。《尔雅序》疏:"又《五经正义》援引有某氏、谢氏、顾氏。今郭氏言十余者,典籍散亡,未知谁氏。或云沈旋、施乾、谢峤、顾野王者,非也。此四家存郭氏之后,故知非也。"马国翰辑有《尔雅施氏音》一卷。《古佚书辑本目录附考证》:"《尔雅施氏音》一卷,(陈)施乾撰。(清)黄奭、马国翰各有辑本。"注:《释文序录》称陈博士施乾撰《尔雅音》,不言卷数。其人事迹无考。《隋》、《唐志》亦不载其书。黄奭、马国翰皆据《释文》等采摭。"

92. 薛景和

《隋书·经籍志》:"《周易普玄图》八卷,薛景和撰。"

93. 刘叔嗣

《隋书·经籍志》:"《尚书亡篇序》一卷。梁五经博士刘叔嗣注;梁有《尚书》二十一卷,刘叔嗣注;又有《尚书新集序》一卷。亡。"

94. 巢猗

《隋书·经籍志》："《尚书百释》三卷。梁国子助教巢猗撰。《尚书义》三卷,巢猗撰。"

95. 费甝

费甝生平事迹无所考。《隋书·经籍志》："《尚书义疏》十卷,梁国子助教费甝撰。"又见于《旧唐书·经籍志》。《经义考》卷七十八:"蔡氏大宝《尚书义疏》。《隋书·经籍志》:'三十卷。'佚。《隋书·经籍志》:'大宝,萧詧司徒。'孔颖达曰:'古文近至隋初,始流河朔,其为正义者:蔡大宝、巢猗、费甝、刘焯、刘炫。'"

96. 吕文优

《隋书·经籍志》："《尚书义注》三卷,吕文优撰。"又见于《新唐书》。吕文优不详何时人,《隋书·经籍志》将其置于南朝梁萧詧司徒蔡大宝与北周末年国子助教刘炫之间,可能为南北朝时陈人。

97. 顾彪

据《隋书·经籍志》,顾彪,至隋时任秘书学士。撰有《尚书疏》二十卷,《尚书文外义》一卷,《今文尚书音》一卷,《大传音》二卷,见《隋书·经籍志》

参考文献

晁公武撰，孙猛校证：《郡斋读书志校证》，上海古籍出版社 1990 年版。

曹道衡、沈玉成：《中古文学史料丛考》，中华书局 2003 年版。

常璩著，任乃强校注：《华阳国志校补图注》，上海古籍出版社 1987 年版。

陈寿撰，裴松之注：《三国志》，中华书局 1982 年版。

陈寅恪：《金明馆丛稿初编》，生活·读书·新知三联书店 2001 年版。

陈戌国：《中国礼制史·魏晋南北朝卷》，湖南教育出版社 2002 年版。

张舜徽编：《三国志辞典》，山东教育出版社 1992 年版。

崔宏：《十六国春秋》，中华书局 1985 年版，《丛书集成初编》本。

杜预：《春秋释例》，中华书局 1985 年版，《丛书集成初编》本。

杜佑：《通典》，中华书局 1988 年版。

《二十五史补编》编委会：《二十五史补编》，中华书局 1955 年版。

房玄龄等：《晋书》，中华书局 1999 年版。

侯外庐等：《中国思想通史》第三卷，人民出版社 1957 年版。

李延寿等：《北史》，中华书局 1974 年版。

李延寿：《南史》，中华书局 1975 年版。

李百药等：《北齐书》，中华书局 1972 年版。

李昉等：《太平御览》，中华书局 1960 年影宋本。

令狐德芬等：《周书》，中华书局 1971 年版。

刘昫等：《旧唐书》，中华书局 1975 年版。

刘知几撰，浦起龙释：《史通通释》，上海古籍出版社，1978 年版。

刘汝霖：《东晋南北朝学术编年》，中华书局，1987 年版。

刘汝霖：《汉晋学术编年》，中华书局，1987 年版。

刘学智、徐兴海:《中国学术思想编年·魏晋南北朝卷》,陕西师范大学出版社 2006 年版。

刘振东:《中国儒学史·魏晋南北朝卷》,广东教育出版社 1998 年版。

陆德明撰,黄焯校:《经典释文汇校》,中华书局 2006 年版。

罗宏曾:《魏晋南北朝文化史》,四川人民出版社 1989 年版。

吕思勉:《两晋南北朝史》,上海古籍出版社 2005 年版。

马国翰辑:《玉函山房辑佚书》,广陵书社 2005 年据光绪十年楚南湘远堂本影印。

马端临:《文献通考》,北京:中华书局 1986 年版。

马缟集:《中华古今注》,北京:中华书局 1985 年版,《丛书集成初编》本。

马宗霍:《中国经学史》,上海:上海书店出版社 1984 年版。

欧阳询撰,汪绍楹校:《艺文类聚》,上海古籍出版社 1982 年版。

欧阳修等:《新唐书》,中华书局 1975 年版。

潘富恩、马涛著:《范缜评传、何承天评传》,南京大学出版社 1996 年版。

庞朴主编:《中国儒学》,东方出版中心 1997 年版。

庞天佑:《中国史学思想通史·魏晋南北朝卷》,黄山书社 2003 年版。

皮锡瑞著,周予同注释:《经学历史》,中华书局 2004 年版。

钱保塘编:《历代名人生卒录》,北京图书馆出版社 2002 年版。

瞿林东:《中国史学史·魏晋南北朝隋唐时期》,上海人民出版社 2006 年版。

饶宗颐:《中国史学上之正统论》,上海远东出版社 1996 年版。

任继愈主编:《中国哲学发展史》,人民出版社 1994 年版。

沈约等:《宋书》,中华书局 1999 年版。

司马光编著,胡三省音注:《资治通鉴》,中华书局 1976 年版。

孙启治、陈建华编:《古佚书辑本目录附考证》,中华书局 1997 年版。

释道宣:《广弘明集》,上海古籍出版社 1991 年缩页影印宋碛砂版《大藏经》本。

释僧佑:《弘明集》,上海古籍出版社 1991 年缩页影印宋碛砂版《大藏经》本。

汤球:《十六国春秋辑补》,中华书局 1985 年版,《丛书集成初编》本。

汤球:《九家旧晋书辑本》,中华书局 1985 年版,《丛书集成初编》本。

唐长孺:《魏晋南北朝史论丛》,生活·读书·新知三联书店 1955 年版。

脱脱:《宋史》,中华书局 1975 年版。

万国鼎编,万斯年、陈梦家补订:《中国历史纪年表》,中华书局 2007 年版。

王钦若等编:《册府元龟》,中华书局 1960 年版。

王志平:《中国学术史》,江西教育出版社 2001 年版。

王鸣盛:《十七史商榷》,中华书局 1992 年版。

王仲荦:《魏晋南北朝史》,上海人民出版社 2003 年版。

汪文台:《七家后汉书》,河北人民出版社 1987 年版。

魏收:《魏书》,中华书局 1999 年版。

魏徵等:《隋书》,中华书局 1999 年版。

吴承仕著,秦青点校:《经典释文序录疏证》,中华书局 1984 年版。

吴雁南:《中国经学史》,福建人民出版社 2001 年版。

向世陵:《中国学术通史》,人民出版社 2004 年版。

萧子显:《南齐书》,中华书局 1999 年版。

许嵩:《建康实录》,北京:中华书局 1986 年版。

许抗生:《魏晋玄学史》,陕西师范大学出版社 1989 年版。

严可均辑:《全上古三代秦汉三国六朝文》,中华书局 1958 年版。

杨衒之撰,范祥雍校注:《洛阳伽蓝记校注》,上海古籍出版社 1978 年版。

杨殿珣编:《中国历代年谱总录》,书目文献出版社 1980 年版。

姚思廉:《陈书》,北京:中华书局 1972 年版。

姚思廉:《梁书》,北京:中华书局 1973 年版。

永瑢等:《四库全书总目》,中华书局 1965 年版。

余敦康:《魏晋玄学史》,北京大学出版社 2004 年版。

袁宏撰,张烈点校:《后汉纪》,中华书局 2002 年版。

赵超:《汉魏南北朝墓志汇编》,天津古籍出版社 1992 年版。

赵翼著,王树民校证:《廿二史劄记校证》,中华书局 1984 年版。

赵吉惠、赵馥洁等主编:《中国儒学史》,中州古籍出版社1991年版。

章学诚著,叶瑛校注:《文史通义》,中华书局1985年版。

张可礼:《东晋文艺系年》,山东教育出版社1992年版。

张岂之主编:《中国儒学思想史》,陕西人民出版社1990年版。

张国刚、乔治忠:《中国学术史》,东方出版中心2002年版。

郑天挺等主编:《中国历史大辞典》,上海辞书出版社2000年版。

郑樵:《通志》,中华书局1995年版。

周一良:《魏晋南北朝史论集》,北京大学出版社1997年版。

朱彝尊:《经义考》,中华书局1998年版。

朱祖延:《北魏佚书考》,中州古籍出版社1985年版。

朱希祖:《汲冢书考》,中华书局1960年版。

庄大钧、石静:《魏晋南北朝经学学术编年》,凤凰出版社2015年版。